교육을 다시 묻다

Reclaiming Education in the Age of PISA

교육을 다시 묻다

Reclaiming Education in the Age of PISA

OECD 질서에 대한 교육적 성찰

지은이 **바스코 다녜제** Vasco d'Agnese

옮긴이 **이민철**

씨아이알

일러두기

1. 외래어는 외래어 표기법을 따랐으나 관용적인 표기와 동떨어진 경우 절충하여 실용적으로 표기하였다.

2. 본문에 진한 고딕체로 표기된 부분은 옮긴이와 저자에 의한 강조이다.

3. 내용 중 직접 인용한 부분은 "큰따옴표"로, 재인용이나 강조한 것은 '작은따옴표'로 표기하였다.

4. 독자의 이해를 돕기 위해 한국어판 옮긴이의 주석을 본문과 각주에 추가하고, (옮긴이) 또는 −옮긴이로 표시하였다.

옮긴이 서문

- 소크라테스: 그러면 에우티프론, 당신이 말하는 신성함이란 그저 신들이 사랑하는 것이 아니라 모든 신들이 사랑하는 것이라 말할 수 있겠소?
- 에우튀프론: 네, 맞습니다. 신성한 것은 신들이 모두 사랑하는 것이죠.
- 소크라테스: 하지만 그것이 신성한 이유가 모든 신들이 사랑하기 때문인가요, 아니면 신성하기 때문에 신들이 사랑하는 건가요?
- 에우튀프론: 아마도 신성하기 때문에 사랑하는 것이겠죠.
- 소크라테스: 그러니, 에우튀프론, 다시 한번 신성함이 무엇인지 가르쳐주시오. 이제야 그 의미를 알 것 같소.
- 에우튀프론: 지금은 급한 일이 있어서 이만 가야 하겠소. 다른 기회에 더 논의합시다.
- 소크라테스: 아, 그렇다면 나도 지금까지 신성함이 무엇인지 몰랐던 것처럼 여전히 모른 채로 남겠군요. 하지만 나는 배우고 싶습니다. 그러니 다시 우리 대화를 이어갈 수 있기를 바랍니다.

플라톤의『대화편』중「에우튀프론」에서

교육의 두 패러다임

수십 년 전 교육에 대해 가장 많이 들은 정의는 '인간행동의 계획적 변화'였다. 처음에는 다소 생소한 느낌이 없지 않았지만 자주 듣다 보니 나중에는 자연스럽게 느껴졌다. 더구나 당시의 교육 담론은 소위 행동주의를 필두로 검증 가능한 기준의 중요성을 역설하는 것이 주류였기 때문에 교육에 대한 이런 정의는 시대적 과제로 여겨졌다고도 볼 수 있다.

그 이후 많은 교육 이론들이 소개되고 그로부터 직·간접적인 영향을 받으면서 다양한 교육정책들이 교육과정에 반영되어 오늘날의 교육 생태계가 조성되었다. 그러나 교육을 통해서 학생들이 몰랐던 것을 알게 하는 데 진력하는 자세는 근본적으로 달라지지 않았다고 볼 수 있다. 개인적 측면에서 보면 교육은 개인으로 하여금 몰랐던 것을 알게 함으로써 앞으로 살아갈 세계에 성공적으로 적응할 수 있도록 하는 것, 한마디로 불투명했던 것을 투명하게 만드는 것이라고 할 수 있다.[1] 한편 사회적 측면에서 보면 교육은 그 사회가 수용하는 일반적 가치와 문화를 자라나는 세대들newcomers에게 제대로 전수함으로써 사회의 연속성을 유지하게 하는 것이라고 할 수 있다. 국가의 예산을 투입하여 운영하는 공교육은 당연히 그래야 하는 것이라고 할 수 있다. 이런 자세가 없다면 그것은 교육의 모습이, 더구나 공교육의 모습은

---

[1] 교실에서 학생을 대상으로 하는 교육이건 교원들을 대상으로 하는 연수건 모든 교육은 명확한 해결방안을 제시하는 것이 목적이란 점에서 동일하다. 역으로 명쾌했던 것을 불분명하게 하는 교육이나 연수는 생각할 수가 없다. 그러나 차차 밝혀지겠지만 이 페이퍼는 후자의 교육도 필요하다는 것을 밝히는 데 목적이 있다.

더욱 아닐 것이다. 이렇게 본다면 위에서 교육의 정의로 언급했던 '인간행동의 계획적 변화'라는 기본틀은 여전히 유효하다고 볼 수 있다. 교실에서 이루어지는 단위 수업이나 학교 차원의 교육활동, 시도 교육청의 정책, 나아가 국가의 교육정책에는 당연히 계획이 있고 수업 활동과 정책은 그 계획이 의도하는 바를 성취하는 데 목표를 둔다. 만일 의도하는 바와 어긋나는 결과가 발생하는 경우에는(의도하는 바를 초과달성하는 경우는 예외로 하고) 그 원인을 찾아 문제를 해결하려 한다. 계획과 성취가 일치할수록 성공적인 수업 혹은 정책 집행으로 본다. 책무성은 계획과 성취의 관계를 선형적으로 접근하여 그 일치 정도를 묻는 것이다. 편의상 이를 확실성certainty의 패러다임이라 하자.

그러나 근래에 이르러 이것이 스토리의 전부인가를 묻는 교육 담론이 제시되고 있다. 대표적인 예로 요즘 교육의 논의에서 많이 언급되는 비에스타Biesta² 는 교육의 모든 측면에서 계획과 성취의 일치를 주장하는 담론의 비교육적 측면을 실존주의 및 포스트모더니즘의 관점에서 지적하고 있다. 그는 계획과 성취(수업의 경우 학생의 학습)의 관계를 선형적으로 보아 그것이 일치되어야 한다는 주장을 통제 담론으로 규정한다. 그는 가르침과 배움을 일치시키려는 '강한' 교육은, 역설적으로 들릴지 모르지만 교육이 추구하는 본연의 가치를 실현할 수 없다

---

2   Peters, M. & Biesta, G. (2009). 『Derrida, Decostruction, and the Politics of Pedagogy』. Peter Lang; Biesta, G. (2010). 『Good Education in an Age of Measurement: Ethics, Politics, Democracy』. 이민철 옮김 (2023). 『우리는 교육에서 무엇을 평가하고 있는가』. 씨아이알; Biesta (2017). 『The Discovery of Teaching』. 곽덕주, 박은주 옮김 (2024). 『가르침의 재발견』. 다봄교육; Biesta (2022). 『World-Centred Education: A View for the Present』. 이민철 옮김 (2024). 『학습자와 교육과정을 넘어』. 씨아이알.

고 주장한다.[3] 우리의 일반적인 상식과는 달리 교육에서 진정으로 가치 있는 것은 직접 가르칠 수 없다는 것이 그의 생각이다.[4] 그의 관점에서 보면 교육활동 혹은 교육정책에서 의도하지 않은 결과 중에서도 교육적으로 가치 있는 것이 얼마든지 있을 수 있다. 따라서 교육의 계획과 결과 혹은 교육활동과 평가를 무조건 일치시키려는 것도 교육적이지 않을 수 있다. 그는 모든 교육의 성과에 대해 소위 객관적인 평가라는 잣대를 들이대면 교육이 지닌 풍요로운 가치가 지극히 협소하게 축소된다는 것을 강조한다. 교육은 어떤 법칙 혹은 '알고리즘'에 의해서 이루어지는 것을 넘어선 인간 활동이라는 것이다. 이에 대해서는 다른 곳에서 구체적으로 지적한 바 있다.[5]

이 책의 저자d'Agnese, V.는 듀이와 아렌트, 푸코를 소환하여 '불확실성 uncertainty'이 갖는 교육적 의미를 논의하고 있다. 특히 OECD의 교육 비전, 혹은 그 비전을 실천하기 위한 PISA의 교육적 관점이 교육의 가능성을 축소하고 있다는 점을 지적하고 있다. 그는 교육의 목표와 목적에 대해 교육의 주체들이 자유롭게 논의하여 거기에 도전할 수 있는 기회를 주지 않고 그것을 일방적으로 위에서 설정하는 모든 교

---

3   Biesta, G. (2013). 『The Beautiful Risk of Education』. 곽덕주 외 옮김 (2024). 『교육의 아름다운 위험』. 교육과학사.

4   이것은 소위 주체화(subjectification) 교육을 말하는 것이다. 교육의 목적으로서의 주체화는 일반교과처럼 가르칠 수 있는 것이 아니고 주체화가 생성될 수 있는 조건을 형성할 때 기대될 수 있는 것이지만 그런 조건이 주어졌다고 해서 자신 있게 주체화의 목적이 실현된다는 보장이 없다고 본다. 주체화만이 유일하게 중요한 교육의 목적은 아니지만 주체화를 포기하면 교육 자체가 성립하지 않는다는 것이 비에스타의 생각이다. 여기에는 불확실성의 패러다임이 작용하고 있는 셈이다.

5   이민철 (2023). "가르침과 배움 사이−복잡반응과정, 해체론 그리고 랑시에르의 시선". 복잡성교육연구 제2권.

육 프로젝트를 권위주의로 규정한다. 그의 표현에 따르면 교육의 가치와 목표의 정의를 교육의 구체적 실천과 연결하고 있는 고리를 잘라버리는 것만으로도 충분히 권위주의 교육이라고 할 수 있다.[6]

우리는 권위주의를 구시대의 유물이라고 생각하는 경향이 없지 않으나 저자는 권위주의가 현대의 틀로 포장된 교육에서도 얼마든지 발생할 수 있다고 본다. 교육의 권위주의는 권력을 수반한 조야한 형태만이 아니라 과학과 논리를 앞세운 세련된 형태도 가능하다는 것이다. 그리고 저자는 이 권위주의가 전체주의로 빠지는 것은 그리 먼 길이 아님을 또한 지적한다.

저자는 교육의 가치와 목적이 사전에 정해진 대로 일관성 있고 체계적으로 실현되는 것이 아니라 교육의 과정에서 발생하는 예기치 않은 불확실한 상황에 학생과 교사가 상호작용하면서 대응해 나가는 과정에서 구체화되는 것이라고 본다. 그렇다고 그러한 방식으로 진행되는 교육이 반드시 성공으로 이어진다고 장담할 수는 없다는 것이 저자의 독특한 판단이다. 그래서 교육에는 항상 모험과 위험이 수반된다. 이 점에서 저자의 논리는 비에스타의 주장과 일치된다. 그러나 이 모험과 위험을 회피하면 교육의 가능성을 축소하게 된다는 것이 저자의 논리이다. 이를 편의상 불확실성의 패러다임이라 하자.

그렇다고 앞서 언급한 비에스타나 저자가 모든 교육의 계획과 결과의 관계가 열려 있어야 한다고 주장한 것은 아니다. 자동차 운전이라든지, 어떤 제품을 만드는 법, 질병을 치료하는 기술같이 한 치의

---

6 교육의 가치와 목표를 구체적인 실천과 무관하게 추상적으로 규정하는 것이 권위주의적인 교육임을 의미한다. 말하자면 교육의 가치와 목표는 실천을 통해서 실현되는 것이지 실천에 앞서 미리 규정되어서는 안 된다는 것이 저자의 주장이다.

오차도 없이 계획과 결과로서의 성취가 일치되어야 하는 것도 중요한 교육의 영역이다. 다만 이들이 비판하는 것은 모든 교육을 확실성의 패러다임으로 접근하려 하는 관점이다. 우리 교육은 어떤가? 교사는 얼마나 불확실성을 받아들이고 있는가? 학교장은? 교육청이나 교육부는 어떠한가? 혹시 모든 교육을 확실성의 패러다임으로만 접근하는 것은 아닌가? 저자는 이 책에서 확실성의 패러다임의 표본으로 OECD의 비전과 PISA의 교육관을 듀이와 아렌트, 푸코를 소환하여 비판하고 있다.

OECD의 비전과 PISA의 교육관

경제에 포획된 교육

국제학업성취도평가^{PISA} 는 OECD(경제협력개발기구)를 구성하는 12개 사무국 중에 '교육 · 인적역량국'에서 시행한다. OECD는 그 명칭이 말해주듯이 경제발전이 주된 관심사이다. 『지식기반 경제^{The Knowledge-based Economy}』라는 의미 있는 제목의 1996년 간행물 서문에서 OECD는 다음과 같이 표현하고 있다.

> OECD 경제는 점차 지식과 정보에 기반을 두고 있다. 지식은 이제 생산성과 경제성장의 원동력으로 인식되어 경제성장에서 정보, 기술 및 학습의 역할에 새로운 초점이 모아지고 있다. '지식기반 경제'라는 용어는 현대 OECD 경제에서 지식과 기술의 위치를 보다 충실히 인식한 데서 나온 것이다. [...] 근로자가 다양한 기술을 습득하고 이러한 기술에 지속적

으로 적응할 필요성은 '학습경제'의 기반을 이룬다. [...] 가장 중요한 것은 지식기반 경제가 고용에 미치는 영향과 지식기반의 개발 및 유지에서 정부의 역할에 대해서 새로운 이슈와 질문이 제기되고 있다는 것이다.

지식기반 경제에 대한 '최선의 실천경험'을 확인하는 것은 과학과 기술 및 산업 분야에 있어서 OECD 업무의 핵심이다. 이 보고서에서는 지식기반 경제의 추세와 과학 시스템의 역할 그리고 지식기반의 지표 및 통계 개발에 대해 논의한다. (p. 13)

저자의 주장에 따르면 위의 구절을 분석할 때 가장 먼저 주목해야할 것은 **지식과 학습**을 잘 정의된 **보조적 위치**, 즉 경제성장과 생산성의 필요, 안정 및 강화를 충족시키는 위치에 두고 있다는 것이다. 지식이라는 용어가 OECD 주장의 핵심에 있는 것처럼 보이지만, 실제로는 지식과 과학이 심각하게 축소되고 있다는 것이다. 말하자면 지식과 과학이 잘 정의된 경제성장이라는 개념의 수단적 기능으로 여겨지고 있는 것이다. 그러므로 경제의 경계를 벗어나는 것은 교육과정과 연구 및 심지어 과학 전반에서 점차 제거될 운명에 있다고 보는 것이 진실에 가깝다. 지식은 통계와 지표로 번역되고 최선의 실천경험을 통해 적용될 수 있을 때에만 존재하게 된다. 다시 말하면 **지식은 작업 혹은 조작의 대상이지 그 자체로 고려되는 주제가 아니다.** 이러한 작업은 학생들의 대상화 및 정량화와 함께 진행되기 때문에 교육 및 커리큘럼에 영향을 미치지 않을 수 없다. 우 Wayne Au에 따르면,

사실 표준화된 평가를 통한 학생들의 탈맥락화, 객관화 그리고 이

어지는 수량화라는 3중의 작업은 그것으로 끝나지 않는다. 이렇게 서로 관련된 과정들은 또한 고부담 표준화 시험을 새로운 테일러주의의 이상적인 도구로 만든다. 이는 학생들(그리고 확장하면 교사와 교육까지)을 탈맥락적이고 수량화된 대상으로 전환함으로써 학생을 하나의 제품으로 규정하고, 교육을 공장 생산의 패러다임 안에 확고히 자리 잡게 하기 때문이다. 이런 식으로 표준화된 테스트는 기본적으로 학생과 가르침 그리고 교육을 상품화하며, 이러한 상품화를 통해 표준화는 교육체제를 자본주의 생산의 논리에 따라 작동하는 상업체제로 간주되도록 한다. 자본주의 생산논리란 상품이 시장에서 만들어지고 평가되며 비교와 교환이 이루어지게 하는 것이다.

(p. 15)

또 하나의 OECD 간행물『오늘의 교육(2013): OECD 관점』(2012b) 서문에는 다음과 같은 구절이 나온다.

교육국은 OECD 사무국의 한 부서이며 **더 강하고 깨끗하고 공정한 세계 경제를 건설하려는 조직의 노력에 기여하고 있다.** 우리는 효율적이고 효과적인 교육체제를 구축하고 학습 성과를 향상시키는 데 도움을 주기 위해 교육정책입안에 대한 비교 데이터와 분석을 제공한다. 우리는 정부와 기업, 시민 사회 및 학계가 최선의 실천경험을 공유하고 서로 배울 수 있는 포럼을 제안한다. 우리의 통계와 지표는 교육체제의 모든 측면에 대해 국제적으로 비교할 수 있는 강력한 근거자료를 제공한다.

(p. 20)

저자가 주목하는 것은 OECD 교육국의 역할을 소개하면서 '더 강하고 깨끗하고 공정한 세계 경제를 건설하려는 조직의 노력에 기여하는 데' 그 기능이 있다고 공개적으로 밝힌다는 사실이다. 그는 이 목적 자체는 아무런 문제가 없다고 본다. 문제는 그런 노력이 어떤 의미에서 자리를 잘못 잡고 있다는 점이다. 말하자면 **이러한 것은 교육국의 기능이 되어서는 안 되며, 적어도 주된 기능이 되어서는 안 된다는 것이다.** 교육을 다루는 기구라면 그 일차적 기능이 순수하고 단순한 의미에서의 교육, 즉 교육 그 자체여야 한다. 그런데 **OECD의 주장에 의하면 교육은 세계 경제에 종속되어야 하고, 더 나아가 세계 경제의 특정 비전에 종속되어야 한다는 것이**다. 다시 OECD 간행물『지식기반 경제』분석으로 돌아가 보면 다음과 같은 구절을 확인할 수 있다.

> 지식에 대한 투자는 다른 생산요소의 능력을 향상시킬 뿐만 아니라 이런 요소를 새로운 제품 및 프로세스로 전환시킬 수 있다. 그리고 이러한 지식에의 투자는 수익률을 감소시키는 것이 아니라 증가시키는 것으로 특징지어지기 때문에 장기적인 경제성장의 열쇠가 된다. (pp. 15-16)

여기서 OECD가 지식에 관심을 기울이는 것이 '다른 생산요소들의 생산 능력'뿐만 아니라 '새로운 경제적 제품과 생산과정'을 창출하는 데 있어서 지식의 중요성이 커지고 있기 때문이라는 것은 두말할 필요가 없다. 다시 말해 지식 그 자체에 가치를 부여할 여지는 없는 것이다. 그러나 저자에 따르면 **학습과 교육을 생산품과 동일시하게 되면 기본적으로 그것들의 특성, 즉 생성력과 근본적인 개방성 및 예측 불가능성을 놓치**

게 된다. 경제와 교육의 관계에 대한 OECD의 그림에서는 너무나 많은 것을 당연하게 간주하고 있다.

저자에 따르면 PISA는 OECD의 이러한 교육비전을 실천하는 도구이다. 그렉에 따르면 PISA는

> 단순한 평가체제가 아니다. 그것은 명확하고 구체적인 정책의 틀 안에서 구성되고 운영되며 그 틀은 참가국들이 향후 PISA 평가에서 더 나은 성과를 달성하고 경제적, 인적 자본 투자 유치에서의 입지를 개선하기 위해 받아들여진다. (p.9)

여기서 문제가 되는 것은 교육정책의 이해관계자들이 시종일관 'PISA가 지향하는 명시적 정책방향'이나 'PISA의 자료가 수집되는 기반'에 대해서 질문하거나 분석하지 않는다는 점이다. 한편 고루어 Gorur에 따르면, PISA는

> **현대의 아폴론 신전의 예언자가 된 것 같다.** [...] 편파적이지 않고 중립적으로 보이며 '사실과 수치'라는 언어로 편견 없이 말하면서 고결하고 유리한 위치에서 해당 국가의 정책 입안자들에게 관련 정보를 제공한다. PISA에 대한 이러한 의존, 즉 신뢰는 어느 정도까지 정당화되는가? PISA는 어떻게 이와 같은 아폴론적인 목소리를 얻어 세계의 교육 시스템에 대해 말할 수 있는가? 이 지식의 성격은 무엇이며, 어떻게 산출되는가? 정책 입안자들은 정책 '메시지'를 위해 이 PISA의 사제와 상의해야 하는가? (p.10)

같은 맥락에서 비에스타는 PISA가 "겉으로 드러나는 교육 시스템의 질에 대해 **분명하고 모호하지 않으며 소화하기 쉬운** 정보, 특히 학업성취와 관련하여 의사소통하는 데 용이한 정보를 제공하는 것처럼 보인다"고 주장한다(Biesta, 2015, p. 350). PISA가 전 세계 교육 시스템을 정량적으로 측정하는 것은 **불확실하고 분별이 어려운 교육을 단순한 '성취도 평가표'**로, 즉 서로 다른 성격의 데이터 집합들 사이의 이익과 손실에 관한 명백한 진술로 전환시키는 것이며, 이것은 정책 입안자들에게 '개선'의 목표를 설정할 수 있는 명확한 근거를 제공한다(ibid.). 이러한 입장은 교육 의제의 신자유주의적 변화와 완전히 일치하며 이 변화는 OECD의 교육적 관점의 엔진이자 그 결과이기도 하다. 이것은 평가체제와 그 주요 수단, 즉 성취도 평가표와 측정 가능한 결과가 교육성과의 순위를 매김으로써 경쟁 시스템에 연료를 공급하여 결국 교육이 분할되고(가령 승자와 패자 – 옮긴이) 자동화되고 시장화될 수 있는 관점을 허용하기 때문이다. 따라서 평가체제는 경쟁과 효율성을 중심 가치로 삼는 '등가성의 공간 space of equivalence'을 창출하는데 그 중심적 위치는 신자유주의와 OECD의 교육 의제에 의해 재확인된다.

여기서 저자는 OECD의 비전과 PISA의 교육관이 교육을 경제에 종속시킨다는 것과 더불어 하나의 고정된 시각으로 교육 전체를 바라본다는 점에 대해 권위주의, 총체화 totalizing, 전체주의라는 서로 연결된 개념을 중심으로 문제를 제기한다.

권위주의

저자는 교육의 주체들이 교육의 목표와 목적에 대해 논의하고 거기에 도전할 수 있는 기회를 주지 않고 일방적으로 목표와 목적을 설정하는 모든 교육의 프로젝트를 권위주의 교육으로 이해한다. 다시 말하면 교육의 **가치와 목표의 정의를 그것의 구체적 실천과 연결하고 있는 연결고리를 잘라버리는 것**만으로도 충분히 권위주의적인 교육이 될 수 있다는 것이다. 이는 목표와 가치가 더 이상의 논의 없이 그리고 필요한 만큼의 다양성과 불일치에 대한 고려 없이 그것을 당연시하는 기관이나 사람들에 의해 위에서 미리 구상되고 시행될 때 권위주의가 자리 잡게 된다는 것을 의미한다. 그는 권위주의적 교육에 두 가지 형태가 있다고 본다. 첫째는 단순하고 정교하지 못한 형태의 권위주의적 교육, 즉 학생들이 교육과정의 일부를 기계적으로 반복하도록 하는 교육, 주어진 방식대로 비판 없이 행동하도록 하는 교육이 있다. 둘째는 보다 고차원적이고 정교한 형태의 권위주의적 교육, 즉 개인이 **교육과정에 포함되지 않은 질문과 도전에 응답하되 미리 정의된 틀 안에서** 질문하도록 하는 교육이 있을 수 있다. 학습을 뒷받침하는 논리가 전 세계적으로 균질화되면 정교하고 효율적인 형태의 권위주의적 가르침이 작동한다. 이 역시 권위주의적 교육인 이유는 권위주의적 가르침의 본질이 변하지 않았기 때문이다. 즉 학생들은 비판하거나 도전해서는 안 되는 가치와 목적에 기초하여 가르침을 받고, 교사들도 비판하거나 도전해서는 안 되는 가치와 목적에 기초하여 가르침을 조직한다는 것이다.

저자가 OECD와 PISA의 관점을 비판하는 준거의 하나로 듀이

Dewey를 소환하고 있는 점을 고려해 보면 교육의 권위주의를 이렇게 이해하는 데에는 듀이의 관점이 반영되어 있다고 볼 수 있다. 듀이의 『민주주의와 교육Democracy and Education』에서는 이와 관련하여 동일한 의미들이 얽혀 있음을 보여주고 있다.

> "사실 성장에는 더 성장한다는 것 외에 다른 목적이 없으며, 마찬가지로 교육에도 교육을 더 받는 것 이상으로 중요한 것이 없다." (ibid., p. 60)
> "성장은 삶의 특징이기 때문에 교육은 성장과 전적으로 동일하다. 교육에는 교육 이외에 다른 목적이 없다." (ibid., p. 62)
> "성장은 엉뚱한 순간에 완성될 수 있는 것이 아니라 끊임없이 미래로 나아가는 것이다." (ibid., p. 65)
> "교육의 과정을 통해서 얻을 수 있는 결과는 교육을 더 받을 수 있는 능력을 지니는 것이다." (ibid., p. 79)
> "교육의 목적은 개인들이 자신의 교육을 계속할 수 있도록 하는 데 있으며, 학습의 목표와 보상은 지속적인 성장능력이다." (ibid., p. 117)
> (p. 297)

이 구절은 듀이가 교육을 잠재력(가능성)과 실현(구체화) 사이의 연결점에 있는 것으로 본다는 의미이다. 즉 듀이는 교육이 단순히 어떤 목표를 달성하는 수단이 아니라 끊임없이 성장하고 변화할 수 있는 잠재적인 가능성을 가지고 있으며 그 자체를 목적을 이루는 과정으로 본다는 것이다. 그는 교육이 단순히 정해진 목표나 결과에 도달하기 위한 것이 아니라, **교육의 과정 자체가 계속해서 새로운 가능성을 열어 가며 확장되고 발전하는 과정**이라고 주장한다. 따라서 교육은 '완성된' 것이 아니며, 항상 열려 있고 끝이 없는 성장과 변화의 과정이라고 할 수 있다. 이렇게 보면 교육의 목적을 사전에 설정하는 OECD와 PISA의 관점은 교육의 가능성을 축소하고 있다.

교육의 총체화

저자는 특정 목표와 가능성을 포괄적, 일괄적으로 설정하여 모든 개인이나 집단에게 동일하게 적용하고 강요하는 것, 다시 말하면 다양한 선택지나 개별적인 특성, 상황을 무시하고, **모든 사람을 같은 목표와 경로로 맞추려는 것을 총체화로** 개념화한다. 총체화는 다양한 가능성이나 개별적 특성을 인정하지 않고, 특정한 목표나 가치에 따라 모든 교육과 삶 그리고 사회의 방식을 일치시키려는 접근을 비판하는 개념이다. 그는 OECD가 추구하는 신자유주의 교육체제가 학생과 교사에 대해 개인의 다양성과 자율성을 무시하고 모든 사람을 미리 정해진 목표와 기준에 맞추어 통제하려는 방식을 비판하고 있다. 즉 신자유주의 교육체제에서는 학생들에게 자신의 욕구와 목표를 추구하기보다는 미리 정해진 '옳은' 기술과 능력을 갖추도록 강요하고 있으며, 이는 교육, 삶 그리고 사회에 걸쳐 획일적인 목표와 가능성만을 남기고 있다는 것이다. 구체적으로 OECD의 교육 의제는 PISA와 같은 도구를 통해 전 세계 학생들에게 동일한 지식과 기술을 습득하도록 강요하고, 그 결과 그들이 특정한 방식으로 사회에서 살아가게 하여 사회 자체가 특정한 가치와 기준에 따라 형성되도록 만들려는 의도가 있다고 비판한다. 이 과정에서 교육과 삶의 다원성, 다양성, 자율성이 억압되고 사회 구성원들은 사전에 정해진 목표에 맞춰 자신의 사고와 행동을 조정해야 한다는 것이다. 이는 OECD의 교육 의제가 PISA를 통해 교육을 하나의 목표와 방향으로 제한하면서, 학생들의 주체성과 창의성, 다원성을 인정하지 않고 미리 정해진 교육 목표에 맞춰서 재생산하는 과정으로 축소시키는narrowing down 것이라고 주장한다.

듀이에 따르면 상상력은 현시점에서 주어진 목표를 '달성'하는 동시에 그것을 넘어서서 새로움을 전면에 내세우는 수단이 된다.

> 아직 실현되지 않았지만 미래에 실현될 수 있는 가능성을 인식하는 것은 현실적 조건들과 대비할 때, 후자(현실적 조건들)에 대해 제기할 수 있는 가장 예리한 '비판'이 될 수 있다. 우리 앞에 열려 있는 가능성들을 인식함으로써 우리를 얽매는 압박감과 억압하는 부담감을 깨닫게 된다. (p. 235)

듀이는 실현되지 않은 가능성의 인식을 현실적 조건들에 대한 '가장 예리한 비판'으로 정의하고 있다. 말하자면 '가장 예리한 비판'은 상상력을 통해 이루어진다는 것이다. 상상력은 또한 과거, 현재, 미래를 일관되고 생성력 있는 융합으로 연결하려는 노력과 깊이 관련되어 있으며, 이러한 일이 학교교육의 본질이라고 말할 수 있다. 듀이에 따르면, 우리는 인간으로서 "과거의 유산과 현재 지식에서 얻은 통찰을 일관되고 통합된 상상적 융합으로 재구성하고 있다"(p. 337). 그런데 **총체화는 필연적으로 이러한 상상력을 배제한다.**

교육에서의 총체화는 결국 학생들이 다양한 방식으로 사고하거나 배울 수 있는 가능성을 제한하고, 특정한 목표나 평가 기준에 모든 교육적 활동을 맞추려 한다. 이러한 총체화가 개인이나 집단의 자유로운 사고와 행동을 억압하고 사회 전반에 걸쳐 하나의 절대적인 권위를 강요할 때 전체주의로 흐른다. 계몽주의 비판에 따르면 인간의 본질을 아무리 아름다운 미사여구로 규정한다고 해도 구체적인 인간이 태어나기도 전에 이를 모든 인간이 따라야 할 규범으로 설정하는 것은 일종의 전체주의적 사고이다. 저자는 교육의 이러한 총체화에 대한 비판의 연장선에서 무한한 가능성을 지닌 존재를 가르치는 교육은 무한한 가치에 개방적이어야 하는데 구체적인 교육활동을 실행하기도 전에 어떠한 교육적 성과를 산출해야 한다고 미리 규정하는 것은 교육적 전체주의라고 비판한다. 그는 OECD의 비전과 PISA의 교육관에 이러한 교육적 전체주의가 숨겨져 있다고 보고 이를 극복할 대안으로 듀이와 아렌트, 푸코를 불러들인다.

불확실성의 교육적 의미

저자가 지적하는 OECD의 비전과 PISA의 교육관이 명확한 의도와 목적이 있는 확실성의 패러다임에 근거하고 있다면 듀이와 아렌트, 푸코를 소환하여 OECD의 비전과 PISA의 교육관을 비판하면서 대안으로 제시하고 있는 관점은 불확실성의 패러다임이라고 할 수 있다. 이러한 관점에서 보면 OECD의 비전과 PISA의 교육관뿐만 아니라 교육의 가치 혹은 목적을 사전에 설정하고 이를 모든 학생을 통하여 실현하려는 모든 교육관은 동일한 비판의 대상이 될 수 있다. 듀이의 비판이 대표적인 사례다.

듀이

듀이의 저작을 해석할 때 주로 사고 혹은 반성적 사고를 키워드로 그의 사상을 범주화하지만 그는 교육을 개방적인 일, 즉 끊임없이 성장하는 영역, 순수한 가능성이라는 **불확실한 영역**에 속하는 것으로 생각했다. 이와 관련하여 그의 저작에서 확인할 수 있는 표현들을 살펴본다.

> 인간은 우연한 세계에서 살아가며, 솔직히 말하면 산다는 것은 하나의 도박이다. **세계는 위험의 무대이며 불확실하고 불안정한데 그것도 불가사의할 정도로 불안정하다.** 그 위험은 불규칙하고 변덕스러우며 나타나는 때와 시기를 헤아릴 수 없다. 지속적으로 나타나지만 산발적이고 간헐적이며 우연적이다. [...] 이러한 일들은 문화의 초기 시대와 마찬가지로 오늘날에도 여전히 사실이다. 변한 것은 **사실들**이 아니라 이에 대한 대비와 관리 및 인식의 방법이다.   (p. 148)

> 사고의 힘은 인간을 본능과 식욕 및 일상적인 것에 맹목적으로 종속되지 않게 하지만, 오류와 실수의 기회와 가능성을 초래하기도 한다. 사고는 인간을 짐승의 위치에서 끌어올리지만, 본능에 한정된 동물이라면 겪을 수 없는 실패의 가능성을 열어주기도 한다.
>
>   (p. 153)

듀이는 세계의 불규칙성과 위험성을 우리가 세계와 맺는 '관계'의 특징이 아니라 **세계의 '본질'**에 속하는 특징으로 보았다. 인간은 사고를 발달시킴으로써 자유로워지지만 동시에 자신을 상실할 가능성에 직면하게 된다. 말하자면 **이성적 사고의 가능성으로 인해 인간은 실패와 죽**

음에 더 많이 노출된다는 것이다. 비유해서 말하면 듀이가 바라본 교육은 사방이 안개로 가득 찬 세계다. 반성적 사고에 기대어 이 안개에서 잠시 벗어나는가 했더니 또 다른 안개에 휩싸인다. 이 안개 속에 갇힌 사람은 하나의 방향에 고정되지 않고 반성적 사고를 통하여 다양한 가능성을 모색한다. 말하자면 가능성을 확대하는 것이다. 듀이는 불확실성이 교사에게 교육활동의 기반이 된다고 보았다. 교육이란 본질적으로 예측할 수 없는 열려 있는 과정이며, 교사들은 학생들에게 확실한 지식이나 목표를 전달하는 것에 그치지 않고, 불확실한 미래, 즉 새로운 가능성과 변화를 탐구할 수 있도록 돕는 역할을 해야 한다는 것이다. 불확실성을 교사와 학생이 함께 새로운 가능성을 발견하고, 기존의 틀에서 벗어나는 도전을 경험할 수 있게 하는 중요한 요소로 보는 것이다. 그런데 이러한 도전에는 항상 위험이 수반된다. 위험의 수반과 가능성의 확대는 동전의 양면이라는 것이 듀이의 생각이다. 그러나 OECD와 PISA의 관점은 교육에 수반되는 위험을 회피하고 사전에 결정된 '확실한' 가치 혹은 목적을 모든 학생들을 통하여 실현하고자 한다는 점에서 교육의 열린 가능성을 축소하고narrow down 있다.

아렌트

아렌트에 따르면 인간의 행동이나 역사적 사건들에는 예측이나 계획으로는 완전히 이해할 수 없는 불확실한 특성이 있으며 이러한 불확실성이 인간의 자유와 창의력을 통해 삶을 더 풍요롭게 만드는 새로운 가능성을 창출한다. '무한한 불가능성infinite improbabilities'은 이를 설명하는 개념으로, 저자는 이러한 아렌트의 사상을 교육에 끌어와 교육의 생명이 미래의 무한한 가능성과 예측 불가능성에 있음을 말하

고 있다. 『인간의 조건The Human Condition』에 제시된 아렌트의 사유를 보면,

> 탄생에 내재된 새로운 시작이 세계에서 존재감을 드러낼 수 있는 이유는 오로지 새로 오는 자newcomer가 새로움을 시작할 수 있는 능력, 즉 행동할 수 있는 능력을 가지고 있기 때문이다. 이러한 의미에서 모든 인간 활동에 내재된 것은 주도권의 요소와 그로 인해 나타나는 탄생성의 요소이다. 더욱이 행위는 최고의 정치적 활동이기 때문에 정치적 사고의 핵심 범주는 형이상학적 사고와는 달리 죽음mortality이 아니라 탄생성natality일 수 있다. (p. 255)

> 시작의 본질은 이전에 일어난 것이 무엇이든 그로부터 예측할 수 없는 어떤 새로움이 시작된다는 것이다. 이러한 '예상 밖의 놀라운 일'의 성격은 모든 시작과 모든 기원에 내재되어 있다. (p. 259)

아렌트에게 있어 탄생성은 세상에 새로움을 가져올 수 있는 인간의 능력, 즉 "새로운 시작을 할 수 있는 능력"을 의미한다. 그런데 새로운 시작, 새로운 행위, 즉 탄생성은 그 결과를 미리 예측할 수 없는 것이기 때문에 여기에는 불확실성이 수반될 수밖에 없다. 즉 탄생성은 "예측할 수 없는 것"을 수반하며, 인간이 행동하고 세상에 영향을 미치는 과정에서 그 결과가 어떠할지 확신할 수 없다는 것이다. 이는 불확실성이 필연적으로 인간의 행위와 삶의 일부임을 보여준다. 불확실성이 없다면, 인간의 자유로운 행위나 새로움을 추구하는 능력 역시 제약을 받는다. 따라서 아렌트의 탄생성 개념은 불확실성을 통해 인간이 새로움을 창조하고 세상을 변화시키며 자신의 존재를 드러내는 행위로 이어진다. 요컨대 아

렌트의 탄생성과 불확실성은 상호 의존적인 관계에 있다. 인간이 탄생성과 함께 새로운 시작을 할 수 있는 것은 불확실성 덕분이며, 그 불확실성은 인간의 자유로운 행위와 창조적인 가능성을 지탱하는 토대가 된다. 자녀를 양육하는 부모가 자녀 앞에 놓인 모든 불확실성을 걷어내고 자녀로 하여금 탄탄대로만을 걷게 하려는 태도가 얼마나 자녀의 성장을 가로막는 행위인지를 생각해 보면 아렌트 사상이 우리 교육에 시사하는 바가 자못 크다고 할 수 있다. 이러한 관점에서 볼 때 **교육은 자유가 일어날 수 있는 조건, 즉 지상에서의 삶이라는 현실을 가능하게 하는 '무한한 불가능성'들을 실현할 수 있는 조건을 보존하고 창조하는 예술**이라고 할 수 있다. 이러한 관점은 OECD와 PISA가 표방하는 교육의 관점과 분명하게 대비된다.

푸코

푸코는 불확실성을 고정된 진리나 권위에 도전하고 새로운 주체성과 가능성을 열어가는 중요한 요소로 보았다. 그는 확실성과 고정된 진리에 대한 믿음을 비판하며, 지식과 진리가 역사적·사회적 조건에 의해 끊임없이 달라진다는 점을 강조한다. 이러한 점에서 불확실성은 푸코 철학에서도 중요한 역할을 한다. 특히 그는 인간의 주체성과 자유를 다룰 때 불확실성의 요소를 중심에 두고 논의한다. 이와 관련하여 푸코는『계몽이란 무엇인가 What is Enlightenment』에서 다음과 같이 말하고 있다.

> 우리는 역사적 한계를 구성하는 것에 대한 완전하고도 확실한 지식에 접근할 수 있는 관점을 포기해야 한다. 이 관점에서 보면 우리의 한계와 그 한계를 초월할 수 있는 가능성에 대한 이론적이고 실제

적인 경험은 항상 제한되고 한정된다. 따라서 우리는 항상 다시 시작하는 위치에 있다.   (p. 245)

푸코는 교육의 과정, 즉 성장과 변화의 과정에는 불확실성과 우회로를 비롯하여 사각지대와 막다른 골목이 가득한 헤아리기 어렵고 고된 작업이 수반된다고 보았다. 즉 성장과 변화의 과정은 "우리의 한계를 넘어서려는 노력, 즉 자유에 대한 조급한 열망을 실천을 통해 구체화하려는 인내심 있는 노력"[7]이라는 것이다. 푸코의 "자유의 실천으로서의 자기 배려의 윤리The Ethics of the Concern for the Self as a Practice of Freedom"에서도 유사한 표현이 등장한다. 성장과 변화의 과정, 즉 **교육활동은**

> 어느 정도 **노력과 불확실성, 꿈과 환상을 동반하며 사실로 인정된 진리로부터 자신을 분리하고 다른 규칙을 찾아 나서는 움직임**으로 특징지어질 수 있다. 이러한 일은 사고의 틀을 바꾸고 변형시키는 것과 기존의 가치를 변화시키는 것, 다르게 생각하고 행동하기 위해 그리고 평소의 자신과 다른 존재가 되기 위한 모든 노력들을 포함한다.   (p. 254)

요컨대 푸코는 지식과 권력이 변화할 수 있다는 점에서, 인간이 기존의 지식 체계를 넘어서고 새로운 담론을 형성할 수 있는 자유를 가지며, 권력 구조 내에서 선택의 여지가 생긴다고 본다. 그런데 변화와 자유는 확실한 토대를 거부하기 때문에 항상 불안이 수반된다. 반면

---

7 Foucault, M. (1997/1984). 『What is Enlightenment?』 In P. Rainbow (Ed), The Essential Works of Michel Faucault, Ethics. New York: Pantheon Books. p. 50.

에 OECD나 PISA가 추구하는 사회 혹은 교육에서는 뚜렷한 목표를 전제로 하기 때문에 인류가 추구해야 할 사회의 청사진을 제시한다.

근대 휴머니즘은 인간성이 실제로 '구체적인 형태'로 현실화되기도 전에 인간답게 된다는 것이 무엇을 의미하는지에 대한 규범을 미리 규정해버림으로써 이러한 규범과 다른 길을 걷는 인간을 억압하는 결과를 초래했다는 비판을 받는다. 근대 이후에 벌어진 대규모의 비인간화 사건은 어떤 기준에서 인간의 본질을 미리 규정한 다음 그 규정에 어긋나는 인간들을 인간의 범주에서 제외함으로써 발생했다는 것이다. 말하자면 그런 사건을 저지른 장본인들은 인간과 비인간을 가르는 확실한 기준을 설정하고 그런 기준에 못 미치거나 기준과 어긋나는 사람들을 인간의 범주에서 제외해 버렸던 것이다. 이와 관련하여 푸코는 다음과 같이 주장한다.

> 휴머니즘에 대한 나의 두려움은 그것이 특정의 윤리를 모든 형태의 자유에 대한 보편적 모형으로 제시한다는 것이다. 우리의 미래에는 휴머니즘에서 상상할 수 있는 것보다 더 많은 비밀, 더 많은 가능한 자유 그리고 더 많은 발상들inventions이 있을 것이라고 생각한다.
>
> (p. 283)

인간의 본성을 아무리 폭넓게 정의한다고 해도 그 개념에 모든 인간을 담는 것은 불가능하다는 것이다. 이를 교육의 차원으로 끌어오면 교육의 목적에 대해서 아무리 포괄적이고 체계적으로 규정한다고 해도 거기에 모든 학생이 추구할 만한 가치를 모두 담는 것은 불가능하다고 할 수 있다. 듀이와 아렌트, 푸코의 사상적 배경은 서로 다른 맥락에서 출발했지만, 권력과 자유, 교육 그리고 인간 조건에 대해 중요한 질문을 제기했다. OECD의 비전과 PISA의 교육관과 관련하여 이들의 사상이 공통으로 함의하는 것은 구체적인 교육활동이 시행되기도 전에 교육의 최종 목적을 사전에 규정할 수는 없다는 것이다. 인간이 태어나기도 전에 '인간은 이래야 한다. 그렇지 않으면 인간이라고 할 수 없다'라고 교육의 가치와 목적을 미리 설정하는 것은, 근대 휴머니즘이 인간의 개념을 선험적으로 규정했던 것과 동일한 구조라고 할 수 있다. 저자는 듀이와 아렌트, 푸코의 사상을 소환하여 이를 교육에서의 권위주의라고 한다. 교육은 실현하고자 하는 구체적인 가치와 목적을 미리 설정하고 시행하는 것이 아니라 오히려 아직 도래하지 않은 것 혹은 미완의 상태에 머무는 것이나 이를 지향하는 것dwelling in the not-yet으로 본다. 여기에는 완성된 모습은 미리 규정하는 것이 아니라 구체적인 교육의 상황에서 학생과 교사가 만들어가는 것이란 가정이 전제되어 있다고 할 수 있다.

미완의 상태를 지향하는 교육

소크라테스의 문답법에서는 대화가 결론 없이 끝나는 "아포리아aporia"의 상황에 빠지는 경우가 많다. 일례로 에우튀프론Euthyphro은 서두에서 보여주듯이, 경건함piety이 무엇인지에 대해 소크라테스와 대화를 나누면서 경건함의 정의를 명확히 하려 하지만, 결국은 결론에 도달하지 못한 채 끝이 나고 혼란스러워하며 자리를 떠난다. 불확실한 것을 해소하는 것이 아니라 오히려 확실한 것을 해체하는 것이다.

교육을 받고 나서 궁금한 것이 다 풀려야 성공적인 교육이라고 할 수 있는가? 앞서 제시한 확실성의 패러다임에서 보면 그렇게 판단할 수도 있을 것이다. 학생들로 하여금 교육을 통하여 몰랐던 것을 알게 하고 필요한 과제에 대한 수행능력을 기르도록 하는 것은 공교육의 필요조건이라 할 수 있다. 저자 역시 이 점을 부인하지 않는다. 의사가 환자를 치료하거나 기사가 기계를 작동하는 경우와 같이 정해진 절차를 반드시 준수해야 하는 내용을 가르치는 교육은 언제 어디서나 필요하다. 이는 교사 연수의 경우도 마찬가지다. 교육연수 기관에서는 교원들을 대상으로 다양한 연수를 제공한다. 그중에는 정책에 대한 이해도를 높이는 연수도 있고 교원의 교육활동 역량을 제고하기 위한 연수도 있으며 교원들의 교양을 넓히는 것을 목적으로 개설된 연수도 있다. 교원들이 이런 연수를 통하여 정책에 대한 이해도를 높이고 교육활동 역량을 제고하는 것은 언제나 필요하다.

그러나 이것이 교육의 전부인가? 저자에 따르면 이것을 교육의 전부로 보는 것은 교육적 가능성의 공간을 위축시키는 것이다. 교육은 사전에 목적을 설정하고 나서 그것을 향해서 달려 나가기만 하는 것이 아니라 무한한 가능성을 여는 것을 포함해야 하며 이것이 없으면 오히려 교육이라 할 수 없다는 것이다. 그런데 무한한 가능성을 연다는 것은 그 표현 그대로 한계를 정하는 것을 거부하기 때문에 근본적으로 개념화가 불가능하다.

비에스타가 많은 저서를 통하여 일관성 있게 주장하는 교육의 목표 중에 주체화 subjectification 혹은 주체됨 subject-ness이라는 개념이 있다. 그러나 이 용어에 대한 명확한 개념 정의는 물론 기존의 교육활동을 잠시 '중단 interrupt'함으로써 주체화가 가능한 환경을 만들 필요가 있다고 하는 것 외에 주체화 교육을 어떻게 실행해야 하는지에 대한 구체적인 지도 방법을 제시하지 않는다. 주체화에 대한 개념 정의나 지도 방법에 대한 설명이 없기 때문에 평가에 대한 언급도 없다. 이와 같은 논리는 교육 목표의 제시 → 학습경험의 선정 및 조직 → 평가라는 프레임에 익숙해 있는 독자로서는 불편하기 짝이 없다. 그러나 비에스타의 입장에서 볼 때 주체화에 대한 개념 정의와 지도 방법에 대한 언급이 없는 것은 직무유기가 아니라 주체화의 성격 자체에 기인하는 것이다. 말하자면 주체화는 확실성의 패러다임에서는 설 자리가 없기 때문에 불확실성의 패러다임을 요청하는 것이라고 할 수 있다.

저자가 듀이와 아렌트, 푸코를 소환하여 OECD의 비전과 PISA의 교육관을 비판하는 것도 동일한 맥락이라고 볼 수 있다. 이와 관련하여 저자가 제시하는 주장을 살펴보자.

> 이제 우리는 아렌트와 듀이의 연구가 연결되는 지점을 제시할 수 있다. 아렌트의 이해를 바탕으로 PISA의 프레임을 구성하면 PISA 모형은 특이한 유형의 소외, 즉 '사회적 소통공간의 위축 the atrophy of the space of appearance'을 초래한다고 할 수 있다. **교육의 목표와 목적이 이미 설정되어 있기 때문에 자신을 드러내는 것과 새로운 것의 출현을 위한 공간이 존재하지 않는다.** (p. 253)

비에스타와 마찬가지로 교육의 목표와 목적을 사전에 설정하고 모든 교육활동을 거기에 맞추어 시행하는 것을 교육의 전부로 보면 교육의 가능성을 축소하게 된다는 것이 저자의 주장 전반에 깔려 있다. 저자가 듀이와 아렌트, 푸코를 소환하여 OECD의 비전과 PISA의 교육관을 비판하는 근거가 바로 여기에 있다. **이 관점에서는 '아포리아'의 상황이 교육의 실패가 아니다.** 이 책 마지막 장의 제목이 "새로움과 근본

적 변화 가능성: 미완의 상태를 지향하는 교육Newness and radical possibility: Education as dwelling in the not-yet"으로 되어 있는데 부제에 저자의 주장이 응축되어 있다고 생각한다. 다양한 번역이 가능할 수 있지만 '**아직 성취되지 않은 상태(혹은 미완의 상태)에 머무는 교육**' 정도로 번역할 수 있다고 보면 이는 미완의 상태를 완성의 상태로 나아가는 과도기로 보는 것이 아니라 그 자체를 가치 있는 것으로 보고 있음을 의미한다.

그런데 저자에 따르면 이 **미완의 상태는 교육의 약점이 아니라 혁신적 가능성**radical possibility**을 열어주는 여유**가 된다. 이는 작은 변화나 개선을 뜻하는 것이 아니라, 기존의 사고방식이나 구조를 근본적으로 전복하거나 혁신하는 것을 포함한다. 교육에서 혁신적 가능성은 예측할 수 없거나 미리 계획되지 않은 변화의 잠재성으로서, 이는 학생이나 교사가 기존의 교육체제나 방법론의 한계를 넘어 새로운 학습 방식이나 자기 이해를 창출할 수 있는 환경을 조성함으로써 기대할 수 있다. 이는 혁신적 가능성이 스스로 작동할 수 있도록 제반 환경을 조성해야지 이런 가능성의 실현을 구체적인 교육의 목표로 설정하여 교육을 시행할 수 없음을 의미한다. 만일 그렇게 한다면 가능성 자체가 하나의 관리대상이 되어 또다시 확실성의 패러다임으로 귀환하는 셈이 되기 때문이다. 혁신적 가능성은 불확실성의 공간에서 생명력을 지닌다. 여기서 저자가 듀이, 아렌트, 푸코를 끌어들인 것은 인간이 되는 과정에서 떠맡고 경험하는 불확실성과 모든 변화에 수반되는 '놀라운 예측 불가능성'을 듀이와 아렌트 그리고 푸코의 연구에 근원이 되는 심오하고 공통된 주제들로 보았기 때문이다. 그는 **불확실성이 교사에게 교육활동의 기반**이라고 보았다.

듀이, 푸코, 아렌트에 있어서 불확실성의 공통된 의미

듀이, 푸코, 아렌트에게 있어서 불확실성은 공통적으로 인간 경험의 필수적이고 근본적인 조건을 의미한다. 이 세 사상가 모두 불확실성을 인간 존재와 사회적 맥락에서 피할 수 없는 요소로 보며, 다음과 같은 공통된 특징을 공유한다.

불확실성은 변화와 가능성을 동반한다

듀이는 불확실성을 문제 해결과 탐구의 출발점으로 보고, 이것을 새로운 지식을 형성할 수 있는 가능성의 조건으로 본다. 푸코는 지식과 권력이 고정되지 않고 역사적 맥락에 따라 변한다는 점에서 불확실성을 다루며, 변화의 가능성을 내포한다. 한편 아렌트는 인간의 행동이 예측 불가능한 결과를 초래하지만, 이로 인해 새로운 시작과 창조적 가능성이 열린다고 본다.

불확실성은 인간의 자유 및 선택과 연결된다

듀이에게 불확실성은 학습자에게 스스로 탐구하고 선택할 수 있는 자유를 제공한다. 불확실한 상황에서 학습자는 주체적으로 문제를 해결하고 새로운 길을 개척한다. 푸코는 지식과 권력이 변화할 수 있다는 점에서, 인간이 기존의 지식 체계를 넘어서고 새로운 담론을 형성할 수 있는 자유를 가지며, 권력 구조 내에서 선택의 여지가 생긴다고 본다. 그리고 아렌트는 불확실성을 인간의 행동에서 필연적인 부분으로 보고, 인간이 새로운 시작과 자유로운 선택을 하는 과정에서 불확실성이 필연적으로 수반된다고 말한다

불확실성은 창의적 사고와 새로운 가능성을 촉진한다

듀이는 불확실성이 인간에게 창의적 사고를 자극하는 요소로 작용하며, 실험적 탐구를 통해 새로운 해결책을 찾도록 유도하는 것으로 본다. 푸코는 권력과 지식이 고정되지 않고 유동적인 상태임을 강조함으로써, 불확실성이 기존의 틀을 벗어나 새로운 담론과 사유를 창조할 수 있는 공간을 열어주는 것으로 이해한다. 아렌트는 불확실성을 통해 인간이 예측할 수 없는 새로운 행동을 시작할 수 있으며, 이를 통해 새로운 세상을 열 수 있는 창조적 능력을 강조한다.

요컨대 이 세 철학자에게 불확실성은 인간이 변화와 가능성 속에서 살아가는 조건이며, 인간의 자유와 창의적 사고를 촉진하는 요소로 이해된다. 불확실성은 고정된 질서나 절대적인 진리가 아니라, 변화와 탐구를 통해 끊임없이 새로운 것을 만들어가는 과정의 필수적인 부분으로 자리 잡고 있다.

유일성과 함께함

아렌트는 『인간의 조건』에서 인간의 본질이나 본성에 대한 개념을 비판한다.

> 인간의 조건에 대응하는 모든 인간 활동과 능력의 총합은 인간 본성 같은 것을 구성하지 않는다. 우리가 여기서 논의하는 것들이나 생략하는 것들, 예를 들어 사고나 이성조차도 그리고 그것들을 모두 꼼꼼히 열거하더라도, 그것들이 없으면 인간 존재가 더 이상 인간적이지 않게 된다는 의미에서 인간의 본질적인 특성을 구성하지 않는다. (pp. 274-275)

인간은 다른 사물의 본질 또는 본성이라고 할 때와 동일한 의미에서 본질이나 본성을 가지고 있다고 할 수는 없다. 다시 말해 우리에게 어떤 본질이 있다면, 오로지 신만이 그것을 알 수 있고 정의할 수 있을 것이다. 이때 첫 번째 전제 조건은 '누가who' '무엇what'처럼 이야기할 수 있어야 한다는 것이다. (pp. 276-277)

여기서 말하는 것은 인간을 전체성의 차원이 아닌 무한의 차원에서 접근해야 한다는 것이다. 교사가 학생들을 대할 때 어떤 특정한 관점에서 접근하게 되면 학생 개개인의 유일성이 묻혀버린다. 유일성은 학생 한 사람 한 사람을 무한히 다른 존재로 바라보는 개념이다. 그런데 아렌트에 따르면 인간의 유일성 혹은 개인의 특성은 결코 개인 혼자의 힘으로 길러지는 것이 아니다.

완전히 사적인 삶을 산다는 것은 진정한 인간의 삶에 필수적인 것들을 상실한다는 것을 의미한다. 즉 타인이 보고 듣는 것을 통해 임하는 현실성을 상실하는 것, 공통의 세계를 통해 그들과 연결되고 분리됨으로써 형성되는 '객관적' 관계를 상실하는 것, 삶 자체보다 더 영속적인 무언가를 성취할 가능성을 상실하는 것이다. 사생활의 결핍은 타인의 부재에서 비롯되며, 그들에게 사적인 인간은 드러나지 않기 때문에 마치 존재하지 않는 것과 같다. (p. 278)

사람들은 행위하고 말하면서 자신을 보여주고 적극적으로 자신의 고유한 인격적 정체성을 드러내며 세계에 자신의 모습을 나타낸다. [...] 이처럼 말과 행위의 드러냄의 성격은 사람들이 타인을 위하지도 타인과 대립하는 것도 아닌, 타인과 **함께** 존재하는 상황에서만 전면에 나타난다. 즉 순전히 함께함에서 나타나는 것이다. (p.279)

말과 행위는 이렇게 독특한 차이를 드러낸다. 사람은 말과 행위를 통해 단순히 남과 구별된다기보다는 자신의 독특함을 드러낸다. 이 둘은 인간이 물리적 대상으로서가 아니라 인간으로서qua men 서로에게 자신을 드러내는 양식이다. 단순한 신체적 존재와 구별되는 이러한 '모습'은 주도성initiative에 기반을 두고 있다. 주도성은 인간이라면 누구도 피할 수 없는 것이다. 이를 피한다면 더 이상 인간이라 할 수 없다. [...] 말과 행위가 없는 삶은, 문자 그대로, 세계에 대해서 죽은 삶이다. 그것은 더 이상 사람들 사이에서 살아가는 삶이 아니기 때문에 인간으로서의 삶을 멈춘 것이다. 우리는 말과 행위를 통해 세계에 진입한다. 이렇게 진입하는 것은 제2의 탄생과 같다. 우리는 이러한 탄생을 통해서 본연의 신체적 모습이라는 적나라한 사실에 대해 책임을 진다. [...] 세계에 진입하려는 충동은 태어나서 세상에 존재하기 시작하는 순간부터 발생하며, 우리는 주도적으로 새로운 어떤 것을 시작하는 것으로 그것에 대응한다. (pp. 280-281)

내가 누구인지는 나 혼자의 노력으로는 알 수 없고 나의 말과 행위가 다른 사람에 의해 어떻게 받아들여지는지에 따라 결정된다는 것은 얼핏 보면 유일성의 개념과 충돌하는 것 같지만 이 유일성 자체가 다른 사람과의 관계에서 형성되는 것이다. 아렌트는 이를 탄생의 개념으로 설명한다. 말하자면 인간은 말과 행위를 통하여 매 순간 새로운 제2의 탄생을 하는 것이다. 이는 자유의 개념과 연결된다.

자유와 불확정성

> 정치와 관련된 자유는 의지의 현상이 아니다. 여기서 우리가 다루는 것은 '리베룸 아르비트리움liberum arbitrium'[8]이 아니다. 이것은 주어진 두 가지, 곧 선과 악 사이에서 중재하고 결정하는 선택의 자유이며 그 선택은 단지 논리적으로 설명되기만 하면 작동하는 동기에 의해 미리 결정된다.
>
> (p. 285)

저자에 따르면 이 구절을 읽을 때 유의해야 할 첫 번째 사항은, 아렌트의 관점에서 자유는 오직 타인과 함께 존재할 때에만 실현될 수 있다는 것이다. 자유는 함께 하는 행위에서 비롯된다. 이는 민주주의와 의사소통에 대한 듀이의 이해와 매우 유사한 설명임을 주목할 필요가 있다. 인간은 행위와 말을 시작할 수 있는 만큼만 자유롭고, 이는 "이전에 존재하지 않았던 무언가를 존재하도록 하는 것"이다(ibid.). 아렌트에 따르면, "인간은 시작의 존재이기 때문에 자유롭다. [...] 신은 세계에 시작하는 능력을 들여오기 위해 인간을 창조했다. 이것이 자유이다."

이러한 관점에서 생각해 볼 때 교육은 자유가 일어날 수 있는 조건

---

8   라틴어로 '자유의지'를 의미하며, 특히 선택의 자유를 강조한다. 이는 논리적이고 동기화된 선택을 통해 주어진 상황에서 결정을 내리는 능력을 가리킨다. 아렌트가 말하는 자유는 이와는 다른 정치적 자유로서 새로운 가능성을 창출하고, 공동체 속에서 함께 행동함으로써 세계를 변화시키는 적극적인 실천을 포함하는 개념이다.

을 보존하고 창조하는 예술이 된다. 즉 "인간이 지상에서 누리는 삶의 현실을 받쳐주는 '무한한 불가능성'을 실현할 수 있는 조건"을 마련하는 것이다. 반대로, **행위와 말 ― 인간이 다른 이들과 스스로에게 자신을 드러내는 두 가지 형태 ― 의 조건을 강요한다면 그런 교육은 아무리 정교하다 해도 또 하나의 권위주의적 교육이 될 뿐이다.** 아렌트의 말에 따르면, "모든 새로운 시작이 '무한한 불가능성'으로 세계에 진입하는 것은 새로운 시작의 특징이지만, 바로 이 무한한 불가능성이 사실상 우리가 실재라고 부르는 모든 것의 기본구조를 형성한다. 저자는 교사의 첫 번째 임무 가운데 하나가 바로 이러한 무한한 불가능성의 연약함을 보존하는 것이라고 생각한다. 왜냐하면 교사가 이러한 무한한 불가능성을 소중히 해야만 학생들의 유일성과 자유를 배려할 수 있기 때문이다. **물론 그러한 일은 그 중요성을 인정하거나 평가하기 어렵고, 어쩌면 측정하는 것이 불가능할 수도 있다.** 그럼에도 불구하고 교사가 이를 간과한다면 학생들의 인간다움과 유일성을 놓치게 된다. 그러므로 OECD의 관점이 근본적으로 잘못인 것은, 그것이 행위와 말에 진정한 의미를 부여할 여지는 물론 유일성과 새로움에 대한 여지도 남기고 있지 않기 때문이다. 새로운 형태가 출현하는 것, 혹은 듀이의 표현으로는 '독특하고 새로운 성격을 가진 경험이 출현하는 것'이 PISA에 의해 미리 차단된다는 것이다.

일상적인 교육활동에서의 미래에 대한 전망과 가능성 실현 환경 창출

우리는 대개 교육적으로 가치가 있다고 판단되는 것은 무엇이든지 가르치려고 하고 가르치고 나서는 평가를 하려고 한다. 그러나 불확실성의 모델에 따르면 가치 있는 것 중에는 직접 가르치거나 평가할 수 없는 것들도 있다. 비에스타에 따르면 교육에는 '자격부여', '사회화', '주체화'의 세 가지 목적이 있으며 이 중에서 교육을 교육답게 하는 것을 주체화로 본다. 그러나 주체화는 직접 가르칠 수 있는 것이 아니다. 주체화가 일어날 수 있는 환경을 만들 수 있을 따름이다. 역설적으로 들릴 수도 있지만 주체화가 일어날 수 있는 환경은 가르치는 행위를 중단interrupt할 때 창출된다. 이 말은 가르치는 일과 배우는 일 사이에 간극이 발생할 때 주체화의 가능성이 열린다는 것을 의미한다. 이와 관련하여 비에스타는 다음과 같이 말하고 있다.

> 교수와 학습 간의 간극이 존재하는 한, 적어도 타자가 도래할(새로운 시작과 새로운 초보자가 세계 안으로 들어올) 불가능한 가능성의 기회가 열려 있다. 나는 이를 새로운 시작과 신입자가 세계 안으로 도래하는 것이라고 표현한 바 있다. [...] 그러므로 교수와 학습의 이러한 간극을 없애고 교육의 해체적 성격을 부정하려는 어떠한 시도도 이러한 가능성을 위협하기 때문에 주체화를 사회화로 되돌리고, 신입자newcomers를 현재와 동일한 질서나 "경제"에 다시 편입하게 한다.[9]

그렇다면 성공적인 교육이란 교사가 가르친 대로 학생에게 배움이 일어나지 않는 것을 말하는가? 이에 대해서 비에스타는 **성공적인 교육의 가능성의 조건이 동시에 불가능성의 조건이기도 하다는** 점을 지적하는 것으로 대답을 대신한다.

비에스타가 해체deconstruction의 관점에서 교육적 가능성의 공간의 확대를 언급했다면, 저자는 듀이와 아렌트, 푸코를 소환하여 교육에

---

9   Biesta, G. & Peters, M.(2009). 『Derrida, Deconstruction, and the Politics of Pedagogy』. p. 107.

는 주어진 틀 속에서 교육내용을 전달하는 것 외에 가능성 실현의 공간을 넓혀 주는 것이 포함되어야 한다고 주장한다. 이에 따르면 교육은 학생들에게 가능한 미래를 열어 주며 교사가 현실의 조건을 넘어 새로운 가능성을 제시하는 공간을 마련하는 것이다. 따라서 학생들이 고정된 목표와 절차에서 벗어나 다양한 접근법과 방법을 실험할 수 있도록 해야 한다. 이를 통해 학생들은 주어진 절차와 목표를 **해체하고 목표와 수단 모두에 도전함으로써 현실화된 어떤 결과도 여러 가능성 중 하나에 불과한 것**임을 배우게 된다. 이는 현실을 하나의 고정된 결과로 보지 않고 여러 가지 가능성 중 하나로 인식하는 것이다. 이러한 학습 과정은 학생들의 창의성과 새로운 방식의 사고를 촉진한다. 이러한 의미의 교육은 아직 아닌 상태, 미완의 상태에 머무르는 교육이며 불확실성을 포용하고 학생들이 지속적으로 자신을 넘어서도록 돕는 과정이다.

이러한 관점에서 보면 교육목표나 목적, 가치를 사전에 설정하여 학생들이 이를 그대로 수용하기를 기대하는 것은 교육적 가능성의 공간을 축소하는 일이다. 이것이 저자가 OECD와 PISA의 교육적 관점을 비판하는 핵심이다. 그의 표현을 직접 들어보자.

> 학생들이 목적과 수단을 새롭게 $^{ex\ novo}$ 창조할 수 있는 능력은 이러한 불확실하고 어떤 의미에서 예측 불가능한 교육활동의 초점이 되어야 한다. [...]
> 학교교육이 이러한 혁신적인 사고와 행위를 실험할 수 있는 시공간이 될 수 있는 것은 교실에서는 행위와 결과 간의 인과관계가 일시적으로 중단되거나 취소되는 것이 가능하기 때문이다. [...] 일상적인

학교활동에서 학생들은 궤도에서 벗어나 새로운 접근 방식과 문제에 대한 새로운 해결 방법을 실험할 수 있기에 그러한 문제들을 수정하여 새로운 생명을 부여할 수 있다. (p. 294, 295)

그렇다면 이와 같이 교육적 가능성의 공간을 넓히는 데 있어서 교사는 무엇을 해야 하는가? 뒤로 물러나 가만히 있으면 되는가? 저자인 다네제에 따르면 이러한 상황을 창출하는 데 요구되는 교사의 자세는 결코 소극적이거나 수동적인 것이 아니다. 그의 말을 직접 들어보자.

여기서 교사는 두 가지 상반된 자세 사이를 오가거나 어떤 의미에서는 떠돌아다녀야 한다고 생각한다. 한편으로 교사는 학생들에게서 새로움에 대한 능력이 발현되도록 뒤로 물러나 있어야 한다. [...] 그러나 단순히 침묵하는 것만으로는 충분하지 않을 수도 있다. 주어진 틀을 깨고 순수한 성장을 위한 공간, 즉 순수한 가능성을 위한 공간을 만드는 것은 적극적인 과제이기 때문이다. 이 과제를 수행함에 있어서 교사에게는 물론 물러서서 침묵해야 하는 활동도 필요하지만, **도발하고 경청하고 말하고 방해하고 제안하고 질문하고 돌보는 활동도 요청된다.** 학생들이 목소리를 내도록 하는 것은 역설적인 과제로, 이는 단지 교사가 침묵한다고 나타나는 것은 아니다. 다양한 가능성이 나타나도록 하려면 옛것들을 해체해야 하거나 적어도 그것들이 어쩔 수 없는 것이 아니며 현실은 더 넓은 가능성의 지평에서 실현된 하나의 모습일 뿐이라는 것을 보여주어야 한다. 그래서 뒤로 물러서는 행위와 새로운 질문을 유발하는 행위 사이를 오가는 것, 침묵을 유지하면서도 자신의 생각을 표현하는 것은 오로지 순수한 가능성에 진력하는 교사의 자세이다. 이때 교사는 교육과정과 학생 및 아직 도래하지 않은 공간 사이의 상호작용이 이루어지는 접점에서 활동하고 있는 것이다.   (pp. 295-296)

이러한 주장은 교육적 가능성의 공간을 확대하기 위해 교육활동의 구체적인 지침을 요구하는 교사에게는 여전히 추상적인 수준에 머물고 있음을 부인하기 어렵다. 그러나 이보다 더 구체적인 지침을 요구하는 것은 교육활동을 또 하나의 틀에 가두는 것이 되기 때문에 지금까지의 논의의 밑바탕이 되어 온 '불확실성의 패러다임'에서 벗어나게 된다.

결론

소크라테스의 대화법에 나와 있듯이 교사가 확실한 결론 및 수업을 보류하고 수업을 마치면 학생들은 "선생님, 결론이 뭐예요?" 하면서 확실한 결론을 내려주기를 기대하는 것이 보통이다. 이때 교사가 답을 제시하고 싶은 유혹을 이겨내는 것은 쉬운 일이 아니다. 저자는 교육활동의 '불확실성'이 갖는 의미가 학생들에게 교육적 가능성을 넓혀 주는 것, 쉽게 말하면 더 넓은 세계를 보여 주는 것에 있음을 지적한다. 물론 의사가 뇌수술을 성공적으로 수행할 수 있도록 하는 것과 같이 주어진 지식과 기술을 효과적으로 전수하고 습득하게 하는 교육은 언제나 필요하다. 그러나 이것이 교육의 전부가 되어서는 안 된다는 것이 저자의 주장이다. 비에스타는 주체화가 교육의 목적 가운데 하나이기는 하지만, 주체화가 실종된 교육은 그 본질을 상실한 교육이라고 본다. 문제는 주체화가 뇌수술에 필요한 지식과 기술 혹은 자동차 운전법처럼 가르칠 수 있는 것이 아니라는 점이다. 비에스타는 주체화가 일어날 수 있는 환경을 만들려면 정상적인 교육의 과정을 잠시 멈추는 일이 필요하다고 했고 저자는 교사가 물러서서 침묵해야 하는 활동과 더불어 도발하고 경청하고 말하고 방해하고 제안하고 질문하고 돌보는 활동이 요청된다고 보았다. 말하자면 뒤로 물러서는 행위와 새로운 질문을 유발하는 행위 사이를 오가는 행위, 침묵을 유지하면서도 자신의 생각을 표현함으로써 오로지 순수한 가능성에 진력하는 교사의 자세가 필요하다는 것이다. 이때 교사는 교육과정과 학생 및 아직 도래하지 않은 공간 사이의 상호작용이 이루어지는 접점에서 활동하고 있는 것이다.

직간접적으로 교육과 무관하게 살아가는 사람이 과연 있을까 싶을 정도로 교육활동은 대부분의 사람, 아니 모든 사람 가까이에서 항시적으로 이루어지고 있다고 할 수 있다. 교육활동이 이렇게 가까이에서 이루어지고 있다 보니 교육과 관련된 문제가 발생하면 누구나 한마디씩 거들려고 한다. 그러나 교육활동이 인간을 어떻게 변화 혹은 성장시키는가 하는 문제에 대해 제대로 답을 할 수 있는 사람은 이 세상에 아무도 없다고 해도 과언이 아니다. 이는 인간의 성장과정에 워낙 많은 요인들이 작용하고 있기 때문이기도 하지만 교육이 이루어지는 과정에서 예기치 않은 요인들이 저절로 발생하여 기존의 요인들과 상호작용을 하면서 교육의 과정에 영향을 미치기 때문이기도 하다. 복잡성 교육 이론에서는 이를 자기 조직화 혹은 창발이라 부르기도 한다. 기존의 요인들도 복잡하지만 수시로 새로운 요인들이 스스로 발생하여 상호작용하면서 교육의 과정에 관여하기 때문에 교육활동은 예측이 어렵거나 불가능한 경우가 많은 것이다. 정부의 교육정책이 때로 기대한 것과는 반대되는 결과를 낳는 것은 이 때문이다. 비유하자면 교육은 안개 속을 헤매는 것과 유사하다. 안개 속을 헤맬 때에는 한 걸음 한 걸음 조심하는 것이 상책이다. 언제 낭떠러지를 만날지 알 수 없기 때문이다.

그러나 공교육을 책임진 교육당국이나 교사에게는 교육을 의뢰한 국민의 기대를 반영하여 달성해야 할 목표와 과제가 주어져 있다. 따라서 교육 당국이나 교사는 시대 사회적 요구를 반영하여 계획을 수립하고 이를 실천에 옮기기 위해 노력해야 한다. GDP 성장이 주요 목표인 OECD의 기준에 맞추어 제반 교육 제도를 개선하고 인공지능 시대에 대비하여 교육과정을 혁신하는 일을 소홀히 할 수가 없다. 교육의 과정에서 만나는 안개는 걷어내야 할 일종의 장애물일 뿐이다. 이것이 확실성의 패러다임이다. 국가가 교육에 막대한 예산을 배정하는 주된 근거가 여기에 있다. 부모가 자녀의 뒷바라지를 위해 온갖 자원을 투입하는 것도 마찬가지다.

문제는 바로 위에서 언급한 대로 교육이 그리 녹록한 활동이 아니라는 점에 있다. 당대 최고의 교육 전문가들이 만든 교육계획이 왜 기대한 만큼의 성과를 내지 못하거나 심지어 기대한 것과 정반대되는 결과를 낳기까지 하는가? 초등학교 때부터 많은 진로교육을 받아왔음에도 불구하고 최종 진로 선택을 앞두고는 지금까지 받는 진로교육과는 전혀 무관한 선택을 하는 학생들이 왜 그렇게 많은가? 아무리 적성과 일의 매치를 강조해도 직업의 세계로 나아갈 때 '가슴을 뛰게 하는' 일을 선택하기보다는 물질적 풍요를 기준으로 선택하는 이유는 무엇인가? 이 물음은 말하자면 인공지능의 발전에 부합하는 교육, GDP 성장과 경제발전을 추구하는 국가의 목표에 부응하는 교육과 같이 교육의 목적과 목표를 교육의 외부에서 일방적으로 결정하는 패러다임에 의문을 제기하는 것이다. 이 물음은 또한 우리나라 젊은이들의 행복지수와도 관련이 있을 것으로 보인다. 아무리 교육 외적인 목표의 달성에 효과적이고 효율적인 교육을 실천한다고 해도 교육받는 이들의 행복에 기여하지 못한다면 과연 의미 있는 교육이라고 할 수 있는가 하는 의문을 제기하고 있는 것이다. 이것이 이 책의 저자가 일관되게 견지하고 있는 교육적 관점이다.

이 점에서 이 책은 정책적으로 환영받기는 어려운 관점을 채택하고 있다. 물론 그렇다고 저자가 경제발전이나 GDP 성장이 가치가 없다고 주장하는 것은 아니다. 다만 교육을 시행하기도 전에 교육의 목표를 교육 외적인 기준에서 일방적으로 결정하는 것은 문제라는 것을 지적하고 있는 것이다. 이는 마치 구체적인 인간이 태어나기도 전에 '인간이란 이런 존재다'라고 규정함으로써 그런 기준에 포함되지 않은 인간들의 인권에 무관심했던 근대 휴머니즘의 한계를 지적하는 것과 구조적으로 유사하다.

교육의 두 패러다임, 확실성의 패러다임과 불확실성의 패러다임, 교육의 목표는 시대 사회적 요구를 반영해서 설정되어야 관점과 교육이 실천되는 현장에서 학생과 교사의 상호작용을 통하여 구체화되어야 한다는 관점은 어느 하나를 선택하고 다른 하나를 버리는 식으로 결정할 수는 없다. 두 관점은 교육 정책의 수립과 시행 과정에서만이 아니라 교육의 현장에서 끊임없이 부딪히고 갈등할 수밖에 없고 또 그래야 하는 관계에 있다고 보는 편이 온당하다.

PISA의 시대에 요청되는 교육의 회복
-OECD 질서에 대한 교육적 성찰

이 책에서는 OECD가 추구하는 교육의 의제와 그 주요 도구인 PISA Programme for International Student Assessment(국제학업성취도평가)에 대한 비판적인 분석을 제시한다. 저자는 출판물, 웹페이지 및 비디오를 비롯한 OECD의 공식 문서에 대한 분석에 기초하여, PISA는 단순한 평가 도구가 아니라 전 세계적으로 학교교육을 비롯한 교육일반과 삶 그리고 사회를 지배하려는 전방위적인 프레임이라고 주장한다. 저자는 이러한 창조를 소위 삶의 브랜드 life-brand라고 칭하는데, 이것은 교육과 학습이 상품이 되고 있으며, 그로 인해 결과적으로 학교를 공급자로, 교사를 사전에 계획된 학습 패키지의 대리인으로 변화시킬 위험을 안고 있다는 우려를 제기한다.

OECD는 교육에 대해 하나의 개념, 그것도 매우 좁은 개념만을 추구하기 때문에 교육을 단순한 재생산 과정으로 축소할 뿐만 아니라 이러한 접근법은 또한 삶이 발전하고 진화하는 기본적인 규칙들을 지워버린다는 것이 저자의 주장이다. 이런 의미에서 PISA는 단지 또 다른 형태의 권위주의적 교육에 불과하다. 권위주의적 교육이란 교육의 목표와 목적에 대해 논의하거나 도전할 수 있는 기회를 주지 않고 목표와 목적을 일방적으로 설정하는 모든 교육 프로젝트로 이해된다.

이 책에서는 이와 다른 교육 논리를 제시하며, 학교교육이 단순히 적합한 기술을 산출하는 도구가 아니라, **실험, 주저, 기다림의 과정, 교사**

와 학생이 성장을 위한 순수한 가능성 속에 머무르려고 노력하는 과정임을 강조한다.

이 책은 학교교육을 생각하는 대안적인 방법이 우리의 관심을 끌 만한 가치가 있다고 강하게 주장한다. 교육철학 및 이론, 포용적인 교육 및 사회 정의 영역을 다루는 학자와 연구원 및 대학원생들에게 필독도서가 될 것이며 또한 정책 입안자들과 교육 활동가들에게도 분명 관심의 대상이 될 수 있을 것이다.

차례

감사의 말

이 책은 a. 신자유주의 교육 의제에 대한 비판, b. 교육과 경험 및 사고에 대한 듀이의 해석 그리고 c. 느슨한 의미에서 포스트모더니즘에 따른 교육의 이해에 대한 성찰이라는 세 가지 지침에 따라 지난 4년 동안 내가 수행한 연구를 기반으로 하고 있다. 또 이전의 텍스트와 마찬가지로 나의 친구와 동료, 학생 및 가족과의 토론을 바탕으로 하였다. 특히 비에스타Gert Biesta에게 감사한다. 그는 자신의 책들에 나의 연구를 발표할 기회를 주었을 뿐만 아니라 내가 제기한 주장들에 대한 세심한 의견을 아끼지 않았다. 또 그러한 기회를 준 줄리 앨런Julie Allan에게도 감사하며, 나의 집필 계획 초안에 대한 유익한 코멘트를 해준 익명의 검토자들에게도 감사한다.

이 책의 일부 내용과 거기에 영향을 미친 아이디어들은 지난 몇 년 동안 교육철학학회, 영국 교육철학학회, 유럽교육연구협회, 국제교육철학자 네트워크 등 여러 학회에서 주최한 컨퍼런스에서 발표되고 읽혔으며, 그로 인해 심도 있는 토론의 혜택을 누릴 수 있었다. 그 컨퍼런스에 참석하여 논의된 주제에 대해 귀중한 조언을 해주신 동료들에게 감사한다.

이 책에서 활용된 자료들은 여러 곳에서 출판된 것들이다. 1장과 2장 일부는 『권력과 교육Power and Education』7(1)(2015, pp. 56-72)에 "PISA의 식민주의: 성공, 돈, 교육의 소멸PISA's Colonialism: Success, Money, and the Eclipse of Education"이란 제목으로 처음 실렸으며, 제5장은 두 개의

자료, 즉 『Studies in Philosophy and Education』 35(2015, pp. 195-215)에 실린 "경험, 신비, 어설픈 지식: 불안함에 대한 존 듀이의 사상 Undergoing, Mystery, and Half-knowledge: John Dewey's Disquieting Side"과 『Journal of Philosophy of Education』 early view(2016, Digital Object Identifier DOI 10.1111/1467-9752. 12187, pp. 1-16)에 실린 "사고의 본질적인 불확실성: 존 듀이의 교육과 주체 The Essential Uncertainty of Thinking: Education and Subject in John Dewey"를 기반으로 했다. 6장의 일부는 『Studies in Philosophy and Education』 early view(2016, doi 10.1007/s11217-016-9511-x)에 실린 "교육의 '공식적' 틀에서 상상력의 소멸과 교육 담론으로 돌아와야 하는 이유: 듀이의 관점에서 The Eclipse of Imagination within Educational 'Official' Framework and Why It Should be Returned to Educational Discourse: A Deweyan Perspective"를 활용했다. 여기서 원문의 일부를 다시 활용할 수 있도록 허락해 준 여러 저널 출판사들에 감사한다.

마지막으로 아내 스테파니아에게 깊이 감사한다. 아내는 내가 프로젝트를 추진할 수 있도록 시간과 공간을 허락해 주었을 뿐만 아니라 아낌없이 격려해 주었다. 그녀가 아니었으면 이 책을 비롯한 많은 것들이 세상에 나오지 못했을 것이다.

서론

 이 책은 OECD의 교육 의제와 그 주요 도구인 PISA를 분석하고 그 것에 도전하려는 시도이다. 그런데 내가 다루는 이슈는 교육에서 매우 많이 논의되고 토론되는 주제들 가운데 하나이다. 게다가 이러한 논의에는 정책 연구에서부터 교수법, 측정 및 평가 관련 연구, 교육철학과 이론, 교육과정 연구, 교사교육 연구, 교육 사회학, 학습 및 교수법, 교육정치학, 포용적 교육과 사회 정의 연구에 이르기까지 매우 다양한 주제들이 포함된다. 놀랍게도 OECD가 교육 분야에서 수행하는 역할에 대한 논쟁과 PISA의 효과, 일관성 및 정당성에 대한 논쟁은 학문적 성찰의 영역을 훨씬 뛰어넘고 있다. 2000년에 첫 번째 평가가 실시된 이래 PISA는 정치적 무대뿐만 아니라 신문, TV 및 언론에서 지속적인 논의와 논쟁의 대상이 되어 왔다. 그러므로 교육에 대한 OECD의 접근이 이렇게 다양한 시각에서 이루어지고 있고, 또 PISA가 학교교육을 비롯한 교육일반 및 사회에 미치는 영향이 점점 커지고 있는 상황을 고려할 때 내 주장을 먼저 소개하기에 앞서 이 책에서 다루지 않은 문제들을 간략히 소개하는 것이 적절하고 아마도 필요할 것이다. 이는 나의 노력으로는 제공할 수 없는 것을 독자가 기대하지 않도록 하기 위함이다.
 나의 기획과 관련하여 어떤 식으로든 나는 PISA의 테스트 내용을 다루거나 그것이 어떻게 구성되는지 분석하지 않을 것이다. 그 테스트가 어떻게 시행되는지 설명하거나 지난 17년 동안의 발전과 변화에 대해서도 논의하지 않을 것이다. 또한 PISA와 다양한 평가이론 및 방법의 관계를 고려하지도, 유사한 도구들과 비교하지도 않을 것이다. 독자는 이 책에서 PISA를 시행하는 여러 국가들에서 PISA의 수용이나 테스트 구성에 있어서 전문가의 역할에 대한 논의를 찾아볼 수 없으며 OECD의 방법론적 선택에 대한 심층 분석도 없다. 나는 실험에서 나온 증거도, 평가의 결과 혹은 논의에 필요한 질적 데이터도 가지고 있지 않으며, PISA 데이터가 어떻게 수집되고 분석되는지에 대해서도 관심이 없다. 나의 관심은 이론적인 것이며, 어떤 의미에서는 초점을 두는 분야도 매우 좁다. 내 분석은 OECD가 PISA에 대해 스스로 내리는 진술에 제한된다. 따라서 나는 단지 OECD가 잘 알려진 성과를 어떻게 제시하는지 그리고 지식과 학교교육을 비롯한 교육일반 및 사회에 대한 기본 개념을 어떻게 제시하는지에 중점을 둘 뿐이다.

덧붙여 PISA에 관한 OECD의 문서와 간행물을 읽다 보면 상당히 명확한 표현이 사용되고 있음을 알게 된다는 것을 언급할 필요가 있겠다. 그것은 다른 해석이나 오해의 여지가 거의 없는 말들로, 표현된 언어, 선택한 구문 및 사용된 용어는 평범하고 직접적이며 이해하기가 쉽다. PISA 관련 OECD의 영상을 보더라도 OECD의 권위 있는 위원들은 일치된 목소리를 낸다는 느낌이 든다. 어떤 발표와 토론의 이면을 보든지 항상 OECD의 강경한 목소리가 들리며 말하는 사람에 따라 달라지는 뉘앙스의 차이도 없다. 이것이 내가 주장하고 싶은 것으로서, OECD 교육 프레임의 표준화 문제(교육에 대한 정형화된 접근방식으로 인해 각국의 고유한 교육적 시각과 상황이 충분히 반영되지 못할 수 있다는 우려를 말함 – 옮긴이)를 제기한다(4장 참고). 물론 이것은 OECD가 주장하는 내용이 아무런 근거 없이 만들어졌거나 단어를 고르고 문장을 구성하는 데 많은 시간을 들이지 않았다는 뜻은 아니다. 오히려 정반대로 OECD는 자신의 아이디어를 전달하고 다양한 소통 방식을 능숙하게 구사함에 있어서 뛰어난 역량을 보여주고 있다. 다양한 의사소통 방식의 예로는 과학적인 소통 방식과 광고 스타일 혹은 정치적 선전에 더 어울리는 언어 등이 있는데, 이들을 결합하여 활용함으로써 또 다른 문제를 야기하고 있다는 것이 내가 주장하고 싶은 것이다(1장과 2장 참고).

그렇다면 내가 주장하고자 하는 것과 같은 제한된 분석은 어떤 의미가 있는가? 테스트 자체를 다루지 않고 출판물, 비디오, 팸플릿과 웹페이지에 흩어져 있는 공식적인 주장과 아이디어에 초점을 맞추는 것은 어떤 가치가 있는가? 설령 나의 분석이 문제해결을 위한 건설적인 부분에 초점을 맞추는 경우에도 나는 학교와 교육이 어떤 모습이어야 하고 무엇을 성취해야 하는지에 대해 상세한 처방을 제시하지는 않을 것이다. 또한 교사가 일상적인 수업 활동에서 어떤 구체적인 행동을 취해야 하는지 또는 OECD가 시행한 것과 다른 교육 정책적 지침이 어떠해야 하는지에 대해서도 자세히 설명하지 않을 것이다. 나의 주된 관심은 OECD 혹은 PISA와 다른 교육의 입장을 개괄적으로 보여주는 것이다. 그렇다면 교사와 교육자, 학자, 정책 입안자는 제한적이고 불확실해 보이는 이런 분석으로 무엇을 해야 하는가 하는 것이 합리적인 물음일 것이다.

첫째, 이론적이고 개념적인 성격에도 불구하고 교사와 교육자 및 학생들이 일상적으로 벌이는 구체적인 교실 활동을 염두에 두고 이 책을 집필했다는 점을 밝히는 것이 내 주장의 정당성을 입증하는 데 필요하다고 생각한다. **나는 또한 신자유주의 전략의 압박 속에서 학교가 이에 부응하여 시행하는 교육과 학습에 대해 염려하는 아버지의 시선으로 이 책**

을 집필했다. 그리고 사실 나의 기획은 교육을 전체적인 하나의 관점으로 설명하려는 수사적 접근과 경제적 침투로 인해, 교육이 소멸까지는 아니더라도 얼마나 심각하게 편협해졌는지를 살펴보고자 하는 윤리적인 관심에서 출발했다. OECD가 전 세계 교육일반과 학교교육에 영향을 미치고 통제력을 행사하려고 공식적으로 시도하면서 다양한 관점과 교육적 다양성이 사라질 위험이 있다.

사실 PISA의 도입이 학교교육과 교육일반에 부당한 영향을 미치면서 소중한 교육의 특징들이 소멸되고 있다는 것이 나의 주장이다. 이어서 학생들의 비판적 주체성, 상상력이 풍부한 비전, 새로운 것을 창출하는 능력, 다양성과 차이를 구체적으로 인식하는 태도, 현실과 다른 세계를 상상하는 재능, 심지어 자신만의 프로젝트와 아이디어를 추구하는 용기까지, OECD의 교육 의제로 인해 교육이 실제로 어떤 위험에 처해 있는지 그 과정을 논의하려고 한다(1장, 3장, 4장 참고). 그 이유는 OECD의 교육질서가 주어진 기술과 지식에 전념하다 보니 교육의 과정에서 구체적인 경험이 일어나기도 전에 어떤 경험을 해야 할지 미리 설정해 버리기 때문이다.[1] OECD가 규정한 적합한 기술과 지식을 학생들이 받아들이면 그것은 결국 그들을 성공적인 삶으로 이끌 것으로 인식되고 있는데, 이와 같이 교육적 가치로서의 성공에 대한 강한 집착은 윤리와 교육에 관한 OECD의 입장이 지니는 문제 가운데 하나이다(2장 참고). 이 말은 OECD가 학생들의 미래를 배려하지 않는다는 의미가 아니다. 그보다는 **미래를 미리 설정하고 확립**

---

1 이는 근대의 휴머니즘이 실제로 인간성이 '구체적인 형태'로 현실화되기도 전에 인간답게 된다는 것이 무엇을 의미하는지에 대한 규범을 미리 규정해버림으로써 이러한 규범과 다른 길을 걷는 인간을 억압하는 결과를 초래했다고 보는 비판과 궤를 같이한다(옮긴이).

하려는 OECD의 야망이 교육의 현재와 미래 모두를 구속하고 학습과 교육뿐만 아니라 나아가 생활과 사회의 범위를 축소하며 학생들 나름의 프로젝트와 목표 및 욕망을 억누르고 제한한다는 것이다.

　나는 OECD 문서를 분석함으로써 새로운 방식의 앎과 경험은 물론 새로운 방식의 삶은 PISA의 프레임 밖에 있다는 것을 보여주고자 한다. 또한 교육의 목표와 수단 및 목적에 대한 적절하고 민주적 논의가 부족한 것 역시 사실상 OECD로 인해 야기된 것이며, 이는 PISA와 같은 도구 및 OECD의 교육적 입장 전반이 지닌 민주적 성격도 문제가 있음을 말해 준다. OECD의 교육 의제를 분석해 보면 외형적으로는 단순하고 낙관적이고 안심시키는 언어 그리고 초연하고 객관적인 것으로 꾸며져 있지만 그 이면에는 어떤 교육내용을 언제, 어떤 목적으로, 어떻게 가르쳐야 하는지, 무엇을 언제, 어떻게 학습해야 하는지, 전 세계의 아이들이 가져야 할 목표와 목적이 무엇인지, 전 세계 다양한 사회들은 어떤 모습이어야 하는지, 부모들은 자녀를 양육할 때 어디에 관심을 기울여야 하는지, 나아가 새로운 세대들이 어떤 소망과 포부를 키워 나가야 하는지에 관한 거대하고 포괄적인 프로젝트가 있음을 알게 된다는 것이 나의 주장이다(1장과 2장 참고). 따라서 나는 PISA와 관련하여 쟁점이 되는 것은 단지 교실에서 어떤 종류의 학습이 이루어지고 있는가 하는 문제가 아니라고 주장한다. OECD의 교육 의제를 면밀히 분석하고 검토해 보면, 거기에는 교육과 삶 그리고 사회를 총체화하는 프로젝트totalizing project [2]가 내포되어 있음을 알게

2　어떤 주제나 영역에 대해 포괄적이고 전면적인 영향을 미치려는 계획이나 의도를 의미한다. 구체적으로 말하면 OECD의 교육 의제가 단순히 학습에만 국한된 것이 아니라, 사회 전반을 형성하고 통제하려는 포괄적인 목적을 가지고 있다는 것이다

된다.

　나는 PISA가 학생의 주체성에 일종의 틀로 작용하여 교육을 단순히 재생산 과정으로 축소시킨다는 점을 주장하고자 한다. 교육받는 주체들은 이러한 과정에서 주어진 목적 그리고 삶과 사회에 대해 주어진 정의에 자신을 맞춰야 한다. 특별히 주목할 점은 OECD가 이러한 과정을 암묵적이지만 강력한 방식으로 수행한다는 사실이다. 말하자면 OECD 자신의 목표와 아이디어 및 목적을 학생과 교사, 정책 입안자, 나아가 부모의 그것과 동일시하는 수사법을 통해 이러한 일을 은밀하게 추진한다는 것이다(2장과 4장 참고). 이렇게 볼 때 PISA는 권위주의적 교육의 또 다른 형태에 불과하다는 것이 나의 주장이다. 권위주의적 교육이란 교육의 목적과 목표에 대해 논의할 기회도 주지 않고 그것을 설정해 버리는 모든 교육의 프로젝트를 의미한다(1장과 2장 참고). 이것은 권위주의적인 교육을 실행하기 위해 학생들에게 문장과 생각, 행동 방식을 반복하게 할 필요가 없음을 의미한다. 이를 위해서는 가치 및 목표의 정의와 교육의 구체적 실천의 연결고리를 잘라버리는 것만으로도 충분하다.[3] 목표와 가치가 더 이상의 논의 없이 그리고 필요한 만큼의 다양성과 불일치에 대한 고려 없이 그것을 당연시하는 기관이나 사람들에 의해 미리 구상되고 위에서 시행될 때 권위주의가 자리를 잡게 된다. 나는 여기서 **다양성, 차이, 불일치는** 교육뿐만 아니라 성장과 삶에도 필요한 특징이라는 것을 강조하

　　(옮긴이).

3　교육의 가치와 목표를 구체적인 실천과 무관하게 추상적으로 규정하는 것이 권위주의적인 교육임을 의미한다. 말하자면 교육의 가치와 목표는 실천을 통해서 실현되는 것이지 실천에 앞서 미리 규정되어서는 안 된다는 것이 저자의 주장이다(옮긴이).

고 싶다.

따라서 PISA의 중심에는 모든 교육 목표와 가능성 및 가치를 자신의 틀로 통합하려는 욕구가 있다는 것이 나의 주장이다. OECD는 이와 같은 방식으로 지역사회와 주체들 내에서 지식의 틀을 구성하는 다양한 문화와 방식을 침묵시키고, 그들의 정당성을 부정하며 이를 자신의 획일적인 논리로 대체한다(2장 참고). 이제 PISA는 단순한 평가 도구가 아니라 어떤 의미에서는 삶의 브랜드가 되었다. 나는 OECD가 강력하지만 숨겨진 연결고리를 통하여 **교육을 학습과 동일시하고, 학습을 평가와 동일시하며, 평가를 PISA 테스트와 동일시한다**고 주장하고자 한다. 따라서 PISA는 OECD의 의도에 따라 (다른 가치를 고려하는) 더 이상의 망설임, 기다림 또는 불확실성의 여지를 남기지 않고 교육을 정의하고 있다. 객관성이라는 명분하에 PISA는 명확한 이념을 드러내며, 돈, 성공, 증거 및 경쟁으로 이루어진 잘 짜인 가치체계[4]에 교육을 자리매김하고 있다(2장 참고).

또한 OECD는 PISA를 통해 문화와 지식에 대한 단순한 해석, 말하자면 일차원적인 해석을 드러내고 있음을 주장하고자 한다. OECD의 지배적인 서사에서는 교사와 학생들이 공유된 목표와 목적을 추구하는 일상적인 경험과 참여를 신자유주의라는 틀 아래에 가두어 놓고 있기 때문에 교실에서 지식이 형성되고 관계가 이루어지는 저마다의 구체적인 방식을 검토하지 못한다. OECD 모형에 따르면 교사와 학생의 관계는 교사에서 학생으로의 일방적인 관계로 설정될 뿐만 아니

---

4   가치체계(value square)는 다양한 측면에서 가치의 우선순위를 정하고 비교하는 방법론을 의미한다. 교육 분야에서 가치체계는 교육 프로그램, 교육 방법, 학생의 성취도, 교사 역량 등 여러 요소를 비교하고 조합하여 교육적 목표를 달성하기 위한 최적의 전략을 수립하는 데 활용된다(옮긴이).

라, OECD의 교육 정책에서 교사는 올바른 학습결과를 전달하는 일종의 도구, 즉 OECD의 지시에 따라 움직여야 할 도구로 틀 지워져 있다. 학생들이 수행할 것으로 기대되는 일련의 역량, 기술 및 학습성과 전체는 OECD에서 개별국가 그리고 학교에까지 하나의 패키지로 제공된다. 교육적 관계마저 PISA를 통해 무력화되고 길들여지며 어떤 의미에서는 하찮은 것으로 간주된다(3장 참고). 왜냐하면 이러한 관계는 더 이상 교사와 학생이 노출되는 공간, 즉 공동 프로젝트가 실행되는 공간이 아니기 때문이다(7장 및 8장 참고). 이보다는 학생들은 오히려 표준화된 무대에서 서로 관계를 맺고, 동일한 것들을 얻기 위해 노력하며 '더 나은 직업'과 '더 나은 삶'을 위해 경쟁한다(OECD, 2016). 또한 이러한 교육의 존재론에서는 끊임없이 변화하는 상황과 예측할 수 없고 도전적인 미래라는 널리 퍼진 레토릭에도 불구하고 세계를 고정되고 이미 확정된 것으로 이해하는 것이 사실이다. 왜냐하면 변화란 것이 있다면 그것은 오로지 신자유주의적 정치라는 잘 준비된 방향으로만 이루어진다고 보기 때문이다. 실제로 신자유주의 교육 정책과 평가체제는 OECD의 교육 의제와 맞물려 그 효과를 증대시키고 서로를 강화한다(3장과 4장 참고).

이런 식으로 PISA는 학교교육의 특징인 교사와 학생 간의 특별한 관계에서 나타날 수 있는 창의성과 예측 불가능성을 지우려는 경향도 있다(5장과 6장 참고). 교사와 학생들은 OECD의 지시에 순종하느라 자신만의 담론 및 삶과 지식을 구성하는 방식조차 명확하게 표현하지 못한다. 이러한 자세는 민주적 관점뿐만 아니라 OECD의 프레임에 대한 과학적 일관성의 측면에 있어서도 문제가 있다. 다음을 읽어보면 그것이 얼마나 과학적 논리와 일치하지 않는지 생각할 수밖에 없다(과학적 논리를 무엇으로 생각하든 간에). "모든 학생은 무엇이 중요한지 안다. 모든 학생은 성공하기 위해 무엇이 요구되는지 안다"(Schleicher, 2016). "PISA 테스트는 모든 국가에 본보기를 제공하고 무엇이 가능한지를 보여준다"(Gurria, 2016).[5]

이 시점에서 이 책에서 수행하고자 하는 작업의 구성에 대해 몇 마디 할 필요가 있겠다. 1부에서는 PISA와 OECD의 교육적 관점을 분석하고 2부에서는 OECD가 그리고 있는 교육일반과 학교교육에 대한 대안적인 이해를 발전시키는 데 집중할 것이다. 이것을 위해 먼저 듀이의 연구(5장과 6장)에 집중한 다음, 듀이를 아렌트와 푸코의 대화에 초대할 것이다(7장과 8장).

특히 듀이와 관련하여 그의 연구는 불확실성을 인간사고와 교육의 핵심에서 불가피한 것으로 드러내고 있다고 주장하고 싶다. 듀이의 저작을 해석할 때 흔히 사고 혹은 반성적 사고로 그의 사상을 범주화

---

5   이러한 진술들이 과학적 논리와 일치하지 않는 이유는 몇 가지 측면에서 분석할
수 있다. 첫 번째 진술은 일반화의 문제와 자의적 성공의 기준 제시라는 문제를 안
고 있다. 모든 학생은 무엇이 중요한지, 성공하기 위해 무엇이 요구되는지 안다는
진술은 매우 일반화된 주장이다. 이는 학생들 간의 개별적인 차이와 다양한 배경
을 고려하지 않은 것이며, 모든 학생이 동일한 이해와 능력을 가지고 있다는 가정
에 기반하고 있다. 그리고 여기서 말하는 성공의 기준은 시장경제원리에 따른 것
일 뿐 보편적인 기준은 아니다. 그러나 세계에는 시장경제원리가 아닌 다른 기준
의 성공을 추구하는 사람들도 있고, 이런 사람들은 심지어 공식적으로 시장경제원
리를 따르는 사회에도 많다. PISA의 기준에 따르면 이런 사람들은 실패자로 규정
될 수밖에 없다. 두 번째 진술에는 검증 가능성의 문제 그리고 맥락과 변수의 무시
라는 문제가 있다. PISA 테스트가 모든 국가에 본보기를 제공하고 무엇이 가능한
지를 보여준다고 할 수 있으려면, PISA가 실제로 각 국가의 교육 상태를 정확하게
반영해야 하고 각국의 상황에 맞는 개선 가능성을 제시해야 한다. 그러나 PISA는
표준화된 대안을 제시할 뿐이다. 두 번째 진술은 또한 PISA가 모든 국가에 동일한
기준을 적용한다는 점에서 각국의 다양한 맥락과 이에 따른 변수 간의 상호작용을
고려하지 않는다는 문제를 안고 있다. 이는 PISA가 선형적 접근에서 벗어나지 못
하고 있기 때문에 처방의 현실 적합성이 떨어진다는 문제와 연결된다(옮긴이).

하는 경향이 있지만, 나는 그를 실증주의자나 교육에 대한 개인주의적 접근의 옹호자로 해석하지 않는다. **그는 교육을 열린 영역, 즉 끊임없이 성장하는 영역, 순수한 가능성이라는 불확실한 영역에 속하는 것으로 생각했다.** 사실 듀이는 자신의 연구 전반에 걸쳐 주체를 분리되고 자기 확신에 찬 행위의 중심으로 이해하는 것을 해체하면서, 동시에 합리성을 통제와 지배로 이해하는 개념도 해체했다. 듀이의 이해에 따르면 주체는 경험에 대해 반성하고 이 반성을 통해 새로운 행동 방식을 발전시킬 수 있는 힘을 얻어 경험을 앞으로 나아가게 할 수 있지만, 행동함으로써 경험 내에서 새로운 상호작용 지점을 창출할 수도 있다.

사유와 주체에 대한 이러한 이해는 교육에 광범위한 영향을 미친다. 교육은 경험을 지배하고 통제하려는 시도라기보다는 환경과 우리의 관계에 새로운 상호작용 지점을 설정하고 세계와 연결된 우리의 존재를 변화시킴으로써 새롭고 예측할 수 없는 경험을 창출하는 수단으로 생각해야 한다. 그래서 듀이는 교육적이고 의도적인 행위주체를 통제와 지배에서 벗어나 성장과 개방의 방향으로 재설정한다. 듀이의 이해에 따르면, 주체는 항상 미래를 지향하며 자신의 경험을 확대, 해방시키고 교육이 추구하는 '자아의 확장'(Dewey, 1913, p. 89)을 통해 그 질을 심화시키고 강화한다. 듀이는 이러한 성장과 해방이 무엇을 의미하며 미래로의 지향이 어떤 것이고 무엇을 함의하는지 말하지 않았다. 나의 요점을 사고에 대한 듀이의 개념으로 표현하면, **교육은 실제로 경험으로 주어진 것을 '뛰어넘고 도약하고 초월하는 것'**(Dewey, 1910, p. 26)으로 작용한다(5장).

그리고 여기에서 아렌트 및 푸코의 연구와 연결되는 지점을 발견하게 된다. 왜냐하면 **듀이와 아렌트 및 푸코 모두에게 있어서 자유의 문제, 새**

롭게 시작하는 문제 그리고 다르게 생각하는 문제들은 삶과 교육에 필수적이기 때문이다. 인간이 되는 과정에서 떠맡고 겪고 경험하는 불확실성과 모든 변화에 수반되는 '놀라운 예측 불가능성'(Arendt, 1998/1958, p. 177)은 듀이와 아렌트 그리고 푸코의 연구에 근원이 되는 심오하고 공통된 주제들이다.

이와 관련하여 5장과 6장에서는 듀이에 초점을 두고 논의하겠지만, 7장과 8장에서는 듀이의 사상과 아렌트, 푸코의 사상 그리고 오늘날의 교육 문헌을 비교해가며 폭넓게 논의를 전개할 것이다. 구체적으로, '예속', '자유', '현재의 자신이 아닌 다른 존재가 되는 것'에 대한 푸코의 분석과 '행위', '드러냄disclosure', '탄생성'에 대한 아렌트의 이해를 참고할 것이다(Arendt, 1977/1961). 이러한 상호작용을 통하여 교육일반과 학교교육의 독특한 특성, 즉 교사와 학생들이 머물고자 하는 순수한 가능성이라는 열린 영역으로서의 공간과 시간의 특성을 설명하는 데 도움이 되기를 기대한다. 교실이라는 독특한 열린 환경에서 학생들의 열정과 의욕, 기존 관점을 전환시키는 통찰 그리고 독특하고 기발하며 진기하기까지 한 프로젝트들이 공유되고 추구되며 실험되고 실행될 수 있을 것이다. 이것이 바로 학교교육이 추구하고 실천해야 할 혁신적인 의미에서의 실험적 태도이다. 푸코의 표현을 빌리자면, 우리는 변화되어야 할 그것의 경계를 넘어서 생각해야 한다. 이러한 의미에서 교육은 "우리의 한계를 넘어서 실행하는 일"을 필요로 한다(Foucault, 1984, p. 46). 말하자면 '자유로운 존재'로서 우리 자신을 '다시 시작하는 자리'에 올려놓는 일이다(p. 47). 이것은 듀이가 주장하는 '세계로의 새로운 탄생에 대한 요청(1980/1934, p. 267)' 혹은 아렌트의 '새로운 시작'이라는 개념(1998/1958)과 분명 유사한 주장이다.

따라서 나는 이러한 비교를 통하여 살아 움직이는 교육의 상황과 얽히면서 발생하는 예측할 수 없는 특성과 교육활동에 참여하면서 능동적으로 만들어내는 예측 불가능성 모두에 주목하게 하는 일종의 인식을 드러내고자 한다. 이러한 이중의 불확실성은 교육 목적에 대한 허무주의적 패배로 흐르기보다는 주체에 대해 근본적인 책임을 부여한다. 이때 주체는 현재 교육의 대화가 이루어지는 새로운 상호작용의 상황에 던져지기도 하지만 의도적으로 새로운 상호작용을 만들어내기도 한다. 이것은 교사와 교육자 그리고 정책 입안자들까지도 관심을 가져야 할 고려사항이라고 생각한다.

이 책의 1부에서 분석한 OECD의 가치체계와는 대조적으로, 나는 학교교육을 구성하는 다양한 특징들 사이에서 이루어지는 다른 상호작용을 제시하려고 한다. 구체적으로 학교교육이 학생과 교사, 교육과정 그리고 아직 도래하지 않은 공간이 상호작용하는 장으로 인식되어야 한다고 주장할 것이다(7장과 8장 참고). 이렇게 볼 때 학교교육은 학생들이 교사의 지도 아래 커리큘럼의 내용에 공개적으로 참여함으로써 드러나는 순수한 성장 잠재력을 탐색하고 추구하는 공간이자 시간이다. 다시 말하면, 학생들은 일상적인 학교교육을 통하여 소개된 내용에 도전하며, 원칙적으로 알려지지 않았고 예측할 수 없는 여러 가능성의 공간을 열고 확장한다(7장 참고).

이러한 맥락에서 생각하면 교육은 자유가 일어날 수 있는 조건, 즉 지상에서의 삶이라는 현실을 가능하게 하는 '무한한 불가능성들'[6]을 실현할 수 있

---

6   아렌트에 따르면 인간의 행동이나 역사적 사건들에는 예측이나 계획으로는 완전히 이해할 수 없는 불확실한 특성이 있으며, 이러한 불확실성이 인간의 자유와 창의력을 통해 삶을 더 풍요롭게 만드는 새로운 가능성과 현실을 창출한다. '무한한 불가능성'은 이를 설명하는 개념으로, 저자는 이러한 아렌트의 사상을 교육에 끌어와 교육의 생명이 미래의 무한한 가능성과 예측 불가능성에 있음을 말하고 있는

는 조건을 보존하고 창조하는 예술이다(Arendt, 1977/1961, p. 170). 반면 학습이 일어날 수 있는 조건과 목표를 강제로 규정하게 되면 교육은 일련의 주어진 아이디어와 가치에 대한 입문의 형태에 불과한 것이 된다. 그것이 아무리 정교하고 선의에 의한 것이더라도 달라지는 것은 없다. 나의 주장은 그러한 '무한한 불가능성'의 취약함을 보존하는 것이 교사의 첫 번째 의무 중 하나라는 것이다. 왜냐하면 교사가 이러한 '무한한 불가능성'을 돌보는 것이 곧 학생의 주도성, 연대 그리고 자유를 돌보는 것이기 때문이다. 물론 이러한 일은 평가하거나 가치를 부여하기 곤란하고 아마도 측정하는 것이 어려울 수도 있다. 그럼에도 불구하고 이를 간과할 때 교사는 학생의 사람됨과 주도성을 놓치게 되는데, 이것을 놓치면 교육은 의미를 상실하게 된다. 그러므로 교육이 무엇이며 어떤 것을 내포하는지에 대한 질문은 근본적으로 열려 있어야 한다. 교육은 아직 도래하지 않은 영역에 속한 것이기 때문이다. 이러한 조건을 이해하는 것은 교육이 나아갈 길, 즉 열려 있고 불확실하지만 열정의 길을 이해하기 위한 발자국 하나를 내딛는 것일 수 있다.

것이다(옮긴이).

1부

OECD의 교육 의제:
신자유주의, 노동력, 평가체제

OECD의 출범과 발전

이 장에서는 OECD의 교육적 관점인 신자유주의와 평가체제의 연관성을 밝힘으로써 교육에 대한 OECD의 입장과 지식, 학습 및 사회에 대한 근본적인 견해를 조명하고자 한다. 나의 주장을 밝히기 위해 먼저 OECD의 출범과 발전을 처음부터 현재의 조직까지 되짚어볼 것이다. 이어서 지식의 구성과 발전 및 교육에 초점을 맞춰 1996년부터 2016년까지 5개의 OECD 간행물과 문서들을 분석할 것이다. 나는 그 문서들이 지식과 학습 및 교육을 어떻게 이해하고 실행해야 하는지에 대해서 신자유주의의 노선에 충분히 그리고 명시적으로 부응하고 있다고 주장할 것이다. 이러한 의미에서 OECD는 경제기반의 교육과 지식의 발전 및 사회의 비전을 충분히 보여주고 있다. 그러고 나서 오늘날의 교육관련 문헌들을 바탕으로 현재의 평가체제와 성과기반 책무성 척도의 틀, 즉 전 세계적으로 교육일반과 학교교육에 널리 퍼져 있는 틀이 어떻게 OECD의 신자유주의 교육 비전과 유기적 관계에 있는지를 논의할 것이다. 이러한 분석을 통하여 평가체제와 신자유주의 교육관이 맞물려 서로를 강화함으로써 대안을 묻는 것조차 일관성이 없고 실행 불가능하게 만드는 일종의 폐쇄 고리를 형성하고 있음을 드러낼 것이다. 이런 의미에서 **OECD와 그것의 주요 교육적 도구인 PISA는 신자유주의 교육 의제의 수단이자 엔진**이다. 먼저 OECD의 출범과 발전을 추적하는 것으로 시작한다.

OECD는 전후 유럽의 마셜 플랜 재건을 관리하기 위해 1948년 설립된 OEEC^Organization for European Economic Cooperation 를 확대하면서 1961년 설립되었다. 셀라와 링가드에 따르면 OEEC는 주로 시장경제를 지원하고 '공산주의에 대한 보루'로서 창설되었다(Sellar and Lingard, 2014, p. 931). 이러한 유산과 시장경제의 관계는 OECD가 추진하고 달성해야 할 것에 대해 지속적으로 강력한 영향을 미치고 있다.

OEEC와 OECD는 모두 전후 국제경제 관계의 글로벌 질서를 규정한 브레튼 우즈협정^Bretton Woods agreement 에서 수립된 목표를 개발했다. 거기서 공언한 목표는 회원국 경제의 성장과 무역 및 세계 경제의 발전을 장려하는 정책을 촉진하는 것이었다. 이러한 의도는 제2차 세계대전 이후 새로운 세계질서의 수립과 관련하여 살펴보아야 한다. 실제로 이러한 질서는 국제통화기금^IMF, 세계무역기구^WTO, 세계은행^World Bank 등 여러 강력한 기구의 탄생을 가져왔고, 이들의 역할과 기능은 설립 이후 점점 더 중요해지고 있다. 오늘날 이러한 기구들이 국민국가에 미치는 영향력은 널리 인정되고 있으며(Gorur, 2011; Morrow and Torres, 2000; Rutkowski, 2007), 동시에 시장경제와 경제성장을 촉진하는 수단으로서 교육의 중요성 또한 설립 이후로 증가해 왔다. 이와 관련하여 룻코스키Rutkowski, D.J. 는 다음과 같이 말하고 있다.

> 정부 간 국제기구 IGOs, Intergovernmental Organizations 는 국가 간에 모종의 교육지표를 수집하고 비교할 것인지를 규정하는 분위기를 조성해 왔다. [...] 교육 지표에 내재된 정책적 지식을 통제하고 보급하는 능력은 국제정부기구들에게 교육정책을 '조정'할 수 있는 일련의 권한을 부여한다.
>
> (2007, pp. 238-239)

이는 1990년대 이후 국제정부기구가 어떻게 국가차원의 교육정책 결정에서 중요한 역할을 해왔는지를 강조하는 맥닐리McNeely 의 분석 (1995)과 일치한다. 그러나 캐롤과 켈로우(Carroll and Kellow, 2011)에 따르면 국제통화기금이나 세계은행과 같은 기구는 그 역할이 잘 정의되어 있지만, OECD가 설립된 1960년의 협약에서는 이 조직의 역할을 다소 모호하게 규정하고 있다. 캐롤과 켈로우의 저서 서문에 진술되어 있듯이 "OECD를 설명하려고 하면 시각 장애인이 코끼리를 묘사하는 우화에 즉시 이끌린다. [...] 이 기구가 정확히 무엇이며 그 가치가 어디에 있는지에 대해서는 다양한 인식이 있다"(p. 1). 말하자면 이 조직은 세밀하게 규정된 권한이나 구체적인 업무가 부여되지 않았다. 오히려 회원국 정부의 필요에 따라 변화하는 경제상황에 대응할 수 있는 유연하고 진화하는 장치로 설립되었다.

OECD는 이전 조직 OEEC 으로부터 중요한 변화를 겪었고 초국가적 정치에서 중요한 연결고리가 되었다. 즉 회원국에 압력을 가할 것으로 예상되었고 회원국 간의 협력과 대화를 촉진하겠다고 공언된 의도는 점차 사라졌으며 회원국에 권력을 행사하겠다는 의지로 대체되었다(Rutkowski, 2007; Woodward, 2009). 소련 블록이 붕괴되고 냉전이 종식되면서 OECD는 영향력을 확대하고 강화했다. OECD는 측정과 비교 및 분석 프로그램을 기반으로 한 정책 전문 지식과 국제 비교 데이터 중심으로 재편되었다(Jakobi and Martens, 2010). 마르텐스 Martens 에 따르면, 실제로 '비교 접근으로의 전환 comparative turn ', 즉 '정치적 의사 결정에 있어서의 과학적 접근'(2007, p. 42)이 OECD 성공의 주요 요인이었다. 자코비와 마르텐스는 "1990년 이후 OECD의 교육 정책 업무에서 데이터의 중요성이 커지면서 거버넌스 방식에 영향을 미쳤다"(2010, p. 918)고 분석했다. 이는 우드워드 Woodward 의 분석과 일치하는데, 그는 OECD가 아마도 "전 세계 교육 통계의 주요 제공자이자 교육 정책 의제를 조율하는 주체"일 것이라고 강조한다(2010, p. 99). 이러한 탁월성은 세계적인 차원, 즉 교육에 있어서의 정치적 권위와 의사 결정이 단위 국가의 수준에서 초국가적 수준으로 옮겨간 측면에서 보아야 한다(Beech, 2009; Lingard and Rawolle, 2011; Morgan and Shahjahan, 2014). 그래서 국가 및 지역의 교육 정책은 세계은행, 국제통화기금 그리고 사실상 OECD와 같은 국제정부기구에 의해 점점 더 많은 영향을 받고 만들어지고 있다.

1990년대부터 OECD는 비회원국(Sellar and Lingard, 2014)에 영향력을 행사하기 시작하여 BRICS 국가들(브라질, 러시아, 인도, 중국)과의 관계를 강화했다. 이 시기를 거치면서 OECD의 역할은 점차 경제적 측면으로 옮겨갔다. 셀라와 링가드에 따르면, "OECD의 담론에서 '국가'와 '경제'가 뒤섞여 사용되고 있다는 것은 초점이 경제에 맞춰져 있다는 것과 교육을 포함해서 다른 정책 영역 또한 이런 식으로 틀이 잡혀 있음을 나타낸다"(2014, p. 934). 회원국과 비회원국에 대한 OECD의 영향력이 증가하고 있는 것 외에도, OECD에서 교육의 비중이 급격히 커지고 있다는 것도 생각해 봐야 한다. 1990년대부터 현재에 이르기까지 교육 시스템의 성과에 관한 자료를 제공하는 것은 OECD의 '핵심 사업'이 되었다.

> OECD는 주로 경제 정책에 관심을 가지고 있지만, 교육은 경제와 관련된 인간 자본의 틀 내에서 국가경제 경쟁력의 중심으로 재구성되고 새로운 '지식 경제'와 연결되면서 임무에 있어서 그 중요성이 점점 더 커지고 있다. 1961년에 설립된 OECD는 냉전 이후 글로벌화된 세계에서 다른 국제기구 및 초국가 기구와의 관계에서 적합한 위치를 모색하면서 정책 행위자로서의 역할을 강화해 왔다.
>
> (Grek, 2009, p. 24)

이처럼 OECD의 교육적 관심의 증가와 시장경제 우선의 태도로 신자유주의의 관점에서 교육을 바라보는 비전이 만들어졌다. OECD의 영향력이 더욱 문제되는 것은 참여 국가들이 OECD의 교육 자료에 대해 무비판적인 자세를 취한다는 점이다. 그렉 Grek 에 따르면 "OECD는 통계와 보고서 및 연구를 통해 대부분이 반박할 수 없는 브랜드를 획득했다. 정치인과 학자 모두 OECD의 정책 권고를 타당한 것으로 받아들이고 있다. [...] 관련 교육지표들이 당연한 것으로 받아들여지고 있는 것이다"(p. 25). 이 장의 두 번째 절에서 이 문제를 다시 다루겠지만 여기서는 OECD의 주요 교육 도구인 PISA를 소개한다. PISA는 1997년에 공식적으로 출범했으며 첫 번째 테스트는 3년 주기 평가 프로그램으로 2000년에 실시되었다. 2002년에는 교육영역이 OECD기구의 자치국으로 자리를 잡았다. OECD에 따르면, PISA는 3년 단위 국제검사로, 그 목적은 15세 학생들의 기술과 지식을 측정함으로써 세계적 차원에서 교육 시스템을 평가하는 것이다(OECD, 2016c). 이것은 공식적으로 2시간의 평가로 과학, 수학, 독서, 협업문제 해결 및 금융 문해력에 중점을 두고 있다. 그러나 추후 자세히 설명하겠지만, OECD의 비전에서 PISA는 이보다 더 많은 의미를 담고 있다. 지금으로서는 PISA의 중요성이 설립 이래 계속 커져 왔음을 강조하는 것으로 충분하다(Henry, Lingard, Rizvi and Taylor, 2001; Lawn and Lingard, 2002; Taylor, 2001).

2006년 6월부터 OECD는 사무총장 앙헬 구리아 Angel Gurrìa의 지도 아래 PISA의 역할을 단지 특정 목표를 가진 평가도구가 아니라 매우 다른 것, 즉 교육의 틀을 세계적 차원에서 변화시키기 위한 포괄적인 도구로 강화시켰다. 셀라와 링가드에 따르면 "PISA의 확대는 국민국가를 넘어서는 교육정책의 재설계를 통해 추진되어 왔고 또 역으로 교육정책의 재설계를 추동하고 있으며", 이는 점점 더 글로벌화되는 교육 정책 영역을 만들어냈다. 정치적, 교육적 의사결정에 대해 몇몇 학자들(Head, 2008; Martens, 2007; Spillane, 2012)은 증거기반 접근법이 필요하다고 보았는데 이 역시 세계적 차원의 공간을 확장하는 데 작용했다. 이러한 시나리오에서는 사실상 '숫자에 의한 통치'(Grek, 2009)의 과정이라고 지칭해온 것을 목격하게 된다. 여기서 숫자는 '정부의 테크

놀로지 내에서 분명한 정치권력'을 가지고 있다(Ross, 1999, p. 197). 눈에 잘 띄는 통계와 지표들을 생산함으로써 참가국들은 "서로 지속적인 비교의 상황으로 내몰리고 있으며"(Novoa and Yariv-Mashal, 2003, p. 427), 이런 상황은 교육과 관련한 글로벌 거버넌스 global governance [7]에 끝없는 경쟁의 분위기를 조성하고 있다.

그렉에 따르면, OECD의 교육 의제는 PISA의 '순위 결정 작업'을 통해 단위국가 차원을 넘어 글로벌 차원에서 정책 옵션의 틀을 구성하는 데 있어서 중요한 역할을 하게 되었다(Grek, 2009, p. 24). 더욱이 OECD의 권고는 "권고의 실행자가 그 안에 담긴 지식의 권위적 성격을 정당화하기 위해 'OECD'라는 레이블 이상의 것을 고려할 필요 없이" 받아들여진다(Porter and Webb, Grek, 2009, p. 25에서 인용). OECD는 이런 식으로 PISA를 통해 과학기반 교육정책을 산출하는 데 선도적인 역할을 하게 되었으며 "참여 국가 간 공유된 의미와 교육 평가의 문화"를 창출했다(Morgan and Shahjhan, 2014, p. 195). 그렉에 따르면, PISA는

단순한 평가체제가 아니다. 그것은 명확하고 구체적인 정책의 틀 안에서 구성되고 운영되며 그 틀은 참가국들이 향후 PISA 테스트에서 더 나은 성과를 달성하고 경제적, 인적 자본 투자 유치에서의 입지를 개선하기 위해 받아들여진다.　　　　　(Grek, 2009, p. 28)

여기서 문제가 되는 것은 'PISA가 지향하는 명시적 정책 방향'이나

7　'글로벌 거버넌스'란 특정 의제 혹은 쟁점들에 대하여 개별국가를 대신하여 국제사회 혹은 국제기구가 그 역할을 대신 수행하는 관리방식을 의미한다(옮긴이).

'PISA의 자료가 수집되는 기반'에 대해서 교육정책의 이해관계자들이 시종일관 질문하지도 분석하지도 않는다는 점이다(p.33). 따라서 PISA는 현재 맥락화가 결여된 채 "객관적으로 '훌륭한' 또는 '미흡한' 성취의 평가로 간주되고 있는데 이러한 문제는 유럽 네트워크와 정책 전문가들같이 보다 전통적인 유럽 방식에서 더 잘 다룰 수 있을 것으로 여겨진다"(ibid.). 고루어Gorur에 따르면, PISA는

> 현대의 아폴론 신전의 예언자가 된 것 같다. [...] 편파적이지 않고 중립적으로 보이며 '사실과 수치'라는 언어로 편견 없이 말하면서 고결하고 유리한 위치에서 해당 국가의 정책 입안자들에게 관련 정보를 제공한다. PISA에 대한 이러한 의존, 즉 신뢰는 어느 정도까지 정당화되는가? PISA는 어떻게 이와 같은 아폴론적인 목소리를 얻어 세계의 교육 시스템에 대해 말할 수 있는가? 이 지식의 성격은 무엇이며, 어떻게 산출되는가? 정책 입안자들은 정책 '메시지'를 위해 이 PISA의 사제와 상의해야 하는가? (2011, p.77)

같은 맥락에서 비에스타는 PISA가 "겉으로 드러나는 교육 시스템의 질에 대해 모호하지 않고 분명하며 소화하기 쉬운 정보, 특히 학업 성취와 관련하여 의사소통하는 데 용이한 정보를 제공하는 것처럼 보인다"고 주장한다(Biesta, 2015, p.350). PISA가 전 세계 교육 시스템을 정량적으로 측정하는 것은 불확실하고 분별이 어려운 교육을 단순한 '성취도 평가표'로, 즉 서로 다른 성격의 데이터 집합들 사이의 이익과 손실에 관한 명백한 진술로 전환시키는 것이며, 이것은 정책 입안자들에게 '개선'의 목표를 설정할 수 있는 명확한 근거를 제공한다(ibid.). 이

러한 입장은 교육의제의 신자유주의적 변화와 완전히 일치하며 이 변화는 OECD의 교육적 관점의 엔진이면서 그 결과이기도 하다. 이것은 평가체제와 그 주요 수단, 즉 성취도 평가표와 측정 가능한 결과가 교육성과의 순위를 매김으로써 경쟁 시스템에 연료를 공급하여 결국 교육이 분할되고(가령 승자와 패자 – 옮긴이) 자동화되고 시장화될 수 있는 관점을 허용하기 때문이다(Ball, 2003a, 2003b; Ball and Olmedo, 2013; Connell, 2013; Hogan, Sellar and Lingard, 2016). 따라서 평가체제는 경쟁과 효율성을 중심 가치로 삼는 '등가성의 공간space of equivalence'(Shahjahan, 2013, p. 677)을 창출하는데 그 중심적 위치는 신자유주의와 OECD의 교육 의제에 의해 재확인된다. 2장에서 다시 이 문제를 다루겠지만 여기서는 OECD의 경제기반 교육이라는 개념을 분석하고자 한다. 내가 주장하는 것은, PISA의 첫 번째 테스트가 시행되기 10년 전인 1990년대 이래로 이러한 비전이 지식과 교육 및 연구 시스템을 신자유주의 체제의 수단으로 좁히는 것을 목표로 하고 있다는 점이다.

OECD의 경제기반 교육

전 세계적으로 교육 정책의 틀을 구성하는 국제정부기구의 역할과 PISA를 통해 수행하는 구체적인 역할에 대한 수많은 출판물들이 존재하지만, OECD의 전반적인 입장과 교육 프로젝트 및 기본적인 윤리적 가정에 대한 철저한 이해는 부족하다. 다시 말하면 OECD의 이념과 이론적 틀, 즉 교육 실천에 사용되는 목표, 목적, 전략 및 수단의 근간이 되는 일련의 윤리적 가정으로서의 이데올로기에 대한 면밀한 조사가 결여되어 있다. 분명히 말하자면, OECD가 학생, 교사, 삶 그리고 사회를 어떻게 인식하고 정의하는지에 대한 이해가 우리에게는 부족하다. **OECD의 교육 의제의 목표와 그 결과가 얼마나 깊고 넓게 영향을 미치는지 그리고 이 강력한 모형에 의해 미래 세대가 어떻게 형성되고 있는지를 파악하고자 한다면 이러한 이해는 중요하고도 필요하다.** 이는 또한 OECD가 어떻게 그리고 왜 교육의 영역에서 객관적이고 초연한 행위자의 역할을 자처하면서 이러한 영역을 위에서부터 지배하고 있는지를 파악하기 위해서도 중요하다. 뿐만 아니라 교육에서 중요한 것과 그렇지 않은 것, 전 세계적으로 학교가 추구해야 하는 목표 및 목적과 그럴 필요가 없는 것, 자원을 배분해야 하는 영역과 할당해서는 안 되는 영역을 설정하는 OECD의 힘에 도전하기 위해서도 이러한 이해는 중요하다.

따라서 학교를 연대가 드러나고 개인의 존재가 나타나는 첫 번째 공간의 하나로 볼 때, OECD의 입장과 이데올로기를 이해하는 데 있어 중요한 것은 PISA와 같은 도구를 통해 어떠한 학습이 이루어지고 있는가 하는 것이 아니라, OECD의 비전에서는 어떠한 사회와 어떤 개념의 인간다움이 추구되고 실천되고 있는가 하는 것이다. 이러한 전제를 바탕으로 여기서는 OECD 자체의 문서와 간행물을 분석함으로써 이에 대한 이해를 제시하고자 한다.

1900년대 이후 교육과 학습 및 지식에 관한 OECD의 방침과 전반적인 입장은 분명하다. 그 입장이 무엇인지 이해하는 가장 좋은 방법은 OECD가 스스로 표현한 것을 다시 살펴보는 것이다. 『지식기반 경제The Knowledge-based Economy』라는 의미 있는 제목의 1996년 간행물 서문에서 OECD는 다음과 같이 표현하고 있다.

OECD 경제는 점차 지식과 정보에 기반을 두고 있다. 지식은 이제 생산성과 경제성장의 원동력으로 인식되어 경제성장에서 정보, 기술 및 학습의 역할에 새로운 초점이 모아지고 있다. '지식기반 경제'라는 용어는 현대 OECD 경제에서 지식과 기술의 위치를 보다 충실히 인식한 데서 나온 것이다. [...] 근로자가 다양한 기술을 습득하고 이러한 기술에 지속적으로 적응할 필요성은 '학습경제'의 기반을 이룬다. [...] 가장 중요한 것은 지식기반 경제가 고용에 미치는 영향과 지식기반의 개발 및 유지에서 정부의 역할에 대해서 새로운 이슈와 질문이 제기되고 있다는 것이다.

지식기반 경제에 대한 '최선의 실천경험'을 확인하는 것은 과학과 기술 및 산업 분야에 있어서 OECD 업무의 핵심이다. 이 보고서에서는 지식기반 경제의 추세와 과학 시스템의 역할 그리고 지식기반의 지표 및 통계 개발에 대해 논의한다. (OECD, 1996, p. 3)

위의 구절을 분석할 때 가장 먼저 주목할 가치가 있는 사항은 지식과 학습이 잘 정의된 보조적 위치, 즉 경제성장과 생산성의 필요, 안정 및 강화를 충족시키는 위치에 있다는 것이다. 우리는 실제로 "지식은 이제 생산성과 경제성장의 원동력으로 인식되고 있으며" 경제성장에서 정보, 기술 및 학습의 역할에 새로운 초점을 맞추고 있다는 말을 듣고 있다. 여기서 중요한 점은, 지식이라는 용어가 OECD 주장의 핵심에 있는 것처럼 보이지만, 실제로는 지식과 과학이 심각하게 축소되고 있다는 것이다. 말하자면 지식과 과학은 잘 정의된 경제성장이라는 개념의 수단적 기능으로 여겨지고 있는 것이다. 이것은 지식이 경제성장에 강한 영향을 미친다는 점에서 금전적 가치가 있기 때문이다. 그렇다면 정부의 역할은 경제체제의 목표와 목적을 염두에 두고 과학, 연구, 교육을 포함하여 지식 체제를 관리하는 것으로 간주되어야 한다. '과학 시스템' 자체도 이러한 전반적인 경제기반의 틀을 제공할 것으로 기대된다는 점을 강조하는 것이 중요하다. 그러므로 그러한 경계를 벗어나는 것은 교육과정과 연구, 심지어 과학 전반에서 점차 제거될 운명이라고 보는 것이 진실에 가깝다.

그러나 앞서 인용한 구절을 읽을 때, 이것만이 문제가 되는 것은 아니다. 사실 여기에는 a. '노동자'와 '학습경제' 사이의 골치 아픈 관계, b. 지식을 '지표와 통계'로 환원하는 미심쩍은 작업이라는 두 가지 문제가 더 존재한다.

전자에 대해서는 OECD 자체의 표현으로 '학습경제'를 강화하기 위해서는 '다양한 기술을 습득하고 이 기술에 지속적으로 적응하는 것'이 필요하다는 사실에 주목하고자 한다. 우리는 이러한 비전에 따라 인간과 그 산출물 모두가 전체 시스템에서 논란의 대상이 될 수 없는 엔진인 '지식기반의 개발과 유지'를 중심으로 움직여야 한다고 믿도록 강요받는다. 간단히 말해 **인간은 단지 노동력으로서 '학습경제'의 전반적인 필요에 적응해야 하는 것으로 여겨진다.** 나는 또한 앞서 언급한 환원—즉 지식을 측정 가능한 것으로의 환원—에 대해서도 보다 더 미묘하지만 세심한 주의를 기울일 가치가 있다고 믿는다. '지표와 통계' 및 '최선의 실천경험'의 역할과 기능은 지식을 나타내고 그것이 증진되고 발전할 수 있도록 지원하는 것이라고 생각할 수도 있겠지만, 실제로는 그 반대인 것 같다. 성과기반 책무성 측정이라는 잘 알려진 패러다임뿐만 아니라 지표와 통계는 무엇을 지식으로 간주해야 하는가에 대한 틀을 만들고 있다. 즉 **지식은 통계와 지표로 번역되고 최선의 실천경험을 통**

해 적용될 수 있을 때에만 존재하게 된다. 다시 말하면 지식은 작업 혹은 조작의 대상이지 그 자체로 고려되는 주제가 아니다. 이러한 작업은 학생들의 대상화 및 정량화와 함께 진행되기 때문에 교육 및 커리큘럼에 영향을 미칠 수밖에 없다. 우Wayne Au 에 따르면,

사실 표준화된 평가를 통한 학생들의 탈맥락화, 객관화 그리고 이어지는 수량화라는 3중의 작업은 그것으로 끝나지 않는다. 이렇게 서로 관련된 과정들은 또한 고부담 표준화 시험을 새로운 테일러주의의 이상적인 도구로 만든다. 이는 학생들(그리고 확장하면 교사와 교육까지)을 탈맥락적이고 수량화된 대상으로 전환함으로써 학생을 하나의 제품으로 규정하고, 교육을 공장 생산의 패러다임 안에 확고히 자리 잡게 하기 때문이다. 이런 식으로 표준화된 테스트는 기본적으로 학생과 가르침 그리고 교육을 상품화하며, 이러한 상품화를 통해 표준화는 교육체제를 자본주의 생산의 논리에 따라 작동하는 상업체제로 간주되도록 한다. 자본주의 생산논리란 상품이 시장에서 만들어지고 평가되며 비교와 교환이 이루어지게 하는 것이다.

(Au, 2011, pp. 37-38)

다시 OECD 간행물 분석으로 돌아가 보면 교육과 경제의 관계가 간행물 11페이지에 명확하게 표현되어 있음을 알 수 있는데, 여기서 다음과 같은 구절을 확인할 수 있다.

지식에 대한 투자는 다른 생산요소의 생산 능력을 향상시킬 뿐만 아니라 이런 요소를 새로운 제품 및 프로세스로 전환시킬 수 있다.

그리고 이러한 지식에의 투자는 수익률을 감소시키는 것이 아니라 증가시키는 것으로 특징지어지기 때문에 장기적인 경제성장의 열쇠가 된다. (OECD, 1996, p. 11)

여기서 OECD가 지식에 관심을 기울이는 것이 '다른 생산요소들의 생산 능력'뿐만 아니라 '새로운 경제적 제품과 생산과정'을 창출하는 데 있어서 지식의 중요성이 커지고 있기 때문이라는 것은 두말할 필요가 없다. 다시 말하지만, 지식 그 자체에 가치를 부여할 여지는 없는 것이다. 이 문제를 강조해서 표현한다면 다음과 같이 말할 수 있을 것이다. 만일 지식이 '수익률 (감소가 아닌) 증가'를 특징으로 하는 '투자'라기보다는 경제성장과 무관한 요소라면 지식 그 자체는 고려 대상이 되지 못한다. 그러므로 "교육은 지식기반 경제의 중심이 될 것이며 학습은 개인과 조직 발전의 도구가 될 것이다"(p. 14)라는 말을 들을 때, 교육과 지식은 모두 OECD의 경제기반 의제에 부합하는 범위에서만 중요하게 다루어지는 것이므로 교육적인 측면에 대해서 너무 많은 것은 기대하지 말아야 한다.

이러한 비전은 결론에서 확인할 수 있는 다음 구절에서 더욱 분명해진다. OECD의 주장을 길게 인용할 필요가 있다.

OECD 경제에서 어떤 일이 일어나고 있는지에 대한 이해는 이용 가능한 지표의 범위와 질에 의해 제약을 받는다. 경제이론과 방법론이 발전하고 있지만 이를 올바른 데이터에 적용하지 않으면 성과를 거두지 못할 것이다. 단위국가 차원의 전통적인 설명 프레임은 경제가 보다 단순하고 지식과 기술 변화의 역할이 충분히 인정되지 않았던 초창기에 설계되었다. 그 결과, 이 측정 프레임은 경제성장, 생산성 및 고용의 추세에 대해 합리적인 설명을 제공하지 못하고 있다. 지식기반 경제를 위한 지표는 지식의 투입을 측정하는 것에서 나아가 축적과 흐름, 수익률 및 분배의 유통망까지 측정해야 한다. 학습의 핵심적인 역할은 인적자본, 훈련 및 노동 조건에 대한 새로운 지표의 필요성을 강조하는 것이다. 가까운 장래에 추가 지표 개발이 유익한 영역에는 지식의 축적과 흐름, [...] 지식의 수익률, [...] 지식의 유통망, [...] 지식과 학습 등이 있다. 인적자본 지표, 특히 교육 및 고용과 관련된 지표는 지식기반 경제의 핵심 척도이다. 교육과 훈련에 있어서 개인적, 사회적 투자 수익률을 측정하는 것은 개인과 기업의 학습 능력을 향상시키는 수단을 찾는 데 도움이 될 것이다.

(OECD, 1996, p. 43)

이 주장에 대해서는 면밀히 검토할 가치가 있다. 왜냐하면 여기서 몇 년 후 OECD가 추구하는 비전이 무엇이 될 것인지에 대한 선언을 발견하게 되기 때문이다. 즉 그것은 데이터를 수집, 분석, 보급하는 강력한 중심지, 명확하고 강력한 실행적 입지를 가진 중심지가 될 것이라는 선언이다. 배움이 지식기반 경제에서 중심적 위치로 부상하면서 배움—교육일반 및 학교교육 포함—을 측정 가능하고 비교 가능한 결과로 축소하는 것이 점점 더 중요해지고 있다. 그러므로 배움은 다른 여러 상품 중에서 하나의 상품에 지나지 않는 것으로 간주되고 있다. 상품은 저장되는 것이고 그 흐름과 수익은 측정되고 평가될 수 있으며 또 그래야 한다는 것이다. 이에 대해서는 3장에서 포괄적으로 다룰 것이다. OECD가 자체적으로 밝힌 바에 따르면, 사실상 "지식기반 경제의 지표는 지식의 투입량을 측정하는 것을 넘어 축적과 흐름, 수익률과 유통망을 측정하는 것이 되어야 한다"(ibid.).

여기서 나는 학습과 지식 및 교육의 상품화에 관한 소위 '인본주의적 비판'을 제기하는 것이 아님을 분명히 하고자 한다. 내가 지적하고자 하는 것은 **학습과 교육을 생산품과 동일시하게 되면 기본적으로 그것들의 특성, 즉 생성력과 근본적인 개방성 및 예측 불가능성을 놓치게 된다**는 점이다. 다시 말해 그런 식으로 동일시하면 논리적이고 현실적인 실수, 즉 인적자본이론이라는 잘 정의된 패러다임을 한 분야에서 다른 분야로 확장하는 실수를 저지르게 된다. 2장에서는 불확실성과 예측 불가능성이 어떻게 교육의 근거이자 동시에 목적이 되는지를 논의하겠지만, 여기서는 이러한 패러다임을 한 분야에서 다른 분야로, 말하자면 경제이론과 방법론의 영역에서 교육의 영역으로 쉽게 전환하는 것은 상당히 거친 작업임을 강조하고자 한다. 실제로 OECD는 그러한 전환이 가능하거나 바람직한 근거를 설명하지도 그러한 전환으로 인해 어떤 특징이 무시되고 어떤 특징이 강조되는지에 대해 설명하지도 않는다. 경제와 교육의 관계에 대한 OECD의 그림에서는 너무나 많은 것이 당연하게 간주된다. 그러한 비교의 정당성과 그것을 시행하는 방식에 대해서도 의문을 제기하지 않는다. 추후 논의하겠지만 이러한 의문의 결여는 중대한 문제가 아닐 수 없다. 이는 국가와 학교, 정책 입안자, 교사, 심지어 몇몇 학자들이 OECD의 관점을 의견이나 관점이 아닌 하나의 사실로 받아들이는 방식에 반영되기 때문이다. 4장에서 이 점을 상세히 설명하겠지만 여기서는 1990년대부터 현재까지 OECD가 목표, 수단 그리고 전반적인 관점에서 달라진 것이 별로 없음을 밝힐 것이다.

신자유주의, 노동력 및 광고: 교육의 축소

이 시점에서 앞 절에서 분석한 진술들을 지식 및 교육에 대한 OECD의 현재 비전과 비교하는 것이 유익할 것이다. 왜냐하면 오늘날 OECD가 1990년대보다 더 강력하게 교육을 이른바 경제적 가치로 축소하려 한다는 것이 나의 주장이기 때문이다. 나의 주장을 밝히기 위해 OECD의 주요 간행물 4개를 분석할 것이다.

- 『미국이 PISA로부터 배울 교훈, 교육에서 우수 성취국과 개혁 성공국 Lessons from PISA for the United States, Strong Performers and Successful Reformers in Education』(2011)
- 『당신의 학교는 국제적으로 어느 위치에 있는가: PISA를 기반으로 한 OECD 학교 테스트—시범 테스트: 헌던고등학교 How Your School Compares Internationally: OECD Test for Schools—Based on PISA—Pilot Trial: Herndon High School』(2012a)
- 『오늘의 교육 2013: OECD의 관점 Education Today 2013: The OECD Perspective』(2012b)
- 『남학생과 여학생의 삶에 대한 준비도. PISA 2012 결과: 아는 것과 할 수 있는 것 Are Boys and Girls Equally Prepared for Life? PISA 2012 Results: What Students Know and Can Do』(2016a).

먼저 『오늘의 교육 2013: OECD의 관점』(2012b)부터 살펴본다. 서문에 다음과 같은 구절이 나온다.

교육국은 OECD 사무국의 한 부서이며 더 강하고 깨끗하고 공정한 세계 경제를 건설하려는 조직의 노력에 기여하고 있다. 우리는 효율적이고 효과적인 교육체제를 구축하고 학습성과를 향상시키는 데 도움을 주기 위해 교육정책 입안에 대한 비교 데이터와 분석을 제공한다. 우리는 정부와 기업, 시민 사회 및 학계가 최선의 실천경험을 공유하고 서로 배울 수 있는 포럼을 제안한다. 우리의 통계와 지표는 교육체제의 모든 측면에 대해 국제적 비교를 할 수 있는 강력한 근거자료를 제공한다. (OECD, 2012b, p. 4)

가장 먼저 주목할 만한 것은 자신의 역할을 소개하면서 OECD 교육국은 '더 강하고 깨끗하고 공정한 세계 경제를 건설하려는 조직의 노력에 기여하는 데' 그 기능이 있다고 공개적으로 밝힌다는 점이다. 여기서 나는 '더 강하고 깨끗하고 공정한 세계 경제를 건설하는 데 기여하는 것'에는 아무런 문제가 없다고 보고 있음을 처음부터 분명히 하고자 한다. 오히려 그러한 노력에는 가치가 있으며 조직은 그러한 일을 할 필요가 있다고 생각한다. 문제는 그런 노력이 어떤 의미에서 자리를 잘못 잡고 있다는 점이다. **그것은 교육국의 기능, 적어도 주된 기능이 되어서는 안 된다.** 그 이유는 교육이 세계 경제에 기여할 것이 없기 때문이 아니다. 만일 그렇다면 이것은 이상한 주장이 될 것이다. 진정한 이유는 교육국 혹은 어떠한 교육기관이든지 이 점에 있어서 그 일차적 기능이 순수하고 단순한 의미에서의 교육, 즉 교육 그 자체여야 하기 때문이다.

그런데 OECD 자체의 주장에 따르면 이와 반대로 교육은 세계 경제에 종속되어야 하고, 더 나아가 세계 경제의 특정 비전에 종속되어야 한다. 이것은 이론적이거나 철학적인 문제가 아니다. 왜냐하면 교육이 교육 외적인 관점에서 논의되고 실천될 때, 그것은 고유의 역할뿐만 아니라 그 가치의 많은 부분, 즉 지식과 사회에 관한 현실적인 관점을 비판하고 여기에 도전하는 기능을 상실하게 되기 때문이다. 현재의 조건에서 거리를 둠으로써 현재 서 있는 위치와는 다른 새롭고 예측할 수 없는 것들을 위한 여지를 만드는 것(Biesta, 2009, 2010; Derrida, 1982/1972, 1978/1967; Foucault, 1997/1984)은 사실 교육의 본질적인 특징이다. 더욱이 **교육이 그러한 역할을 상실한다면 경제와 사회는 단순한 재생산의 문제가 된다. 왜냐하면 교육일반과 학교교육은 새로운 것과 예측할 수 없는 것이 발생할 수 있으며 어떤 의미에서는 실험되고 실천될 수 있는 고유의 공간이기 때문이다.**[8]

이 문제는 이 책의 2부에서 다시 다룰 것이다. 여기서는 앞서 언급한 바 있는 다음의 두 가지 이슈에 주목하고자 한다.

a. '정부, 기업, 시민 사회 및 학계가 최선의 실천경험을 공유하고 서로 배울 수 있는 포럼을 제공하는' 문제
b. '통계', '지표' 및 '교육체제의 모든 측면에 대해 국제적으로 비교할 수 있는 위한 증거기반' 문제

첫 번째 이슈와 관련하여 OECD가 '정부, 기업, 시민 사회 및 학계가 서로 [...] 공유하고 서로 배울 수 있는 포럼'을 제공하는 것과 얼마나 거리가 먼지 지적할 수 있다. 실제로 OECD의 입장은 명확하게 정의

---

8   교육의 본질적 기능은 교육받는 자의 운명을 예측할 수 없게 하는 것이다. 운명이 예측된다면 교육은 재생산의 문제로 전락하고 경제와 사회는 기존 구조의 단순한 반복에 그치게 되며, 이는 장기적인 발전이나 혁신을 저해할 수 있다는 것이다(옮긴이).

되어 있다. 말하자면 증거기반 접근법을 수용하여 교육을 경제적 특징과 산출물로 축소하고 있는데, 이러한 자세는 시민 사회와 학계의 상당 부분을 논의에서 배제한다. 사실 나는 부모로서 그러한 비전에 동의할 수도 있고 그렇지 않을 수도 있으며, 이는 연구자, 정책 입안자, 교사 및 교육자에게도 마찬가지이다. 물론 어떤 입장이든 입장을 취한다는 것은 나 자신의 입장도 포함해서 잘 정의된 것을 말한다고 할 수 있다. 그러나 포럼을, 더구나 세계적인 포럼을 제공하기 위해서는 증거기반의 입장과 증거기반이 아닌 입장, 경제기반인 것과 경제기반이 아닌 것 등 다양한 입장과 관점을 위한 공간을 마련해야 한다. 포럼이란 다양한 입장의 비교를 통해 어떤 결과가 발생해야 하는지에 대해 사전에 정의된 비전 없이 다양한 형태와 관점이 서로 맞닥뜨리는 공간을 의미하기 때문이다.

자신의 생각과 관점을 공유하면서 다른 사람의 생각을 경청하는 것은 민주적인 포럼과 공동체를 구축하기 위한 출발점이다. 문제는 매우 단순하면서도 오도된 것으로, OECD가 자신의 관점에 부합하는 공간만을 만들어 놓고 있다는 것이다. 분명히 말하면, 어떤 단일 기관이나 학술적 관점에서 이러한 방식으로 교육을 틀 지우는 것에는 아무런 문제가 없다. 사실은 나 역시 특정한 교육의 논리를 주장하고 있기 때문에 교육을 하나의 특정 논리로 제한하고 있다. 그러나 여기에 드러난 사례와 관련된 문제는 두 가지이다. a. 우리가 말하고 있는 기관은 아마 세계적 차원의 교육 프로세스와 실천의 주요 행위자일 수 있다. 다시 말하면, 이러한 기관으로부터는 광범위하고 다차원적이며 포괄적인 접근을 기대할 것이다. b. 교육에 관한 OECD의 문서에서는 대안적인 관점, 더욱 중요한 것은 접근방식을 논의하고 확장하려는 이니셔티브의 흔적을 찾지 못한다. 대신에 모든 교육의 행위자들에게는 OECD의 노선을 따르고 OECD가 미리 구상한 정책을 시행할 것이 기대될 뿐이다. 더욱이 기술과 지식 그리고 소위 교육의 주체라 할 수 있는 교사와 학생은 표준화된 용어로 프레임이 만들어지며 신자유주의 교육체제의 목표와 목적 및 수단을 충족하도록 정해져 있다. 결국은 단일의 목소리를 가진 추상적인 논리가 참가국과 커뮤니티에 부과되며, 이들에게 요구되는 것은 단지 그 논리에 적응하고 그 논리에 따라 일 처리를 해나가는 것이다.

아울러 학술 및 연구에 관한 문제점을 덧붙이고자 한다. 이는 OECD가 취하는 연구 자세의 타당성 문제를 제기하는 것이기도 하다. 다른 학술지와 마찬가지로 OECD의 간행물도 장 끝에 참고자료 목록이 수록되어 있다. 눈여겨봐야 할 점은 이 참고자료 목록에서는 대개 OECD 자체의 출판물이나 자체 출판사에서 발행한 연구물에 관한 것만을 읽을 수 있다는 것이다. 다른 연구 및 출판물을 참고하는 경우는 매우 드물고, 있다 하더라도 OECD 자체의 연구와 자체 출판물에 대한 비중이 지나치게 크다(예를 들어, OECD, 2011 및 OECD, 2012b 참고). 이러한 방침은 어떤 의미에서 OECD의 연구와 학술작업이, 교육이 무엇인지에 대한 동어반복적인 관점에서 이루어지고 있다는 점에서 과학적 타당성의 문제를 제기한다.

한 사례로서 다음과 같은 주장을 살펴보자. "유럽과 북미의 주요 연구자들은 교육의 지도자 및 정책 입안자들과 관련이 있는 방식으로 학습에 관한 수많은 연구들을 요약했다. 여기서 도출되는 종합적인 결론은 …을 암시한다"(OECD, 2012b, p. 40). 이러한 구절과 관련하여 중요한 것은 a. 연구자들의 인적사항, b. 그들의 연구방법과 연구결과,

c. OECD가 참고하는 논문이나 출판물 등에 대한 정보를 알 수 없다는 것이다. 앞서 인용한 것과 같은 주장들은 어떤 과학적 논리와도 전혀 부합하지 않는다. 과학적 논리를 무어라고 생각하든 마찬가지다.

그러나 이러한 문제 있는 접근은 개념적 또는 과학적 지식의 결여 혹은 인식의 부족에서 비롯된 것이 아니라는 것이 나의 주장이다. 오히려 그것은 의도적으로 선택한 방법이며 의사소통 중심의 접근방식 때문에 발생한 결과이다. OECD에서는 자신의 주장과 **연구결과**에서 두 가지 다른 논리와 언어를 혼합하고 있다.

a. 과학의 논리와 언어: OECD는 광범위한 센터로서 다양한 분야로부터 데이터를 수집하고 분석한다.
b. 광고의 논리와 언어: OECD는 각계각층의 사람들에게 아이디어를 전파하기 위해 노력한다.

위에서 지적한 OECD의 문제는 단순히 언어적 또는 이론적인 것에 그치지 않는다. 실제로 OECD의 언어를 분석해 보면, OECD는 과학적인 역할을 강하게 주장하면서도 웹페이지, 비디오, 브로슈어를 통한 의사소통을 보면 그 언어와 전반적인 제스처에 광고의 언어가 반영되어 있음을 알 수 있다. 예를 들면 "더 나은 일자리를 더 나은 삶으로 전환한다"(OECD, 2014)거나 "PISA 결과는 교육에서 무엇이 가능한지를 보여준다"(OECD, 2016b, p. 2)와 같은 주장들은 과학 출판물에서는 좀처럼 자리를 차지하기 어려운 것들이다.

OECD의 언어와 논리에서 이러한 이중의 제스처는 매우 문제가 많다. 사람들은 광고를 들을 때 그 언어와 이미지가 청자의 관심을 끌기 위해 고안되고 준비된 것으로서 사람들이 다른 것보다 광고된 제품을 구입하도록 설득하는 데 중점을 둔다는 것을 알고 있다. 광고에서는 제품의 특징과 장점이 의도적으로 과장된다. 사람들은 광고에 포함된 과장에 대해 잘 알고 있으며, 이러한 과장은 메시지의 특성과 사람들의 인식 때문에 기만으로 작용하지 않고 오히려 명확한 상업적 게임의 규칙으로 받아들여진다.

그러나 OECD처럼 과학적 권위를 주장하는 기관의 의견을 듣는 경우에는 상황이 다르다. 말하자면 연구라는 게임을 할 때는 상당히 다른 규칙을 따라야 한다. 여기서는 사람들이 일종의 포용적인 접근과 다양하고 상반되기까지 한 의견 및 자세, 옵션을 상당히 공정하게 고려할 가능성을 기대할 것이다. 이러한 제스처는 광고에서는 무의미한, 말하자면 자학적인 masochistic 것이 될 것이다. 이처럼 OECD는 이와 같은 이중의 몸짓과 언어를 통해서, 즉 과학의 출판물과 브로슈어를 통해 동일한 내용을 두 가지 방식으로 동시에 말함으로써 매우 모호한 정치 게임을 하고 있는 것이다. 이 문제를 강조해서 말한다면, **OECD는 과학적 권위로서의 명성을 오용하여 과학의 출판물에서 좀처럼 찾기 어렵지만 매력적인 주장을 함으로써 자기 제품 — 여기서는 PISA — 의 우수성을 납득시키려는 의도를 가지고 있다고 할 수 있다.**

앞서 인용한 구절에서 제기한 두 번째 문제, 즉 교육에 대한 '통계', '지표' 그리고 '증거기반'의 문제와 관련하여 주장할 수 있는 것은 **교육의 특징과 현상을 분석하고 표현하는 방법에는 양적인 접근만 있는 것이 아니라는 점이다. 또한 양적인 방법론과 지표를 바탕으로 한다 하더라도 전 세계 '교육 시스템의 모든 측면'을 포괄하는 지표와 통계를 얻을 수 있는 가능성 자체가 불확실하다.** 실제로 OECD는 지표를 얻고자 하는 영역의 동질성이라는 통계적 접근의 기본 가정을 생략하고 있는 것으로 보인다. 다시 말하면 OECD에서는 "OECD의 통계와 지표는 교육체제의 모든 측면을 국제적으로 비교할 수 있는 강력한 증거기반을 제공한다"고 주장을 하는데, 이 주장은 다음과 같은 암묵적 가정에 근거한다.

a. 교육체제의 모든 측면은 전 세계적으로 동질적이다. 즉 싱가포르에서건 볼리비아나 핀란드 혹은 스페인에서건 교육을 이해하고 시행하는 방식에 있어서 차이는 존재하지 않는다.
b. 이러한 측면들은 모두 정량적인 용어로 나타낼 수 있다. 푸코의 용어로 말하면 OECD는 그러한 시스템의 모든 측면을 일관되게 포착하고 설명해 주는 독특한 교육체제 비교표를 제공한다.

교육은 단 하나의 상호작용이나 과정을 놓고 보더라도 복잡한데, OECD는 교육이 복잡한 문제라는 사실을 인식하지 못하고 있는 것 같다. 교육을 하나의 의미로 이해하는 것은 쉬운 일이 아니다. 이 책의 2부에서 상세히 논의하겠지만 그 이유는 **교육적 만남의 의미가 항상 교육적 관계에 참여하는 모든 교육 행위자들의 이해를 넘어서기 때문이다.** 즉 교육은 끊임없이 재창조되는 사건이다. 여기서 우리는 바로 OECD의 비전과 관계된 문제를 마주하게 된다. OECD의 관점은 수행적performative 이다. 말하자면 OECD는 통계와 지표를 통해 세계적 차원에서 특정한 교육의 관점을 견지하면서 국가정책의 공간에 진입하여 교육활동을 지배하고 구체화하는 방식으로 국가정책에 영향을 미치려고 한다(Grek, 2009, p, 24).

OECD와 이를 뒷받침하는 신자유주의 이념은 교육이 어떻게 되어야 하고 어떻게 인식되어야 하는지, 교육의 과정에서 허용이 되는 형태와 그렇지 않은 형태는 어떤 것인지, 교사 혹은 학생이 된다는 것은 무엇이고 아닌 것은 무엇인지, 학생 — 어떤 의미에서 인간 — 은 지속적인 배움의 과정에서 무엇을 얻으려고 노력해야 하는지, 추구할 만한 가치가 있는 것과 그렇지 않은 것은 무엇인지 등을 규정하는데, 이는 신자유주의의 개혁의제와 일치한다. 볼 Ball 에 따르면 이 의제는 강력한 '재규제'의 과정으로, 욕망과 감정 및 인식의 방법을 포함하여 교육의 모든 측면에 영향을 미친다.

> 개혁의제의 범위와 복잡성은 놀라울 정도이다. 그것은 시장을 관리, 수행성, 국가 성격의 변화에 대한 정책 담론과 연관시킨다. [...][9] 그러나 결정적으로 이러한 개혁의 과정은 재규제의 과정으로, 이를 단순히 규제 완화의 전략으로 보는 것은 잘못된 인식이다. 말하자면 이것은 **국가가 통제를 포기하는 것이 아니라 새로운 형태의 통제를 확립하는 것**이다. [...] 이 총체적인 과정에서 교사들은 스스로에 대해 계산하고 자신에게 '가치를 매기며' 생산성을 높이고 수월성을 추구하고 계산하는 존재로서의 삶을 살아가는 것으로 그려지고 또 그렇게 기대된다. [...] 가르친다는 것 혹은 교사(연구원, 학자)가 된다는 것이 무엇을 의미하는지는 개혁의 과정에서 미묘하지만 결정적으로 바뀐다.
>
> (Ball, 2003a, pp. 217-218)

---

9   신자유주의 개혁의제는 교육과 같은 공공 영역을 시장 논리와 성과 중심의 관리
      체계로 재편하고, 국가는 이러한 변화에서 새로운 통제 역할을 수행하게 되며, 이
      모든 것이 정책 담론에서 밀접하게 연결된다는 것이다(옮긴이).

물론 교육에 관여하는 모든 행위자는 자신의 목표를 추구할 권리가 있으며, 교육에 관해 말할 때 자신이 실현하고자 하는 교육의 비전을 밝히는 것이 어느 정도 기대된다. 그러나 OECD로부터는 특정의 관점에서 교육에 대해 말하는 것을 들을 수 없으며 학습을 어떻게 이해해야 하는지에 대해서도 가능한 관점을 알 수 없다는 것이 문제이다. 이와는 정반대로 OECD는 권위 있는 앙헬 구리아 사무총장의 목소리를 통해 교육의 '거울'로서의 비전을 제시한다(Gurria, 2016). 여기에는 교육이 무엇이고 무엇이 될 수 있는지에 대해 매우 축소된 개념이 반영되어 있다. 그리고 여기서 우리는 핵심 사항인 OECD의 교육 의제와 테스트체제 간의 관계, 즉 PISA를 통해서 그 결실을 확인할 수 있는 연결고리에 도달한다. 실제로 PISA는 테스트체제의 수단이자 엔진으로서의 역할을 한다. 이 체제를 통하여

> 학생들은 물론 교사들도 나름 다양한 재능과 도전과제를 가지고 있음에도 이것들은 모두 시험점수로 축소된다. 그리고 학교와 지역사회 역시 실패와 미비점, 강점, 훌륭한 교사와 취약한 교사, 공동체의 발전을 위한 윤리적 헌신과 그들의 에너지, 사기 저하, 용기와 잠재력, 좌절 등 모든 복잡한 특성들이 혼합되고 균일화되어 스테나인 점수(stanine score, 표준점수의 일종 – 옮긴이)로 환원되었다.
>
> (Lipman, 2004, p. 172)

PISA의 철학에 기초한 성과기반 책무성을 측정함으로써 추진되는 교육의 엄격한 표준화는 "교사의 역량을 약화시키고 교사를 탈기술화

하며 deskill"[10](Au, 2011, p. 30), 동시에 교육과정에 영향을 미쳐 이를 협소하게 만든다. 이러한 시스템에 대한 우려는 새로운 것이 아니다. 적어도 1990년대 이후 몇몇 학자들로부터 제기되어 왔으며, 그 범위는 교육과정과 과목의 축소(Apple, 1995; Au, 2011)에서부터 교육과 학습이 겪어야 하는 원자화(McNeil, 2000)에 이르기까지 그리고 교사 — 학생도 포함할 수 있음 — 가 경험하는 소외(Mahiri, 2000, 2006)에서부터 마히리 Mahiri가 언급한 바 가르침과 배움이 표준화되는 것taylorized 에 이르기까지 다양하다(Mahiri, 2005, p. 82).

OECD의 관점에서 사회와 교육에 대한 다른 생각들 간의 경쟁이나 이런 다름을 인정하지 않는 것이 이와 같은 시스템을 강화하는 결과를 초래했다. 경쟁은 시스템 내에서만, 즉 PISA의 점수에 근거하여 학교, 교사, 학생들 사이에서만 일어날 뿐 서로 다른 시스템이나 사회 모형 사이에서는 일어나지 않는다. 이러한 틀 안에서 개인과 기관은 자신의 지위를 높이기 위해 지속적으로 노력하도록 요구받는다. 교육의 관점에서 볼 때 이는 교육을 시스템의 요구사항에 맞게 조정하는 것이 교육에 있어서의 유일한 선택지라는 의미이다.

OECD의 목표가 "교육체제의 모든 측면을 국제적으로 비교할 수 있는 강력한 증거기반을 제공"함으로써 교육 공간을 포화시키려는 saturate 것[11]이라는 점(OECD, 2012b, p. 4)을 고려할 때, OECD 입장의 핵

---

10 교사의 교육활동을 표준화했을 때 가르치는 과정에서 매뉴얼에 대한 의존도를 높이고 자율적이고 전문적인 판단을 점점 기피하는 현상을 가리키는 개념이다. 탈숙련화 혹은 탈기술화 등으로 번역되기도 한다(옮긴이).

11 여기서 포화(saturate)라는 용어는 OECD가 교육의 다양한 가능성과 접근방식을 인정하거나 허용하지 않고 특정 이념과 목표를 교육 시스템에 강제로 주입함으로써 교육의 전 영역을 지배하려는 것을 나타낸다(옮긴이).

심에는 모든 교육목표, 가능성 또는 가치를 자신의 모형에 포함시키려는 욕망이 있다고 말하는 것이 그다지 사실에 어긋나지 않는다. 더욱이 그러한 입장은 미리 결정되어 있고 자명해서 지속적인 논의의 대상이 아니다. 이런 방식으로 OECD의 교육 정치는 사실상 주체와 공동체로부터 지식과 문화를 박탈하고 그 정당성을 부정하는 경향이 있다. 이것이 OECD의 식민주의적 입장이며, 이에 대해서는 2장에서 다시 논의할 것이다. 우리는 신자유주의의 비전과 테스트체제를 통해 OECD는 포용적이기보다는 궁극적으로 배타적인 교육의 개념을 만들어낸다는 것을 알게 된다.

그런데 OECD가 개인을 교육 정치에 포함시켜 사회 발전에 기여해야 한다고 말할 때, 우리는 아이든 어른이든 모든 개인이 우선적으로 포함되는 것은 아니라는 사실을 안다. 이는 OECD가 규정한 사회와 교육에 대한 개념을 벗어난 개인과 환경에 대해서는 변화나 교변작용 transactions[12]의 여지를 허용하지 않기 때문이다. 개인이 여기에 포함되기 위해서는 특정 조건을 미리 충족하고 있어야 한다. 나는 교육에 대한 낭만적이거나 순진한 해석을 주장하는 것이 아니라는 것을 분명히 하고자 한다. 개인에게 사회에서 살아가는 데 필요한 지식, 기술 및 행동 방식을 제공하는 것이 교육이라면 여기에는 사회화와 판단의 필요성 또한 수반하기 때문이다. 이런 노력은 잘 알려진 교육의 자유와 교육의 권위 간의 역설을 낳는다(Biesta, 2007, 2009).

---

12 듀이는 주체와 대상이 단순히 상호작용 하는 것을 넘어 서로가 변화되는 현상을 'transactions'로 설명한다. 교육의 상황에서 교사가 학생을 가르칠 때 학생만 변화되는 것이 아니라 교사 또한 변화되는 역동적인 쌍방향의 변화인 교변작용이 일어난다고 할 수 있다(옮긴이).

그러나 개인들에 대해 사전에 정해진 자격이나 기준을 강하게 요구하는 이와 같은 강력한 방향성은 민주주의와 새로운 것에 대한 교육의 노력에 심각한 우려를 제기한다. 교육의 방향을 줄곧 사전에 결정된 것으로 간주하는 한, 교육의 중요한 특징인 비판적 주체성을 얼마나 추구할 수 있을지는 상상조차 하기 어렵다. 2장에서는 소위 OECD의 식민주의적 입장이라고 할 수 있는 논의를 전개하겠지만 지금은 OECD의 접근방식의 기초가 되는 경제와 교육 간의 종속적 관계라는 이슈를 다루고자 한다. OECD의 2012년 간행물을 자세히 읽어보면 다음과 같은 내용을 확인할 수 있다.

> 국가는 오늘날의 지식 경제에서 성공하기 위해 점점 더 많이 교육받고 숙련된 인력이 필요해지고 있다. 그것은 현재의 직업뿐만 아니라 일생에 걸쳐 미래의 직업을 위해 새로운 기술을 배울 수 있도록 유년기와 청소년기에 훌륭한 기초 교육을 받아야 한다는 것을 의미한다. 교육은 삶을 위한 것이지 교실을 위한 것이 아니다. 교사는 양질의 교육을 제공하는 데 중요한 역할을 담당하기에, 변화하는 요구와 커리큘럼에 대처하는 데 도움이 되는 피드백이 점점 더 중요해지고 있다. [...] 그리고 중등교육이든 직업교육이든 고등교육이든 사람들에게 일터에서 실제로 필요한 기술들을 구비할 수 있도록 보장해야 하는 중요한 문제가 있다. [...] 기대 수명이 늘어나면서 고령 인구가 많아지고 사람들이 더 늦게 은퇴해야 할 필요성이 있기 때문에 나이 든 사람들이 적응을 하고 학습을 지속할 수 있는지 알아야 한다. (OECD, 2012b, p. 11)

여기에는 심각한 교육의 축소, 심지어 왜곡이 진행되고 있다. 교육이 '오늘날 지식 경제의 성공'을 목표로 하는 노동력의 생산과 관련이 있다고 여겨지고 있는 것이다. 이렇게 되면 교육은 단지 하나의 기능으로 평준화된다. 위의 진술을 분석해 보면, 앞에서 제기한 요점, 즉 OECD의 관점은 교육을 반영하는 것representative 이라기보다 수행하는 것performative 이라는 점도 알 수 있다.[13] 그것은 교육이 무엇을 성취해야 하는가 하는 문제와 관련해서 수행적이다. "좋은 기초 교육이란 사람들에게 오늘날의 직업을 위해서만이 아니라, 평생에 걸쳐 미래의 직업을 위해서도 새로운 기술을 배울 수 있는 능력을 갖추게 하는 것"이라고 생각하기 때문이다. 그것은 또한 교사가 가르치기를 기대하는 것과 관련해서 수행적이다. 즉 학생들에게 양질의 교육을 제공하고 변화하는 수요와 커리큘럼에 대처할 수 있도록 하는 것을 교사들에게 기대하는 것이다. 또한 그것은 학습자—고령의 학습자까지—가 실행하기를 기대하는 것과 관련해서도 수행적이다. 즉 "기대 수명이 늘어나면서 고령 인구가 많아지고 사람들이 더 늦게 은퇴해야 하는 필요성이 있기 때문에 나이 든 사람들이 적응을 하고 학습을 지속할 수 있는지 알아야 하는 것이다."

모든 것은 경제적 장치의 기능이란 측면에서 이해된다. 그리고 여기서 '적응'이라는 용어를 잠시 살펴보고자 한다. 이 용어는 인간에게 적용될 때 인간과 사회에 대한 OECD의 전반적인 비전에 비추어 의미를 갖는다. 이 용어가 나이 든 이들에게 적용될 때는 상당히 이상하

13　여기서 '반영하는 것(representative)'이라기보다 '수행하는 것(performative)'이라 함은 OECD의 교육정책이 교육을 설명하거나 묘사하는 것이 아니라 교육의 특정한 목표와 기능을 수행하도록 처방하는 데 있음을 의미한다(옮긴이).

고 불공평하게 들릴 수 있다는 점을 덧붙이고 싶다. OECD는 "나이 든 사람들이 적응하고 학습을 지속할 수 있는지 알아야 한다"고 하는데 이 말이 어떻게 들리는가? 아이러니하게도 우리는 그러한 '나이 든 사람들'이 '적응하고 학습을 지속할 수 없다면' 그들을 어떻게 해야 하는지 물을 수 있다.[14]

그렇다면 PISA는 인간에 대한 어떤 시각을 강화하는가? 여기서 우리는 학습자에 대한 PISA의 관점을 '경제적 학생student economicus'으로 틀 지을 수 있다. 이는 자신의 '비교우위'를 극대화하려는 사람(Gurria, 2016) 혹은 자신을 전적으로 경제적 성공과 인정을 목표로 하는 사람으로 보는 것이다. 우리는 신자유주의 프레임이 어떻게 당연한 것으로 받아들여지는지 주목할 수 있다. 사회생활은 그 경제적 특징, 즉 지식기반 경제와 '일터에서 실제로 필요한 기술'(OECD, 2012b, p.11)로 좁혀진다. 이것은 지식이 금전적 가치에 의해 정의되고 소비되며 인간은 인적자본으로 이해되고 간주된다는 것을 의미한다. 이러한 접근은 신자유주의의 특징이자 이 이념에 유용한 것이다. 코넬 Connell 이 말한 것처럼 "신자유주의는 교육을 인적자본의 형성으로 이해하는 명확한 관점을 가지고 있다. 그것은 생산적인 노동력에 필요한 기술과 태도를 형성하는 사업이다. 생산적이라 함은 바로 시장경제를 위해 끊임없이 성장하고 대량의 이윤을 창출한다는 의미이다"(Connell, 2013, p. 104).

또한 이러한 프레임의 주요 특징 중 하나는 신자유주의적 서사와 일치하는 것으로, 현재 교육이 처한 상황을 분석하는 데 필요한 지식

---

14 교육의 가치를 직업 수행 혹은 노동력과 관련해서만 찾고자 하는 OECD의 "수행적" 관점이 갖는 한계를 보여주고 있다(옮긴이).

과 교육이 생산해야 하는 지식 간의 연결고리를 닫으려는 경향이다.[15] OECD의 서사 narrative 는 주어진 목표, 백분율, 성적표 및 데이터 등을 연구결과가 아닌 사실로 제시함으로써 공평하고 객관적인 것처럼 말하는 경향이 있다. 이러한 자세는 다른 유형의 분석이나 지식이 교육의 논쟁에 참여하는 것을 허용하지 않는다. 그러한 선택은 결국 그 기저에서 철저하게 기능하는 지식의 형태를 산출하는 데 작용한다 (Ball, 2003a; Duggan, 2003). 그 결과 교육의 목표와 목적은 사전에 주어져 있기 때문에 교육 목표, 목적 및 전반적인 틀에 대한 비판적 참여는 요구되거나 추구되지 않는다. 다시 말해 OECD는 이 영역에서 자신의 비전을 유일한 관점으로 제시함으로써 일종의 독점을 행사하고 있는데, 내가 강조하고자 하는 것은 경제적, 신자유주의적 관점에서도 이것이 문제가 되는 상황이라는 점이다.

교육에 대한 OECD의 경제적 관점으로 돌아가서 『당신의 학교는 국제적으로 어느 위치에 있는가 How Your School Compares Internationally』(OECD, 2012a)의 한 구절을 분석하는 것이 유용할 수 있다. 이 책 33페이지에는 "교육과 경제성장의 관계: 학생들의 향상된 교육성과가 국가의 미래 전망도 향상시킬 수 있을까?"라는 의미 있는 제목의 섹션이 있는데 다소 길지만 인용할 가치가 있다.

스위스 다보스에서 열린 2010 세계경제포럼에서 OECD는 「고비용

---

15 현재의 교육 평가 방식이 OECD가 규정한 특정한 경제적, 사회적 목표에 맞춰져 있어서 교육의 목적과 방향이 이미 정해진 틀에 갇혀 버리고 새로운 접근이나 비판적 논의가 어려워지는 구조가 형성되어 교육에 대한 비판적 사고나 혁신적 접근이 배제되고 교육이 현재의 체제 안에서만 움직이게 된다는 점을 지적하고 있다 (옮긴이).

저학력 성취The High Cost of Low Educational Performance」라는 보고서를 발표했다. 이 보고서에서는 경제 모델링을 사용하여 국가의 예상 경제성장에 대한 인지능력의 상대적 가치를 추정했다. [...] 이 보고서의 결론은 학생들의 학업성취도 향상이 국가 노동력의 기술에 큰 영향을 미칠 수 있으며, 따라서 국가경제의 미래에 영향을 미칠 수 있다는 것이다. 이로 인한 이익은 장기적으로 GDP 증가로 측정된다. 보고서에 제시된 경제모형의 증거에 따르면 OECD 국가의 경제성장률 차이의 대부분은 인지능력의 차이로 설명될 수 있으며 차별화된 기술은 경제성장에 매우 강력하고 지속적인 영향을 미친다. OECD 보고서는 국가가 경제성장에 장기적으로 투자하기를 원한다면 교육의 질을 높여야 한다고 제안했다. [...]

2009년 OECD 국가의 평균 PISA 읽기 성취도 점수는 493점이었다. 보고서 작성 당시 OECD 30개국 모두 향후 20년 동안 평균 PISA 점수를 25점만 올리면 2010년에 태어난 세대의 경우 평생, 말하자면 2090년까지 총 115조 달러의 GDP 이득이 있을 것이다.

(OECD, 2012a, p. 33)

나는 위 구절이 OECD의 목표와 입장을 구체적으로 요약하고 있다고 생각한다. 경제적 가치의 범위를 벗어난 교육의 아이디어는 완전히 배제되었다. "경제 모델링을 사용하여 국가의 예상 경제성장에 대한 인지능력의 상대적 가치를 추정했다." 더군다나 '장기적으로 본 GDP'는 지금 이 자리에서 어떤 교육이 이루어져야 하는지를 규정하고 있으며, 교육의 '질'은 국가, 학교, 교사, 당연히 학생에 이르는 요소들이 '글로벌시장'에서 어떤 위치에 세워지는가에 의해 결정된다.

PISA의 성과와 'OECD 국가에서 2010년에 태어난 세대의 일생의 GDP' 사이의 관계에 대한 명확한 예측이 이루어지고 있는데, 이는 향후 20년 동안 전 세계적으로 학교와 교육이 어떤 방향으로 나아가야 하는지를 보여주고 있다. 결국 OECD 자체의 표현에 따르면 **학생들은 단지 '열심히 일하는 노동력의 구성원'일 뿐**이다. 그렇기 때문에 우리는 교육과 지식, 사회의 심각한 축소를 우려하는 것이다. 그 이유는 OECD가 강조하는 관점이 모든 것을 포괄하는, 다시 말해 2016년 OECD의 간행물 제목과 같이 '소년과 소녀가 동등하게 삶을 준비하고 있는가'를 결정하는 것을 목표로 하기 때문이다(OECD, 2016a). 단순히 주어진 현실에 참여하고 거기에 적응하는 것이 아닌 **세계를 변화시킬 수 있는 능력을 OECD에서는 교육에서 개발할 가치가 있는 것으로 간주하지 않는다**. PISA는 이러한 자세로 학생들이 더불어 살아가는 삶의 공동 창조자가 될 바로 그 가능성을 지워버린다. 이러한 교육과 삶, 사회의 축소에 대해서는 2장에서 자세히 설명하겠지만, 4차 간행물 『미국이 PISA로부터 배울 교훈, 교육에서 우수 성취국과 개혁 성공국 Lessons from PISA for the United States, Strong Performers and Successful Reformers in Education』(OECD, 2011)에서도 이런 축소는 작동하고 있다. 우리는 여기서 교육과 기술 및 경제 간의 연관성에 대한 동일한 주제를 확인할 수 있다.

  이것은 하나의 가능한 미래에 대한 설명이 아니라 현재 작동 중인 경제적 역학에 대한 설명이다. OECD의 고임금 국가에서는 고숙련 인력에 대한 수요가 공급보다 빠르게 증가하고 있으며(OECD 지표는 고숙련자의 임금 프리미엄 상승을 보여주는 것임), 저숙련 노동자에 대한 수

요는 공급보다 빠르게 감소하고 있다(OECD 지표는 저숙련자의 실업률 증가나 임금 하락을 보여주는 것임). 일자리는 특정 작업에 필요한 기술을 최상의 속도로 제공할 수 있는 국가로 빠르게 이동하고 있다.

(OECD, 2011, p. 14)

OECD의 비전에 따르면 '최상의 속도'와 수요 및 공급 메커니즘이 교사들이 무엇을 가르쳐야 할지를 결정하는데, 나는 이러한 OECD의 비전이 과장이라고 생각하지 않는다. 이와 관련하여 최근 교육현장에서는 OECD 및 정부 간 국제기구 IGO 와의 관계에 있어서 글로벌 교육사업이 지니고 있는 힘에 대한 우려가 제기되고 있다(Ball, 2009; Cutler, 2008; Hogan, Sellar and Lingard, 2014). 이러한 우려는 국가와 같은 공적 영역의 이익이 OECD와 밀접한 관계를 맺고 있는 피어슨 재단 같은 사기업의 사적인 이익과 뒤섞일 때 어떻게 "정책문제를 단순화하고 그 해결책을 간단한 것으로, 말하자면 '어떤 효과가 있는가'와 유사한 문제로 만들어버리는지를 지적하고 있다"(Hogan, Sellar and Lingard, 2016, p. 244). 이러한 부적절한 혼합은 '새로운 정책 장르'(ibid.)를 만들어낸다. 다음 장에서 논의하겠지만 이는 객관성과 증거라는 미명 아래 하나의 명확한 이데올로기를 보이며 교육을 돈, 성공, 증거 및 경쟁이라는 잘 정의된 가치체계에 자리매김한다. 따라서 교육은 OECD 신화 속에서 '지식', '형평성', '질', '교육'을 설립 가치 founding values 로 삼는 세계관으로 변질되는데, 결국 누가 이러한 생각에 반대하겠는가? 이러한 상황은 앞서 언급한 바와 같이 교육의 '거울'(Gurria, 2016)이라고 주장하는 도구에 대해 상당한 의구심을 불러일으킨다.

PISA의 가치체계 분석: 돈, 성공, 증거, 경쟁

지금까지 나는 OECD의 교육관과 신자유주의 및 평가체제의 관계를 분석하면서 OECD의 교육 비전은 신자유주의 틀이나 평가체제 모두와 유기적으로 얽혀 있다고 주장했다. 더구나 OECD의 교육의제와 신자유주의 및 평가체제는 서로 맞물리면서 교육과 사회적 공간을 포화시켜 일종의 상승하는 나선을 형성하고 있다. 이러한 나선은 교육을 어떻게 인식하고 실행해야 하는지, 허용되는 교육의 과정과 그렇지 않은 과정은 어떤 것인지, 교사와 학생이 의미하는 것과 아닌 것은 무엇인지를 규정하고 있다. 이런 의미에서 교육의 현실성과 가능성 모두 OECD에 저당 잡혀 있다.

이 장에서는 OECD의 국제학업성취도평가인 PISA에 중점을 둔다.

출판물과 웹페이지 및 비디오를 포함하여 PISA에 관한 OECD의 공식 문서를 분석한 것을 바탕으로, 앞 장에서 시행한 분석과 일관성 있게 이 프로그램을 비판적으로 분석할 것이다. 나는 PISA가 단순한 평가도구가 아니라 세계적 차원에서 교육일반과 학교교육을 지배하려는 포괄적인 틀임을 주장할 것이다. PISA는 사실상 누가 삶과 사회를 잘 준비하고 있는지, 누가 성공할 수 있는지를 결정하는 권리를 독점하고 있다. PISA는 평가도구일 뿐 아니라 어떤 의미에서는 삶의 브랜드다. OECD는 강력하면서도 은밀한 연결고리 속에서 교육과 학습, 학습과 평가, 평가와 PISA 테스트를 동일시한다. 따라서 OECD의 관점에서 PISA는 곧 교육을 의미한다. 객관성이라는 보호막에 의해 PISA는 명확한 이데올로기를 나타내며 교육을 **돈, 성공, 증거 및 경쟁**이라는 잘 정의된 가치체계에 자리매김한다.

나는 또한 PISA의 제스처와 관련하여 식민주의 문제를 제기할 수 있다고 주장한다. 사실 모든 교육 목표, 가능성 및 가치를 자신의 모형에 포함시키려는 야망이 PISA의 핵심에 있다. OECD는 이런 식으로 주체와 공동체로부터 그들의 문화와 지식을 박탈하고, 그들의 정당성을 부정하며, 하나의 논리를 강요한다. 우리가 PISA의 가치를 이러한 가치들과 동일시하는 흔적을 찾지 못하기 때문에 PISA에서 이를 소리 없이 수행하며 전체적인 틀을 증거라는 보호막 아래 선언하고 만들고 실행한다. 나는 OECD 교육국의 안드레아 슐라이허 국장이 제공해 준 두 편의 비디오를 분석하면서 결론을 내렸다. 이 비디오들은 OECD의 윤리적 자세를 보여주는 의미 있는 자료이다.

나의 분석을 소개하기 위해 OECD의 2013년 간행물 『2012 PISA 결과: 무엇이 학교 성공의 요인인가? 자원, 정책, 실천PISA 2012 Results:

What Makes Schools Successful? Resources, Policies and Practices』(OECD, 2013)을 검토하고자 한다. 서문에서 다음의 구절을 확인할 수 있다.

> 점점 더 많은 나라들이 가장 성공적이고 효율적인 정책과 실천에 대한 증거를 찾기 위해 국경 너머로 눈을 돌리고 있다. 실제로 지구촌 경제에서 성공은 더 이상 자국의 표준에 의해서가 아니라 보편적으로 가장 잘 수행되고 가장 빠르게 개선되는 교육체제에 의해서 측정되고 있다. 지난 10년 동안 OECD 국제학업성취도평가 프로그램인 PISA는 학교체제의 질과 형평성 및 효율성을 평가하는 세계 최고의 척도가 되었다. 그러나 PISA가 만들어낸 증거기반은 통계적 벤치마킹을 훨씬 넘어선다. 우수한 교육체제의 특성을 파악함으로써 PISA는 각국 정부와 교육자들이 지역 상황에 맞는 효과적인 정책을 찾아낼 수 있게 한다.   (OECD, 2013, p. 3)

나는 이 진술이 PISA의 '본질'을 보여주는 중요한 사례라고 주장한다. 이 진술에는 몇 가지 가정이 포함되어 있다. 일부 가정들은 명시적이며 다른 가정들은 암묵적이다. 진술 자체가 중립적이지 않으며 투명하지도 않다. 강력한 지향성이 교육을 돈과 성공, 증거 및 경쟁이라는 잘 정의된 가치체계에 자리매김하고 있다.

증거와 증거기반 교육이라는 주제가 이 구절의 첫 번째 문장에 소개되고 있다. 여기서 주목할 점은 증거 자체는 주어지는 것이지 의심의 대상이 아니라는 것이다. 이 증거는 두 가지 방식으로 주어지는데 하나는 증거기반 분석과 연구만이 교육체제에 대한 의미 있는 정보를 제공할 수 있다고 가정한다. 실제로 OECD의 교육 프레임에서는 다양한 패러다임이나 모형의 흔적을 찾을 수 없다. 또 하나는 기술 및 역량을 평가하기 위한 증거기반 도구 중에서 PISA가 최선의 것으로 가정된다는 것이다.

또한 이 문장은 OECD 수사 전략의 중요한 사례이기도 하다. OECD는 이러한 전략을 통해 자신의 교육 비전을 필수 불가결한 것으로 그리고 자신의 활동은 학교교육과 교육정책 및 사회 전반에 확고하게 자리 잡은 요구에 대한 대응책으로 제시한다. 이런 식으로 OECD는 자신의 수행적 입장을 감추고 사회에서 발생하는 교육적 필요성을 자신의 목표로 변환시킨다. 사실 우리는 "점점 더 많은 나라들이 가장 성공적이고 효율적인 정책과 실천에 대한 증거를 찾기 위해 국경 너머로 눈을 돌리고 있다"는 것을 배우게 된다. 이는 OECD의 의도대로 교육정책의 성공과 효율성을 측정하는 단일 종류의 증거를 제공할 수 있다는 의미이다. 위에서 언급한 바와 같이 OECD는 전 세계 교육에서 일어나는 일에 맞춰 자신의 목표와 사명을 변형시킨다. 분명한 것은 전 세계에서 "가장 성공적이고 효율적인 정책과 실천"에 대한 증거를 제공함으로써 OECD를 교육정책과 평가의 주된 주체로 자리매김하는 것을 PISA의 목표로 하고 있다는 것이다. 따라서 OECD는 전 세계적으로 "가장 성공적이고 효율적인 정책과 실천"이 어떤 것인지를 이해하려는 이유가 전 세계 국가들에서 자연적으로 발생하는 수요 때문이라고 말한다. 이와 같이 OECD는 '신자유주의적 사고와 자유시장의 이념을 조장하는 데 있어서의 매우 중요한 역할'을 은폐하는 것으로 보인다(Henry Lingard, Rizvi, and Taylor, 2001).

이 구절의 두 번째 문장에서 OECD는 교육을 이해하고 실천해야 하는 가이드라인을 소개한다. 그것은 곧 경제 및 성과 중심의 교육 비전과 '성공' 및 측정에 대한 강력한 신뢰이다. 위에서 "지구촌 경제에서 성공은 더 이상 자국의 표준에 의해서가 아니라 (보편적으로) 가장 잘 수행되고 가장 빠르게 개선되는 교육체제에 의해서 측정되고 있다"는 주장을 들었다. 여기서도 은폐 전략이 작동하고 있다. 이러한 전략에 의해 독자들은 다음과 같은 사실을 믿게 된다. 즉 a. '지구촌 경제'는 모든 것을 포함하는 개념으로서, 말하자면 모든 교육적 프레임의 토대가 될 수 있고, 또 그래야 하는 것이다. OECD의 언어와 이념으로 볼 때 지구촌 경제는 어떤 의미에서 그 모든 특징으로 세계를 의미한다. b. 성공은 그러한 세계가 견인하는 가치이다. c. 교육과 삶에 있어서도 성공에 도움이 되는 요소들은 명확하게 측정되고 평가될 수 있다. d. 교육의 개선은 이러한 토대 위에서 이뤄져야 한다.

한편 교육은 성과의 문제, 말하자면 경제적 성과의 문제이다. 그러므로 OECD에 따르면, 교육 그리고 삶은 경제, 성과, 경쟁 그리고 성공의 관점에서 이해되고 실행에 옮겨진다. OECD의 관점에서 볼 때 교육은 성공을 위한 것이고, 지구촌 경제에서의 성공은 금전적인 측면에서 측정되기 때문이다. 아래에서 이 문제를 다시 다룰 것이다.

여기서 나는 OECD가 그러한 수사 전략(전 세계 교육 시스템에 영향을 미치기 위해 사용하는 언어적, 논리적 기법 – 옮긴이)을 인식하고 의도적으로 그림에서 **요소들**, 즉 교육의 다양한 측면을 생략했는지, 아니면 이를 인식하지 못하여 무심결에 신자유주의 비전을 실행에 옮겼는지 여부는 중요하지 않다는 점을 강조하고 싶다. 이와 같이 너무 많은 것을 당연하게 여기는 메커니즘 때문에 PISA가 단지 국제적인 설문 조사나 평가도구에 그치지 않게 되는 것이다. OECD의 용어에 따르면, PISA는 증거 또는 명백한 사실을 제공한다. 말하자면 PISA는 "학교 시스템의 질과 형평성 및 효율성을 평가하는 세계 최고의 척도가 되었다."
여기서 다음과 같은 점을 강조해야 한다. 즉 PISA의 영향력과 성공을
부정할 수 없더라도 다양한 평가도구 간의 과학적 비교가 이루어지지
않았다는 점에서 누가 PISA에 이와 같은 면허를 부여했는지 합리적
으로 의문을 제기할 수 있다는 것이다.

마지막으로 위에서 주장한 바와 같이 전체적인 논의 자체가 증거로
서 제시된다. 성공과 금전 및 경쟁이 교육의 목표이며 교육은 지구촌
경제의 기능이라는 것이 이미 결정되어 있다. 또한 이러한 특징들은
충분히 측정이 가능하며 PISA는 이러한 측정에 가장 적합한 도구라
고 가정된다. OECD의 주장에서 논리적으로 의문을 제기할 수 있는
부분은 논의되지도 논리적인 사고의 대상이 되지도 않는다. 그것은
'증거'의 문제로 다루어진다. 여기서 우리는 PISA의 기본적인 특징,
즉 식민주의적 입장을 접하게 된다. 실제로 이 구절의 마지막 문장에
서 "PISA는 각국 정부와 교육자들이 지역 상황에 맞는 효과적인 정책
을 찾아낼 수 있게 한다"라는 표현을 보았다. 즉 PISA는 교육 분야에
서 무엇을 해야 하는지 규정하고, 지역 국가들은 그저 이를 따라야 한
다는 것이다. OECD의 권위 있는 말을 빌리면 PISA는 교육을 평가하
는 유일무이한 모형이다. 따라서 PISA는 망설임 없이 확실하게 바로
교육을 정의 내리는데, 이는 이론적으로도 취약하고 윤리적으로도 문
제가 되는 자세이다.

우리는 학생과 교사 및 정책 입안자가 질문을 던지고 문제를 제기
하고 다양한 교육적 관점에 대해 발언하고 이를 실행에 옮기려는 노
력을 할 여지가 거의 없음을 알고 있다. 비에스타의 성과기반 책무성
측정에 대한 비판에 따르면, 설령 학습자가 교육의 설계에서 발언권

을 가질 수 있다고 하더라도, 그 발언권은 "어떤 서비스를 원하거나 필요로 하는가의 문제로 제한되며 일반적으로 시민들이 바람직하다고 생각하는 것에 대한 문제로 확대되지는 않는다"(2004, p. 238). 이러한 참여는 과정 자체의 효율성과 효과성에 관한 것이지 과정을 통해서 어떤 결과를 성취해야 하는가에 관한 것은 아니다. 그러므로 PISA와 같은 도구에는 어떤 기준이나 '결과'가 가장 바람직한지에 대한 적절한 (민주적인) 논의가 부족하다. 이 체제는 사실 "그러한 과정을 통해서 무엇을 성취해야 하는지에 관한 훨씬 더 어렵고 규범적이고 정치적인 문제는 다루지 않고 주로 프로세스의 효과성과 효율성에 초점을 맞춘다"(ibid., p. 239).

PISA는 어떤 의미에서 **경험이 실제로 발생하기도 전에 경험의 목적이나 방향을 미리 규정한다.** 새로운 방식의 앎 및 경험과 더불어 새로운 방식의 삶이 출현하는 것은 PISA 모형의 범위를 넘어선 것이다. 물론 이러한 것들은 아마도 어떠한 평가 모형의 범위도 벗어날 것이다. 평가는 정의상 이미 존재하는 것을 평가해야 한다. 문제는 OECD가 공언한 의도에도 나와 있지만 PISA는 단순한 평가도구가 아니라는 점이다. PISA는 이것을 훨씬 넘어선 것으로서 모든 것을 포괄하는 프레임이며, 교육과 사회, 나아가 삶이 어떤 것이어야 하는지를 규정하는 일종의 삶의 브랜드이다. 이와 같이 PISA는 식민주의적인 성격을 분명히 드러내는데 이제 이에 대한 논의를 진행할 것이다.

PISA의 식민주의[1]

이 절에서는 PISA의 식민주의적 입장을 밝히고자 한다. 나의 요점을 밝히기 위해 다음과 같은 4개의 OECD 문서를 분석할 것이다.

a. PISA 홈페이지에서 찾은 "PISA-전 세계적으로 학생의 성공을 측정하다 PISA-Measuring Student Success around the World"(OECD, 2016a)라는 PISA 소개 비디오

b. 웹페이지 자료 "PISA에 관하여 About PISA"(OECD, 2016b) 중 소제목 'PISA의 우수성 What Makes PISA Different'

c. 구리아[2]의 비디오 "교육에서 우수 성취국과 개혁 성공국 Strong Performers and Successful Reformers in Education"(Gurrìa, 2016a)

d. PISA 웹페이지에 탑재된 PISA에 관한 구리아의 진술(Gurria, 2016b).

---

1   정치적인 의미에서의 식민주의란 식민지의 획득과 유지를 지향하는 대외 정책으로, 경제적·정치적인 세력을 국외의 영토로 확장하고 정치적 종속 관계를 통해 그 지역을 자국의 영토로 삼는 제국주의적 침략 정책을 가리킨다. 식민주의를 정당화하는 것은 식민자가 피식민자보다 뛰어나기에 식민지 지배는 피식민자에게 이익이라는 사고방식이다. 제국주의가 국가 전체의 특정한 이념이라면, 식민주의는 그러한 이념을 실현시키기 위한 실질적인 행위라고 할 수 있다. 여기서 PISA의 정책에 '식민주의'라는 라벨을 붙인 것은, 저자가 볼 때, PISA가 각국의 고유한 교육적 맥락을 무시하고 PISA의 정책을 보편적 진리로 받아들이는 것이 자국에 (경제적으로) 유리하다고 홍보하기 때문이다(옮긴이).

2   구리아는 2006~2021년까지 OECD 사무총장을 역임하다가 2021년 5월 31일로 임기가 끝났고 그 후임으로 호주 출신의 마티어스 코먼(Mathias Cormann)이 6대 사무총장으로 선출되었다(옮긴이).

먼저 PISA를 소개하는 비디오부터 살펴보자. 몇 가지 중요한 구절을 인용한 다음 그것들을 분석하고자 한다.

> OECD에는 더 나은 삶을 위한 더 나은 정책 개발을 목표로 34개국이 가입하고 있다. 1990년대 후반 OECD 회원국들은 전 세계 15세 청소년들이 사회에 참여할 준비가 잘 되어 있는지를 측정하자는 아이디어를 내놓았다. [...] PISA는 학생들이 수업에서 배운 내용을 앵무새처럼 반복할 수 있는지 아닌지를 알아보는 데 그다지 관심을 두지 않는다. [...] PISA는 다른 나라와 비교해서 각국의 현재 위치는 어디인지 그리고 얼마나 효과적으로 자녀를 교육하고 있는지 확인시켜 준다. [PISA는] 무엇이 가능한지를 보여준다. [...] 또한 자국이 보다 성공적인 교육 시스템으로 발전해 나가고 있는지를 정부, 교육자 그리고 학부모들이 추적해 나가도록 해 준다. [...] 분석가는 PISA 테스트 결과를 살펴보고 [...] 성공적인 교육 시스템의 주요 특성을 찾아내고자 한다. [...] 일단 성공적인 시스템의 프로필을 확인하게 되면 그것은 다른 국가를 위한 모형으로 사용할 수 있다.
>
> (OECD, 2016a)

OECD의 표현에서 나타나는 몇 가지 요소들은 의미심장하며, 이 자료가 PISA를 소개하는 비디오라는 점에서 더욱 중요하다는 점을 강조하고 싶다. 가장 먼저 주목할 만한 것은 OECD가 "더 나은 삶을 위한 정책"을 개발한다는 점이다. 언뜻 보기에는 평범한 진술처럼 여겨질지 모른다. '더 나은 삶을 위한 더 나은 정책'을 개발하는 것이 뭐가 문제냐고 물을 수도 있을 것이다. 그러나 나는 이러한 진술이 결코 순수한 것이 아니며 삶, 사회, 교육의 심각한 축소를 초래한다고 생각한다. 삶이 어떠해야 하는지에 대한 권위를 주장함으로써 OECD는 실제로 그러한 삶을 설정하고 결정하는 역할을 떠맡고 있다. 이러한 주장을 강조하면서 **한 기관이 '더 나은 삶'을 개발하는 키를 쥐고 있는 만큼, 학생, 교사, 심지어 국가의 역할은 단지 그것에 따르고 적응하는 것뿐인데 이는 OECD의 식민주의적 입장을 드러내는 것이다.**

두 번째로 분석할 가치가 있는 것은 "OECD 회원국들은 전 세계 15세 청소년들이 사회에 참여할 준비가 잘 되어 있는지 측정하자는 아이디어를 내놓았다"는 진술이다. 이러한 진술은 어떤 의미에서는 OECD가 취하는 자세의 핵심을 보여준다. 이 진술에 따르면 PISA는 학생들의 과학, 수학, 문해력 또는 문제해결 능력을 평가하는 것이 아니라 그들이 '사회에 참여할 준비가 되어 있는지'를 확인하는 것이다. 사회에 참여한다는 것은 복잡한 문제이다. 이 문제가 일련의 특정 역량으로 환원될 수 있다는 것과 이를 평가할 수 있다는 것은 사전에 결정될 수 있는 것이 아니다. 그러므로 '사회에 참여할 준비가 잘 되어 있다는 것'이 무엇을 의미하는지 정의 내릴 수 있는가 하는 의문이 제기된다. 이런 라이선스를 전 세계 시민에게 부여하는 권한은 누구 혹은 무엇에 부여해야 하는가? PISA가 이러한 준비를 판단하는 기준이 되는 사회의 개념은 무엇인가? 서구에만 초점을 맞추고 보더라도 '좋은 사회'로 간주되는 것이 무엇인지, '좋은 시민'이 된다는 것이 무엇을 의미하는지에 대해 매우 다양한 개념들이 있다(Biesta, 2007; Giroux, 1981, 1989; Torres, 1998). 나는 이러한 문제에 대해 OECD가 응답할 필요가 있다고 생각한다.

이러한 논리는 인용한 구절의 두 번째 부분에서 더 강화된다. PISA

는 '각국이 얼마나 효과적으로 자녀를 교육하고 있는지'를 보여준다고 했으며, 또한 '가능한 것이 무엇인지를 보여준다'고도 했다. 사실 이러한 진술을 통해 PISA는 각국이 지금 여기서 얼마나 효과적으로 자녀를 교육하는지 그리고 한 걸음 더 나아가 미래에 무엇이 일어날 수 있는지 보여줄 수 있다는 점에서 교육의 현실성과 가능성 모두에 대해 독점권을 행사하고 있다. 그래서 PISA 테스트 결과를 보면 "성공적인 교육 시스템의 주요 특성을 파악할 수 있다. [...] 일단 성공적인 시스템의 프로필을 확인하게 되면 그것은 다른 국가를 위한 모형으로 사용할 수 있다"는 주장을 하는 것이다. 이와 같은 진술은 PISA가 어떻게 전 세계적으로 교육을 적응시키고 조형하고 평준화시키는 일종의 틀로서 작용하는지를 분명히 보여준다.

이것은 별도로 독립된 진술이 아니다. PISA의 차별성이라는 제목하에 웹페이지 자료 "PISA에 관하여About PISA"(OECD, 2016b)에서 다음과 같은 진술을 읽을 수 있다.

> PISA는 학교교육과정과 직접적으로 관련이 없는 평가 문항을 개발하기 때문에 독특하다. 이 평가는 의무교육을 마친 학생들이 어느 정도 실제 상황에 지식을 적용하고 사회에 온전히 참여할 수 있는지를 측정하기 위해 고안되었다.

나는 "전 세계 15세 청소년들이 사회에 참여할 준비가 잘 되어 있는지를 측정한다"는 바로 그 생각이 억압적인 사고방식과 유사하며, 그것을 확인하기 위한 평가는 교육의 민주적 비전과 일치하지 않을 것이라는 점을 강조하고 싶다. 사실 민주주의는 시험점수는 말할 것도 없고 지위와 출신, 교육 및 사상에 상관없이 사람들이 사회에 참여할 수 있게 하는 것이다. PISA의 기준에서 좋은 점수를 받지 못하는 학생들은 OECD 자체의 표현에 따르면 '사회에 참여할 준비가 잘 되어 있지 않다'고 할 수 있다. 이것은 어떤 의미에서 PISA가 특정 학생이 세계에서 자신의 위치를 확보할 수 있는지를 결정할 수 있음을 의미한다. 즉 OECD의 표현에 따르면 PISA는 그 학생이 다른 이들과 함께 살아가기에 적합한지 여부를 결정할 수 있는 셈이다. 그렇다면 PISA의 기준에서 좋은 점수를 받지 못하는 학생들에게 교사는 어떻게 해야 하는가? 이것은 합리적인 문제 제기이다.

모든 교육 목표 또는 실천을 포괄하고자 하는 욕망은 구리아의 비디오에서도 분명히 드러난다. 이 비디오의 제목은 다음과 같다.

- "교육에서 우수 성취국과 개혁 성공국: PISA 평가에서 높은 성과를 보이거나 성과가 향상되고 있는 교육 시스템의 정책과 실천을 소개하는 비디오 시리즈Strong Performers and Successful Reformers in Education: A video series profiling policies and practices of education systems that demonstrate high or improving performance in the PISA tests"(Gurrìa, 2016a)

또 이 영상이 의미가 있는 것은 PISA 철학의 모든 요소들이 명확하게 표현되어 있을 뿐만 아니라 우리가 관심을 가져야 할 교육의 비전을 전달하는 것과도 관련이 있기 때문이다. 여기서 우리는 a. 교육에 대한 성과기반의 비전, b. 성공과 돈에 대한 분명한 의지, c. 교육을 적합한 기술생산 과정으로 축소하는 것 등을 확인할 수 있다. 이를 인용한 뒤 분석을 제시할 것이다.

오늘날의 지구촌 경제에서 각국은 시민들에게 내일의 도전에 대처하는 데 필요한 기술을 가르칠 고품질의 교육체제를 필요로 하고 있다. [...] 출발 수준은 다르지만 지난 몇 년 동안 학생들의 학업성적을 실질적으로 향상시키는 데 성공한 국가와 지역이 많이 있다. 그 국가들은 몇 가지 중요한 공통점을 보여준다. 그들의 정치인과 사회 지도자들은 교육의 가치에 대한 강한 믿음을 부모, 교사, 학생들과 공유한다. 자원은 그들이 가장 큰 성과를 낼 수 있는 분야로 투입된다. 모든 학생들에게는 성공할 수 있는 기회가 주어진다. 문화적, 경제적 조건이 다른 상황에서도 최고의 시스템은 강력하고 공평한 학습 성과를 거두게 한다. PISA 테스트는 그들이 성취한 것을 드러냄으로써 모든 나라에 본보기를 제공하고 무엇이 가능한지를 보여준다.   (Gurrìa, 2016a)

첫 번째 문장에서 지구촌 경제, 기술, 국가 및 교육 간의 명확한 계층 구조가 만들어진다. "오늘날의 지구촌 경제에서 각국은 시민들에게 내일의 도전에 대처하는 데 필요한 기술을 가르칠 고품질의 교육체제가 요구된다"는 것이다. 지구촌 경제 규칙들과 지시된 규칙들은 교육이 적합한 기술들을 생산하는 수단으로 실행되는 것을 요구한다. 그러면 각국은 순응하고 시민들은 숙련된 노동력으로 변모한다. 그러므로 PISA에 따라 '학생들의 학업성적을 크게 향상시키는 것'이 각국이 전념해야 할 목표가 된다. 물론 PISA의 관점에서는 모든 학생들에게 성공할 기회가 주어지지만, 성공이 자신의 목표가 아니라면 어떻게 할 것인가? 어떤 학생이 성공기반이나 성과기반 또는 경제기반이 아닌 것을 추구한다면 어떻게 할 것인가? OECD가 설정한 '도전'이 그로서는 추구할 가치가 없는 것으로 여겨진다면 어떻게 할 것인가? 그리고 좀 더 근본적으로 학생이 '학습관리장치'(Masschelein and Simons, 2008)가 지시하는 대로 지속적인 도전과 자기 개선의 관점으로 자신의 삶을 보려 하지 않는다면 어떻게 할 것인가?

'자원은 그들이 가장 큰 성과를 낼 수 있는 분야로 투입된다'는 점에서 PISA는 미리 답을 제시하고 있다. 그러면 '가장 큰 성과가 나오는 영역을 누가 판단하는가?'라는 질문이 제기된다. 이런 일은 물론 PISA가 할 것이다. PISA에 오류의 염려 없이 '가장 큰 성과'를 내는 영역을 설정하는 비법이 있다고 가정하면 다른 영역은 어떻게 되는가? 그들의 운명은 어떻게 되는가? 메시지는 분명하다. 'PISA의 권고에 따라 개선하지 않는다면 어떤 자원의 배분도 기대하지 말라'[3]는 것이다.

그러나 이 구절에서 가장 중요한 부분은 마지막 문장, 즉 "PISA 테스트는 모든 국가에 **본보기**를 제공함으로써 무엇이 가능한지를 보여준다"는 내용이라고 생각한다(강조는 추가). 나는 본보기라는 용어에 주목하고자 한다. 왜냐하면 이 용어는 윤리적, 이론적 관점 모두 문제가 있다고 보기 때문이다. 윤리적으로 문제가 되는 이유는 모든 참가자가 의견을 표현한 다음 이를 공유하고 토론함으로써 사회와 개인, 나아가 노동자들도 합의에 도달하는 것이 바로 민주적인 토론의 기본이기 때문이다. 현실에 대한 '본보기'가 주어진다면 그러한 논쟁은 쓸데

---

3   우리나라의 경우도 학문 간 혹은 국가 정책 간 자원배분을 둘러싼 갈등과 논쟁이 상존하고 있다. 어떤 영역에 자원을 더 많이 배분할 것이냐 하는 고민보다는 어떤 가시적인 기준으로 자원배분을 한 결과 학문 간 발전이 불균등하게 이루어졌을 때 미래에 어떤 문제가 발생할지에 대한 염려와 고민은 상대적으로 부족한 편이다(옮긴이).

없는 일이 될 것이다. 본보기가 있는데 공유하고 토론하는 것이 무슨 의미가 있느냐는 의문을 제기할 것이기 때문이다.

이러한 용어는 이론적 관점에서도 문제가 된다. 사실 연구라는 것에는 다양한 패러다임과 모형 간에 끊임없는 논쟁이 있어야 한다고 가정한다. 또한 모든 모형은 어떤 것들은 보이고 어떤 것들은 보이지 않는 지각영역 내에 위치한다고 가정한다. 듀이에서 푸코에 이르기까지 그리고 비非유클리드 기하학에서 논리의 기초에 관한 논쟁에 이르기까지 20세기 인식론의 전반적인 움직임은 과학적 모형이 무엇보다도 현실을 구조화하는framing 방식임을 보여주었다. 다시 말해 우리 각자는 과학적으로 주장한다고 하지만 실은 의견을 표명하고 있는 것이다. 그러나 개인의 의견을 표명하는 것은 PISA의 경우에는 의미가 없는데, PISA가 '무엇이 가능한지 보여주는' 본보기이다. 요컨대 현실의 '본보기'를 가지고 있다고 생각하는 것은 인식론적으로 중세의 철학적 논쟁으로 거슬러 올라가는 입장이다.[4] 듀이의 표현에 따르면, '확실성의 탐구quest for certainty'는 서구 사상에서 시작된 이래로 훨씬 더 복잡하게 얽힌 문제가 되고 있다.

이것이 PISA의 태도를 나타내는 유일한 사례는 아니다. 이러한 입장의 또 다른 예는 PISA와 '위기 이후의 세계'의 관계를 설명하는 구리아의 진술에서도 찾아볼 수 있다. 아래의 인용 구절 또한 PISA 정치

---

4   여기서 말하는 중세철학은 주로 스콜라철학을 가리키는 것으로, 진리와 현실에 대한 객관적이고 절대적인 관점이 주를 이루었으며, 세계는 하나의 고정된 질서로 이해되었다. 이 시기에는 진리가 마치 거울처럼 현실을 있는 그대로 반영한다고 믿는 경향이 강했다. 이 점에서 저자는 PISA가 현실을 객관적이고 오류 없이 반영할 수 있는 '거울'이라고 주장하는 것을 중세철학의 관점에 비유하여 비판하고 있다(옮긴이).

의 세 가지 핵심 가치가 금전과 성공 및 경쟁임을 알 수 있도록 해준다. 그것을 인용하고 나서 나의 분석을 제시하고자 한다.

> (지구촌 경제) 위기 이후의 세계에서는 글로벌 가치 평가에서 상위로 올라가기 위한 경쟁이 치열해질 것으로 보인다. [...] 지구촌 경제에서 일[...]은 어디에서나 누구든 그것을 가장 잘 하는 사람에 의해, **가격 대비 최고의 가치를 제공하는 사람에 의해** 수행될 수 있다. 그리고 가치는 점점 더 지식에서 나온다. [...] 젊은이들에게 내일의 경제에 필요한 기술을 제공하기 위해 교육에 투자하는 것은 발전과 성장에 필수적이다. 그러나 경쟁적이고 세계화된 세계에서 성취는 상대적이다. 성공은 더 이상 낮은 목표, 지역이나 지방 또는 국가 표준만으로는 측정할 수가 없다. 지방과 국가는 국제적으로 최고의 성과를 내는 교육 제도와 비교하여 스스로를 측정해야 한다. 자국의 학교 시스템이 다른 나라의 학교 시스템과 어떻게 비교되는지를 보여주기 위해 OECD의 PISA 프로그램은 70개국 학생들의 교육 성취도를 측정한다. 학생들은 그들이 배운 것뿐만 아니라 예상치 못한 문제에 대한 해결책을 찾는 데 얼마나 창의적일 수 있는지에 대해서도 테스트를 받는다. PISA는 오늘날 첨단 기술 사회에서의 적극적인 역할에 대한 준비 상태를 테스트한다. 학생들이 어떻게 생각하고 어떻게 대처해 나가는지를 테스트한다. [...] 그러나 무엇보다도 PISA는 교육에서 무엇을 성취할 수 있는지를 보여준다.
>
> (Gurrìa, 2016b)

무엇보다도 학생들이 '테스트를 받는다'는 표현은 인간을 대상화하는 것이라는 점에 주목하고자 한다. 당신의 철학이 '사람들을 평가하는 것'이라면, 우리는 사람들에 대한 당신의 자세가 무엇인지를 알 수 있다. 구체적인 맥락 없이 사용하는 경우 이러한 철학은 더욱 눈여겨봐야 한다. 예를 들어 "나는 이 일과 관련해서 사람을 평가하고 있다"라든가 "나는 이 과업에 대해서 사람을 평가하고 있다"라고 말한다면, 그 의도는 맥락 없이 사용하는 것과 상당히 다르다. 당신은 **무언가에 대해** 사람들을 평가하고 있는 것이다. 그러나 PISA의 경우는 그렇지 않다. PISA는 당신이 사회와 세계에서 입지를 다질 준비가 잘 되어 있는지 알려 하는 것이기 때문에 사람들의 삶 자체를 테스트하는 것이다. 이것이 PISA가 삶의 브랜드인 것처럼 보이는 이유이다.

  이러한 태도는 15세 학생에게 어떤 중요성이 있는가? OECD는 어떤 부류의 주체성을 조장하는 것인가? OECD는 어떤 종류의 함께함being-together 을 강화하고 있는가? 물론 구리아는 형평성을 언급하지만 언제나 달라지는 것은 없다. 국가는 PISA에 따라서만 형평성을 추구해야 한다. PISA에 따르면, 불우한 사람들을 포함하여 누구나 성과를 낼 수 있다. 실제로 신자유주의 이론에 따르면, OECD는 특정 국가나 계급의 편을 들지 않는다. 오히려 PISA는 '**최고의 가성비를 제공하는 사람**'(OECD, 2016b)이면 누구든 지원한다.[5]

  그리고 실제로 2012년 OECD 출판물에서 "교육은 시스템의 성과를 개선하고 가성비를 높이기 위해 스스로를 재창조해야 한다"는 구절을 읽을 수 있다(OECD, 2012, p. 95). 교육을 '가성비를 높이는 것'으로 좁히

---

5   형평성은 누구에게나 공평한 기회를 주는 것이지만 형평성으로는 불평등 문제를 해결할 수 없다는 것이 저자의 문제의식이다(옮긴이).

는 것 자체가 문제이다. 푸코의 표현을 빌리면 OECD의 신자유주의 비전을 통해,

> 주체는 단지 '경제인homo economicus'으로만 간주된다. [...] 경제적 행동은 새로운 개인의 행동을 이해하기 위해 받아들이는 중요한 기준이다. 그것은 또한 개인이 통제 가능한 존재가 된다는 것 그리고 권력은 인간이 경제인이 되는 정도, 오직 그만큼만 그를 통제할 수 있다는 것을 의미한다. 말하자면 개인과 그에게 행사된 권력 사이의 접촉면, 즉 권력이 개인을 규제하는 원리는 이 경제인이라는 기준뿐이다. 한마디로 경제인은 통제와 개인의 인터페이스이다.
>
> (Foucault, 2008/1978-1979, p. 250)

그러나 구리아의 진술과 관련하여 제기하고자 하는 문제는 우리가 PISA의 철학과 가치에 적응하는 조건에서만 성과를 낼 수 있다는 사실이다. 즉 **모든 사람이 게임을 할 수는 있지만 PISA의 규칙에 의해서만 할 수 있다는 것이다.** 이는 학습자 개개인이 자신을 단지 OECD의 신자유주의적 틀에 참여하는 사람으로만 그리고 OECD의 그림에서 더 나은 위치, 곧 점점 더 치열해지는 경쟁 환경에서 '가성비를 높이는' 위치를 차지하기 위해 애쓰는 OECD 교육질서의 실행자로만 여기도록 강요받는다는 의미이다.

PISA의 핵심 가치로 돌아가면, 그것들은 이 대목의 첫 문장에 분명하게 표현되어 있다. 여기에서 "위기 이후의 세계는 글로벌 가치 평가에서 상위로 올라가기 위한 경쟁이 치열해질 것으로 보인다"라는 주장을 읽을 수 있다. 경쟁은 단지 강화될 뿐이며 그것은 '글로벌 가치

평가'를 높이는 수단이다. 다시 말해 교육은 '젊은이들에게 내일의 경제에서 필요한 기술을 제공하는 것'을 목표로 하는 수단으로 표현되어 있다. 국가와 학생들의 성취와 성공을 확실히 하기 위해서는 신뢰할 만한 결과를 제공할 수 있는 도구를 기반으로 교육정책을 수립해야 한다. 이와 관련하여 우리는 PISA가 앞에서 강조했듯이 교육의 현재뿐만 아니라 미래와 그 외 모든 가능한 대안까지 그 틀에 '가둔다는 것을 읽을 수 있다. "PISA는 교육에서 무엇을 성취할 수 있는지를 보여준다"고 말함으로써 완전한 원을 그리는 것이다. 즉 PISA는 교육의 알파와 오메가를 의미하게 된다.

결과적으로 나는 구리아의 진술이 PISA가 주장하는 것과 PISA가 실제로 성취하는 결과 간의 차이를 보여준다고 주장하고 싶다.[6] 구리아에 따르면 PISA는 '학생들이 어떻게 생각하고 실제 어떻게 실행하는지'를 보여줘야 한다고 하지만 이런 것은 PISA를 완전히 넘어서는 차원들이다.[7] 학생들이 PISA의 권고에 따라 실제로 실행하는 방식과 생각하는 방식을 무슨 수로 이해할 수 있겠는가? 다양한 방식의 사고에 대한 질적인 이해는 PISA의 범위를 넘어서는 것이다(Bonderup Dohn, 2007). PISA는 단지 학생이 어떤 문제에 접근하고 해결할 수 있는지를 보여줄 뿐이다.

---

6   PISA의 '약속'과 PISA의 결과 및 효과 간의 관계에 대한 자세한 내용은 Hopmann, Brinek, Retzl(2008)을 참고.

7   학생들이 어떻게 생각하고 어떻게 실행하는지를 보여주는 것은 PISA의 한계를 넘어선다. 그 이유는 PISA는 주로 표준화된 시험을 통해 학생들이 특정 문제를 얼마나 잘 해결하는지를 평가할 뿐 사고 과정이나 실행하는 방식의 다양성을 충분히 반영하지 못하기 때문이다. 말하자면 PISA는 정해진 기준에 따라 학생들의 문제해결 능력을 평가하지만, 그들이 문제를 어떻게 접근하고 해결하는지에 대한 질적 평가는 제공하지 못한다는 것이다(옮긴이).

성공의 문제는 구리아가 선택한 또 하나의 이슈이자 PISA 가치체계의 한 측면이다. 경제적인 용어로 정의되는 성공이란 개념은 PISA의 핵심이다. OECD는 이 개념을 다양한 방식으로 기술하고 있다. 물론 나 역시 성공에 반대하지 않으며 대부분의 사람들도 성공을 위해 노력한다. 그러나 구리아와 OECD가 성공을 이슈로 선택한 방식에는 몇 가지 문제가 있다. 성공이란 무엇인가? 그 개념을 어떤 측면에서 접근할 수 있을까? 게다가 교육 프로그램에서 이를 극구 찬미하는 것이 적절한가? 더 따져 보지도 않고 성공 자체를 하나의 가치로 말하는 것이 옳은가? 성공이 진정 좋은 교육의 주요 지표가 될 수 있을까?

좋은 교육은 정의되지 않은 개념이다. 아마도 정의할 수 없는 개념일 것이다 (Dewey, 1929/25, 1930/1916; Peters, 1966; Biesta, 2012). 성공은 애매하기까지 한 개념일 수도 있다. '성공한 사람들'은 누구이며, 어떻게 교육을 성공과 관련지을 수 있을까? 나는 받아들일 수 있는 또는 받아들일 수 없는 매우 다른 방식으로 성공을 거둘 수 있다. 바르고 훌륭한 일을 추구하다가 실패할 수도 있고 잘못되고 나쁜 것을 추구하다가 성공할 수도 있다. 이와 관련해서 나는 도발을 하려는 것이 아니라는 점을 분명히 하고자 한다. 나 역시 PISA의 지지자들처럼 모든 좋은 목적을 지지하고 있다. 그러나 교육과 학습을 성공의 관점에서 구조화함으로써 OECD는 윤리와 관련 없는 차원을 전면에 내세우는 기본적인 실수를 저지르고 있다. 이러한 입장은 앞서 강조한 것과 같은 몇 가지 모순과 심지어 역설을 초래할 수 있다. 윤리는 불확실한 차원이지만 우리에게는 선택의 여지가 거의 없다. 우리는 윤리를 공통의 기반으로 삼고 살아가거나 매우 불편한 역설을 안고 살아가야 한다. 이와 관련하여 PISA의 '숨겨진 윤리적 차원'은 다음 절의 핵심이다.

돈을 위한 경쟁, 성공을 위한 노력

여기서 우리는 OECD가 과소평가하고 있는 평범한 주장에 도달한다. PISA의 기초는 그 방법뿐만 아니라 윤리적 선택에서도 이미 결정되어 있다. PISA는 성공을 선호함으로써 가치 선택을 명확히 하고 있다. 여기에 반드시 문제가 있다는 것은 아니다. 교육에서는 모두가 선택을 한다. 그러나 가장 우선되는 윤리적이고 과학적인 규칙은 선택을 선택으로 인식하는 것이다. 반면에 고루어에 따르면 PISA는 "현대 아폴론 신전의 예언자가 된 것 같다. […] 편파적이지 않고 중립적으로 보이며 '사실과 수치'라는 언어로 초연하게 말하고 고결하고 유리한 위치에서 해당 국가의 정책 입안자들에게 관련 정보를 제공한다"(2011, p.77). PISA는 이러한 자신의 가치기반과 전제를 무시하거나 의도적으로 생략하는 것 같다.

PISA의 가치는 다음과 같이 명확히 제시되어 있다.

a. 삶에 대한 경제적 기반의 개념
b. 경쟁
c. 또 하나의 가치로서의 효과성
d. 현재 존재하는 것이 유일하게 가능한 세계이며 PISA는 교육을 평가하고 개선하는 유일한 효과적인 도구라는 믿음

이 점에서 PISA의 기본적인 실수는 자신의 선택에 대한 인식의 부족이다.

이는 OECD의 2011년 출판물에서 명확하게 드러난다. 여기서는 다

음과 같은 구절을 찾을 수 있다.

> 세계화와 현대화는 신속하게 개인과 사회 모두에게 새롭고 까다로
> 운 도전을 제시하고 있다. 점점 다양해지고 서로 연결되는 사람들,
> 일터와 일상에서의 급속한 기술의 변화 그리고 즉시 이용할 수 있
> 게 주어지는 거대한 양의 정보들은 이러한 새로운 요구에 부응하
> 는 몇 가지 요소에 불과하다. 이 세계화된 세계에서 사람들은 지역
> 뿐만 아니라 글로벌 차원에서 일자리를 놓고 경쟁한다. [...] 현재 국
> 가 간의 경쟁은 인적자본과 지식의 비교우위를 중심으로 진행되고
> 있다.
> (OECD, 2011, p. 14)

우리는 앞서 언급한 것과 동일한 암묵적 가정을 다시 한번 발견한
다. 교육에 대해 유일하게 가능한 선택은 인적자본론을 따르는 것인
데, 이 때문에 교육은 완전히 학습으로 대체되고 있다.[8] 인간 존재는
성공, 돈, 경쟁에 의해 규정되며 대안적 가치를 위한 공간은 거의 없
다. 따라서 지식은 전적으로 금전적 가치에 의해 포획되어 있으며, 인
간은 모두 인적자본으로 소비된다. 이는 신자유주의에 철저하게 봉사
하는 이론이다(Peters, 2003; Olssen and Peters, 2005).

---

[8]   가르침과 학습이 일치해야 한다는 관점에 대한 비판으로 읽을 수 있다. 교사의 가
      르침 없이 이루어지는 학습도 있을 수 있으며 교사의 가르침을 넘어서는 학습도
      있을 수 있다. 복잡성 이론(특히 복잡반응과정 이론)에 따르면 교육활동에서 이루
      어지는 창발은 이런 불일치에서 발생한다고 볼 수 있다. 가르침과 학습이 일치해
      야 한다는 관점에서는 서로 불일치하는 양자의 요소를 배제함으로써 가르침과 학
      습의 일치를 추구한다. 저자에 따르면 여기에는 경제적 이익과 같은 교육 외적인
      요인이 작용하고 있다(옮긴이).

마지막으로 다른 관점들 사이에는 경쟁이 없다. 경쟁은 다른 시스템들 사이가 아니라 시스템 내에서 이루어진다. 더욱이 이 인용된 구절이 포함된 전체 보고서는 지식(p. 13), 정책과 개혁(p. 75) 그리고 경제(p. 162)에서 무엇이 어떻게 누가 '비교우위'를 가지고 있는지를 이해하고 설명하려는 명확한 의도를 가지고 있다. 성공을 달성하기 위해 무엇이 필요하고 어떻게 해야 하며 누가 그 성공을 이루기 위해 노력할 수 있는가? 어떻게 '교육적 성공'(pp. 13-15)을 이룰 수 있는가? '성공적인 학교'와 '성공적인 교육 시스템'(p. 15)은 어떻게 구축할 수 있는가? '학교를 성공적으로 만드는 요소들'이 무엇인지를 어떻게 정의하고 이해할 수 있는가?(p. 20) 마지막으로 '성공으로 이끄는 다양한 요인들'은 무엇인가?(p. 21)

이 문서에서 처음부터 24페이지까지 '성공'이라는 용어가 25번 등장한다는 것이 중요하다. 이것은 '최고 top' 또는 '탁월함 excellence'과 같은 유사한 용어는 제외한 숫자이다. 제목 역시 '성공'이라는 관점에서 이해되고 있으며, 목차를 보면 여러 장과 절이 '성공'이라는 측면에서 틀에 맞춰져 있음을 알 수 있다(예: '교육의 성공에 대한 변화하는 기준', '캐나다 교육의 성공', '싱가포르 교육의 성공' 등).

이러한 보고서는 또한 OECD가 설명하는 성공과 돈 사이의 관계를 밝히는 데에도 유용하다. 이 관계에 대해서는 '산업 벤치마킹 접근법'(p. 22)이라는 제목의 표에서 설명하고 있다.

> 미국 기업의 목표는 경쟁사로부터 충분히 배워서 그들을 게임에서 이기는 것이었다. 이를 위해 그들은 가장 성공적인 경쟁사들을 찾아냈다. 그러나 그들은 또한 각각의 주요 사업 프로세스 영역(예: 회

계, 판매 및 재고 등)에서 게임 판을 주도했던 회사들도 찾아냈다. 그들은 직접적인 경쟁사들만이 아니라 관련 사업 프로세스에서 게임 판을 이끌었던 회사들과 관련하여 가능한 모든 정보를 수집했다. [...] 이 연구가 완료되면 그들은 수집한 모든 정보와 연구를 분석할 것이다. 그들의 목표는 [...] 한 회사에서 본 최고의 쥐덫(제품을 말함 - 옮긴이)과 다른 회사에서 본 최고의 쥐덫을 결합해서 그 어디에서 본 것보다 더 매력적인 최고의 쥐덫을 생산하는 것이었다.

이 구절을 통해 읽을 수 있는 OECD의 교육관은 매우 분명하다. '더 매력적인 쥐덫'을 만드는 것과 비교해 볼 때, 교육은 부품을 교체하는 일종의 생산라인의 문제로 생각할 수밖에 없다. 더욱이 PISA를 따를 경우 지역적 조건의 차이는 교육을 실천함에 있어서 의미가 없기 때문에 전 세계의 생산라인은 동일해야 한다. 그런데 아이러니한 것은 좋은 쥐덫을 만드는 것조차 단지 조각을 가져다가 어디에 '넣고 빼야 할지' 결정하는 문제가 아니라 지능과 창의력의 문제라고 말할 수 있다는 사실이다.

그러나 내가 분명히 말하고 싶은 것은 앞서 인용한 다른 자료들과 마찬가지로 이러한 문서가 특정 목적(즉 교육이 자격 취득의 기능이나 노동시장에 대한 헌신에 어떻게 대응할 것인지)을 위해 만들어진 틀이 아니라는 것이다. 문제는 간단하지만 이러한 목표를 교육이 수행해야 하는 **유일한** 기능으로 추구하는 잘못을 범하고 있다. 그렇기 때문에 OECD는 윤리적 차원과 민주적 차원의 교육을 심하게 훼손하고 있다. 이러한 훼손은 PISA의 근본적인 신자유주의 프레임과 일치한다. 이 프레임에 따르면,

공공의 책임으로서의 교육, 민주적이고 윤리적인 실천의 현장으로
서의 교육은 생산 과정으로서의 교육, 기술적 실행의 현장으로서의
교육 그리고 수단/목적의 논리가 지배하는 사적 상품으로서의 교육
으로 대체된다. 이 논리는 다시 '어떤 효과가 있는가?'라는 최고의
기술 관리적 질문으로 요약된다.　　　　(Fielding and Moss, 2011, pp. 23-24)

'세계적 차원에서 학생의 성공을 측정한다'는 선택(OECD, 2016a)과
'최고의 가성비를 제공하는 사람은 누구든 지원한다'는 정치적 접근방
식(OECD, 2016b)은 분명 경쟁과 개인주의를 중요한 가치로 여기는 것이
다. 물론 경쟁은 삶의 기본적인 실상이며, 경쟁을 통해 나 자신을 향
상시킬 수 있다고 주장할 수도 있다. 경쟁에 참여하는 모든 사람은 탁
월해지도록 자극을 받는다. 그러나 PISA에는 다음과 같은 두 가지 문
제가 있다.

　a. PISA는 경쟁을 핵심적인 가치로 끌어올리는 것 같다. 말하자면
　　 다른 가치들은 경쟁이라는 렌즈를 통해 보아야 한다는 것이다.
　b. PISA는 내가 이기면 상대는 패배하는 전형적인 제로섬 게임이
　　 다. 이것은 시스템의 수준(국가, 지역, 학교)에서도 사실이고 개인의
　　 수준에서도 사실이다. OECD의 틀에서 학생들은 '비교우위'를
　　 추구하고 높이도록 압박을 받는다(OECD, 2011, p. 14). 결과적으로
　　 PISA와 같은 테스트에 참여한 사람들(및 국가들)은 자신의 성과를
　　 높이거나 다른 사람들(및 국가들)은 좋은 성과를 얻지 못하기를 바
　　 란다. 이러한 욕망은 같은 교실에 있는 학생들 간에도 같은 학교
　　 의 여러 교실들 사이에서도 같은 지역의 학교 간에도 한 국가의

지역 간에도 국가와 국가 간에도 존재한다. 그렇기 때문에 PISA
의 구조는 내가 승리하면 상대방은 패배하는 전형적인 제로섬 게
임이다.

경기에서와 마찬가지로 PISA에서 중요한 것은 나의 성과를 끌어
올리느냐 하는 문제가 아니다. 상대편과 비교해서 나의 상대적 위치
를 높이는 것이 목표이다. 상대편이 같은 학교의 동료든 나라든 상
관없이 성적표상에서 더 높은 상대적 위치를 점하는 것이 목표가 되
는 것이다. 물론 경주를 하고 경주를 위해 훈련하는 것은 죄가 아니
다. 경쟁이 삶의 일부이자 자기 발전을 위한 도구라고 주장할 수도 있
다. 그러나 교육의 과정에서는 설령 ― '설령'이란 표현에 방점을 찍
고자 한다 ― 경쟁을 원하더라도 그것은 구성요소 혹은 하나의 도구
로 사용해야 한다. 그러나 PISA에서는 경쟁이 하나의 틀이자 목표
이다.

그렇기 때문에 PISA의 교육이념은 결국 포용적이기보다는 배타적
이다. PISA는 분명히 국가 간 경쟁뿐만 아니라 국가 안에서의 경쟁
도 조장한다(Grek, 2007; Onosko, 2011). PISA의 철학과 현재의 평가체제
풍토에서는 한 국가의 모든 지역, 모든 지구 그리고 모든 학교가 서
로 앞서려 하고 있다(Alexander, 2011; Au, 2011). 더욱이 PISA와 같은 평
가도구를 초등학교에서 고등학교에 이르는 교육체계 전체에 사용하
는 것과 PISA의 점수를 공표하는 것은(광고하는 것은 아니더라도) 교육의
전 과정을 평가에서 최고가 되기 위한 지속적인 경쟁으로 몰고 간다
(Alexander, 2011; Biesta, 2012; Mansell, 2007).

더 나은 삶을 위한 더 나은 기술, OECD의 수사 전략

이 절에서는 두 가지 과제를 수행하고자 한다. 하나는 OECD가 교육을 단지 노동시장에 적합한 기술의 문제로 축소시킨다는 점을 보여주고자 하는 것이다. 이러한 과정을 통해 학생들은 OECD가 이미 설정한 삶과 사회의 비전에 맞추어 온순한 노동력으로 축소된다. 다른 하나는 OECD의 수사 전략을 드러내어 밝히고자 하는 것이다. 이 전략은 OECD의 관점과 목표 및 아이디어를 사회 전체의 그것과 서로 혼동하도록 작동한다. 첫 번째 문제, 즉 학습과 교육의 문제를 특정한 기술을 산출하는 과정으로 축소시키는 것에서부터 시작하자.

이렇게 교육을 축소하는 것은 어떤 면에서 OECD가 강조하는 성공과 돈 그리고 경쟁에 충실한 결과이다. 여기서 처음부터 분명히 할 것이 있는데, 교육과 학습은 노동시장과 사회 전반에 참여하기 위해 필요한 기술을 익히는 것에 관심을 가져야 한다. 다시 말해 교육이 기술과 무관하다고 한다면 이상한 주장이 될 것이다. 문제는 1장에서 강조한 것처럼 OECD의 관점에서 기술을 익히는 과정은 학교교육과 교육일반이 추구하는 목표가 되어서는 안 된다는 것이다. 적합한 기술을 생산하는 것이 학교교육과 교육일반을 독점하게 되면 학생들은 단지 미리 설정된 프레임의 수행자가 될 뿐이다. 이렇게 되면, 교사와 정책 입안자도 마찬가지겠지만, 학생들은 프레임 자체나 자신이 익혀야 할 기술이 어떤 것인지에 대해 의문을 제기할 수가 없다. 오직 OECD의 위계에서 더 나은 위치를 얻기 위해 노력할 뿐이다. 이러한 행위는 학생들에게 그리고 그들의 비판능력과 상상력에 문제를 야기할 것이다.

사실 OECD는 학생들이 사회, 학습, 교육이 어떤 것이어야 하는지에 대한 비판적 검토와 성찰에서 벗어날 수 있다는 믿음을 강화한다. OECD는 사회가 무엇인지, 즉 OECD 자신의 비전에 따른 사회가 무엇인지 그리고 학습과 지식이 무엇이어야 하는지 명시함으로써 조용히 이런 일을 실행한다. 이와 같이 OECD는 순종과 길들이기의 학습을 촉진하는 경향이 있다. 이를 통해 학생들은 우선 위에서 설정한 방침과 목표에 적응하는 법을 배우게 된다. 더욱이 OECD는 유순함을 기르는 전통적인 방식, 즉 규율을 핵심적인 특징으로 하여 학생들에게 적응하고 복종해야 한다고 가르치는 방식을 분명히 채택하면서도, 학생들이 PISA의 기준과 목표에 적응하다 보니 마치 자신의 목표를 추구하고 있다는 거짓된 믿음을 만들어내는 경향이 있다. 어떤 의미에서 OECD는 학생들의 욕망과 목적의 영역에 작용하여 그들을 신자유주의적 서사의 기능에 적응시킨다. 이 점에 대해서는 푸코의 통치성 이론을 바탕으로 3장에서 논의할 것이다.

결과적으로 학생들은 비판적이고 상상력이 풍부한 학습과 지식의 영역으로부터 분리된다. OECD는 우선 학생들을 지식이 길들여진 체제[9]로 사회화한다. 다시 말해서 OECD는 일종에 자기 서사에 대해 자족하는 것을 추구한다. 이러한 비전은 현실과 실제 사회 형태에 도전하는 경험과 상관없는 교육과정을 강조하는 방식으로 작동하는데, 이는 분명 교육적으로 문제가 있는 결과이다. 더 많은 연구가 필요하지만, 이러한 방식으로 지식과 교육을 실천하면 결국 사회에 무관심

---

9 평가에서 고득점을 겨냥한 지식교육을 할 때 그 지식은 어떤 고정된 틀에 구속되기 때문에 비판적이고 창의적인 교육이 이루어지기 어렵다고 볼 수 있다(옮긴이).

하고 비정치적인 주체가 만들어진다 해도 놀랄 필요가 없을 것이다. OECD의 모형에서 윤리와 정치는 위로부터 설정이 되기 때문에 학생들에게는 숨겨진 상태로 남게 된다. 이런 방식으로 교육이 시행되면 학생들은 노동시장과 사회에서 최고의 자리를 차지하기 위해 노력할 때조차도 복종하는 법을 배우게 된다. 그들은 세계에서의 자신의 위치나 현실세계 자체를 비판하지 않는 법을 배운다. 한편으로는 실제의 현상에, 다른 한편으로는 권력과 지식, 특권, 교육의 상호작용에 의문을 제기하지 않는 법을 배우게 되는데, 이러한 상호작용은 무엇이든 우리가 실행하는 교육 모형 때문에 일어나는 것이다. 결론적으로, 기능에 편중된 이러한 접근은 전체 교육의 프레임을 강화하여 교육의 과정이 끝날 때 개발된 지식이 다시 (그러리라고 가정하는) 그러한 지식의 필요를 확인시켜 주는 순환 고리를 만들어낸다는 점을 덧붙이고 싶다. 그러므로 이러한 순환 고리는 대안적인 입장과 관점을 방해하고 침묵시키며 나아가 지워버리게 된다. 그래서 PISA는 교육에 대해 언급할 때 자신의 관점을 이 영역에서 유일하게 존재하는 것으로 제시한다.

이제 OECD의 수사 전략에 도달하게 되었다. 이는 OECD 자신의 비전을 자국의 아이들을 교육시키기 위해 노력하는 모든 나라들의 비전과 동일시하는 것이다. 이러한 전략을 드러내기 위해 다음 두 편의 OECD 간행물에서 두 구절을 분석할 것이다.

a. 『오늘의 교육 2013: OECD의 관점Education Today 2013: The OECD Perspective』(OECD, 2012)

b. 『2012 PISA 결과: 학생들의 지식과 실천 역량PISA 2012 Results: What

Students Know and Can Do』(OECD, 2014)

첫 번째 간행물에서 다음과 같은 구절을 읽을 수 있다.

> OECD 기술 전략은 더 나은 기술을 더 나은 일자리, 경제성장 및 사회적 포용으로 전환하는 데 도움이 되는 기술에 투자하는 방법에 대해 각국이 더 잘 이해할 수 있도록 돕기 위해 통합적이고 범정부 적인 전략적 프레임을 제공하는 것이다. 이를 위해 다루어야 할 첫 번째 주요 정책 수단은 관련 기술을 개발하는 것이다. [...]
> 두 번째 주요 수단은 기술 공급을 활성화하여 사람들이 기술을 제 공하고 노동시장에서 숙련된 인력을 유지하도록 조장하는 것이다. [...] 세 번째 수단은 기술을 효과적으로 사용하여 사람들의 기술과 일자리 요건이 보다 일치되도록 하는 것이다.　(OECD, 2012, pp. 51-53)

여기서 우리는 OECD의 수사적 장치가 두 개의 관련 구절에서 작 동한다는 것을 알 수 있다. 첫 번째 구절에서 OECD는 교육의 비전 을 불가피한 필요로 제시하는데, 이것이 세계 각국의 요청이라는 것 이다. 다시 말하면 OECD는 그 역할을 단지 사회로부터 발생하는 필 요와 요구에 부응하는 것으로 제시한다. 우리는 위에서 인용한 구절 의 첫 문장에서 이러한 수사적 메커니즘을 발견할 수 있다. OECD의 역할은 단지 "더 나은 기술을 더 나은 일자리, 경제성장 및 사회적 포 용으로 전환하는 데 도움이 되는 기술에 투자하는 방법에 대해 각국 이 더 잘 이해할 수 있도록 하는 것"일 뿐이라는 것이다. 그런데 개인 적 차원에서 볼 때는 '더 나은 일자리'가 '더 나은 기술'에 달려 있다는 것이 합리적이라고 가정할 수 있지만(물론 어떤 일자리가 더 나은 것인지는 그것을 선택하는 사람들에게 달려 있다는 사실에 대해 의문을 제기할 수는 있다) OECD가 어떻게 경제성장에서 사회적 포용으로 쉽게 옮겨가는지 이해하기 어렵다는 점을 덧붙이고자 한다. 경제성장이 자동적으로 사회적 포용을 낳는다는 것은 당연한 사실이 아니다. 그런데 OECD의 자신만만한 묘사에서는 너무 많은 것이 당연하게 받아들여지고 있다.

두 번째 수사적 구절에서는 학습이 무엇이어야 하는지에 대한 특정의 관점을 실현 가능하고 추구할 만한 가치가 있는 유일한 관점으로 변형시키고 있다. 이러한 수사적 메커니즘의 예는 인용된 구절의 두 번째 부분에서 확인할 수 있다. 여기서 "기술 공급을 활성화하여 사람들이 기술을 제공하고 노동시장에서 숙련된 인력을 유지하도록 조장하고, [...] 사람들의 기술과 일자리 요건이 보다 잘 일치되도록 하는 것"은 잘 알려진 대로 신자유주의의 규칙이라는 것을 알 수 있다. 다시 말해 OECD의 관점에서는 학교교육이 무엇인가 하는 문제와 관련하여 너무 많은 부분이 간과되고 있다.

OECD의 수사 전략은 2014년 간행물인 『2012 PISA 결과: 학생들의 지식과 실천 역량』에 더 분명하게 나타난다. 그 서문에는 OECD 자신의 견해가 실행 가능한 것이라는 입장과 이 영역에서 유일하게 옳은 견해라는 두 가지 입장을 보호하려는 시도가 분명 작동하고 있다. OECD의 진술에서 나오는 문제의 중요성을 고려할 때, 해당 구절을 상세히 인용할 필요가 있다.

시민들에게 잠재력을 최대한 발휘하고 점점 더 서로 연결되는 지구촌 경제에 참여하고 궁극적으로 더 나은 일자리를 더 나은 삶으로 전환하는 데 필요한 기술을 갖추게 하는 것은 전 세계 정책 입안자들의 핵심적인 관심사이다. 성인 기술에 대한 OECD의 최근 조사OECD's Recent Survey of Adult Skills 결과에 따르면 고도로 숙련된 성인은 숙련되지 않은 성인에 비해 고용 가능성이 두 배 높고 중간 이상의 급여를 받을 확률이 거의 3배 높다. 다시 말해 형편없는 기술은 사람들이 더 나은 보수와 더 유망한 일자리에 접근하는 것을 심각하게 제한한다. 고도로 숙련된 사람들은 자원봉사를 하고, 스스로 정치과정의 대상이 아닌 주체로 간주하며, 다른 사람들을 신뢰할 가능성이 더 크다. 따라서 공공정책에 있어서의 형평성, 청렴성, 포용성은 모두 시민의 기술에 달려 있다.   (OECD, 2014, p. 3)

내가 말하고자 하는 요점을 도식화하면 OECD의 논리에서 다음의 네 가지 요소가 중요하다.

a. OECD와 정책 입안자 간의 '관심사' 교환
b. '필요한 기술'과 '더 나은 일자리' 그리고 '더 나은 삶' 사이에서 OECD가 설정한 직접적인 연결고리
c. 시민으로서 배우고 실행하고 존재하는 것과 노동자로서 배우고 실행하고 존재하는 것 사이에 OECD가 부여한 동등성
d. '타인을 신뢰하는' 성향, 공공정책에서 발견할 수 있는 '형평성과 청렴성 및 포용성' 그리고 '고도로 숙련된 사람'을 배출해야 할 필요성 간의 연결고리(위에서 언급한 동등성의 결과로 나타나는 것임)

첫 번째 요소, 즉 OECD와 정책 입안자 간의 '관심사' 교환은 이 구

절의 첫 번째 진술에서 명백하게 드러난다. 여기서 우리는 "시민들에게 잠재력을 최대한 발휘하고 점점 더 서로 연결되는 지구촌 경제에 참여하고 궁극적으로 더 나은 일자리를 더 나은 삶으로 전환하는 데 필요한 기술을 갖추게 하는 것은 전 세계 정책 입안자들의 핵심적인 관심사"란 사실을 알게 된다. 분명하게 말하지만 나는 '시민들에게 점점 더 서로 연결되는 지구촌 경제에 참여하는 데 […] 필요한 기술을 갖추게 하는 것'이 전 세계의 **일부** 또는 **많은** 정책 입안자들의 관심사 중 **하나**라는 것을 부인하고 싶지 않다. 그러나 이것은 전체 그림이 아니다. 분명하게 표현하자면 왜 OECD는 그러한 관심사가 모든 정책 입안자들에게 유일한 것처럼 말하는가? 다시 말하지만, 그러한 관심사는 교육에 대한 특정의 비전 및 그림의 일부일 뿐 그 자체는 아니다.

OECD의 진술을 따라가면 두 번째 요점에 도달한다. 여기서 우리는 '언제, 어떻게 더 나은 일자리에서 더 나은 삶으로' 전환되는지 물을 수 있다. 분명하게 표현하자면 어느 시점에서 그리고 어떤 대가를 지불하고 삶과 2시간 시험 사이에 전환이 일어나는가? 나는 순진하게 굴지 않을 것이다. 일자리는 삶의 중요한 부분이며 열악한 일자리를 얻으면 삶이 어려워질 수도 있다. 그러나 '더 나은 일자리'를 '더 나은 삶'과 동일시하는 관점의 문제는 위에서 주장한 바와 같이 무엇이 좋은지는 사람에 따라 그리고 성취하고자 하는 것이 무엇이냐에 따라 다르다는 것이다. 또한 좋은 일자리는 '좋은 삶'의 일부일 뿐이지 전부가 아니다. 왜냐하면 우리의 삶은 사랑, 건강, 사회적 관계 및 친밀한 관계 등과 같은 여러 가지 요소에 달려 있다는 것이 상식이기 때문이다. 일자리가 우리의 유일한 가치라는 비전을 강화하면, 행복은 영락없이 어떤 일자리를 얻느냐로 결정되기 때문에 삶, 사회 및 교육에 대한 편협하고 오도된 비전을 강화하는 것으로 이어진다. 따라서 '서로 연결된 글로벌경제'라는 용어 — 여기서 '경제'라는 말은 세계를 의미함 —를 사용하는 것은 이와 같이 삶을 경제적인 것으로 축소한다는 점에서 중대한 문제가 있다.

OECD의 교육에 대한 그림에서 학생들은 세계에 참여하는 것이 아니라 '점점 더 서로 연결되는 지구촌 경제에 참여'해야 한다. 프레이리(2005, pp. 116-117)의 해석에 따르면, 세계 안에서 세계와 더불어 존재한다는 것은 자신과 타인을 그러한 세계의 활동적인 일부로 바라본다는 것을 의미하기 때문에 이러한 참여방식의 차이는 중요하다. 세계에 참여한다는 것은 다른 사람들의 이유를 듣고 토론하면서 비판을 실행하는 것을 의미한다. 또한 그것은 바로 우리가 제기하는 질문의 구조에 의문을 제기한다는 의미이다. OECD는 특정한 세계관을 보편적인 세계관으로 제시하는 당연시 전략taken-for-grantedness strategy을 가지고 토론과 질문제기의 조건 자체를 삭제한다. 그런데 학교와 사회에서 질문과 토론이 충분히 이루어지지 않을 때 그리고 토론과 비판이 민주적인 형태로 허용되고 추진되지 않을 때, 학교교육은 그 임무의 상당 부분을 상실할 뿐만 아니라, 존중의 조건조차도 온전히 충족되지 않는다고 할 수 있다.

존중은 세계와 경제 및 관계에 대해 어떤 생각을 가지고 있든지 정당한 것이다. 학교교육이 포용적이 되려면 학생들에게 그들이 몸담고 있는 바로 그 질서에 질문을 제기할 수 있는 틀을 제공해야 한다. 그러나 PISA의 경우는 사정이 다르다. 여기서는 경제 개념이 교육의 모든 측면을 구조화하게 되기 때문에 처음부터 질문에 대한 필요성과 욕망마저 침묵시킨다.

여기서 제시하고자 하는 세 번째 요점은 시민으로서 배우고 행동하고 존재하는 것과 노동자로서 배우고 행동하고 존재하는 것 사이에서 OECD가 야기하는 혼란에 관한 것이다. 이는 "고도로 숙련된 사람들은 자원봉사를 하고, 스스로 정치 과정의 대상이 아닌 주체로 간주하며, 다른 사람들을 신뢰할 가능성이 더 크다"는 OECD의 진술에서 분명하게 드러난다. 여기서 다음과 같은 의문이 제기된다. OECD는 정치적 참여와 적극적인 시민의식이 고도로 숙련된 기술자격으로부터 선형적으로 나온다는 결론을 어떻게 도출하는가? 그러한 결론을 뒷받침하는 증거를 제시하는 연구는 어떤 것인가? 이번에도 OECD는 더 이상의 조건 없이 분명한 결론을 내리고 미묘하고 논쟁의 여지가 있는 주장에 대해 대담한 주장을 펼친다. 다시 '숙련된 인력'과 '정치적 과정' 간의 뜬금없는 등식에 대해 OECD는 명확한 설명을 할 필요가 있다.

내가 논의하고자 하는 마지막 요점은 위에서 논의한 것과 밀접하게 연결되어 있는데, 그것은 OECD가 '공공정책의 형평성, 청렴성, 포용성'과 '시민의 능력'을 연결한 것이다. 여기서 '공공정책의 형평성, 청렴성, 포용성'이 왜 '시민의 능력'에 달려 있는 것인지 이해하기 어렵다. 요점을 직설적으로 말하면, 정책 입안자들이 왜 충분히 숙련되지 않은 사람들에게는 공정하지 않아야 하는가 하는 의문을 제기할 수 있다. 이 점은 포용성과 관련해서는 더욱 역설적인데, 우리는 시민이 어떤 기술을 가지고 있는지와 관계없이 기본적 가치는 동일하게 적용되어야 한다고 기대하기 때문이다. 더욱이 사회는 고도로 숙련된 사람들의 경우 (공공정책의 수혜대상에) 이미 포함되거나 포함될 강력한 수단을 가질 것으로 기대하기 때문에 보다 덜 숙련된 사람들에 대해 보다 포용적이어야 한다.

지금까지 OECD의 진술을 분석하여 OECD의 모형에서는 학생들이 어떻게 어떤 의미에서 적합한 기술과 역량을 담는 그릇으로 인식되는지를 논의하고자 했다. OECD에서는 학습을 미리 정해진 일련의 기술에 종속되게 함으로써 교육과 학습을 단지 기능적인 문제, 말하자면 더하고 빼고 하는 문제로 만든다. 교육에 있어서 유일하게 가능한 선택은 기존의 '신자유주의' 체제를 따르는 것이다. 그러므로 교육은 OECD가 설정한 사회의 비전과 일치하는 도구로 간주된다. 학생들 자체가 목표로 여겨지지 않고 오히려 OECD의 사회적 비전이 요구하는 것에 스스로 맞추어야 한다. 이러한 모형은 학생과 사회 모두에 영향을 미치고 제약한다는 점을 강조해야 하겠다. 한편으로 학생들은 사전에 정해진 표준과 가치를 충족시켜야 하며 자신의 계획과 주체성을 포기하도록 요구받는다. 이는 PISA가 교육의 주체들에게 식민주의적 지위를 행사하는 또 하나의 방식이다.

다른 한편, 사회는 학생들로부터 도전받고 수정될 가능성을 상실한다. 이러한 모형은 교사들에게도 영향을 미친다. 그들은 학생들과 관련된 것이든 교육과정에 관련된 것이든 사전에 정해진 프레임을 실행하도록 요구받는다. 그러한 틀에 의해 학생이 무엇을 성취해야 하는지, 교과 내용이 어떤 교육적 의미를 수반해야 하는지, 교사의 가르침이 어떤 결과를 가져와야 하는지가 미리 정해진다.[10] 물론 교사들은

---

10 앞에서 "PISA는 어떤 의미에서 경험이 일어나기도 전에 이를 설정한다"는 저자의
    진단을 읽은 바 있다. 이는 마치 구체적인 인간이 탄생하기도 전에 인간의 본질을
    미리 설정하는 것과 마찬가지다. 실존주의나 포스트모더니즘과 같이 모더니즘을
    비판하는 사조에 따르면 인간의 본질을 아무리 아름다운 미사여구로 규정한다고
    해도 구체적인 인간이 태어나기도 전에 이를 모든 인간이 따라야 할 원칙으로 설

교실에서 자신의 행동을 계획하고 이 모든 것에 대해 알고 있어야 하며 또 유능해야 한다. 뿐만 아니라 그들의 가르침을 직시하고 국가 교육 과정, 연구결과 또는 가르치는 학교에서 나오는 지표로서의 몇몇 교수학습 기준에 맞추어야 한다. 이와 관련하여 나는 교사들을 이러한 제반 조건에 영향을 받지 않고 학생들과 관계를 맺는 인물로 보는 낭만적이고 순진한 해석을 지지하는 것이 아니다. 물론 교사는 능력이 있고 유능해야 하지만, 논의의 대상을 그들이 필요로 하거나 사용하는 '능력'과 '지식'에 한정해서는 안 되며, a. 이러한 수행적 개념이 놓치는 것이 무엇인지, b. 이러한 교육의 상황에서 교육의 이론적 근거가 갖는 위치가 무엇인지 논의하는 것도 필요하다. **전문적 발달을 포함하여 교육의 이론적이고 방법론적인 체계(교수 체계)를 구성하는 모든 것은 교사의 의도성에 의해서, 심지어 교사가 교육의 상황에서 물러나는 선택에 의해서도 형성된다**는 것이 나의 주장이다. 이에 대해서는 2부에서 다시 다루겠지만, 여기서는 OECD 교육기술국장인 안드레아 슐라이허 Andrea Schleicher 의 비디오 두 편을 분석하고자 한다. 이 비디오는 OECD의 윤리적 입장을 확인할 수 있는 중요한 자료이다.

정하는 것은 전체주의적 사고이다. 인간은 무한한 가능성을 지닌 존재이듯이 이런 인간을 가르치는 교육은 무한한 가치를 실현할 수 있기 때문에 구체적인 인간이 탄생하기도 전에 인간의 본질을 미리 설정하는 것이나 구체적인 교육활동을 실행하기도 전에 어떠한 교육적 성과를 산출해야 한다고 하는 것은 닫힌 논리라고 볼 수 있다(옮긴이).

슐라이허의 교훈

이 장을 마무리하면서 슐라이허의 비디오 두 편을 집중적으로 다루고자 한다. 이 자료를 선택한 이유는 두 가지이다. 하나는 안드레아 슐라이허가 OECD 교육기술국장으로서 가진 권위이다. 다른 하나는 그의 진술이 OECD의 가치체계를 전형적으로 보여주는 것이어서 OECD가 추구하는 윤리와 교육의 비전을 명확하게 보여주기 때문이다. 첫 번째 구절은 학교의 경쟁력과 효율성을 측정하고 벤치마킹하기 위한 도구인 PISA기반 학교 테스트PISA-based Test for Schools를 소개하는 영상에서 가져온 것이다. 다음 장에서 이 도구를 자세히 분석하겠지만 여기서는 OECD의 전반적인 윤리적, 교육적 입장에 주의를 기울이고자 한다. 비디오에서 두 개의 중요한 구절을 인용한 다음 논평을 제시할 것이다.

> 세계 최고의 학생평가프로그램인 PISA는 지금까지 10년 넘게 전 세계의 학생 시스템을 평가하고 비교해 왔다. [...]
> PISA기반 학교 테스트는 개선 사례를 어떻게 지렛대로 활용할지에 대한 구체적인 통찰력을 제공한다. 그것이 바로 PISA기반 학교 테스트의 목적이다. 그들[정책 입안자, 교사, 교육자]은 학생들이 최고의 일자리를 놓고 전 세계 젊은이들과 경쟁하게 될 지구촌 경제에 진입하는 것이 얼마나 중요한지 알고 있다. 그리고 지구촌 경제에서 교육의 성공을 벤치마킹하는 것은 더 이상 국가 표준에 의한 개선이 아니라 국제적으로 최고의 성과를 내는 교육제도이다.
>
> (Schleicher, 2016a)

무엇보다도 이 진술이 구리아의 발언 및 OECD의 여러 문서들 (Gurria, 2016a, 2016b; OECD, 2014, 2016a 참고)과 명확한 유사점을 가지고 있음을 알 수 있다. 사용된 말투나 용어, 비교에서 나오는 문장구조, 심지어 슐라이허, 구리아 그리고 OECD의 진술에 스며 있는 '분위기'조차도 동일한 출처에서 나온 것 같다. 물론 조직 내에서는 일관성과 합의가 기대되고 요구되기도 한다. 그러나 여기에는 다른 메커니즘이 작용하고 있는 것 같다. 말하자면 OECD와 그 권위 있는 임원들은 한결같이 한목소리로 말한다. 누군가는 내 비판이 교묘하고 단지 취향의 문제라고 주장할 수도 있겠지만, 나는 그 목소리가 사회와 교육에 대한 문제적 태도를 드러내고 있다고 말하고 싶다. 왜냐하면 사람들은 OECD와 같은 복잡하게 얽혀 있는 조직 내에서라면 정의상 복잡하고 불확실하며 다면적인 교육 문제에 대해 보다 미묘하고 다양하기까지 한 입장을 기대할 것이기 때문이다. 내가 제시하는 주장은 OECD가 실행하는 전반적인 정책과 관련이 있다. 즉 교육과 삶 그리고 사회를 단순화하기 위해서는 다양성과 차이가 허용되지 않는 잘 정의되고 표준화된 언어를 사용해야 한다. 그러므로 이러한 통일성은 OECD가 실행하는 교육의 심각한 축소를 보여주는 또 다른 예에 불과하다.[11]

---

11 저자가 집중적으로 비판하는 것은 교육이 숙련된 인력의 양성에, 나아가 경제발전에 도움이 되어야 한다는 주장이 아니라 교육의 본질을 경제적 기능에 한정시키는 관점이다. 이는 우리나라 교육의 오랜 문제인 입시위주의 교육에 대한 비판과도 맥락을 같이한다. 교육은 경제발전과 입시에 도움이 될 수도 있지만 경제발전과 입시가 교육에서 실현하고자 하는 궁극적인 가치가 될 수는 없다는 문제의식이다. 교육은 입시나 경제발전만이 아니라 무한한 가능성을 열어주는 활동이며 그 가치는 교육을 실행하기 전에 미리 규정할 수 있는 것이 아니라 교육의 과정에서 교사와 학생들의 활동을 통해 실현된다고 보는 것이다(옮긴이).

슐라이허의 진술을 보면 OECD의 프레임에서 교육이 갖추어야 할 특징들이 다음과 같이 명확하게 표현되어 있음을 확인할 수 있다.

a. 좋은 교육을 위한 척도로서의 성공과 돈
b. 기본적인 교육 엔진으로서의 경쟁
c. 성과기반 개념으로서의 교육

이러한 요소들은 마지막 네 줄에 명확하게 표현되고 있다.

> 그들[정책 입안자, 교사, 교육자]은 학생들이 최고의 일자리를 놓고 전 세계 젊은이들과 경쟁하게 될 지구촌 경제에 진입하는 것이 얼마나 중요한지 알고 있다. 그리고 지구촌 경제에서 교육의 성공을 벤치마킹하는 것은 더 이상 국가 표준에 의한 개선만이 아니라 국제적으로 최고의 성과를 내는 교육 제도이다.

학생들은 글로벌세계global world 가 아니라 OECD에서 말하는 '글로벌경제'에 진입한다. 그 차이는 철학적인 것이 아니다. 거기에는 정치적이고 실용적으로 중요한 의미가 있다. '글로벌세계'에 들어간다는 것은 전 인격이 이러한 만남에 참여한다는 점에서 세계적인 과정이다. 거기서는 새로운 관계가 나타나고 새로운 만남이 이루어진다. 이 책의 2부에서 듀이와 아렌트, 푸코를 인용하여 이 주제를 자세히 다루겠지만 개인이 어떤 존재인지는 지속적인 관계 속에서만 드러난다. 이와 달리, '글로벌경제'에 진입할 때는 개인의 특징이 경제적인 것에 종속되고 그것으로 축소된다. 그러면 삶이 '최고의 일자리를 위한 경쟁'으로 전락하게 되는데 이것은 타인이 당신의 경쟁자로 간주된다는 것을 의미한다. 이것이 바로 교육이 성과기반 체계로 편입되는 이유이다. 덧붙이자면 성과라는 개념은 프로세스, 사건 혹은 발생이라는 개념보다 측정의 가능성을 훨씬 더 높인다. 알고 느끼고 경험하는 방식에는 순위를 매기는 일이 거의 없지만, 이와 달리 성과는 쉽게 순위를 매기고 성적표에 올릴 수가 있다. 그런데 학교교육은 또한 (그리고 무엇보다도) 경험하고 알고, 심지어 느끼는 방식들이 드러나고 서로 부딪히고 변형되고 발생하는 공간으로 간주되어야 한다는 점에서 이러한 성과 중심의 개념은 교육적으로 문제가 있다.

그러나 앞에서 주장한 바와 같이 교육의 성공을 벤치마킹하는 것 (슐라이허의 표현을 빌리자면 '교육적 성공의 표준을 설정하는 것')은 OECD의 정책을 달성하는 핵심 수단이며 실제로 PISA 홈페이지에 언급된 것처럼 (OECD, 2016a) '전 세계 학생의 성공을 측정하는 것measuring student success around the world'은 PISA 정책의 핵심적인 목표로 보인다.

"더 나은 학교를 만들기 위해 데이터를 사용하라use data to build better schools"는 또 다른 비디오에도 같은 개념이 표현되어 있다. 중요한 세 구절을 인용하고 나의 코멘트를 덧붙이겠다.

> 이것은 글로벌경제에서 성공의 기준이 되는 것이 더 이상 국가단위의 개선이 아니라 국제적으로 최선의 성과를 올리는 교육체계라는 것을 말해준다. 문제는 학생들이 학교에서 얼마나 많은 시간을 보내는지 혹은 어떤 학위를 취득했는지를 측정하는 것이 실제로 수행해내는 것을 확인할 수 있는 좋은 방법은 아니라는 것이다. 고용주들은 그들이 필요로 하는 기술을 가진 사람들을 찾을 수 없다고 말하는 반면, 거리에는 대졸 실업자들이 넘쳐나는 역설적인 뒤섞임

현상을 보라. 이는 더 높은 학위가 자동적으로 더 나은 기술과 더 나은 일자리, 더 나은 삶으로 연결되지 않는다는 것을 말해준다. [...] 높은 성과를 내는 시스템은 전 영역에 걸쳐 명확하고 야심 찬 기준을 공유한다. 모든 학생들은 무엇이 중요한지 안다. 그들은 성공하기 위해 필요한 것이 무엇인지 안다. [...]

모든 아이, 모든 교사, 모든 학교, 모든 교장, 모든 학부모로 하여금 어떤 개선이 가능한지를 보여줄 수 있다면 그리고 교육의 개선에는 한계가 없음을 알게 할 수 있다면 우리는 더 나은 정책과 더 나은 삶을 위한 토대를 마련한 셈이다. (Schleicher, 2016b)

나 역시 슐라이허가 말했듯이 "더 높은 학위가 자동적으로 더 나은 기술, 더 나은 일자리, 더 나은 삶으로 이어지지는 않는다"는 점을 인정한다. 그러나 슐라이허가 염두에 두고 있는 이 불일치의 이유는 전적으로 잘못되었다고 생각한다. OECD에서 진술한 것처럼(OECD, 2014, p. 3), 더 나은 기술이 자동적으로 더 나은 일자리로 이어지고 결국에는 더 나은 삶으로 이어질 수 있다는 것은 사실이 아니다. 더 높은 학위가 자동적으로 더 나은 기술을 보장하지 않는 것도 마찬가지다. 앞에서 주장했듯이 '더 나은 기술'에서 '더 나은 삶'으로 이어지는 전체적인 연결고리의 근거가 불명확하다. 특히 '더 나은 일자리를 더 나은 삶으로 전환한다converting better jobs into better lives'는 OECD의 구절은 비교할 수 없는 개념들을 비약해서 연결하고 있다. 이러한 비약으로 인해 삶의 본질이 심각하게 축소되고 빈곤해지고 있다. 이렇게 되면 학생들은 교육이 사실 적합한 기술을 습득하는 문제에 불과한 것, 결국 이러한 기술이 충만한 삶으로 이어지게 될 것이라는 믿음을 강요당하게 된다. 실제로 슐라이허는 "모든 학생은 무엇이 중요한지 안다. 그들은 성공하기 위해 필요한 것이 무엇인지 안다"고 말하고 있다. 나는 표면적으로는 간단한 이 진술을 신중하게 검토해야 한다고 믿는다. 이러한 진술로 인해, 실제로 '중요한 것'과 성공 사이의 등가성이 만들어지고 있다. 즉 교육과 삶에서 중요한 것은 성공에 도달하는 것이 되고 있다. 이제 우리는 교육이라는 민감한 문제의 핵심 목표로서 이와 같은 애매한 개념을 사용하는 것에 대해 의문을 제기해야 한다.

이제 결론을 내리면서 추가로 한 가지를 언급하고자 한다. "우리는 더 나은 정책과 더 나은 삶을 위한 토대를 마련한 셈이다"라는 슐라이허의 텍스트를 읽을 때, 그러한 진술이 얼마나 모호하고, 어떤 의미에서는 주제넘은 것인지 생각하지 않을 수 없다. 개인이든 단체든 "더 나은 정책과 더 나은 삶을 위한 토대를 마련했다"고 하는 것은 과학적 언어라기보다는 광고 언어 혹은 정치적 선전에 더 부합하는 주장이며, 여기서 문제가 되는 것은 광고 언어나 정치적 선전 자체가 아니라 OECD가 시행하고 있는 과학의 권위와 광고의 매력을 혼합하고 있는 것이라는 점을 상기하고자 한다. 우리는 더 나은 삶을 위한 그러한 토대가 무엇인지 그리고 더 나은 삶이 2시간의 시험을 통해 평가되어야 하는 것이라면 도대체 삶을 무엇으로 생각하는 것인지 묻지 않을 수 없다. 더 나은 삶으로 평가되는 삶은 얼마나 더 나은 것인가? OECD는 그러한 삶의 개선을 평가하려 할 때 어떤 증거를 염두에 두고 있는가? "고용주들은 그들이 필요로 하는 기술을 가진 사람들을 찾을 수 없다"고 말한다. "더 나은 학위가 자동으로 더 나은 기술로 이어지지 않는다"는 주장은 과학적이고 정치적인 관점에서 충분히 논의되고 지지될 수 있는 것이다. 그러나 삶 전체에 대한 논의로 넘어가면 상황이 달라지고, 우리는 정의되지 않은—어쩌면 정의할 수 없는—문제에 직면하게 된다. 그러므로 달리 표현하면, OECD의 정책과 교육 의제는 교육을 개방성, 비판적 능력의 향상 그리고 미래로의 투영이라는 본래의 역할에서 벗어나게 할 뿐만 아니라, 높은 수준의 일관성을 유지하기 어렵게 한다. 삶과 교육은 망설임이나 잔여 부분 없이 측정되어 순위표에 매겨질 수 있는 것이 아니기 때문이다.

PISA기반 학교 테스트: 윤리와의 분리, 용기의 결여, 교육의 황폐화

지금까지는 OECD의 교육관과 신자유주의 그리고 평가체제 간의 관련성을 밝히고자 했고 이러한 관련성이 이론적이고 실용적인 틀을 구성하는 데 어떻게 작용하는지 논의했다. OECD는 이러한 틀을 가지고 전 세계적으로 교육이 어떻게 시행되어야 하는지, 허용되는 교육의 과정과 그렇지 않은 교육의 과정은 무엇인지, 교사 혹은 학생이 된다는 것과 그렇지 않은 것은 어떤 의미인지, 학생, 나아가 인간은 계속되는 교육의 과정에서 무엇을 추구해야 하는지를 규정한다. 어떤 의미에서 OECD는 학교교육과 사회 모두에 추구할 가치가 있는 것과 그렇지 않은 것을 결정하는 권리를 행사한다. OECD는 PISA를 통해 누가 삶을 잘 준비하고 있는지, 누가 사회에 잘 준비되어 있는지, 누가 성공을 거둘 수 있는지를 결정하는 권리를 독점하고 있다. 이 장에서는 OECD가 2012년에 출시한 도구인 PISA기반 학교 테스트를 분석하여 나의 주장을 더 진전시키려고 한다. 이 분석을 바탕으로 그리고 주로 푸코의 통치성 이론에 근거하여 이러한 도구가 어떤 의미에서 PISA 테스트의 자연스러운 완성임을 주장할 것이다.

OECD가 PISA를 통해 각국이 발전시키고 성취할 것들에 대한 증거를 제공하고 교육 자원을 배분해야 할 방향을 제시하는 것은 위에서부터 교육의 과정을 지배하려는 것이라면, PISA기반 학교 테스트를 시행하는 것은 아래에서부터 교육을 조형하려는 것이다. OECD는 사실 이러한 평가를 통해 직접 학교에 진입하여 밑바닥에서부터, 즉 바로 교육이 구체적으로 시행되는 학교에서부터 교육과 학습 과정의 세세한 부분까지 침투한다. 따라서 학생, 교사, 정책 입안자 모두가 OECD가 시행하는 일종의 발톱 전략 claws manoeuvre[1]에 따라 양쪽에서 일종의 협공을 당하게 되는데, 한편으로는 OECD가 각국에 미치는 영향력을 통해 위에서 사전에 정해진 기준과 결과를 충족해야 한다는 요구를 받고 동시에 개별 학교를 대상으로 OECD가 직접 실시하는 평가와 설문지를 통해 PISA의 침투를 직접 경험한다. 물론 그러한 평가는 자유의사에 의해 행해지는 것이기 때문에 OECD가 학생들의 성과를 향상시키기 위해 학교에 제공하는 부가적인 기회부여라고 주장할 수도 있다. 말하자면 OECD의 교육 비전을 지지하지 않는 학교들은 이를 거부할 수 있다는 것이다. 그러나 교육적 맥락에서 자원

---

1   OECD가 국가(상위)와 학교(하위), 두 가지 수준에서 동시에 압력을 가하는 전략을 묘사하는 비유적인 표현이다(옮긴이).

해서 하는 것과 그렇지 않은 것은 단지 법과 공식적인 규칙의 문제가 아니기 때문에 상황이 약간 다르다는 것이 나의 주장이다.

신자유주의와 그 규범적 통치(Woodward, 2009)는 사실 경제적, 정치적 압력과 수사적 전략이 혼합돼서 작용한다. 따라서 모든 수준에서 '재규제'의 과정[2]을 만들어내며 이러한 과정을 통해 "가르친다는 것과 교사(연구자, 학자, 학생도 포함)가 된다는 것의 의미는 (OECD에 의한) 개혁의 과정에서 미묘하지만 결정적으로 변화한다"(Ball, 2003, p. 218). 따라서 PISA 테스트와 PISA기반 학교 테스트에 의한 이중의 압력을 통해 OECD는 어느 정도 완성된 모습을 갖추면서 다음과 같은 교육의 비전을 구현한다.

a. 학습과 교육은 다른 상품과 마찬가지로 일종의 상품으로 자리매김된다.
b. 학교와 교사는 교육이라는 상품의 공급자로 간주된다.
c. 학생들은 이러한 비전의 단순한 실행자일 뿐이다. 즉 학생들은 어떤 의미에서 고객보다 덜 중요한 존재가 된다. 왜냐하면 고객은 다른 대안, 나아가 보다 다양한 대안 중에서 선택할 수 있다고 여겨지는데 학생은 그렇지 않기 때문이다.

이러한 방식으로 OECD의 관점은 푸코식으로 말하면 '교육 전체

---

2   재규제는 기존의 규제를 철폐하거나 완화한 후, 다시 새로운 규제를 도입하거나 수정하는 과정을 의미한다. 재규제는 종종 신자유주의적 통치의 일환으로, 정부의 직접적인 통제보다는 정책적 압력, 경제적 인센티브 그리고 사회적 기대를 통해 간접적으로 이루어지며 규제의 형태가 보다 유연해지고 특정 목표에 맞추어 재조정되는 특징을 갖는다(옮긴이).

에 스며들어'(1978/1976, p. 92) 교육의 주체성을 내부에서 재구성하며, 학생들의 욕망과 소원 그리고 생각에 깊이 작용한다. 심지어 감정과 세계 및 관계를 인식하는 방식까지도 OECD 담론에 의해 재구성된다. 성과기반 책무성 측정 패러다임은 신자유주의 교육 담론과 결합하여 OECD의 틀 안에서 교육의 가능성을 축소하는 수단으로 작용하며, 교육 시스템을 투명하게 만드는 수단이 아니라 오히려 '더 불투명하게' 만든다(Ball, 2003; Power and Whitty, 1996; Biesta, 2004, 2010, 2015b).[3]

그러면 PISA기반 학교 테스트를 분석해 보자. 이 평가는 2012년 미국, 캐나다 및 영국에서 자발적으로 시범 운영되었으며 OECD, 지역 교육구 및 미국에 기반을 둔 여러 조직에서 자금을 지원했다(Rutkowski, 2015). OECD의 표현에 따르면,

> PISA기반 학교 테스트는 학생 평가도구로, 연구와 벤치마킹 및 학교개선을 지원하기 위해 학교에서 사용된다. 이는 주요 PISA 척도 main PISA scales 에 필적하는 것으로, 15세 학생들의 독해와 수학 및 과학 분야에서의 기술과 지식의 창의적 적용에 대한 분석, 설명적 정보를 제공한다. 또한 학교 안팎의 여러 요소들이 학생 성취와 어떤 관련이 있는지에 대한 정보도 제공한다. 설문지는 평가의 주요 부분으로, 학생의 사회 경제적 배경, 읽기, 과학과 수학에 대한 태도와 관심 그리고 학교 학습 환경에 대한 정보를 수집한다. [...] PISA기반 학교 테스트는 지역적, 국가적, 국제적으로 교육자들에게 중

---

3 성과 중심의 접근은 모든 성과를 숫자와 순위로 평가하는 체계이기 때문에 학생들의 다양한 학습 경험, 비판적 사고, 창의성 같은 본질적인 교육 목표가 제대로 반영되지 못하는 문제를 지적하고 있다(옮긴이).

요한 동료 학습 기회를 제공한다. 이러한 기회는 '어떤 효과가 있는 지'를 확인하고 학습을 개선하며 더 나은 삶을 위한 더 나은 기술을 구축하는 데 도움이 되는 좋은 사례를 공유하기 위한 것이다.

(OECD, 2016a)

외견상 초연하고 객관적인 언어로 표현되어 있는 이 구절에 OECD 의 총체적인 교육 비전이 작동하고 있다. 물론 "학교 안팎의 여러 요소들이 학생의 성취와 어떤 관련이 있는지에 대한 정보"를 수집하는 것은 추구할 만한 목표이며, 다양한 영역의 학습과 교육의 연구를 위한 기반이 된다고 주장할 수도 있다. 그러나 교육연구에서 확인할 수 있는 목표와 패러다임에 따라 이러한 정보를 수집, 처리 및 활용하는 데 동원되는(또는 동원되지 않는) 방법은 다양하며 이러한 방법에 따른 정보는 데이터와 연구를 구축하는 데 도움이 된다는 점을 강조하고자 한다. 정보와 데이터 및 연구 결과 간의 연결고리는 연구자가 데이터를 수집하고 해석하며 의미 있는 주장으로 변환하는 데 사용하는 방법과 도구의 선택에 기반을 두고 있다. 즉 정보의 선택은 그것을 수집하는 데 사용되는 방법에 달려 있으며 주지하는 바와 같이 데이터는 결코 객관적이지 않고 전반적인 연구 프레임, 더 넓은 과학의 지평에 위치하는 연구 프레임에 따라 달라진다. 따라서 정보수집에 관한 이러한 진술[4]과 관련하여 OECD의 목표와 목적에 반대하는 것은 아니지만, OECD가 다시 한번 유일한 선택지로 자신을 나타냄으로써 너

---

4   OECD에서 '학교 안팎의 여러 요소들이 학생의 성취와 어떤 관련이 있는지에 대한 정보'를 수집하는 것을 말한다(옮긴이).

무 편협하고 결국에는 오해의 소지가 있는 교육의 비전을 제시하고 있다는 점을 지적하고자 한다.

이런 의미에서 방법론과 도구 및 전반적인 이론적 틀과 관련한 더 많은 세부 정보가 OECD가 데이터를 구축하는 방식을 이해하는 데 유용할 것이다. 방법론에 의해 좌우된다는 것을 인식하고 있는 연구는 그러한 데이터가 어떻게 나온 것인지에 대한 세부 정보를 제공해야 한다. 이와는 대조적으로 OECD에 이러한 인식이 없다는 것은 "더 나은 삶을 위한 더 나은 기술 구축"이라는 OECD의 슬로건에 분명하게 드러난다. 물론 모든 평가는 확실히 측정할 수 없는 것을 측정하는 것에 의존할 수밖에 없다. 교육을 통해서 얻은 숙달의 가치(즉 시험 점수나 판단)를 보여주는 일련의 상징으로 역량이나 능력(즉 행위)을 변형하는 것에는 항상 어느 정도의 해석, 나아가 자의성마저 수반되기 때문이다. 이러한 문제는 학생의 발달상황을 평가하는 교사의 역량을 약화시키는 것으로 작용하지는 않는다. 이와는 달리 평가란 것은 복잡하고 불확실하며 심지어는 역설적인 문제이기도 하다(Davis, 2013; d'Agnese, 2015; English, 2016). 그것은 교사들의 온갖 지혜와 능력을 필요로 하는 것이다. 하지만 내가 볼 때, 지금 다루려는 것은 본질적으로 다른 문제이다.

OECD가 문해력이나 수리력에 관한 역량을 PISA를 통해 잘 평가할 수 있다고 말하면 우리는 동의할 수도 있고 그렇지 않을 수도 있지만 그것은 과학적으로 뒷받침될 수 있는 합리적인 주장일 수 있다. 그러나 OECD가 PISA를 통해 우리가 더 나은 삶으로 나아가는 길을 열수 있다고 말한다면 그것은 상당히 비과학적으로 들린다. 다시 말하지만, 교육에 대한 OECD의 묘사에서는 너무 많은 것이 당연하게 여겨지고 있으며, 이 경우 OECD의 언어는 과학적 연구보다는 광고와 더 일치하는 것 같다(2장 참고).

그러한 언어와 진술은 종종 OECD의 문서와 출판물에서 반복된다. 학교용 PISA기반 테스트의 목표와 구조를 설명하기 위해 작성된 웹 페이지에서 OECD는 다음과 같이 진술한다.

> PISA기반 학교 테스트는 [...] '어떤 효과가 있는지'를 확인하고 학습을 개선하며 더 나은 삶을 위한 더 나은 기술을 구축하는 데 도움이 되는 좋은 사례를 공유할 수 있는 기회를 제공할 것으로 기대된다. 그리고 PISA기반 학교 테스트는 학생들이 습득한 지식을 적용할 수 있는 능력을 평가하는 것 외에도, 끊임없이 글로벌화되는 사회의 구성원이 되기 위해 어떻게 준비하고 있는지를 벤치마킹한다. [마지막으로,] PISA기반 학교 테스트는 국제적 벤치마킹과 학생의 성취도 향상에 관심이 있는 학교를 대상으로 **자발적으로** 실시된다. 그것은 의무적인 것이거나 책무성의 목적으로 사용되지 않는다. 평가 [...]는 빠르게 변화하는 세계와 관련된 유형의 지식과 기술 및 역량에 대한 토론을 자극할 수 있는 교사와 학생을 위한 학습 경험이다.
>
> (OECD, 2016b, 강조는 원문)

동일한 제스처가 다시 한번 나타나고 있다. PISA의 프레임은 모든 것을 아우르는 것이다. OECD의 진술에 따르면 PISA는 '더 나은 삶을 위한 더 나은 기술'을 개발하고, '학생들이 점점 더 세계화되는 사회의 구성원이 될 준비가 얼마나 잘 되어 있는지'를 측정한다. PISA는 또한 '학생들이 점점 더 세계화되는 사회의 구성원이 되기 위해 어떻게 준비할 것인가를 벤치마킹'한다. 이 시점에서 우리는 테스트가 형식적으로 자발적이라는 주장에 대한 반론으로 돌아올 수 있다. 왜냐하면 문제는 바로 여기서 발생한다는 것이 나의 주장이기 때문이다. 특히 교육 정책과 권고 및 선택에서는 사실 자발적인 것과 의무적인 것을 구분하는 명확한 선이 없다. 이것은 일종의 기만이나 이중성 때문이 아니라 본질적으로 교육이 무엇이고 무엇이 성취되기를 기대하는가 하는 문제와 일정 부분 관련되어 있다. 다시 말하면 교육은 불확실성과 변화를 특징으로 하는 끊임없는 해석의 문제이기 때문에 강제적인 것과 자발적인 것을 명확하게 구분하는 데에는 현실적인 어려움이 있을 수 있다.

예를 들어, 대학교육은 의무적인 것이 아니지만 때로는 취업 가능성을 높이고자 하는 학생이나 대학교육이 불가피하다고 생각하는 가정의 학생들은 이를 의무라고 생각하는 경우가 있다. 물론 "대학교육은 의무적인가?"라는 단순한 질문에 대해서는 모두가 "아니다"라고 대답할 것이다. 그러나 현실은 전혀 다른 것을 말한다. 그러므로 PISA기반 학교 테스트와 관련하여 PISA의 등장이 전 세계적으로 교육 정책을 구상하고 실행하는 데 있어 하나의 전환점이 되었듯이 이 테스트는 좋은 학교와 나쁜 학교, '더 나은 삶'을 구축하는 데 성공한 사람과 그렇지 않은 사람, '적합한 기술'을 익힌 사람과 그렇지 못한 사람, 끊임없이 글로벌화되는 사회의 구성원이 되는 사람과 그렇지 못한 사람을 나누는 경계선을 의미할 수 있다는 것이 나의 주장이다. 분명하게 말하자면, 여러 학교에서 같은 목표에 초점을 맞추고 특정한 학습 결과를 평가하는 것은 이러한 글로벌 평가 시스템과는 전혀 다른 관점이 될 것이다. 왜냐하면 동일한 영역에 대한 비교는 과학적

일관성이 있기 때문이다. 그러나 이와 대조적으로 누가 '더 나은 삶을 위한 더 나은 기술'을 생산하는가 하는 것을 평가함으로써 '학생들이 글로벌화되는 사회의 구성원이 되기 위해 준비하는 것을 어떻게 벤치마킹할 것인가'(OECD, 2016b) 하는 것은 OECD가 스스로 주장하는 과학적 논리에서 볼 때 큰 의미가 없다.

더욱이 PISA는 "PISA기반 학교 테스트와 그 결과를 학교 순위나 성적순위표로 해석하거나 사용하기 위한 것이 아니다(ibid.)"라고 말하지만 이는 PISA의 철학과 모순된다. OECD의 진술에 따르면 PISA의 목표는 당신이 다른 사람들과 비교하여 어디에 위치해 있는지를 보여주는 것이다(OECD, 2016a). 그러므로 다음과 같이 말하는 것은 별로 의미가 없다.

> 영국 및 다른 나라의 학교와 비교하여 성취도 결과가 가장 높은 학교들은 이 도구를 자신들의 우수성을 '확인'하는 홍보수단으로 여겨서는 안 된다. 그들은 그 결과를 모든 학생들로 하여금 더 높은 수준의 성과를 얻기 위해 노력하게 하는 수단으로 보아야 한다. (ibid.)

실용주의에 따르면, 행위를 평가하는 한 가지 기준은 그 결과에 있다. 그렇다면 누가 '더 나은 삶'을 위해 기술을 제공하는지를 평가하기 위한 도구가 학교 순위를 매기는 수단도 되는지 아닌지 묻는 것은 합리적이다. 실제로 '학생의 성공을 측정하는 것'과 '홍보 목적으로 우수성을 입증하는 것'을 나누는 경계는 무엇인가? 동일한 진술이 몇 줄 뒤에 다시 등장한다. "평가는 순위나 성적표를 개발하기 위한 도구가 아니라, 학교 개선을 위한 도구로 간주되어야 한다"(ibid.). 우리가

PISA기반 학교 테스트에 대해 실제로 물어야 할 질문은 이 도구를 사용함으로써 구체적으로 어떤 일이 일어날 것인가에 관한 것이다.

OECD의 입장과 전반적인 이데올로기는 특히 OECD의 2012년 출판물인 『당신의 학교는 국제적으로 어느 위치에 있는가: PISA를 기반으로 한 OECD 학교 테스트 — 시범 테스트: 헌던고등학교How Your School Compares Internationally: OECD Test for Schools-Based on PISA-Pilot Trial: Herndon High School』에 제시된 주장에서 더욱 명백해진다. 서문의 구절은 상세히 인용할 가치가 있다.

> 학교 및 교육체제 운영에 관여하는 학부모, 교사, 교장 및 행정가들에게는 그들의 학교가 학생들의 삶을 얼마나 잘 준비시키는지 평가할 수 있는 신뢰할 만한 정보가 필요하다. [...] 글로벌경제에서 교육의 성공을 측정하는 것은 더 이상 자국의 표준만으로는 이루어질 수 없고 국제적으로 최고의 성과를 내는 학교 및 교육체제와도 비교해야 한다. 국제적 벤치마킹과 국가 간 비교를 통해 젊은 세대가 오늘날 글로벌화된 세계에서 필요한 기술을 잘 구비하고 있는지를 더 잘 이해할 수 있다. 또한 이러한 벤치마킹과 국가 간 비교를 통해 정부와 행정부 및 학교는 최고의 성과를 낸 교육기관들을 따라잡는 데 필요한 정책적 지침도 제공할 수 있다. OECD의 PISA는 세계 경제의 90%를 차지하는 70여 개국 학교 체제의 질과 형평성 및 효율성을 평가한다. (OECD, 2012, p. 3)

이 글에서 OECD는 설득력 있는 언어를 통해 한편으로 '전 세계의 학부모, 교사, 교장, 행정가'들이 바라고 원하는 것을 자신의 목표, 전제조건 및 틀과 동일시하려고 한다. 또 다른 한편으로는 교육을 총체화하고 균일화하며 PISA를 통해 얻을 수 있는 정보로 축소한다. 그 결과 PISA는 가치 있는 교육 정보를 모두 응축한 것으로 보이게 된다. 문제의 소지가 있는 이러한 쟁점은 이 글의 첫 번째 진술에서도 분명히 드러난다. 여기서 우리는 "학교 및 교육체제 운영에 관여하는 학부모, 교사, 교장 및 행정가들에게는 학교가 학생들의 삶을 얼마나 잘 준비시키는지 평가할 수 있는 신뢰할 만한 정보가 필요하다"는 말을 듣는다. 물론 학부모들은 자녀들이 학교에서 무엇을 성취했고 성취하지 못했는지 그리고 그러한 학교가 좋은지 효율적인지 혁신적인지 배려심이 있는지 알고 싶어 한다. 자녀들이 하루의 절반 정도를 보내는 환경에서 어떤 학습이 이루어지고 있는지 학교가 자녀들을 어떻게 준비시키고 교육하는지 알고 싶어 한다. 그들은 교실에서 일어나는 일의 결과가 무엇인지 이해하기 원한다.

하지만 그렇다고 해서 OECD의 결과와 데이터에 의존해서 복잡하고 불확실하며 어느 정도는 정의할 수 없는 문제들을 이해하려 한다는 뜻은 아니다. **아마도 부모는 자녀가 무엇을 배우고 있는지 알기 위해 교사의 판단과 통찰력을 신뢰할 것이다. 나아가 자녀의 감정과 느낌, 행동 방식을 이해하고자 할 때조차도 교사의 판단과 통찰력을 신뢰할 것이다.** 아마도 '교사, 교장, 행정가'들은 학교 운영 방식과 교육 목표에 대해 다양한 생각을 가지고 있을 것이며, 그러한 다양한 생각들은 위에서 오는 비교표가 없이도 잘 작동할 것이다. 또는 그들은 OECD의 조언을 필요로 하고, 이러한 조언을 유용하거나 심지어 필요하다고 생각할 수도 있다. 다시 말하거니와 다양한 차원에서 교육에 관여하는 모든 사람들이 OECD의 가르침을 기다린다는 식의 이러한 일반화된 진술을 제시하는 것은 과학적으로 합리적이지도 공정하지도 않다. 앞서 인용한 것과 같은 구절은 과학적 지식과 민주적 논쟁이라는 학교교육의 두 가지 방향을 다룰 때 그다지 정당성을 찾기 어렵다.

OECD의 전체화 전략의 또 다른 예는 위에서 인용한 구절의 세 번째 진술, 즉 "국제적 벤치마킹과 국가 간 비교를 통해 젊은 세대가 오늘날 글로벌화된 세계에서 필요한 기술을 잘 구비하고 있는지를 더잘 이해할 수 있다"란 문장에서 찾을 수 있다. 여기서 우리는 암묵적 등가성으로 인해 a. 사람들이 살고 있는 사회는 다양하지만 적어도 근본적인 특성은 모두 동일하기 때문에 차이점을 간과하고 세계는 하나라고 상상할 수 있다. 따라서 b. 그런 세계는 어디에 살고 있는 사람이건 동일한 기술을 접할 필요가 있다고 믿게 된다. 여기서 나는 글로벌화에 대한 담론이 과학적으로나 정치적으로 모두 필요하다는 것을 분명히 하고 싶다. 그러나 그러한 담론이 구호로 축소되면 심각하게 빈약해지는데(Hursh, 2008), 이는 담론의 타당성을 떨어뜨리고 일종의 제국주의 논리를 지지하는 방향으로 흘러갈 수 있다(Hill, 2004).[5] 이것은

---

5   글로벌화에 대한 담론이 단순한 슬로건으로 축소되면 제국주의 논리를 지지하는 방향으로 나아갈 수 있는 이유는 다양성과 복잡성을 무시하고 획일적으로 세계를 바라보기 때문이다. 첫째, 글로벌화 담론이 단순화되면 전 세계의 다양한 문화, 사회적 맥락, 역사적 차이가 무시되고 모든 사회가 동일한 방식으로 기능해야 한다는 암묵적인 가정이 생긴다. 둘째, 특정한 가치나 목표(예: 경제적 성장이나 경쟁력 향상)를 모든 국가에 똑같이 적용하려고 하면 이는 각 나라의 사회적, 경제적 상황을 무시하고 한 가지 획일적인 해결책만을 제시하는 제국주의적 방식으로 이어질 수 있다. 셋째, 세계 경제를 주도하는 강대국이나 국제기구가 글로벌 규칙을 설정하고 다른 나라들은 그 규칙을 따르도록 만드는 구조를 강화할 수 있다. 이런 슬로건의 대표적인 사례로 '세계는 하나다', '경쟁력이 곧 생존', '지구촌 시대', '자유무역은 모두에게 이익이다', '교육을 통한 글로벌 인재 양성' 등을 들 수 있다. 특히 교육과 관련해서 '교육을 통한 글로벌 인재 양성'이란 슬로건은 상당히 매력적으로 들릴 수 있지만 인간과 교육의 다양성을 무시하고 특정한 경제적 요구에 맞

샤자한Shahjahan 의 주장으로, 그는 "OECD는 등가성의 글로벌 공간을 건설하기 위해 노력하면서 [...] 식민성을 영속시킨다. 여기서 식민성이란 식민지와 제국주의 경험에서 파생된 제국주의의 지배 논리를 의미한다"(2013, p. 677)고 진술한 바 있다.

그리고 여기서 OECD의 주장으로 제기된 두 번째 문제, 즉 삶과 사회 및 교육에 대한 자신의 관점을 당연한 것으로 여기는 문제에 도달한다. 실제로 OECD는 교육 시스템에서 데이터를 수집하는 주요 주체로서 "정부와 행정부 및 학교가 최고의 성취자들을 따라잡는 데 필요한 정책에 대한 지침도 제공할 수 있다. [...] OECD는 세계 경제의 90%를 차지하는 70여 개국 학교 체제의 질과 형평성 및 효율성을 평가하기 때문이다"와 같은 주장을 펼친다. 이러한 진술이 가지는 문제는 무엇이 질과 형평성을 의미하는지 결정하는 문제도 아니고, 효율성을 우선적으로 추구해야 한다고 해도 그것은 지속적인 민주적 논의의 대상이지 단순한 기술적 결정의 문제가 아니라는 점이다. 또한 그것이 '단지' 기술적 숙의의 문제라 하더라도 숙의를 하는 데 어떤 기술과 도구를 채택할 것인지, 나아가 가르침이 지향하는 방향이 어떤 것인지를 구체화해야 한다. 왜냐하면 기술적 숙의는 목표와 목적 그리고 도덕적 가치로부터 자유롭지 못하기 때문이다. 기술적 숙의 역시 상황과 이론 그리고 윤리에 의존해 있는 것이다.

그러므로 OECD가 내세우는 두 가지 이슈는 내재되어 있는 특성을 감안할 때 OECD가 질문과 답변, 문제와 해결책 모두를 알고 있다는

춘 인재 양성만을 강조함으로서 비판적 사고나 창의적 탐구를 억제할 수 있다(옮긴이).

매끄러운 교육적 그림을 제시한다. 어떤 의미에서 OECD의 교육 비전에서는 모든 일이 너무 빨리 일어난다. 또 개인을 그들이 가졌을 것으로 추정되는 경제적 가치로 대체하는 또 다른 예를 인용한 구절 끝부분에서 확인할 수 있다. 여기서 OECD는 평가한 학교 시스템이 "세계 경제의 90%를 차지한다"는 사실을 강조하고 있는데, 전 세계 인구 중 어느 부분을 나타내는 것인지를 물을 수 있다. 그러므로 OECD는 자신의 가치를 가치로서 자각하지 못하는 것 같다.[6] OECD의 관점에 따르면, PISA기반 학교 테스트는 "글로벌 경쟁력을 말해주는 더 높은 기대치를 확립할 것"이고, 수집된 정보는 "학생들이 점점 더 세계화되는 사회의 일원이 될 준비가 얼마나 잘 되어 있는지를 측정하게 될 것이다"(OECD, 2012, p. 3). **여기서 근본적인 메시지는 분명하다. 즉 세계에는 단지 하나의 사회, 말하자면 경쟁력이 근본 가치이자 주도적인 힘이 되는 하나의 사회가 있을 뿐이라는 것이다. 경쟁력의 요청에 대응하기 위해서는 올바른 학습 궤도를 따라가야 하며 이 궤도는 OECD가 PISA를 통해 규정한 것이다.**

이처럼 심각한 교육의 빈곤으로 인해 대안을 생각하는 것조차 어려워졌다. 하지만 우리에게는 그런 대안이 필요하다. 이것은 OECD 담론의 내적 취약성과 편협성뿐만이 아니라 모든 프레임에 해당된다. 교육이 자유에 헌신하는 노력이라면 어떤 프레임을 실행하건 다르게 생각하는 것은 교육의 본질적인 부분이 되어야 한다. 더욱이 학교교육에서는 경쟁을 넘어서는 목표를 조장할 수 있는 모형이 필요하다.

---

6   OECD에서는 교육에 관한 주장을 할 때 '사실'과 '통계' 같은 명확한 근거를 제시함으로써 논란의 여지를 차단하려 하고 있으나 외견상 객관적으로 보이는 이러한 근거 이면에는 '상황과 이론 그리고 윤리' 등의 가치가 전제되어 있음을 지적하고 있다(옮긴이).

그런데 신자유주의는 다양한 형태로 반대되는 것, 즉 목표 없는 경쟁을 조장하는 것 같다. OECD의 관점이 갖는 문제의 핵심, 즉 목표가 없는 경쟁은 어떻게 성취를 이뤄내느냐가 아니라 자신의 성취가 성적 순위표에서 어느 위치를 차지하느냐에 중점을 두기 때문이다.

OECD의 모형은 또한 교육의 윤리적 차원과 관련된 문제를 수반한다. 학생들이 교사를 가르침의 원천으로 인식하지 않고 그 원천이 PISA 결과나 OECD 조언과 같은 다른 데 있다고 믿기 때문에 학생들 역시 암묵적이지만 강력하게 항상 위로부터의 판단과 지시를 기대하는 것을 배운다. 즉 교사가 자신의 선택과 책임에서 멀어지고 학생을 평가하고 판단하고 평가하는 활동을 빼앗김에 따라 학생들도 언젠가는 누군가가 올바른 지시를 내릴 것이라고 기대하고 자신의 선택과 판단 그리고 평가에 대해 책임을 지지 않는 법을 배우게 되는 것이다. 우리는 교육의 맥락에서 단지 내용, 기술 또는 전략만을 배우는 것이 아니기 때문이다.

우리는 근본적으로 존재 방식, 즉 태도와 자세에서부터 행동방식 그리고 현실을 지각하고 개념화하고 느끼는 방식을 배우고 가르친다. 따라서 교육의 맥락에서 일하는 교육자들은 무엇보다도 윤리적 모형, 즉 책임을 지거나 지지 않는 방식을 드러내게 된다. 우리는 교사와 교육자로서 자신의 존재방식과 위상을 함께 가르친다. 행동 지침이 항상 이미 다른 곳에서 미리 설정되어 있다면, 우리는 주도권을 포기하는 법, 가치 있는 것과 그렇지 않은 것, 옳은 것과 그렇지 않은 것을 결정하는 사람을 기다리는 법을 가르치게 된다. 이는 정책 입안자에서부터 교장, 교사와 학생에 이르기까지 모든 수준의 교육 시스템에서 일어나는 사실이다. 그러므로 OECD의 틀 내에서는 정치와 책임의 공간이 사전에 결정된 서비스를 제공한다는 관점에서 모든 것을 생각하고 실행하는 공간으로 대체된다. 논의의 대상이 될 유일한 이슈는 시스템의 효율성과 수행 가능성이다. 이와 같이 PISA의 결과는 모든 학습 커뮤니티의 (의심할수없는) 토대가 된다. 이러한 주장은 교육이 상품과 동일시되고, 학교와 교사는 공급자로 이해되며, 학생들은 단지 미리 설정된 학습 계획의 실행자가 되는 학교교육의 비전으로 이어진다. 이것은 가르침을 빈곤하게 만들고 선택을 함에 있어서 윤리적 참여와 용기를 약화시키는 비전이다. 이어서 이 문제를 다룰 것이다.

교육의 빈곤 : 윤리적 무관심과 용기의 결여

OECD 모형에 내포된 윤리적 참여와 용기의 결여라는 문제를 다루기 위해 OECD 담론에 의해 어떤 교육모형이 만들어지는지 분석하려고 한다. 구체적으로 PISA는 교육활동과 교사의 책임과 의사결정 능력을 지속적으로 약화시키는 작용을 한다고 주장할 것이다. PISA 기반 학교 테스트에서 무엇이 평가되는지를 면밀히 살펴보면, 평가되는 문제들이 매우 넓은 범위를 다루고 있고 또 그러한 평가에서 도출되는 지침들이 중요한 역할을 하기 때문에 교육의 과정에서 교사들이 자율적으로 결정을 내리고 선택을 할 수 있는 여지가 거의 남아 있지 않다는 것을 주장하고자 한다. 그런데 결정하고 선택하는 능력이 심각하게 위축되면 행동과 사고에서의 윤리적 참여와 용기 또한 감소하게 된다. OECD의 표현에 따르면, 국제학업성취도 평가와 유사하게 OECD 학교 테스트는 15세 학생들의 읽기와 수학 및 과학에서의 응용 지식과 역량 그리고 학습 및 학교에 대한 태도를 측정한다(OECD, 2012, p. 3). 또한 교사들은 OECD의 보고서와 권고 사항에서 "국가와 세계적 차원에서의 우수성을 추구하기 위해 비판적 성찰을 지원하고 교직원과 지역의 교육자들이 교실의 한계를 넘어서도록 조장하는 전략과 정책 및 실천 사례를 전 세계의 교육체제로부터 찾을 수 있다"(ibid.). 그러나 OECD 학교 테스트는 더 큰 목표를 가지고 있는데 그것의 수행 내용은 읽기와 수학 및 과학의 역량으로 제한되지 않는다. PISA 테스트와 마찬가지로 학교 테스트는 교사들이 학생들에게 의사소통 및 논리적 사고능력이 있는지 그리고 그들이 성공할 수 있는지까지 알 수 있게 한다고 주장한다.

> 당신의 학교에 다니는 15세 학생들은 미래의 도전에 맞설 준비가 되어 있는가? 그들은 자신의 생각을 효과적으로 분석하고 추론하고 전달할 수 있는가? 그들은 21세기 사회에 성공적으로 참여하는 데 필수적인 지식과 기술을 개발했는가? OECD 학교 테스트는 국제적으로 인정된 PISA의 지식기반과 직접적으로 연결된 학생 평가를 통해 이러한 질문에 답하고자 한다. (OECD, 2012, p. 22)

여기서는 OECD 모형의 기저에 깔린 식민주의적 입장과 PISA 철학 및 이데올로기에 깃들어 있는 총체화의 목표는 더 이상 다루지 않고 또 다른 질문을 하려 한다. OECD의 진술을 당연한 것으로 여긴다면, 즉 OECD 학교 테스트가 그 약속을 지킨다고 믿는다면(OECD에 따르면 이는 교사들의 업무 수행에 따르는 역할이다) 학생들이 책임감 있게 선택할 수 있는 능력은 어떻게 되는가? 간단히 말해서 OECD 학교 테스트를 기반으로 한 학교교육을 어떻게 이해해야 할 것인가? 이 테스트는 교사와 학생이 하는 일을 OECD의 측정과 목적으로 대체하여 교육과 학습의 윤리적 측면을 약화시킨다. 따라서 이 질문은 결코 사소한 것으로 받아들여져서는 안 될 것이다.

실제로 OECD 학교 테스트는 '15세 학생들의 읽기와 수학 및 과학에 대한 응용 지식과 역량', 즉 교육과정과 응용의 70% 이상을 측정할 수 있다고 주장한다는 점에 주목해야 한다. 이 테스트는 또한 학생들의 '학습과 학교 태도'에 대한 효과적인 지식, 즉 배려심 많은 교사가 지속적인 대화와 학생들의 행동방식에 대한 평가를 하면서 일 년 내내 수행하는 복잡 미묘한 일에 대한 지식을 제공할 수 있다고 주장한다. 그러나 학생들의 학습과 학교에 대한 태도는 다양한 방식으로 어떤 것은 명백하게 어떤 것은 암묵적으로 드러나게 된다. **학생은 갑자기 학교교육과 지식 혹은 동료에 대한 태도를 바꿀 수 있기 때문에 세심한 교사는 흔히 간접적인 단서를 통해 그 모습을 드러내는 이러한 변화의 숨겨진 징후를 주의 깊게 읽어야 한다. 더욱이 학교교육에 대한 학생들의 태도처럼 섬세하고 중요한 것은 단번에 평가할 수 없다.** 이러한 것에 대한 평가는 지속적인 공감과 대화를 통한 상호작용과 해석의 작업을 필요로 하는 문제이다. 또한 그러한 작업은 어느 정도는 보이지 않는 것을 해석하려고 해야 한다는 점에서 저절로 성공을 보장하지 않는다(English, 2016). 교사들이 이러한 작업에서 밀려난다면 그들 역할의 상당 부분이 사라지게 된다.

그러나 OECD의 진술에 따르면 OECD 학교 테스트는 이를 훨씬 뛰어넘는다. 이 테스트는 실제로 "학생들이 미래의 도전에 대처할 준비가 되어 있는지", "효과적으로 자신의 생각을 분석, 추론 및 전달할 수 있는지", "21세기 사회에 성공적으로 참여하는 데 필수적인 지식과 기술"을 개발할 수 있는지를 평가할 수 있다고 주장한다. 이렇게 많은 기능을 감안할 때 교사들에게는 어떤 역할이 남아 있을지 합리적으로 물을 수 있다. OECD가 염두에 두고 있는 교사의 역할은 OECD가 마련해 준 학습의 단순한 공급자라는 것이 명확하다고 생각한다. 결과적으로 학생들은 단지 가르침 받은 것을 배우고 적용해야 한다. 사실 **OECD의 모형은 학생들로 하여금 자신의 생각에 도전하는 아이디어를 찾도록 자극하지 않는다.** 학생들과 교사들은 프레이리의 '은행 저축식 교육'에 따라 비판적 담론을 말하거나 그들의 목표, 야망, 욕망을 키울 가능성이 없다. 샤자한에 따르면

> 많은 교사와 학생 그리고 교육지도자들은 증거기반교육이라는 신자유주의의 논리에 따라 '여러 대상들 가운데 하나의 대상'으로 전락하는 동시에 그들의 욕구와 주체성이 박탈당하고 있다. 요약하면, 현재 전 세계의 교육 시스템을 지배하고 있는 신자유주의 의제는 식민지 교육정책을 재현하고 있다. (2011, pp. 196-197)

OECD의 교육 프레임은 세계관 전체를 보여주며 그러한 세계관에 부합하는 도구를 제공한다. 비록 은밀하고 정교하게 포장되어 있지만, 내 생각에 PISA는 또 다른 형태의 권위주의적 교육일 뿐이다. 이 문제는 다음 장에서 자세히 다룰 것이다.

교사와 학생의 행위를 축소하고 목소리를 침묵시키는 것은 윤리적으로 중요한 의미를 갖는다. "학습자의 목소리를 높이는 것은 하나의

관점을 표현함과 동시에 다른 사람들의 견해를 인정하고 존중할 수 있는 개인을 기르는 것을 의미"하기 때문이다(English, 2016, p. 163). **다름과 타자성에 대한 관심 및 배려, 타자의 관점에서 나온 말과 의견을 경청하는 능력은 위에서 주어지는 모형을 통해서는 촉진되지 않는다.** 타자의 목소리를 경청하고 자신의 목소리를 표현하는 법을 배우는 것은 동일한 원천, 즉 공유된 책임감에서 비롯된다. 이러한 책임감이 없으면 학교교육을 비롯한 모든 교육과 학습 및 사회는 의미를 상실한다. 이러한 책임은 타인의 말을 경청하면서 자신의 포부와 생각 및 욕구를 제시하는 데서만 나타날 수 있다. **이러한 공유된 가치의 구축은 시험을 통해 제공되거나 평가될 수 있는 것이 아니다. 그것은 새로운 가능성을 탐색하고 함께 살아가는 방식들을 발전시키는 일에 지속적으로 헌신하고 참여함으로써 나타날 수 있다.**

그러나 PISA는 이와 다른 교육적 존재론에 기반을 두고 있다. 이에 따르면 학습은 다른 상품이나 물품처럼 전달되고 벤치마킹되며 교사는 전달될 내용을 제공하는 역할을 하기 때문에 자신이 가르치는 내용에 대해 실질적인 책임을 지지 않는다. 결국 교사는 무엇을 어떻게 어느 방향으로 가르칠지 결정하지 않는다. 코넬에 따르면, "실제 학생의 이익을 위해 커리큘럼과 교수법에 대해 자율적인 판단을 내리는 교사의 능력은 원격 제어 시스템으로 인해 약화된다"(2013, p. 107). 따라서 OECD의 모형에 따르면 학생들은 글로벌화된 경제에서 경쟁하기 위해 적합한 기술을 배우는 안전한 길을 따라가며 "더 나은 삶"을 위해 노력할 뿐이다. OECD의 관점에 따르면 어떤 의미에서 교육은 글로벌경제에서 자신이 어느 위치에 서 있는가 하는 문제일 뿐이다. 끊임없이 변화하는 상황과 예측할 수 없는 미래라는 일반화된 수사에도 불구하고 이러한 교육의 존재론에서는 설령 변화란 것이 있다고 해도 그것은 잘 준비된 방향으로만 일어난다는 점에서 세계를 고정되고 미리 확정된 것으로 이해한다.

그래서 PISA는 결과에 대한 책임이 없는 교육 모형으로 작동한다. 교육의 결과는 행위의 근원인 선택의 결과로서가 아니라 PISA가 정의한 좋은 교육의 개념을 반영한다고 여겨지는 메커니즘의 성과로서 제시되기 때문이다. 또한 이러한 모형은 책임을 평가체제라는 비인격적이고 중립적인 언어 안에 둠으로써 책임을 괄호로 묶고 나아가 삭제해버리는 경향이 있다. 이 평가체제는 교육의 목표와 도구, 심지어 학습자가 가져야 할 기대와 욕구까지도 당연히 정해진 것으로 여긴다. 앞서 논의한 바와 같이 OECD의 교육 비전에서 학생들은 글로벌화된 경제에서 경쟁력을 더 많이 갖추기 위해 노력해야 하며 PISA의 메커니즘에 따라 적합한 기술을 끊임없이 개발해야 한다. 푸코의 관점에서 보면 PISA기반 학교 테스트에서 작동하는 것은

> 개인들이 구체적인 삶 속에서 생산적인 서비스를 하도록 하는 문제이다. 따라서 권력은 개인의 신체와 행위, 태도, 일상적인 행동 양식에 접근할 수 있어야 한다는 의미에서 실질적이고 효과적인 권력의 '통합'이 필요했다.　　　　　　　　　　　(Foucault, 1984a, p. 66)

이러한 체제에서는 "살아 있는 존재들을 가치와 효용의 측면에서 자리매김한다"(Foucault, 1984b, p. 265). 모든 것이 OECD의 교육적 묘사에 미리 설정되고 포장되어 있다. 아마도 그래서 이 모형이 그렇게 매력적으로 보이는 것일지도 모른다.

그래서 나는 평가체제가 초래하는 심리적 영향에 대해 한 가지 주의사항을 덧붙이고자 한다. 이러한 체제에서 교사들은 시험을 누군가가 만든 도구로 인식하지 못하게 된다. 즉 인간이라면 피할 수 없는 한계와 편견 및 혐오감을 지닌, 피와 살을 가진 사람들의 무리가 만든 도구로 여기지 않는다. 그들은 시험을 여느 누구와 다름없이 사회적, 개인적, 문화적 제약을 받는 인간들이 만든 도구로 생각하지 못하게 된다. 표면상 중립적인 PISA 테스트에는 사실 특정 관점에서 본 또 하나의 현실이 일정 부분 반영되어 있지만 이것은 OECD가 자신의 주요 제품을 보여주는 방식이 아니다. OECD는 PISA를 '교육의 거울'(Gurria, 2016)이라고 말하면서 과학적 증거가 사전에 존재하는 현실을 반영하며 그 현실은 시험에 의해 남김없이 그대로 드러난다는 생각을 받아들인다. 이런 식으로 PISA는 책임이 없는 교육과 정책결정 방식을 가능하게 한다. OECD가 교육에 대해 주장하는 것처럼 교육에 대해 무언가를 비추는 거울이 된다면 선택은 무의미하다. 우리는 그러한 거울이 보여주는 것에 맞춰 자신의 행동과 이해를 조정하기만 하면 된다. 또한 거울이 존재하는 정도만큼 PISA는 견고한 위치와 장면을 설정할 권리를 얻는다. 즉 무엇이 진실이고 거짓인지, 무엇이 유용하고 아닌지, 무엇이 실현할 가치가 있고, 무엇을 지연시키거나 제외해도 되는지 결정할 권리를 얻게 되는 것이다.

이제 내가 논의하고자 하는 두 번째 윤리적 문제, 즉 OECD의 틀에서 비롯된 용기의 부족이라는 문제에 도달했다. OECD는 거의 모든 교육적 특성과 현상에 대한 증거를 제공함으로써 교사와 학생이 용기있게 행동할 수 있는 능력을 약화시킨다. 용기는 인지의 핵심적인 특성이며 이에 대한 논의는 6장에서 자세히 다룰 것이다. 사실 OECD

의 비전에 따르면 교사들에게는 새로운 교육적 경험에 참여하거나 새로운 내용을 구상하는 것 혹은 예전 내용을 가르치는 새로운 방법을 고려하는 것이 더 이상 허용되지 않는다. 더구나 앞서 주장했듯이 교사는 심지어 판단과 평가 능력에서도 그 지위를 상실하고 있다. 여기서 중요한 것은 바로 교사들로 하여금 창의적이 되게 하고 내용과 주제를 혁신적인 방식으로 번역할 수 있게 해주는 그런 자율성이다. 우리는 학생들이 교실에서 개발된 논쟁과 내용을 반복할 수 있는지는 가르침에서 중요한 것이 아니라는 점에 대해 OECD와 뜻을 같이할 수도 있다. OECD가 놓치고 있는 것은 자율성과 창의성을 저해하는 문제를 **극복하기 위해 위에서 또 하나의 모형을 내려보내는 것은 단지 역효과만 낳는다는 사실이다. 마치 그러한 모형이 모든 상황과 장소에서 작동할 것처럼 보이지만 사실은 그렇지 않기 때문이다. 교사가 말하는 것을 '학생들이 앵무새처럼 반복하는 모형'**(OECD, 2016a)을 충분히 극복하려면 교사와 학생 모두의 창의력과 상상력이 풍부한 비전을 강화해야 한다. 이에 대해서는 2부에서 다시 설명할 것이다.

그러므로 PISA의 논리를 적용할 때 가장 큰 문제는 구체적인 교육의 상황에서 **상상력과 용기가 부족해진다는 것이다.** 가르침의 선택이 기계적인 것이 될수록 교사와 학생들의 용기와 상상력, 나아가 비판적 행위는 뒤로 밀려난다. 이는 결국 같은 질문에서 비롯된다. 누군가가 현실을 비춰주는 거울을 제공할 수 있다면 왜 다른 것을 상상해야 하는가? 왜 우리는 사물을 분석하고 이해하는 데 시간을 낭비해야 하는가? 다시 말하면 세상과 사물 그리고 세상과 사물을 다루는 일이 이러한 거울로 파악되는 것이라면 비판적 행위가 할 수 있는 역할이 있는가? 어떤 의미에서 OECD는 교육을 생산 라인으로 간주하고 있다. 이 라인에서 OECD는 지시하고 교사는 지시된 라인에 일관되게 교육과 내용을 받아들여 전달하며 학생들은 단지 그것을 따르고 적용하고 있을 뿐이다.

용기는 단지 도덕적 덕목이 아니라, 교육자에서부터 연구자, 교사에서부터 정책 입안자에 이르기까지 모든 영역에서 인지적이고 전문적인 교육의 특징이라는 점을 강조할 필요가 있다. 이것은 자신의 전제와 생각을 위험에 내놓을 수 있는 용기와 자신의 프로젝트와 목표를 추구하기 위해 위험을 무릅쓰는 용기, 다른 사람의 생각과 관점에 도전하는 용기와 다른 사람의 생각과 관점에 의해 도전받을 용기를 모두 포함한다. 이 책의 2부에서 경험에 대한 듀이의 설명을 바탕으로 논의하겠지만, 행함과 겪음doing and undergoing에는 실행하고 성취할 용기가 필요하다. 만일 학교가 새로운 방식으로 함께 살아가는 것을 실험하는 곳이고 또한 이러한 의미의 연대가 이루어지는 공간이라면 학생들이 이러한 공동체를 구축할 수 있는 공간도 되어야 한다. 이를 구축하려면 용기와 '담대한 상상력'이 필요하기 때문이다(Dewey, 1929, p. 310).

이제 신자유주의적 교육의 비전과 시험 제도가 결합된 시스템의 주요 특징 중 하나에 도달하게 되었는데, 이 결합은 PISA에 의해 전형적으로 구현되고 있다. 사실 이 시스템은 학습이 이루어져야 할 창조적이고 상상력이 풍부한 과정들을 일종의 불안으로 대체한다. 이것은 뒤처지는 것에 대한 불안(Biesta, 2015a, 2015b), 적절한 수준의 능력과 역량에 도달하지 못할지도 모른다는 불안, 세상과 마주하고 사회에 참여할 수 있게 하는 적합한 기술을 개발하지 못할지도 모른다는 불안이다. 이러한 불안은 학습의 주요 동기로서 기능하기도 하지만, 개인의 욕구와 열망을 대체하기 때문에 학생들의 삶의 프로젝트를 제약하고 경험을 가득 채운다.[7] 왜냐하면 신자유주의 교육 시스템은 빈 구멍이나 사각지대를 거의 용납하지 않기 때문이다. 볼과 올메도Ball and Oldmedo에 따르면 주체들의 경험을 식민지화하고 목표와 가능성을 총체화하는 것[8]은 이 시스템의 본질적인 부분이다.

> 신자유주의는 경쟁의 논리 안에서 형성된 '새로운 유형의 인간', 즉 '새로운 유형의 교사와 교장'을 필요로 하고 구현한다. 신자유주의의 제반 장치들은 유혹적으로 마음을 사로잡아서 어쩔 수 없이 필요하게 만든다. 그것은 우리를 전복시켜 신자유주의의 진실과 목적으로 방향을 바꾸게 하는 '새로운' 도덕 체계이다. 그것은 우리와 다른 사람들의 성과에 대해 책임을 지게 한다. 우리는 수행에 대한 책임을 지며, 그렇지 않으면 무책임한 것으로 비춰질 위험에 처하게 된다. [...] 우리는 (신자유주의 시스템에서) 억압받기보다는 생산적이 되며, 제약받기보다는 활기를 얻는다.[9]
>
> (2015, p. 88)

---

7   '가득 채운다'는 "saturate"를 옮긴 것으로, '신자유주의적 비전과 시험 제도의 결합에 의해 만들어진 시스템'에서는 교육활동을 통해 학생들이 겪게 되는 경험이 특정의 관념, 목표, 또는 기대치로 가득 차 있어서 '빈 구멍'을 허용하지 않기 때문에 교사나 학생의 상상력이나 창의력이 개입할 여지를 남기지 않는다는 의미이다. 학생에게서 모든 궁금증을 해소해 버리고 일체의 의문 제기를 불필요하게 만드는 것이 결코 좋은 교육이 아님을 말해주고 있다(옮긴이).

8   총체화는 어떤 개념이나 체계가 모든 것을 설명하고 통제하려는 경향을 나타내는 말이다. 이 개념은 다양성과 복잡성을 무시하고 단일한 기준이나 시각을 모든 상황에 적용하려는 태도를 비판할 때 자주 쓰인다. 예를 들어 교육에서 총체화란 개념은 학생들이 다양한 방식으로 사고하거나 배울 수 있는 가능성을 제한하고, 특정한 목표나 평가 기준에 모든 교육적 활동을 맞추려는 방식을 지적할 때 사용될 수 있다. 이러한 총체화를 넘어 개인이나 집단의 자유로운 사고나 행동을 억압하고, 사회 전반에 걸쳐 하나의 절대적인 권위를 강요할 때 전체주의적 사고가 된다(옮긴이).

9   신자유주의 체제에서는 사람들이 단지 억압받는 것이 아니라, 이 체제에 의해 새

2부에서는 모종의 저항이 어떻게 어디에서 나타날 수 있는지에 대해 논의하겠지만, 여기서는 이러한 신자유주의 체제가 욕구와 열망 그리고 감정의 영역에서 깊이 작동한다는 것을 신중하게 이해해야 한다. 교육받는 주체는 자신을 사전에 정해진 목표와 목적을 성취하기 위해 노력해야 하는 존재로 생각한다. 사실 이 프레임의 주요 특징 가운데 하나는 오늘날 교육이 처해 있는 상황을 분석하는 데 필요한 지식과 교육이 산출해야 하는 지식 사이의 고리를 닫는 경향이 있다는 것이다. OECD는 PISA기반 학교 테스트를 통해 교육을 밑바닥부터 조형하고 교육의 공간을 내부에서 식민지화하기 때문에 실제로 일어나는 일조차 이해하기 어렵게 만든다. 현재와 현재에 작용하는 힘을 이해하려면 그리고 현재의 상태를 만드는 담론과 관련된 권력구조를 이해하려면 사실 현재의 한계를 넘어 사고할 수 있어야 한다. 이것이 적어도 푸코가 권력과 저항을 분석하면서 제시한 주장의 핵심이다.

살다 보면 자신이 생각하는 방식과 다르게 생각할 수 있는지 그리고 보는 방식과 다르게 인식할 수 있는지가 중요해지는 순간이 있다. 계속해서 바라보고 반성하기 위해서는 이러한 질문이 반드시 필요하다. (Foucault, 1985, p. 8)

그리고 푸코의 사상은 OECD의 교육질서에 도전하는 데 있어서

로운 방식으로 만들어지고 활성화된다는 것이다. 즉 이 체제는 사람들을 직접적으로 억압하거나 제한하기보다는 그들이 스스로 생산적이고 경쟁적으로 행동하도록 조장하고, 이를 통해 체제에 맞는 새로운 개인을 만들어내는 방식으로 작동한다는 의미이다(옮긴이).

중요한 것이 무엇인지 이해하는 데 특히 유용하다. 나는 이 잘 알려진 푸코의 구절에 대해, 특히 '다르게 생각할 수 있는지에 대한 질문'과 '바라보고 반성하는 것'에 대한 질문 사이의 관계를 깊이 탐구하고자 한다. 왜냐하면 이것이 조금이라도 반성적이 되기 위해 필요한 것이 무엇인지 이해하는 데 도움이 되기 때문이다. 사실 이 구절은 보통 성찰하는 것보다는 행동하는 것을 옹호하기 위해 자주 인용되며 여기서 행동한다는 것은 주어진 질서를 해방시키고 거기에 맞서고 도전하는 것으로 이해된다. 적어도 나의 시도 전체가 주어진 교육질서에 도전하려는 의지에 서 있기 때문에 나는 이러한 해석을 부정하고 싶지 않다. 하지만 여기서는 이 구절에 나와 있는 대로, 성찰이라는 특정의 행위를 수행하려면 달리 생각하고 달리 인식하는 것이 필요하다는 점을 강조하고 싶다. 그러므로 푸코의 주장은 우리가 적어도 성찰을 하려면 달리 생각해야 한다는 것을 이해하는 데 도움이 된다. 현재를 성찰하는 바로 그 행위를 위해서는 관점의 전환, 즉 현재 일어나고 있는 일에 대한 지각과 인식의 역전이 필요하다. 더욱이 그러한 전환과 역전은 무엇보다도 현재를 이해하기 위해서 "반드시 필요하다."

이론적으로나 실천적으로 불가피한 것으로 여겨지는 교육적 가능성의 축소에 직면해 있는 오늘날, 이러한 푸코의 진술은 더욱 중요하다. 사실 신자유주의 교육체제는 이론적, 실천적 영역 모두에서 작동한다. 그것은 경제적 침투와 수사적 매력에 의해 작동한다. 이는 신자유주의의 특징과 목표를 일반적인 특징과 목표로 제시함으로써 세계를 자신의 비전으로 축소시키고 있다. 그러므로 현재를 이해하고 비판하고자 한다면 자신을 그러한 틀 밖에 두어야 하며, 따라서 신자유주의가 볼 때 무의미하고 보잘것없고 일관되지 않으며 심지어 비현실적이라고 낙인찍히는 위험을 감수해야 한다. "변화가 가능하며 바람직한 지점을 파악하고 이 변화가 취해야 하는 정확한 형태를 결정"하기(Foucault, 1984a, p. 46) 위해서는 변화되어야 할 것의 경계를 넘어서 생각해야 한다. 그것은 어떤 의미에서 "자신의 한계에 도전하는 데서 이루어지는 일"(ibid.)이다. 즉 그것은 "다시 시작하는 위치"에서 우리 자신을 "자유로운 존재"로 두는 일이다(Foucault, 1984a, p. 47).

'성공', '개선', '더 나은 삶'을 말하는 OECD 서사의 매력을 고려할 때 이렇게 가면을 벗기는 작업이 필요하다. 이러한 서사는 사실 단지 억압적인 힘으로 작용하는 것이 아니라 교육의 주체성에 영향을 미쳐 이를 조형하고 수정하여 길들여지고 유순한 주체를 생산하게 된다. 이러한 길들이기의 본질적인 부분은 특정의 자질과 열망 및 욕구를 산출하는 것이며 그것들이 그 주체에게 처음부터 속한 것으로 제시된다. PISA 웹페이지의 한 구절에서 이러한 전략의 예를 찾을 수 있다.

> 교사들은 학생들이 전 세계의 젊은이들과 최고의 일자리를 놓고 경쟁할 준비를 갖추는 것이 얼마나 중요한지 알고 있다. 그렇기 때문에 교육적 성공의 기준은 더 이상 자국의 표준에 의한 개선이 아니라 국제적으로 최고의 성과를 내는 교육 체계이다. PISA기반 학교 테스트는 국제적으로 비교 가능한 성취도 결과 및 개선책의 활용 방안에 대해 구체적인 통찰력을 제공해 주는 도구에 대한 교사와 학교 지도자들의 요구를 충족시키기 위해 개발되었다.
>
> (OECD, 2016b)

위에서 인용한 것과 같은 구절들은 그 숨겨진 효과가 교육의 주체성과 신념을 내부로부터 재구성한다는 점에서 주의 깊은 검토가 필요하다고 생각한다. 사실 이 구절의 첫 문장에서 "교사들은 학생들이 전 세계의 젊은이들과 최고의 일자리를 놓고 경쟁할 준비를 갖추는 것이 얼마나 중요한지 알고 있다"는 진술을 접한다. 이러한 문장을 통해 우리는 a. 학생들이 어디에 살고 그들이 누구든지 그들의 주요 관심사는 "최고의 일자리를 놓고 경쟁하는 것"이라고 믿게 되고, b. 마찬가지로 교사들도 이러한 현실, PISA가 등장할 무대를 설정하는 현실을 잘 알고 있음을 인식하게 된다. 이러한 사실은 이 구절의 두 번째 문장에 분명히 제시되어 있다. 즉 PISA기반 학교 테스트는 "국제적으로 비교 가능한 성취도 결과 및 개선책의 활용 방안에 대해 구체적인 통찰력을 제공해 주는 도구에 대한 교사와 학교 지도자들의 요구를 충족시키기 위해" 만들어진 대응책으로 제시되었다는 것이다. 이러한 진술을 통해 OECD는 그 역할을 단지 교사와 학교 지도자들의 관심과 기대에 부응하는 수단에 불과한 것으로 제시한다. 말할 필요도 없이 이것은 OECD가 충족할 수 있는 관심과 기대이다.

그리고 여기서 권력의 생산적 측면(새로운 형태의 지식, 담론, 사회적 관계, 주체성을 만들어내고 형성하는 기능 – 옮긴이)에 대한 푸코의 분석은 OECD의 서사에서 무엇이 작동하고 있는지 이해하는 데 도움이 될 수 있다. 푸코는 권력의 본질을 이해하기 위해 억압이라는 개념의 불충분함을 말하면서 다음과 같이 주장한다.

억압이라는 개념이 권력의 생산적 측면을 정확하게 포착하기에는 부적절하다고 생각한다. [...] 이제 나는 이것이 전적으로 부정적이고 협소하고 뼈대만 남은 권력 개념이라고 믿는다. 그런데 신기하게

도 이는 널리 퍼져 있는 개념이다. 권력이 억압적인 것일 뿐이라면, 즉 '아니오'라고 말하는 것 외에 아무것도 아니라면, 사람들은 정말로 권력에 복종하게 될 것이라고 생각하는가? 권력이 유지되고 받아들여지는 이유는 단지 '안 된다'고 말하는 힘으로 우리를 억압해서가 아니라, 사회 곳곳에 스며들어 영향을 미치면서 무언가를 만들어내고 쾌락을 유도하며 지식을 형성하고 담론을 생산하기 때문이다. 그것은 억압이라는 기능을 가진 부정적인 사례로서가 아니라 사회적 신체 전체를 관통하는 생산적인 네트워크로 간주될 필요가 있다.   (Foucault, 1984c, p. 60)

OECD의 담론은 이러한 설명에 충분히 부합하는 것 같다. OECD의 담론은 '사물을 생산하고' '지식을 형성한다'. 이는 OECD가 PISA 테스트와 창립 이래 학습 및 학교교육에 지침을 제공해 온 보고서, 출판물, 문서 전체를 통해 이루어진다. 그것은 학생과 학교 및 국가 간의 경쟁, 사회적 지위의 상승 그리고 최고의 일자리와 성공적인 삶에 대한 기대와 관련된 것으로서 쾌락을 유발한다. 그것은 "사회적 신체 전반을 관통하는 생산적인 네트워크"로서 세밀하게 침투하여 그러한 사회적 신체의 특징과 현상을 지배하려고 한다. 또한 그것은 당연히 담론을 만들어낸다. OECD의 서사는 앞에서 주장했듯이 신자유주의 교육 담론과 평가제도를 효과적으로 혼합하여 그러한 시스템들을 통합하고 그 효과를 배가시킨다. 2부에서 이러한 담론에 대한 대안의 윤곽을 제시하겠지만, 다음 장에서는 OECD의 교육 담론에 수반되는 두 가지 주요 이슈, 즉 교육의 실천과 주체성에 있어서의 원자화와 표준화의 문제를 다룰 것이다.

교육 실천의 표준화와 원자화:
PISA는 권위주의적 형태의 교육일 뿐

이 장에서는 OECD의 PISA를 통해 조장된 교육 모형의 두 가지 주요 특징, 즉 교육 실천에 있어서의 표준화[1]와 원자화를 다룰 것이다. 나는 이러한 특징들이 OECD 교육 의제의 기반이자 전반적인 결과라고 주장한다. 나는 이를 논증하기 위해 다음과 같은 네 가지 OECD의 문서를 분석할 것이다.

a. 『미국이 PISA로부터 배울 교훈, 교육에서 우수 성취국과 개혁 성공국Lessons from PISA for the United States, Strong Performers and Successful

---

1   교육 실천의 표준화에 대한 보다 자세한 내용은 Saltmanans Gabbard(2003)를 참고.

Reformers in Education』(OECD, 2011)

b. 『PISA 2012 결과: 수학, 읽기 및 과학에서 학생들이 알고 있는 것과 할 수 있는 것PISA 2012 Results: What Students Know and Can Do Student Performance in Mathematics, Reading and Science』(OECD, 2014a)

c. 『15세 아이들이 알고 있는 것과 할 수 있는 것에 초점을 맞춘 PISA 2012 결과PISA 2012 Results in Focus What 15-year-olds Know and What They Can Do with What They Know』(OECD, 2014b)

d. 『PISA 브로슈어PISA Trifold Brochure』(OECD, 2016a).

PISA는 교육을 단지 재생산 과정으로 좁혀 학습의 주체로 하여금 주어진 목적과 목표 그리고 사회에 대한 주어진 정의에 맞추도록 하고 있는데, 이것은 또 다른 형태의 권위주의적 교육일 뿐이라는 것이 나의 결론이다.

OECD의 교육적 틀에서 왜 교육 실천의 표준화가 작동하고 있는지부터 살펴보자. OECD의 『PISA 브로슈어』(2016a)에는 다음과 같은 내용이 있다.

> 시민들이 알아야 하고 할 수 있어야 하는 중요한 것은 무엇인가? 이것은 전 세계 15세 학생들을 대상으로 3년마다 실시되는 PISA 조사의 기초가 되는 질문이다. PISA는 의무교육이 거의 끝나가는 학생들이 현대사회에 온전히 참여하는 데 필수적인 핵심 지식과 기술을 어느 정도 습득했는지를 평가한다.　　　　　(p. 1)

위 구절의 기본 가정을 살펴보면 시민들이 어디에 살고 있는지에 관계없이 동일한 지식과 기술을 습득해야 한다는 것을 알 수 있다. **이것은 결국 현대사회가 사실상 하나의 사회로 단순화될 수 있음을 의미한다.** 이러한 현대사회는 모두 번영을 위해 동일한 기술과 지식 및 교육을 필요로 하기 때문에 시민들은 자기가 사는 사회의 발전에 기여하기 위해 동일한 기술과 지식을 발전시켜야 한다고 보는 것이다. 결국 OECD는 모든 수준의 교육에 대해 전 세계적으로 확실한 틀을 설정하려는 야망을 숨기지 않는다는 것을 알 수 있으며, 이러한 맥락에서 PISA가 수행한 작업을 고등교육 분야에서 이어가는 고등교육 학습성과평가 Assessment of Higher Education Learning Outcomes(AHELO)와 같은 도구들도 이러한 목표를 나타내는 것이라고 할 수 있다.[2] 또한 PISA가 교육에 미치는 영향은 학생들이 '지금 여기에서' 배워야 하는 것에 국한되지 않는다. OECD 스스로의 표현에 따르면 '교육에서 가능한 것'을 형성하는 것을 목표로 하고 있다. PISA의 결과는 실제로 "가장 성과가 높고 가장 빨리 향상되는 교육체제에서 학생들이 할 수 있는 것을 보여줌으로써 교육에서 가능한 것이 무엇인지를 보여준다"(OECD, 2016a, p. 2). 이로부터 교육정책 입안자들은 설득력 있는 과제를 도출한다.

> 정책 입안자들은 PISA 결과를 활용하여 다른 나라 학생들과 비교되는 자국 학생들의 지식과 기술을 측정하고, 다른 교육체제에서 달성한 측정 가능한 목표에 견주어 자신들의 정책 목표를 설정하

---

2   원래 PISA는 초중등 학생들의 학업성취도를 평가하는 시험이지만 고등교육 영역에서도 대학교육의 질 관리 차원에서 대학생들의 학업성취도를 평가하여 다른 대학이나 다른 학과와 상대적인 비교를 하자는 취지에서 '아헬로'를 시행하게 되었다 (옮긴이).

며, 다른 데서 적용된 정책과 실천으로부터 배운다. ^{~~~~}(p. 2)

　당연한 것으로 여겨지는 일련의 숨겨진 가정들이 여기에서도 작동하고 있다. a. 정책 입안자들은 이미 'PISA 결과'를 통해 달성된 '측정 가능한 목표'에 의존하며, PISA의 결과는 결국 전 세계 교육에서 무엇이 효과가 있는지 보여준다. 그리고 b. 이러한 결과는 정책 입안자들이 "자국 학생들의 지식과 기술을 측정"하여 전 세계적으로 동일한 '정책 목표'를 설정하는 데 도움을 준다. 다시 한번 OECD의 교육에 대한 묘사에는 너무 많은 부분이 가려지고 과소평가되어 있다. 여기서 이해해야 할 중요한 점은 그러한 과소평가가 정책 입안자와 교육 시스템 전반의 비교와 대화를 강화하기보다는 차이와 다양성의 여지를 심각하게 축소시키는 작용을 한다는 것이다. 그 이유는 이러한 비교가 참가자들 간의 공유된 토론에서 이루어지고 조직되는 것이 아니기 때문이다. 이와는 정반대로 참가자들은 서로를 벤치마킹하면서 PISA의 경쟁에 참여하도록 강요받고 있다. 이러한 메커니즘은 푸코의 규율에 관한 설명을 떠올리게 한다.

　　각각의 요소는 그것이 차지하는 일련의 공간 그리고 그 요소를 다른 요소들과 분리시키는 간극에 의해 정의되기 때문에 서로 교환이 가능하다. 따라서 단위는 영토(지배의 단위)나 공간(거주의 단위)이 아니라 서열이다. 여기서 서열이란 어떤 분류에서 차지하는 위치, 행과 열이 교차하는 지점, 연이어 넘을 수 있는 일련의 틈새에서의 특정 틈새이다. 규율은 서열의 예술이자 배열을 변화시키는 기술이다. 규율은 신체를 위치에 따라 개별화시키는데, 이 위치는 신체에 고

정된 위치를 부여하지 않고 신체를 관계의 네트워크에 분배하고 순
환하게 한다.   (Foucault, 1995/1975, p. 145)

   그러한 '서열의 예술'은 교육이라는 살아 있는 몸에서 피를 짜내버
리고 그것을 경직되게 만드는 동시에 학생이든 학교든 국가든 모든
참가자가 OECD의 전체 프로젝트에 종속되는 현실을 재현한다. 다시
OECD의 구절로 돌아가 보면 당신이 누구이고 어디에 살든 서열의
예술은 분명 동일한 기술을 개발하고 동일한 지식을 습득해야 한다
는 인상을 준다. 이런 식으로 OECD는 교육과 인간 행위의 가능성의
범위가 이미 고정되어 있으며 또한 모두가 동일한 기술과 지식을 습
득해야 한다는 이러한 접근방식에 수반되는 결과로서 그러한 범위는
PISA의 관심 범위 안에서 쉽게 번역되고 읽힐 수 있다고 가정한다.
그래서 PISA는 OECD의 관점에서 교육의 의미를 규정하는 것이다.
이렇게 해서 교사와 학생들 그리고 사회 전체는 PISA의 논리를 벗어
나 OECD의 틀에 도전할 수 있는 어떤 것에도 귀를 기울이지 않게
된다. 마스켈라인Masschelein 이 학습사회체제에 대해 설명했듯이(2000,
2001a, 2001b) 일종의 비판에 대한 방어 메커니즘이 여기에 작동하고 있
다. 더구나 OECD는 그 핵심도구인 PISA에 대해 단지 '의무교육 이
후에 사회에 온전히 참여할 수 있는 학생들의 능력을 나타내는 정확
한 지표'라고 추켜세울 뿐만 아니라 국가와 경제가 교육 정책을 미세
조정하는 데 사용할 수 있는 강력한 도구라고 홍보한다(OECD, 2014a, p.
4). 개인 및 집단 수준의 교육 모두가 OECD의 도구에 포획되어 있는
것이다.
   이러한 인식은 "PISA 2018"에 대한 OECD의 교육기술국장 슐라이

허의 발언에서도 나타난다. 그의 진술에 따르면,

> PISA 2018은 국제평가에서 새로운 단계의 시작이 될 잠재력이 있
> 다. 우리는 이제 젊은이들을 테스트하는 방법에 있어서 기술을 훨
> 씬 더 현명하게 사용할 수 있으며, 전 세계의 정부들이 젊은이들로
> 하여금 삶과 취업에 필요한 기술을 갖추도록 노력하고 있기 때문에
> 우리에게는 글로벌 역량이 필요하다.   (Schleicher, 2016)

  그러므로 최근 '문화적 다양성과 관용'(OECD, 2016b)에 대한 관심과
요구에도 불구하고 PISA의 논리는 사회 내의 차이들을 비판적이거
나 윤리적으로 다루지 않으며, 학생들의 차이와 다양성을 인정하거나
이에 관여하지 않는다는 것을 알 수 있다. 사실 PISA는 학생들에게
OECD의 논리를 수용하라고 요구하기 전에 그들이 무엇을 느끼고 아
는지에 대해 무지한 것 같다. 나의 해석이 타당하다면, 이러한 PISA
의 자세는 관련은 있지만 서로 다른 두 가지 문제를 수반한다. a. 학생
들이 성공적인 구성원에 포함되기 위해 미리 규정된 기준을 충족시켜
야 한다면 PISA와 같은 도구에 대해 사회정의의 문제가 제기될 수 있
다. b. 다양성과 차이를 구체적으로 인정하는 학생들의 태도는 이러
한 도구에 의해 사전에 억압되거나 무시된다.
  이는 앞서 설명한 것처럼 어떤 의미에서 OECD의 틀에 의해 신자
유주의 프레임과 평가체제의 도구 및 효과가 결합되고 증폭된 자연스
러운 결과이다. 이런 의미에서 OECD는 '증거기반 교육운동'(Shahjahan,
2011, p. 196)이라는 '글로벌 식민주의'를 영속화시킨다. 이것은 **교육의 '단
일문화'**를 추진하는 운동이다(p. 192). 샤자한에 따르면, 사실

OECD는 지식 경제가 필요로 하는 기술을 테스트하기 위해 고안된 평가 제품인 PISA와 TIMSS Trends in International Mathematics and Science Study(수학·과학 성취도 추이변화 국제비교 연구)를 통해 전 세계적으로 교육의 표준화에 중요한 역할을 담당해 왔다.   (p. 194)

PISA와 같은 도구를 통해 추구되는 '동등성의 세계적 공간'(Shahjahan, 2013, p. 677)을 구축하는 것은 이와 같은 전략의 수단인 동시에 결과이기도 하다. 그러므로 하나의 학습 문화를 조장함으로써 차이를 동질화하는 접근방식을 취한다면 '개방성', '포용적 세계', '문화적 다양성'(OECD, 2016b)에 대해 생각하거나 말하는 것은 그다지 의미가 없다. 그러나 학생들은 각기 다른 방식으로 삶을 살고 지식을 경험하며 배운 것을 실천한다. 나는 이러한 방식들이 어떤 면에서는 차이와 다양성을 유지해야 한다는 것을 강조하고 싶다. 물론 이것은 학생들의 경험이 서로 분리되어 있어야 한다는 의미는 아니다. 오히려 다른 형태의 삶과의 비교는 중요하다. 그러나 그러한 비교는 차이와 그 차이의 가치를 인식해야만 이루어질 수 있다. 차이가 침묵하면 비교도 사라진다. 대화가 이루어지기 위해서는 공통점과 차이점 그리고 무엇보다도 타인 및 다양성을 인정하고 정당화하는 자세가 필요하다. 이와는 대조적으로 학습에 대한 OECD의 정의는 토드 Todd의 표현을 빌리자면, "따라서 학습은 기존의 것을 변혁하거나 중단시키지 않으며 단지 이미 있는 것에 대해 정의를 내릴 뿐이다"(Todd, 2001, p. 46).

이런 식으로 교육과 지식의 중요한 부분은 구체적인 학교교육의 실천에서 밀려나고 망각되기까지 한다. OECD는 PISA를 통해 문화와 지식에 대한 단순한 해석, 즉 1차원적인 해석을 공식화한다. OECD

의 지배적인 서사는 교사와 학생의 일상경험과 공동의 목표 및 목적 추구에 대한 참여를 신자유주의의 우산 아래에 가두어 놓음으로써 생략하고 교실에서 지식과 관계가 형성되는 구체적인 나름의 방식을 검토하지 못하게 한다. OECD 모형에서는 교사와 학생의 관계가 교사에서 학생으로의 일방적인 관계로 되돌아가는 것에 그치지 않는다. 교사는 올바른 학습 성과를 충족시키는 일종의 수단이 되기도 한다. 어떤 의미에서 교육적 관계는 PISA를 통해 중립화되고 길들여지고 무시된다. 이제 교육적 관계는 더 이상 교사와 학생들이 자신을 드러내는 무대, 그들의 계획이 실행되는 공간이 아니다. 이런 식으로 PISA는 학교교육의 특징, 즉 교사와 학생 간의 특별한 관계 속에서 나타날 수 있는 창의력을 무력화하는 경향도 있다. 교사와 학생들은 OECD의 지침에 순종함으로써 지식의 틀을 형성하는 그들만의 고유한 방식을 명확하게 표현할 수도 없다.

물론 나는 커리큘럼에서 공통된 목표와 내용이 수행하는 역할을 부정하고 싶지는 않다. 결국 모든 사람들이 자신의 개인적 특성을 공동의 공간과 관련시키지 않고 표현한다면 학교는 더 이상 필요하지 않으며, 또한 타인과의 기본적 관계가 없다면 개인적 특성 또한 사라지게 된다. 그러나 공통의 틀만 가지고 있으면 우리는 더 이상 다양성과 창의력을 지닐 수 없으며 우리가 누구인지 내세울 수도 없게 될 것이다. 그런데 PISA는 모든 것을 포괄하는 동질적인 영역에서 경쟁의 지시를 따르는 존재로서의 인간이란 개념을 조장함으로써 '당신은 누구인가'(Arendt, 1998/1958, p. 178)라는 인간의 기본적인 질문을 지워버린다. 이러한 인간의 개념에서는 세계도 사라진다는 것을 주목해야 한다. 이렇게 되면 우리는 더 이상 열린 공간, 즉 지속적이고 끊임없이 변화하는 타자 및 사물과의 접촉 가운데 의미가 생성되는 공간에서 살지 못하고 경쟁을 위한 동질적인 공간, 위에서 지배를 받는 1차원적 게임의 세계에서 살아가게 된다. 이것은 이미 결정된 기술을 가지고 이 세계에서 살아갈 때는 그러한 세계와의 관계 형태도 이미 선입견이 되는데, 이는 그러한 관계가 기술 개발을 위해 인간성을 도구화하는 것으로 대체되며, 이러한 기술은 '더 나은 삶'과 같은 슬로건 아래 OECD의 질서를 지속적으로 재생산하는 데 기여하기 때문이다.

이렇게 미리 정해진 일련의 기술들을 통해 인간의 의미를 특정의 틀에 고정시키는 것은 두 가지 측면에서 OECD 질서에 기여한다. 한편으로는 OECD 질서의 근본적인 가치를 강화하고 밀어붙인다. 이런 질서에서는 '돈에 대한 최고의 가치'(Gurria, 2016), '교육적 성공'(OECD, 2016b) 및 '21세기 사회에의 성공적 참여'(OECD, 2012, p. 22)를 향한 경쟁에서 자신을 강화하기 위해 적합한 기술을 성공적으로 개발해야 한다. 이러한 목표를 학생, 학교, 학부모, 교사 및 국가 전반에 관련지어 보면 OECD가 어떻게 공적인 공간과 사적인 공간을 점유하고 있는지를 알 수 있다. 다른 한편으로는 인간성의 개념을 이와 같이 포화시키는 것saturation[3]은 삶에 대한 다른 해석과 방식을 배제하는 작용을 하기도 한다. 이러한 기술의 질서 밖에서 살기 원하는 사람은 자신을 사회 바깥에 위치시키게 된다. 여기서 말하는 사회란 지속적인 기술 적용이 중요한 문제가 되는 사회를 의미한다.

이와 같이 OECD는 인간이 세계에서 살아가는 방식을 이 땅에 속하여 살아가는 것으로 축소, 경직시킴으로써 이미 정해진 기술을 통

---

3   OECD가 규정한 특정 의미로 인간성의 개념을 채움으로써 다른 의미나 해석이 들어갈 수 있는 여지를 남기지 않는 현상을 가리킨다(옮긴이).

해 사전에 결정된 도전에 직면하게 한다. 여기서 이와 같은 삶의 방식이 소외되는 것은 요구되는 기술의 종류 때문이 아니라는 점에 주목해야 한다. 이는 생산 라인에서 요구되는 것과 같은 기계적이고 반복적인 기술을 적용함으로써 인간소외가 발생하는 것과 마찬가지이다. 문제는 우리가 어떤 기술을 고려하고 있는지에 관계없이 단지 숙련된 존재로서의 인간이란 개념이 바로 의미의 원천으로서의 세계와 인간 조건의 정수로서의 이 땅의 상실을 초래한다는 것이다(Arendt, 1998/1958, p. 2). 여기서 나는 기술과 습관을 만들어내는 활동이 지닌 엄청난 가치를 부정하려는 것이 아니다. 왜냐하면 이러한 세계에서는 인간이 생존할 수 있도록 효과적인 대응이 필요하기 때문이다. 오히려 내가 주장하고 싶은 것은 삶을 개인적인 기술의 생산과 향상으로 축소하면 이중의 인간소외, 즉 자신으로부터의 소외와 세계로부터의 소외가 발생한다는 점이다. 인간을 단지 기술을 만드는 존재로만 여긴다면, 경험은 미리 결정된 궤도를 통해 우리에게 다가오기 때문에 듀이는 이를 "경험과 자연을 묶는 끈이 끊어진다"(Dewey, 1929/1925, p. 23)고 표현한다. 또한 이러한 상황에서는 모든 인간 조건이 그러한 성과 중심의 활동에 미리 종속되기 때문에 중요한 부분들이 단절되고 파편화된다. 이러한 인식은 전 세계적으로 사회가 학생들에게 무엇을 요구하는지에 대한 OECD의 끊임없는 언급에서 명확히 드러난다. 그 예로 『OECD 2014』 간행물에서 다음과 같은 구절을 볼 수 있다.

시민들이 알고 할 수 있어야 하는 중요한 것은 무엇인가? 이것은 PISA, 곧 국제학업성취도평가로 알려진 학교교육의 질, 형평성 및 효율성에 대한 세계적인 척도의 기초가 되는 질문이다. PISA는 15

세 학생들이 현대사회에 온전히 참여하는 데 필수적인 핵심 지식과 기술을 어느 정도 습득했는지를 평가한다. [...] 이 접근은 현대사회가 개인들에 대해 그들이 아는 것이 아니라 그들이 알고 있는 것을 가지고 할 수 있는 것에 대해 보상한다는 사실을 반영한다. PISA의 결과는 최고의 성과를 내고 가장 빠르게 개선되는 교육 시스템에서 학생들이 할 수 있는 것을 보여줌으로써 교육에서 가능한 것을 알려준다. 평가 결과를 통해 전 세계의 정책 입안자들은 다른 나라의 학생들과 비교되는 자국 학생들의 지식과 기술을 측정하고, 다른 교육체제에서 달성한 측정 가능한 목표에 견주어 자신들의 정책 목표를 설정하며, 다른 데서 적용된 정책과 실천으로부터 배울 수 있게 된다. (OECD, 2014b, p. 3)

여기에 인용한 것과 같은 구절을 통해 다시 한번 다음과 같은 인상을 받는다.

a. 모든 사회는 동일한 기능적 조건을 요구하고 강화한다.
b. 교육은 그렇게 추정되는 조건에 부응하는 올바른 방법을 찾는 문제일 뿐이다.
c. 정책 결정은 한 나라의 성공적인 프로세스를 '가져와' 다른 나라에 '적용하는' 문제이다.

이러한 의심스러운 연결고리는 모든 것을 포괄하는 측정 가능성의 공간이 교육에 가능하고 심지어 필요하다는, 마찬가지로 의심스러운 가정의 기반 위에 서 있다. 이 공간은 푸코의 '판옵티콘panopticon'과 '완벽한 규율장치perfect disciplinary apparatus '에 대한 분석을 연상하게 한다.

> 완벽한 규율장치는 단 한 번의 시선으로 모든 것을 끊임없이 볼 수
> 있게 해줄 것이다. 중심점은 모든 것을 비추는 빛의 근원이자 알아
> 야 할 모든 것의 수렴 지점, 즉 아무것도 빠져나갈 수 없는 완벽한
> 눈이자 모든 시선이 향하는 중심이 될 것이다.

(Foucault, 1995/1975, p. 173)

이 구절에서 푸코의 분석은 감시의 규율권력 측면에 집중되어 있
다. 나는 여기서 OECD의 정책이 이런 감시를 통해 형성된다고 주장
하고 싶다. 교육의 성과에 대한 데이터를 제공하는 것은 그 자체가 목
적이 아니다. 그것은 교육이 실행되는 방식을 결정하는 단위국가 교
육 시스템에 대한 영향력을 행사하는 수단이다. 그런데 OECD의 교
육질서에 도전하고자 할 때 중요한 논점은 특정의 학습 결과나 특정
의 기술을 측정하는 것이 가능한지 혹은 어느 정도 측정할 수 있는 것
인지가 아니라는 사실이다. OECD의 접근방식은 전혀 다르다. 왜냐
하면 PISA는 읽기, 쓰기 및 수리 능력에서 '삶을 위한 기술'로, 지금
여기서 측정 가능한 것에서 '미래에 가능한 것'으로 과도하게 도약하기
때문이다. 교육이 '현대사회가 보상하는 것'으로 축소되고 그러한 보상
의 틀이 개인의 차원에서 이루어지면 삶과 사회가 심각하게 축소된다.

도구적 목표와 미리 정의된 목적을 사용함으로써 발생하는 문제는
학생과 교사의 경험 공간이 사전에 설정된다는 것이다. 이에 반해서
대안적인 접근에서는 교사와 교육자가 서로 어긋나는 복잡한 경험을
분석하는 데 노력을 쏟음으로써(Subedi, 2013, p. 635) 학생의 독특한 경험

에 대한 사려 깊은 접근방식을 개발해야 한다.[4]

반대로, OECD의 논리에서 이루어지는 학습에서는 학생들의 관심사와 습관에 의문을 제기하거나 그로부터 의미 있는 학습경험을 이끌어내거나 그것과 상호작용하는 과정을 거치지 않는데, 이는 학생들의 관심사와 습관이 OECD의 비전에 이미 가정되어 있기 때문이다. 또한 OECD에 의해 강화된 학습의 개념은 구체적이고 상황적인 현실 세계에도 영향을 미친다. 사실 역설적인 것은 기술과 역량의 레토릭이 추상적 실체를 처리하는 추상적인 틀과 전술로 흐르는데 학생들이 이러한 과정을 통하여 구체적인 대상을 다룰 것을 기대한다는 것이다. 이러한 학습 과정의 기본 가정은 대상들이 상호 교환될 수 있다는 것이다. 또한 상호 교환가능성, 즉 균질화는 PISA 학습 모형의 특징 가운데 하나로 보이는데, 이로 인해 학생들이 세계와 처음으로 직면하는 순간은 이미 사라진 것이다.[5] 실제로 PISA의 논리는 학생들에게 그들의 생각, 경험, 학습, 나아가 욕망과 포부 및 계획을 OECD 프레임과 엄격하게 일치하는 기술과 역량으로 전환하도록 끊임없이 요구한다. 이러한 역량이 결국 '더 나은 삶'을 보장하게 되어 있다는 것이다.

어떤 의미에서 OECD는 PISA를 통해 가능성이 있는 삶, 알려지지 않은 삶, 즉 학생들의 잠재된 삶을 OECD가 광고하는 삶으로 대체하는 역할을 한다. OECD는 이러한 가능성의 제거와 대체를 통해 독자

---

4 미리 설정된 경험 공간은 실제로 발생하는 다양하고 복잡한 경험과 일치하지 않을 수 있기 때문에 교사는 미리 설정된 목표에만 의존하지 말고 학생들의 실제 경험을 고려하여 교육을 진행해야 한다는 것을 말하고 있다(옮긴이).

5 추상적인 개념을 통해서 접하는 세계는 구체적인 세계에서 나타나는 특이성과 개별성이 사라진 세계인데 교육의 과정에서 학생들이 이런 개념만으로 만나는 세계는 결국 살아 있는 세계가 아님을 말하는 것이다(옮긴이).

적인 논리의 영속성을 확보한다. OECD의 틀을 벗어나는 것이 교육 영역에 들어오지 못할 정도로 비판과 새로움의 가능성 자체가 사전에 사라진다. 이러한 총체화 논리의 가장 큰 문제는 바로 사고와 경험 그리고 어떤 의미에서는 삶이 시작되기도 전에 그 논리 안에 갇힌다는 것이다. 이것이 사실인 이유는 OECD가 각종 도구(PISA 테스트, 학교용 PISA 테스트뿐만 아니라 AHELO와 같은 기타 평가도구)와 출판물, 보고서 및 비디오를 결합하여 "그 자체는 보이지 않게 하면서(Foucault, 1995/1975, p. 214) 모든 것을 가시적으로 만들 수 있는 영구적이고 철저하며 어디에나 존재하는 감시망을 구축하기 때문이다." OECD는 자신의 교육적 비전을 사실로 제시하는 객관적이고 중립적인 발언과 수사적 전략을 통해 "사회 전체를 인식의 장으로 전환시키는 얼굴 없는 시선"을 효과적으로 구축함으로써 "규율된 개인을 자신에게 종속되는 대상으로 계속 지배한다"(p. 187). 이를 푸코의 방식에 따라 보다 구체적으로 이해하면

> 가시성의 장field of visibility 에 놓여 있고 그 사실을 아는 사람은 권력의 제약에 대한 책임을 받아들인다. 그는 그 제약을 자발적으로 자신에게 행사하며 피감시자와 감시자라는 두 가지 역할을 동시에 수행하는 권력관계를 자기 내면에 새겨 넣는다. 그는 스스로 복종의 원칙이 된다.
>
> (pp. 202-203)

학생과 교사 모두 OECD의 틀에 사로잡히면 일련의 목표가 사전에 설정되어 있더라도 거기에 전념하면서 점점 더 향상되는 성과를 얻기 위해 행동하게 되는 역할을 맡기 시작한다. 그러므로 속이 좁고 불완전하기는 하지만 그들은 아마 자신을 능동적이라고 생각할 것이

다. 즉 자신들은 이런저런 능력을 획득해야 하고 이런저런 결과를 위해 노력하며 측정하고 비교하고 정복하는 행동에 끊임없이 참여할 것이다. 그렇게 되면 학생들과 교사들은 그들의 능력발휘가 필요한 체제, 즉 교육의 공간과 시간을 포화시키는 체제에 빠져든다. 그렇기 때문에 그러한 체제와 논리에 대한 대안을 묻는 것이 무의미해 보이는데, 이는 그러한 체제와 논리가 모든 것이 이루어지는 전체적인 틀이기 때문이다.

이와 관련하여 PISA를 분석하기 위해 애쓰는 몇몇 연구자들과 학자들조차도 이러한 현상에 대해 인식하지 못하고 있다는 것은 시사하는 바가 크다. 여기서 나는 처음부터 연구자나 학자들이 OECD의 틀을 옹호하느냐 옹호하지 않느냐 하는 것은 중요한 문제가 아니라는 점을 분명히 해두고자 한다. 누구든지 교육과 관련하여 좋다고 생각하는 패러다임이나 논리를 지지할 자유가 있기 때문이다. 진정한 문제는 하나의 패러다임에 매달리면 그 패러다임으로는 연구의 지평을 완성하지 못한다는 것을 알아야 한다는 점이다. 이것은 PISA의 논리를 견지하고 발전시키기 위해 노력하는 몇몇 학자들에게는 해당되지 않는다. 예를 들어 우리는 프렌젤(Prenzel, 2013)의 경우를 살펴볼 수 있다. "2009년 PISA 연구 컨퍼런스의 주요 결과를 요약한" 책(p. v)[6]에서는 "PISA를 위한 연구, [...] PISA를 활용한 연구, [...] PISA에 관한 연구"(p. xvi) 등 PISA 관련 연구의 개요를 살펴볼 수 있다. 그런데 이 개요에는 PISA에 관한 비판적이거나 도전적인 연구 또는 PISA의 한계를 뛰

---

6   M. Penzel, M. Kobarg, K. Schops, and S. Ronnebeck (Eds.), Research on PISA: Research Outcomes of the PISA Research Conference 2009 (pp.1-12). Dordrecht, Heidelberg, New York, and London: Springer를 말한다(옮긴이).

어넘어 PISA에 대한 우려를 제기하는 연구에 대한 언급은 없다. 다음 구절이 중요하다.

> 연구 설계로 인한 한계는 연구자들에게 자연스러운 현상이다. PISA의 맥락에서 이러한 제한 사항은 정책 입안자와 대중에게 전달되어야 한다. PISA는 교육 시스템의 심각한 문제 영역을 식별할 수 있기 때문에 연구자들은 일반적인 PISA 설계의 이러한 한계를 뛰어넘는 데 도움이 되는 보다 구체적인 연구를 더 많이 수행하려는 동기를 부여받을 수 있다. (pp. 14-15)

여기서 강조해야 할 두 가지가 있다. 첫째, 모든 연구 노력에 내재된 '자연스런 한계'는 어떤 의미에서 PISA의 가능성에 의해 이미 극복이 되었다. 다시 말하면 연구자들은 PISA의 설계에서 한계를 발견했을 때, PISA 모형의 대안을 찾아보지 않는다. 대신 PISA의 설계를 개선하고 확장하기 위한 '구체적인specific' 연구를 더 많이 해야 한다고 생각한다. 이와 관련하여 "통상적인 PISA 설계의 이와 같은 한계를 뛰어넘는 데 도움이 되는 연구"가 사실은 '구체적'이라는 것이 중요하다.[7] 연구자의 학문 분야가 무엇이든 어떤 패러다임을 적용하든 연구는 다양한 패러다임, 모형 및 방법 간의 지속적인 토론에 의존한다고 가정한다. 하나의 모형에 따라서만 연구를 수행한다면 내부에서는 그

---

7 '구체적인' 연구란 PISA의 기존 틀과 논리를 보완하거나 강화하는 것을 목표로 하는 것으로, PISA의 기본 패러다임을 벗어나지 않는 범위 내에서 이루어지며 PISA의 기본적인 구조나 철학에 도전하지 않는다는 특징이 있다. 저자는 PISA의 설계를 개선하고 확장하기 위해서 수행하는 '구체적인' 연구는 사실 PISA의 기본 패러다임을 벗어나지 못한다는 점을 지적하고 있다(옮긴이).

한계를 찾기 어렵다. 위에서 인용한 것과 같은 구절들을 보면 그러한 인식이 부족하다는 느낌이 든다.

인용된 구절에 표현된 두 번째 개념은 아마 더 미묘하지만 중요하기는 마찬가지일 것이다. 당신은 PISA의 경계를 넘어설 수는 있지만, 실제 연구의 실행은 PISA의 경계 **내에서만** 할 수 있다. PISA에 도전하고 그 한계를 넓히기보다는 더 많은 연구가, PISA가 허용하는 공간 내에서 실행되는 '구체적인 것'이어야 한다. 어떤 의미에서 PISA를 '위한' 연구나 PISA를 '활용한' 연구를 실행하지 않으면 아예 연구를 할 수 없다. 중립적이고 객관적이며 독립적인 연구를 대표한다는 PISA의 주장을 고려할 때 이 문제는 더욱 중요하다. PISA가 부과하는 이러한 제약은 PISA가 추구하는 교육의제의 주요 문제, 즉 주어진 일련의 아이디어로 입문하는 문제와 밀접하게 관련되어 있다.

권위주의적 교육으로로서의 PISA

이 절에서는 두 가지 과제를 수행하고자 한다. 하나는 OECD의 교육의제가 교육 실천의 원자화에 의존하고 있으면서 또한 이를 부추긴다는 사실을 밝히는 것이다. 또 하나는 PISA가 권위주의적인 교육의 정교한 형태이며 실제로 그렇게 작동한다는 주장을 좀 더 발전시키는 것이다. 먼저 전자의 논점을 다루려 한다.

교육 담론의 엄격한 표준화와 더불어 OECD 교육 프레임의 실질적인 효과는 교육 실천의 개별화 또는 원자화를 초래한다. 이로 인해 교육의 행위자들 — 개인 및 기관 — 은 독립적인 별개의 요소로 간주되어 각자 자신의 길을 추구함으로써 교육은 중요한 사실, 즉 의미 이해와 의미 만들기라는 공유된 차원을 필요로 하며 이런 차원이 없으면 교육은 성립할 수 없다는 사실을 간과한다. 이는 OECD가 일관되게 표방하는 신자유주의적 비전과 맞물려 있다. 이 비전은 "개인을 경제적으로 이기적인 주체로 보는 관점"을 보여준다(Olssen and Peters, 2005, p. 314). 따라서 OECD가 추구하는 교육의 과정과 실천의 개별화, 원자화는 이러한 과정과 실천의 민주적이고 윤리적인 측면이 점진적으로 사라지는 것을 의미한다. 사실 OECD의 프레임은 다양한 내용과 학습방법 및 다양한 개인의 선택을 구체적으로 공유할 수 있는 가능성을 차단하도록 작동한다. 어떤 의미에서 OECD는 한편으로는 각각의 참여자들로 하여금 — 학생이건 학교 또는 국가이건 — 다른 참여자에 대해 비교우위를 극대화하기 위해 노력하게 하고, 다른 한편으로는 그러한 공통의 게임을 시행하기 위해 전 세계적으로 동일한 규칙과 기반을 설정하는 교육의 비전을 강화한다. 이러한 PISA 모형은 이와 같은 표준화된 노력에 의해서만 실제로 우위를 점할 수 있다. PISA가 성공하기 위해서는 교육과 사회의 표준화와 원자화가 동시에 실현되어야 한다. OECD 자체의 표현에 따르면,

> 학부모와 학생, 교사 그리고 교육체제를 운영하는 사람들은 그들의 교육체제가 학생들의 삶을 얼마나 잘 준비시키고 있는지에 대한 건전한 정보를 찾고 있다. 대부분의 국가는 이 질문에 대한 답을 제공하기 위해 자국의 학생들을 모니터링한다. 국제적인 비교 평가는 자국의 성과를 해석하는 데 있어서 더 큰 맥락을 제공함으로써 자국의 그림을 확장하고 풍부하게 할 수 있다. 각국은 필연적으로 자

국이 다른 나라에 비해 어떤 성과를 내고 있는지 그리고 다른 나라
가 자국보다 성과가 더 좋다면 그들이 어떻게 하고 있는지 알고 싶
어 한다. 이러한 평가는 부분적으로 끊임없이 인적 자본에 이끌리
고 점점 더 경쟁이 치열해지는 글로벌경제로부터의 압력 때문에 최
근에 중요성을 인정받고 있다. 그 결과 교육에서 공공정책을 판단
하는 잣대는 더 이상 자국의 교육적 기준에 따른 개선만이 아니라
전 세계적으로 가장 성공적인 교육제도를 기준으로 한 개선이기도
하다.   (OECD, 2011, p. 18)

　이 구절에서 중요한 것은 학생과 교사, 학교 및 국가가 공개된 게
임을 할 때, 말하자면 교육의 행위자가 자유롭게 자신의 목표와 목
적 그리고 성과와 향상 정도를 평가하는 방식을 설정할 수 있는 게임
을 할 때, 서로 상호작용을 하지 않는 정책적 접근을 추구한다는 사실
이다. 대신 OECD는 핵심 정보를 관리하여 실적이 좋은 시스템과 그
렇지 않은 시스템이 어느 것인지에 대한 지침을 제공한다. 이와 같이
OECD는 각국의 성과를 해석할 틀과 구체적인 자료를 제공하는 것
이다. 실제로 각국은 "필연적으로 자국이 다른 나라에 비해 어떤 성과
를 내고 있는지 그리고 다른 나라가 자국보다 성과가 더 좋다면 그들
이 어떻게 하고 있는지 알고 싶어 한다." 말하자면 모든 국가는 정책
을 기획하기 위해 OECD의 데이터에 의존해야 하며 이를 통해 '전 세
계에서 가장 성공적인 교육 시스템'을 따라잡고 이를 넘어서야 한다.
비유해서 말하면 각국은 OECD가 설정하고 조직하고 지배하는 게임
에 참여해야 한다. 경쟁과 표준화 및 원자화는 같은 방향으로 함께 작
용하여 모든 것을 포괄하는 교육의 공간을 구축한다. 이러한 공간에

서는 교육의 행위자들이 서로 분리된 채 동일한 기준에 따르도록 강요받는다. 이는 우 Wayne Au 가 고부담 시험high-stakes tests [8]에 대해 논평하며 언급한 바와 같다.

> 고부담 시험을 통해 교육생산을 테일러주의 방식으로 만드는 것은 표준화가 의미를 가지는 틀이 없으면 아무 소용이 없다. 따라서 학생과 교사를 범주에 따라 구별하기 위해 시험으로 결정하는 '승자'와 '패자'라는 규율적 범주가 만들어지며, 이러한 범주 설정은 표준화를 보장하고 교육에 대한 통제를 유지하며 시험에 도전하거나 시험이 설정한 기준에 미치지 못하는 교사를 훈련하는 데 활용된다.
>
> (Au, 2011, p. 36)

그 결과 교육에 종사하는 모든 사람은 각자 자신의 이익을 위해 움직이고 교육은 전 세계적으로 표준화된다. PISA를 통해 우리는 공유함이 없이 균질화되고, 공동의 세계가 없는 표준화가 이루어진다. 아렌트의 이해방식을 따르면 공동의 세계는 다양성과 공통성을 필요로한다. 그 결과 우리는 "다수의 인간, 즉 서로와 자신에게 의미를 전달하고 소통할 수 있는 인간"(Arendt, 1998/1958, p. 4)을 상실하게 된다. 이러한 상실은 OECD 모형에 구현된 교육의 윤리적, 정치적 차원, 나아가 공공적 차원의 축소와 관련이 있다.

OECD의 교육 정책으로 인해 교육의 과정이 지니는 공공적 차원이

---

8   우리나라의 대학수학능력시험이나 각종 채용 시험과 같이 응시자의 운명에 중요한 영향을 미치는 시험을 말한다(옮긴이).

심각하게 축소되는 것 역시 OECD가 교육의 목표에 대한 공개적인 토론을 장려하지 않기 때문이다. 그러한 목표는 사실 기관과 개인 모두가 생각하고 행동해야 할 전체적인 틀과 함께 사전에 설정되어 있다. 개인의 필요와 요구 역시 이러한 신자유주의적 틀에서만 고려되고 그로 인해 교육의 과정에 요구되는 윤리적 차원, 즉 교육의 목적에 대한 토론을 장려하고 유지하는 차원이 부정된다.

다시 한번 말하지만 OECD 프레임의 문제는 이 프레임이 유일하고 불가피한 것으로 제시된다는 점이다. 그러면서 겉보기에만 개방적인 모습을 지니고 있다는 것이다. 특정한 교육의 개념에 대한 OECD의 선택은 **하나의** 선택이 아니라 사실의 문제로 제시되고 있다. 또한 교육의 행위자와 기관은 사전에 정해진 경로를 따라야 한다. 아래로부터 오는 역동성은 없다. 여기서 아래란 교육의 살과 피인 교육자, 교사, 학생을 말한다. 더욱이 교육과 사회적 도전 간의 관계에 대해서는 여러 가지 주장들이 있지만 OECD 프레임에서는 그러한 관계가 사회의 경제적 비전을 통해 이루어진다는 결론을 매우 분명하게 제시한다. 이것이 갖는 문제점은 단지 OECD가 선택한 특정 렌즈 자체에만 있는 것이 아니라, 이렇게 큰 기관이 교육에 대해서 단 하나의 렌즈만을 채택하고 다른 접근법들은 무시한다는 사실이다. 또한 이러한 평가체제를 시행한다는 것은 개별성 혹은 특수성의 '소멸'까지는 아니더라도 '축소'를 의미한다. 이는 사전에 설정된 기준을 충족해야 한다는 점에서 교사와 학생 개인뿐만 아니라 공동체에도 해당된다. 교육과정 역시 이러한 프레임으로 점점 더 평준화되고 있다. 학교는 이렇게 사전에 설정된 교육의 논리를 재현하기 위한 장소가 되고 있으며, 학생들은 능력을 발휘해야 하지만 비판적일 필요는 없으며 그 능력의 범위조차 사전에 결정되어 있다.

그러므로 PISA는 단지 또 다른 형태의 권위주의적 교육으로 이해할수 있다. 여기서 권위주의적 교육이란 모든 교육의 형태가 사전에 설정되어 도전이 불가능한 목표와 가치 및 목적에 의존하는 것으로 이해된다. 실제로 사회에 반대하거나 비판적인 요소를 강화하거나 창출하는 것은 현재로서는 OECD의 관점을 벗어난다. 권위주의적인 가르침을 시행하기 위해서 학생들이 문장과 아이디어를 반드시 반복해서되풀이할 필요는 없다. **권위주의적 가르침을 시행하기 위해서는 가치나 목표 및 목적과 교육의 구체적인 실천을 묶는 끈을 자르는 것만으로 충분하다.** 목표와 가치 및 목적이 위에서, 즉 더 이상의 논의도 없고 아무런 불확실성도 없는 것처럼 당연한 것으로 제시하는 기관이나 사람들에 의해설정되고 시행될 때 권위주의적 교육은 이루어진다. 그렇다면 권위주의적 교육에는 두 가지 형태가 있는 셈이다. 첫째로 단순하고 정교하지 못한 형태의 권위주의적 교육, 즉 학생들이 교육과정의 일부를 기계적으로 반복하도록 하는 교육, 말하자면 주어진 방식대로 비판 없이 행동하도록 하는 교육이 있다. 둘째로 보다 고차원적이고 정교한형태의 권위주의적 교육, 즉 개인이 교육과정에 포함되지 않은 질문과 도전에 응답하되 미리 정의된 틀 안에서 질문하도록 하는 형태의교육이 있을 수 있다. 학습을 뒷받침하는 논리가 전 세계적으로 균질화되면 정교하고 효율적인 형태의 권위주의적 가르침이 작동한다. 이역시 권위주의적 교육인 이유는 권위주의적 가르침의 본질이 변하지않았기 때문이다. 즉 학생들은 비판하거나 도전해서는 안 되는 가치와 목적에 기초하여 가르침을 받고, 중요한 것은 교사들도 비판하거나 도전해서는 안 되는 가치와 목적에 기초하여 가르침을 조직한다는 점이다.

여기서 아주 분명히 해두고 싶은 것은 내가 OECD의 가치와 목적이 기본적으로 편협하거나 억압적이라고 말하는 것이 아니라는 점이다. 나는 OECD의 가치와 관점 자체를 비판하고 싶지만, 중요한 것은 그러한 관점이 얼마나 올바르고 진실하고 개방적이고 유용하다고 인정되느냐 하는 것이 아니라는 점이다. 나를 포함하여 그러한 인정은 누군가가 어떤 목적을 위해서 한 것이기 때문이다. 결국 우리 모두는 교육과 삶 그리고 사회에 대해 각자 나름의 비전을 가지고 있다. 진정한 문제는 다음을 어느 정도 인식하고 있느냐 하는 것이다.

a. 자신의 관점이 더 넓은 평가 공간에 종속되어 있다는 점(여기서 평가는 윤리적, 정치적 및 미학적인 것으로 이해된다)
b. 자신의 견해는 부분적이며 따라서 도전을 받을 수 있다는 점
c. 평가와 교육적 판단이 구체적인 학교교육의 실천과정에서 필요한 만큼의 단순화와 추정의 과정을 겪어야 한다는 점(따라서 학생들의 지식과 기술을 무엇으로 이해하든지 우리는 그 영역에 대한 있는 그대로의 직접적인 번역, 즉 '거울'은 결코 찾을 수 없다)

더욱이 최근 OECD에서는 형평성과 평등을 강조하면서도 교육에서는 두 가지를 분명히 구분해야 한다고 강하게 주장한다. 즉 무대를 설정하여 역할을 부여하고 전체 시나리오를 결정할 수 있는 사람과 단지 주어진 대본에 따라 역할수행만 할 수 있는 사람을 엄격히 구분해야 한다는 것이다. 여기서 나는 교육의 과정과 실천에 관여하는 사람들의 서로 다른 교육적 책임을 부인하거나 '모든 것이 허용된다'는

잘못된 모형의 가르침을 찬양하려는 것이 아니다. 또한 교육에서는 학생은 물론 정책 결정자와 교사 같은 다양한 개인과 전문가들이 서로 다른 역할을 해야 한다는 사실을 과소평가하려는 것도 아니다. 내가 우려하는 것은 OECD의 이중 역할, 즉 교육의 효과를 평가하는 기관으로서의 역할과 교육의 목표와 목적을 설정하는 기관으로서의 역할에 관한 것이다. 이러한 의미에서 OECD는 교육의 과정에 있어서 시작이면서 종점 모두를 지배하려 한다고 할 수 있다. OECD는 교육의 목표와 그러한 목표를 추구할 때의 수단을 설정하며 최종적으로는 누가 잘했고 누가 그렇지 못했는지를 측정한다. 그러나 교육에 있어서 윤리적 수준, 즉 목표와 목적이 정의되는 수준은 공유된 것이어야 한다. 교육이 민주적인 과정이 되려면 정책 입안자, 교사, 교육자, 학생 및 일반 대중은 교육의 목표와 목적에 관해 발언할 수 있어야 한다(Biesta, 2004, 2010).

만약 개인이 모두 지적 능력을 발휘하여 자신의 의견과 신념을 형성할 수 있는 능력을 가졌다는 최소한의 견해를 공유하고 있다면, OECD의 교육 비전은 마땅히 도전을 받아야 한다. OECD의 관점은 사실상 소수의 개인만이 교육의 목적과 목표를 설정할 수 있다고 주장하기 때문이다. OECD 모형과 마주하면 학교와 교사는 무엇을 가르쳐야 할지에 대해 배워야 한다는 엘리트주의적 교육 비전을 보게 된다. 최하위에 있는 사람들은 이 질서에 적응할 수밖에 없다는 점에서 이러한 비전은 불평등과 부당한 사회적 질서를 지원하는 경향이 있을 가능성이 크다. 이와 관련해서 나는 OECD의 질서에서 뒤처진 사람들도 성공할 가능성이 있음을 부정하지 않는다는 점을 분명히 해 두고자 한다. OECD도 인정하듯이 모든 사람은 PISA의 결과에서 두각을 나타낼 가능성이 있다. 여기서 내가 지적하는 것은 이러한 질서의 한계 내에서만 두각을 나타낼 수 있다는 점이다. 다시 말하면 주어진 질서 자체는 결코 의심의 대상이 되지 않는다.

그러므로 OECD는 교육을 단순한 재생산 과정으로 축소한다. 이것은 교육의 주체들이 주어진 목적과 목표, 나아가 사회가 무엇인지에 대한 주어진 정의에 자발적으로 맞추어야 하는 과정이다. 구체적으로 말하면 OECD는 암묵적이면서도 강력한 방법으로 교육을 학습과 동일시하고 학습을 평가와, 평가를 PISA와 동일시한다. 따라서 PISA는 곧 교육을 의미한다.[9] OECD는 이런 식으로 주체와 공동체로부터 그들의 지식과 문화와 지식을 박탈하고 그들의 정당성을 부정하는 경향이 있다. 국적과 배경, 문화가 다른 학생들, 각자의 스토리가 다른 학생들이 모두 동일한 역량과 기술을 배우고 익혀야 하며 동일한 문제와 질문에 직면해야 하고 동일한 종류의 지식을 이해해야 하는데, 이런 지식은 일단 습득하면 결국은 '더 나은 삶'에 도움이 되리라 여겨지는 것이다. 이런 식으로 OECD는 PISA를 통해 학생들의 가능성을 억압한다. 그 이유는 가르침을 받는 교육 주체들의 모든 가능성이 이미 OECD의 신자유주의 프레임 안에 갇혀 있고 붙잡혀 있기 때문이다. 재능과 성향 및 욕망조차도 미리 설정된 프레임과 논리를 충족시켜야 한다.

---

9   교사 중심의 교육론에 대한 대안으로 학습자의 학습을 중심으로 교육을 설명하는 담론은 일견 진보적인 것으로 해석되는 측면이 있으나 비에스타에 따르면 이는 설득력이 약하다. 이와 유사한 맥락에서 여기서는 교육의 과정에서 교사의 개입이 약화될 때(즉 교육이 학습자의 학습 중심으로 진행될 때) 교육 외적인 힘이 작용할 가능성이 더 커진다고 보는 것 같다. 저자에 따르면 OECD는 교육 외적인 힘, 즉 경제적 요인을 대표한다(옮긴이).

그러므로 중요한 문제는 OECD의 프레임 자체가 아니다. 사실 가르치는 행위 자체가 주어진 틀, 즉 교육과정과 주제 및 관계를 이해하고 구체적으로 다루는 관점을 수반한다고 주장할 수도 있다. 교육을 할 때는 항상 이런저런 방식으로 일처리를 하는 매뉴얼과 방법이 필요하다. 그럼에도 불구하고 여기서는 다음과 같은 사항들이 중요한 쟁점이 된다.

a. 교사와 교육자 및 교육전문가들은 일반적으로 교육과정과 교육 관련 기관, 가족 그리고 무엇보다도 학생들과 함께 개방적이고 지속적인 토론을 통해 **자신들의** 프레임을 설정할 수 있어야 한다. 그러나 OECD에서는 이와 반대로 교육을 위한 공론의 장이라고 주장하면서도 그 논리가 명백히 하향식이라는 점에서 이러한 지속적이고 상황에 맞는 토론을 허용하지 않는다.

b. 이와 관련하여 OECD와 같은 기관은 교육의 주체와 학교가 발언권을 가지고 서로 대화할 수 있는 틀을 (기꺼이) 제공할 수 있어야 한다. 그러면 사회와 학교는 기존의 모습을 넘어서기 위한 토론을 추진하고 구체적인 교육 실천을 밀고 나갈 수 있을 것이다.

c. 전 세계적으로, 즉 모든 국가와 학교에 그리고 가르침을 받는 모든 학생 개개인에게 타당한 교육의 틀을 구상할 수 있어야 한다. 왜냐하면 이 책의 2부에서 주장하려는 것이지만, 교육이란 **'지금 여기에 있는 것**the here and the now**' 과 '아직 도래하지 않은 것**the not-yet**' 사이의 경계에서 이루어지는 섬세하고 깨지기 쉬운 활동**이기 때문이다. 2부에서 이러한 대안의 개요를 설명할 것이다.

2부

05

관점의 전환: 사고와 지식 및
주체에 대한 듀이의 설명

1부에서는 교육에 대한 OECD의 입장을 제시하면서 그것이 예상되는 교육의 의미와 성과를 심각하게 축소하는 것임을 논의했다. 또한 정교한 형태의 권위주의적 가르침이 학생, 교사, 교육 및 사회 전반에 미치는 영향을 분석했다. 이제 2부에서는 OECD가 묘사하는 교육에 대한 대안적인 이해를 제시하려고 한다. 요점을 말하자면 나는 듀이의 연구, 즉 교육과 주체, 사고와 상상력에 대한 그의 개념화 작업을 비중 있게 다룰 것이다. 이러한 문제들이 듀이의 저작에서 어떻게 전개되는지 그리고 그것들이 어떻게 상호작용을 하는지에 관한 철저한 분석은 교육에 대한 완전히 다른 기반을 제공할 수 있으리라고 생각한다. 5장과 6장에서는 전적으로 듀이에게 초점을 맞추었지만, 7장과 8장에서는 듀이의 연구와 아렌트, 푸코 및 현대의 교육 문헌을 함께 비교하면서 살펴볼 것이다. 구체적으로는 '예속화 subjection'와 '주체의 자기변형'(Foucault, 1997/1976, p. 327)에 대한 푸코의 분석 및 '인간의 조건'(1998/1958)과 '드러냄disclosure' 및 탄생성natality(Arendt, 1977/1961)에 관한 아렌트의 이해를 다룰 것이다. 먼저 사고와 지식 및 주체에 대한 듀이의 설명으로부터 시작하고자 한다.

불안함에 대한 듀이의 사상

『유물론의 형이상학적 가정The Metaphysical Assumption of Materialism』(Dewey, 1882)에서 『아는 것과 알려진 것Knowing and the Known』(Dewey and Bentley, 1949)에 이르기까지 사고의 문제는 듀이의 연구에서 중추적인 역할을 한다. 이는 듀이의 여러 저작에서 주요 관심사일 뿐만 아니라 경험과 교육 및 탐구에 대한 개념화가 교차하는 지점이기도 하다. 그럼에도 불구하고 존스톤(Johnston, 2002)과 뢰머(Rømer, 2012)에 따르면 사고에 대한 듀이의 이해는 여러 차례 단순화의 희생양이 되기도 했다. 이러한 과도한 단순화 중 하나가 듀이를 교육에 대한 접근에 있어서 실증주의자 혹은 개인주의적 접근의 옹호자로 간주하는 것인데, 듀이가 교육의 문제를 공유와 의사소통에 기반을 두고 있다는 점을 고려하면 아이러니한 일이다(Dewey, 1930/1916, pp. 6-7, 101-115). 명백함은 덜할지 모르지만 듀이의 사상을 과도하게 단순화하는 것이 하나 더 있는데 이 또한 오해로 이끌 소지가 있다. 그것은 사고thinking 라는 광범위한 문제를 '탐구 inquiry'와 '반성적 사고reflective thought'의 문제와 동일시함으로써 '마음'을 지식의 생산으로, 경험을 '지적 경험'으로, 인간을 탐구자로 축소시키는 것이다. 물론 탐구와 반성적 사고는 듀이 사상의 핵심 쟁점이며, 인간은 지적인 행동을 통해서만 성장하고 삶을 의미 있게 만들 수 있다. 그러나 탐구와 반성적 사고를 분석할 때는 그것이 놓여 있는 토대와 그것이 수행하는 기능 혹은 역할에 대해 물어야 한다.

특히 듀이의 저작에 대한 해석에서는 대체로 사고와 반성적 사고를 동일하게 보는 경향이 있기는 하지만 듀이는 사고의 핵심에 불가피하게 불확실성이 있음을 드러내고 있다는 것이 나의 판단이다. 반성적 사고를 분석할 때는 그것의 목적과 기원에 대해 질문을 제기할 필요가 있다. 듀이의 목표에 충실하려면 이런 '계보학적 작업'이 중요하다. 듀이의 목표는 지식을 일차적인 것으로 여기지 않고 '경험과 자연을 묶는 끈'을 이해하고 이를 온전히 유지하는 것이다(Dewey, 1929/1925, p. 23). 따라서 듀이의 '사고'에 대한 관점을 '반성적 사고'나 '탐구'와 동일시하는 것과는 결이 다른 ― 이러한 동일시는 듀이의 교육에 대한 연구에서 상당 부분 배경의 역할을 해왔다 ―"그 그림의 또 다른 측면이 있다"고 말할 수 있다(Wilshire, 1993, p. 257). **이 측면은 안정성과 균형보다는 불확실성과 경험하는 과정에 더 중점을 둔다.** 즉 사고과정에 대한 통제의 정도에 대담하게 의문을 제기함으로써 일관성 있는 행위의 중심으로서 '주체의 죽음'(Boisvert, 1998, p. 35)에 대한 질문을 사전에 차단하려고 한다.[1] 또한 인간이 살아가는 세계의 '신비와 의심 그리고 불완전

---

1   듀이의 철학에서는 주체가 불완전하고 한계가 있는 존재임을 인정하면서도, 주체의 능동성과 사고 능력을 완전히 부정하지는 않고 인간 주체는 여전히 경험과 사고를 통해 세상을 탐구하고 문제를 해결할 수 있는 존재로 본다. 따라서 '주체의 죽음'이라는 논의를 미리 차단하고, 주체가 불완전하더라도 여전히 사고하고 행동하는 능력을 지닌 존재로서 유지하려는 입장을 취하는 것이다(옮긴이).

한 지식'으로 인해 불안해하며(Dewey, 1980/1934, p. 34) 경험 속에서 분명하고 명백한 것이 얼마나 소중한지 알지만 어둠과 희미함 또한 넘쳐난다는 것(Dewey, 1929/1925, p. 20)도 인식하고 있다. 이 문제는 또한 "삶의 어려움과 비극"에 대해서도 다루며, 듀이는 "지식을 얻는 자극은 '경험 속에서의 현존 presence-in-experience'과 '지식 속에서의 현존 presence-in-knowing'의 **근본적인 불일치²**에 있다"고 대담하게 말한다(Dewey, 1917, p. 48, 강조는 추가). 마지막으로 우리가 사는 불확실한 "우연의 세계aleatory world"에는 위험, 불길한 징조 그리고 악의 눈이 존재한다고 분명하게 말한다(Dewey, 1929/1925, pp. 41-42).

이와 관련해서 비에스타와 버뷸리스 Burbules 는 다음과 같이 주장한다. 듀이 철학이 "**행위를 가장 기본적인** 범주로 삼는다"(2003, p. 9, 강조는 원문)고 한다면, "실천적 활동의 독특한 특징은 [...] 그에 따르는 불확실성이다. 우리는 이렇게 말할 수밖에 없다. '행동하라, 그러나 위험을 무릅쓰고 행동하라'"(Dewey, 1929, p. 6)는 것이 핵심이다. 비에스타와 버뷸리스의 주장을 듀이의 말로 표현하자면, 존재의 "가장 기본적인 범주" 조차도 위험을 수반한다고 할 수 있다. 또한 듀이가 말하는 실용주의의 핵심 질문이 "가치를 지닌 대상을 존재 속에서 더 안전하게 하려면 우리는 무엇을 해야 하는가?"(Dewey, 1929, p. 43) 하는 것이라면, 우리는

---

2   '경험 속에서의 현존'은 즉각적이고 직접적인 경험을 의미한다. 이 경험은 아직 명확하게 해석되거나 분석되지 않은, 생생하고 다차원적인 현실에 대한 직접적인 참여이다. 반면에 지식에 존재하는 것 혹은 '지식 속에서의 현존'은 반성적 사고와 분석을 통해 형성된 지식을 의미한다. 이 지식은 구체적 경험을 일반화하거나 추상화하여 지식의 형태로 변환한 것이다. 듀이의 사상에서 경험 속의 존재는 더 직접적이고 다채로운 반면, 인식 속의 존재는 경험을 일부분 해석한 제한된 측면을 가리킨다고 할 수 있다(옮긴이).

동시에 "어떤 존재든 실존적 조건은 무한히 상황적"(Dewey, 1938, p. 319)
임을 인식해야 한다. 왜냐하면 궁극적으로 "모든 존재는 사건"(Dewey,
1929/1925, p. 71)이기 때문이다.[3]

물론 불안함에 대한 듀이의 입장이 언제나 간과된 것은 아니고 여
기에 주목한 학자들도 있다. 특히 개리슨(Garrison, 1994, 1996, 1997, 1999,
2003, 2005)은 데카르트의 형이상학에 대한 듀이의 도전이 이러한 형이
상학에 내포된 자기 기반 주체auto-grounded subject에 대한 의문을 수반
한다는 것을 분명히 인식했고(1994, 1996, 1997, 1999, 2003, 2005), 알렉산더
(Alexander, 1987)는 예술과 경험의 관계를 분석하면서 듀이 사상에서 '전
반성적prereflexive' 경험의 역할을 강조했으며, 윌셔(Wilshire, 1993)는 공
공연하게 듀이를 '비극적 인물tragic figure'(1993, p. 257)로 언급했다.[4] 그리
고 사이토(Saito, 2002, 2005)는 일부 사람들이 듀이의 연구에서 인식하는
'외견상 낙관적인 세계관'(Saito, 2002, p. 249)에 도전하여 듀이의 사상을
'우리가 잊고 있던 비극적 감정'(2002, p. 249)과 연결시켰다. 어떤 의미에
서 우리는 몇몇 학자들의 연구에서 듀이의 이러한 '어두운 면'의 흔적
을 발견할 수 있다. 비록 그들 자신은 이것을 강조하는 데 직접 관여
하지는 않았지만 듀이가 플라톤과 데카르트의 '이론적 시선'에 근본적

---

3 모든 존재가 하나의 사건이라는 것은 존재를 고정된 실체로 보는 것이 아니라, 일
   어나고 있는 과정으로 보는 것을 의미한다. 이는 존재가 정적인 것이 아니라, 끊임
   없이 변화하고 새롭게 형성되는 역동적인 과정이라는 것을 강조한다(옮긴이).
4 듀이를 '비극적 인물(tragic figure)'로 본다는 것은 그의 철학에서 발견되는 비극적
   요소와 인간 경험에 대한 깊은 성찰을 반영한다. 이러한 해석은 듀이의 낙관적이
   고 진보적인 이미지 뒤에 숨겨진 복잡하고 때로는 어두운 측면을 강조하려는 시도
   에서 비롯된 것이다. 특히 그의 사상에서 나타나는 불확실성, 위험, 실패의 가능성
   그리고 인간 경험의 한계는 그의 철학을 단순한 낙관주의로만 볼 수 없게 만든다
   (옮긴이).

으로 도전한 것이 어떻게 안전한 사고 기반의 해체를 수반하는지 보여주었다(Bernstein, 1961, 2010; Biesta, 1994, 2009, 2010; Jackson, 1994/95; Boisvert, 1998; Biesta and Burbules, 2003; Semetsky, 2003, 2008; Margolis, 2010). 그들의 연구에서는 듀이를 민주주의와 지식에 이르는 평화로운 길의 옹호자로 보는 평이하고 오해의 소지가 있는 해석이 도전받고 있기 때문에 듀이의 사상은 깊은 심연에서 빛을 발하게 된다. 이러한 학자들의 관점을 바탕으로 '불안함'에 대한 듀이의 사상을 분석하고 실용주의적 원칙에 충실하면서 이에 대한 강조가 사고와 지식 및 교육에 대한 듀이의 개념화에 미치는 영향에 대해 논의하고자 한다.

내 주장의 핵심은 그의 저작 전반에 걸쳐 **듀이는 지배와 통제로서의 합리성 개념을 체계적으로 해체하는 작업을 수행했다**는 것이다. 그리하여 듀이의 관점에서는 주체 문제의 핵심으로 직접 들어간다. 이러한 관점의 이해는 교육에 대한 허무주의적/상대주의적 설명으로 귀착되기보다는 새로운 의미, 새로운 경험을 창출하는 교육의 중요성을 강화하는 결과를 낳는다. 이러한 해체를 통해 새로운 형태의 주체성이 발생할 수 있는 여건도 창출된다. 또한 이 장에서 주장하고자 하는 것은, 듀이가 연구 전반에 걸쳐 주체를 초연하고 확신에 찬 행위의 중심으로 이해하는 것을 해체했다는 점이다. 듀이의 이해에 따르면 주체는 한편으로 경험에 대해 반성하고 이 반성을 통하여 새로운 행동방식을 발전시킴으로써 경험을 앞으로 나아가게 할 수 있다. 다른 한편으로는 주체가 행동함으로써 경험 안에서 새로운 상호작용의 지점을 만들어낼 수 있다. 듀이의 사고와 주체에 대한 이러한 이해는 교육에 광범위한 영향을 미치는데, 여기서 교육은 경험을 지배하고 통제하려는 시도가 아니라, 환경과의 관계에 새로운 상호작용 지점을 설정함으로써 우리의 세계 속에 뿌리내린 존재를 변화시켜 새롭고 예측할 수 없는 경험을 창출하는 수단으로 이해되어야 한다.

듀이가 인간의 지적 행동의 힘과 인간이 성장하고 의미 있는 존재를 창조하는 수단으로서의 교육에 대해 확고한 믿음을 가지고 있었다는 점을 고려할 때, 이러한 전환은 더욱 도전적이라는 점을 주목할 필요가 있다.[5] 듀이는 교육적이고 의도적인 주체성을 지배와 통제에서 벗어나 성장과 개방의 방향으로 재설정한다. 따라서 이러한 재설정은 학습과 교육에 대한 모든 고정관념, 교육을 위에서 주어지는 것으로 축소하는 프레임 그리고 교육 아닌 것에 기반을 두는 프레임, 말하자면 OECD가 제시하는 그림과 일치하는 프레임과 대척점을 이룬다.

사고thinking, 안전의 필요성 및 인간의 연약함

서구의 '존재론적 지식'에 도전하는 것 혹은 '지식의 대상을 현실과 완전히 동일시하는 것'을 극복하는 것은 듀이의 사유에서 핵심 문제 가운데 하나였다. 그럼에도 불구하고 위에서 언급했듯이 듀이의 사고 개념은 방법론과 내용 측면에서 여러 차례 단순화의 희생양이 되

---

5   듀이는 인간의 지적 행동이 환경과의 상호작용을 통해 발전함으로써 인간이 성장하고 더 나은 삶을 창조할 수 있다고 믿었으며 교육은 이러한 성장을 촉진하는 중요한 도구라고 보았다. 이는 인간의 지적 행동과 교육에 대한 듀이의 낙관적 태도를 확인할 수 있는 부분이다. 그러나 듀이는 사고와 주체에 대한 새로운 이해를 바탕으로 교육의 변화가 필요하다고 보았다. 이 새로운 이해는 불확실성과 합리성의 해체를 수용하는 것으로 앞의 낙관적 태도와 긴장 관계를 이룬다는 점에서 저자는 도전적이라 한 것이다(옮긴이).

기도 했다. 다행히 상황이 바뀌어 비에스타(Biesta, 1994, 2009, 2010), 개리 슨(Garrison, 1994, 1996, 1997, 1998, 1999, 2003, 2005), 잭슨(Jackson, 1994/95) 그리고 비에스타와 버뷸리스(Biesta & Burbules, 2003)의 저작에 힘입어 듀이의 저작에 대한 '주류'의 해석은 이러한 환원적 이해에서 벗어나서 서구 사상의 뿌리에 대한 듀이의 도전을 분명하게 인식하는 보다 깊고 일관성 있는 이해로 나아갔다고 말할 수 있다. 따라서 존 듀이를 민주주의와 지식에 이르는 평화로운 길의 선두주자로 보는 해석과 더불어 단일한univocal 방법에 기초하여 '예측된 결과'를 보장하는 데에만 관심이 있는 인지 절차의 옹호자라는 해석은 이제 극복되었다. 이런 선례들을 바탕으로 듀이의 저작을 분석해 볼 때 반성적 사고와 지식은 그 기원과 관련하여 이해할 필요가 있다고 주장하고자 한다. 즉 반성적 사고와 지식은 인간이 처한 취약하고 불확실한 상황에 대응하기 위해 발전해 왔다고 할 수 있는 것이다.

듀이에게 있어서 삶의 첫 번째 '진실'은 인간이 삶에 '내던져져' 있으며, 삶과 그 조건은 선택이 아니라는 것을 인식하는 것으로 나의 분석을 시작할 것이다. 듀이가 말했듯이, "인간은 삶에 어떻게 참여해야 하는지에 대한 문제를 피할 수 없다. 왜냐하면 어쨌든 어떻게 해서라도 참여하지 않으면 그만두고 떠나야 하기 때문이다"(Dewey, 1922, p. 81). 그러므로 인간은 자신이 처해 있는 조건을 확인할 필요가 있다. 내가 주장하고자 하는 것은 『우리는 어떻게 생각하는가How We Think』(1910)에서 『아는 것과 알려진 것Knowing and the Known』(Dewey and Bentley, 1949)에 이르기까지 듀이는 우연한 세계에 존재하는 위험과 불길함을 분명히 인식하고 있었다는 것이다.

인간은 우연한 세계에서 살아간다. 노골적으로 말해 산다는 것은 하나의 도박이라고 할 수 있다. 세계는 위험의 현장으로 불확실하고 불안정하며 그것도 불가사의할 정도로 불안정하다. 그 위험은 불규칙하고 변덕스러우며 위험이 나타나는 때와 시기를 헤아릴 수 없다. 지속적으로 나타나지만 산발적이고 간헐적이며 우연적이다. [...] 이러한 일들은 문화의 초기 시대와 마찬가지로 오늘날에도 여전히 그러하다. 변한 것은 **사실들**이 아니라 이에 대한 대비와 관리 및 인식의 방법이다. (Dewey, 1929/1925, pp. 41-43, 강조는 추가)

이 구절은 매우 명확하다. 나는 다만 '사실 facts'이란 용어와 '불가사의할 정도로 불안정한'이라는 용어에 주목하고자 한다. 듀이는 세계의 불규칙성과 위험성을 우리가 세계와 맺는 '관계'의 특징이 아니라 세계의 '본질'에 속하는 특징으로 보는데 이것은 파스칼을 연상시킨다.[6] 이 문제는 나중에 다시 다룰 것이다. 세계는 '위험의 현장'이며 '불가사의할 정도로 불안정하다.' '문화의 초기 시대'(Dewey, 1929/1925, p. 43)와 오늘의 우리를 구분하는 것은 단지 이렇게 불가사의할 정도로 불확실한 상황에 대응하려는 **수단**일 뿐이다. 더욱이 세계를 '불가사의할 정

---

6 파스칼과 같은 철학자와 비교하는 것은 전혀 근거가 없는 것은 아니지만, 시간, 목표, 내용에서 너무나도 동떨어져 있기 때문에 위험하다고 여겨질 수 있음을 알고 있다. 그러나 듀이가 인생을 도박이라고 말하는 "실존적 강조"는 인생을 도박으로 보는 파스칼의 절박한 주장과 분명히 유사성이 있다고 생각한다. 물론 이러한 인식에 대한 두 철학자의 반응은 매우 다르다. 듀이는 의미 있는 삶을 성취할 수 있는 탐구, 반성적 사고 그리고 인간의 가능성에 대한 믿음이 두드러지고, 파스칼의 경우는 종교 그리고 인간이 스스로 의미를 달성할 수 있는 가능성에 대한 신뢰 부족을 강조한다. 그럼에도 불구하고 다양한 반응의 실존적 뿌리는 밀접하게 연관되어 있다.

도로 불안정하다'고 하는 것은 세계를 이해하고 예측할 수 없다고 말하는 것일 뿐만 아니라 세계의 불안정 자체를 이해할 수 없다는 의미이다.

인간이 '위험과 모험'의 세계에서 생존하려면 효과적인 대응을 해야한다. 이 개념을 강조함에 있어서 우리는 듀이가 바라본 인간의 조건이 필요와 불확실성에 확고한 근거를 두고 있음을 덧붙여야 한다. 이와 같이 우리는 듀이의 목표가 어째서 추상적이고 '철학적인' 관점에서 교육을 다루는 것이 아니었는지를 알게 된다. 그와는 정반대로 듀이는『민주주의와 교육』제1장의 제목에서 매우 강력히 시사한 바와 같이 자신의 저서 전반에 걸쳐 어떻게 교육을 '삶에 필요한 것'으로 이해해야 하는지에 대해 반복해서 다루었다. 이 문제를 강조하면서 듀이는 교육이 작동하는 방식을 이해하는 데 주로 관심이 있었다고 말할 수도 있다. 이는 교육에 대한 OECD의 묘사와는 달리 교육의 작동을 특정 목표에 국한하지 않는 것으로 이해할 수 있다.

이러한 비전의 결과로서 지식과 탐구는 필연적으로 그들만의 '원죄'를 저지르게 된다. 즉 환경과의 불확실하고 위태로운 균형을 맞추기 위해 나아가게 된다. 모험과 위태로움으로 지속적으로 위협받는 이 균형은 끊임없이 재설정되어야 한다. 어떤 의미에서 사고와 탐구는 결코 선택이 아니며 그것은 인간 유기체가 '두렵고 [...] 끔찍한' 세계와 맞설 수 있는 유일한 방법이다(Dewey, 1929/1925, p. 42). 이는 듀이에게 있어서 살아간다는 것이 '유기체와 그 환경 간의 지적인 상호작용'이라는 것을 부정하는 것이 아니라(Rømer, 2012, p. 136), 오히려 이러한 상호작용의 특성과 결과를 이해하려면 그 목적과 기원을 이해해야 한다는 말이다.

인간은 지구상에 출현한 이래로 이런 무작위적인 세계에 던져졌다. 생존을 위해서는 불안정하고 불확실한 상황을 보다 안정적이고 명확한 상황으로 전환시켜 경험의 흐름에서 기반으로 삼을 요소를 찾아야 한다. "불확실한indeterminate 상황은 혼란과 모호 및 갈등으로 특징지어지며 생존을 위해서는 상황이 명확해져야 한다. 불안정한unsettled 상황은 그 상태 그대로는 해결방법에 대한 실마리나 단서를 제공하지 않기 때문에 명확해져야 하는 것이다"(Dewey, 1929, p. 185). [7] 인간은 "전인지적pre-cognitive 경험의 구성요소를 수정함으로써 그것을 인지하고 통제할 수 있는 경험으로 수정해야 한다"(Dewey, 1938, p. 118). 듀이에게 지식은 말 그대로 생사가 걸린 문제다.

뢰머가 지적했듯이(2013, p. 643) 듀이는 인간의 조건에 대한 이러한 이해를 우연한 사건들로만 제한하지 않는다. 듀이는 자신의 걸작 중 하나인 『경험과 자연Experience and Nature』에서 지식을 필요와 인간의 연약함에서 비롯되는 것으로 분명히 규정하고 있다. 인간은 자신이 우연으로 틀 지어진 우주에 존재한다는 것을 알아차리는데, 사실 "모든 존재는 사건이다"(Dewey, 1929/1925, p. 71). [8] 이러한 우주에서 안전에 대한 필요성으로 사람들은 불안정하고 요동치는 것을 최소화하고 통제하

---

[7]   불확실한(indeterminate) 상황이란 문제가 명확히 정의되지 않았거나 해결책이 정의되지 않은 상황을 말하고, 불안정한(unsettled) 상황은 문제나 갈등이 드러나 있지만 그 문제나 갈등이 아직 해결되지 않은 상태와 상황을 말한다. 불확실한 상황은 탐구와 명료화가 필요하고, 불안정한 상황은 해결책을 찾기 위해 추가적인 조정이나 개입이 필요하다고 할 수 있다(옮긴이).

[8]   "모든 존재는 사건이다"라는 말은 듀이의 철학에서 존재의 본질이 고정되지 않고 끊임없이 변화하며 경험을 통해 새롭게 형성되는 사건이라는 점을 강조하는 표현이다. 이는 존재를 단순한 실체가 아닌 경험과 상호작용을 통해 발생하는 과정으로 이해하는 관점이다(옮긴이).

기 위해 규칙적인 것에 매달린다(p. iv). 반성적 사고는 인간이 불안정에 대처하려는 수단이다. 다시 말해 세계에 대해 느끼는 필요상황에 대한 인간의 구체적인 반응이다. 우리는 심지어 반성적 사고가 두려움에서 비롯된다고 말할 수도 있고, "본능이든 획득된 것이든" 두려움은 "환경에 의해 발생한다고 할 수도 있다. 인간은 두렵고 끔찍한 세계에 존재하기 때문에 두려워한다"(p. 42). 듀이에게 있어서 위험하고 두려운 세계의 존재는 하나의 **사실**임을 인식하는 것이 중요하다. '세계는 불안정하고 위험하다'(p. 42, 강조는 원문). 이 진술에서 듀이는 문제의 원천으로 '세계'라는 용어를 강조한다. 세계에 대한 이해나 세계와의 관계에 불안정성이나 위험이 따르는 것이 아니라 세계 자체가 '불안정하고 위험하다'는 것이다(ibid.). 심지어 상호작용과 의사소통을 통해 사건이 나타난다는 듀이의 교변작용론에서 유일한 예외는 이러한 끔찍한 세계가 '객관적 현실'로 존재하는 것이라고 말할 수도 있다.[9]

반성적 사고를 통해 인간은 "우주가 본질적으로 지니고 있는 우연이라는 성격"(ibid., p. 46)에 맞서 조화를 추구한다. 인간의 삶에서 "의미의 안정성이 사건의 불안정성을 이길 수 있게 노력하는 것이 지적인 노력의 주요 과제이다"(p. 50). 그래서 듀이는 '탐구와 유기체 행동 사이의 자연스러운 연속성'을 확립한다(Dewey, 1938, p. 36). '인간이 지구상에 출현하자마자 시작된 것으로 보이는' 탐구에 의해 인간은 언제나 자신

---

9 듀이는 주체와 객체 사이에서 상호작용하는 '교변작용(transaction)'이라는 특수한 용어로 경험을 설명한다. 교변작용이란 하나의 상황 속에서 주체와 객체가 서로 영향을 주고받는 현상을 설명한 것이다. 듀이의 사상에서는 일반적으로 모든 사물과 현상, 즉 지식이나 사회적 관계 등은 상호작용이나 의사소통을 통해서 형성되는 것으로 보지만, 단 한 가지 예외로서 끔찍하고 불안정한 세계의 존재는 그 자체로 독립적이고 객관적인 현실이라고 본다(옮긴이).

의 불확실한 균형을 확보한다.

여기서 반성의 엄청난 중요성이 드러난다(Dewey, 1929, p. 227). 그것은 의도적으로 이루어지는 것으로 문제 상황에서 안전한 상태로의 구체적 전환 과정이다. 그러나 반성적 사고의 엄청난 가치를 이해하기 위해서는 그 근원을 지속적으로 살펴볼 필요가 있다. 사고의 결과인 지식(Dewey, 1930/1916, p. 177)은 '실존적 조건'(Dewey, 1938, p. 319)에서 생겨나고 그 기원으로 인해 불확실성에 근거를 둔다. 더욱이 지식은 그 중요성을 '비인지적이지만 경험된 주제의 맥락'으로부터 얻기 때문에 항상 불확실성이라는 위협에 노출되어 있다(Dewey, 1929/1925, p. 381). 불확실성은 또한 더 광범위한 사고 과정의 주요 특징으로, 듀이는 이를 "부재와 미래를 기반으로 행동하는 것"(Dewey, 1910, p. 14)으로 규정한다. 이러한 가능성에는 두 가지 측면이 있다. 긍정적인 측면에서는 인간이 사고를 통해서 자기 행동의 결과를 예측할 수 있음을 의미한다. 그러나 그러한 사고는 '부재에 기반을 두고on the basis of the absent' 있다는 점에서 그 가능성은 기본적으로 불확실하다.[10] "모든 사고는 위험을 수반한다. 확실성은 사전에 보장될 수 없다"(Dewey, 1930/1916, p. 174). 그런데 OECD의 교육 의제에서는 이런 위험과 가능성을 애초부터 무시한다.

그러나 듀이가 이해하는 바에 따르면 사고는 또 다른 측면에서 불안함을 준다. 인간은 사고를 함으로써 본능에 의존하는 동물들과는 다른 방식으로 오류와 실패에 노출된다. 이와 관련하여 듀이는 다음

---

10 듀이에 따르면 사고의 가장 큰 선물은 인간이 현재에 대해 알고 있는 것을 바탕으로 아직 경험하지 못한 것(미래)을 상상할 수 있게 해준다는 점이다. 그러나 현재(present)로부터 부재(absent, 미래)에 이르는 과정은 유난히 오류에 노출되어 있다(옮긴이).

과 같이 단언한다.

> 사고의 힘은 인간을 본능과 식욕 및 일상적인 것에 맹목적으로 종
> 속되지 않게 하지만, 오류와 실수의 기회와 가능성을 초래하기도
> 한다. 사고는 인간을 짐승의 위치에서 끌어올리지만, 본능에 한정
> 된 동물이라면 겪을 수 없는 실패의 가능성을 열어주기도 한다.
>
> (Dewey, 1910, p. 19)

따라서 인간이 가지고 있는 '사고의 힘', 덧붙이자면 사고하는 생명
체의 나약함과 불확실성은 동물이라면 직면하지 않을 위험을 초래한
다. 인간은 사고를 발달시킴으로써 자유로워지지만 동시에 자신을 상
실할 가능성에 직면하게 된다. 중요한 것은 『민주주의와 교육』 첫 장
첫 페이지에서 듀이가 "생명체는 자기보다 우월한 힘에 의해 쉽게 짓
밟히며 […] 생명체로서의 정체성을 잃어버린다"(Dewey, 1930/1916, p. 1)고
자신 있게 주장한다는 점이다. 물론 모든 생명체는 이러한 힘에 직면
하지만 듀이는 인간을 특별한 상황에 두는 것으로 보인다. 이성적 사
고의 가능성으로 인해 인간은 실패와 죽음에 더 많이 노출된다. 따라
서 듀이는 자연과 인간 간의 일체성을 인정하면서도 인간이 자연의
정점에 있다는 '고전적 우주론'을 전복한다. 듀이의 설명에 따르면 인
간은 더 연약하고 자연에 노출된 존재이다.

사고의 출현

지금까지 듀이가 사고와 지식을 위험하고 끔찍한 세계에 대한 불확실한 대응으로 개념화한 방식에 대해 논의했다. 여기서는 또 다른 문제를 탐구하면서 듀이에 관한 교육 연구의 상당 부분에서 사고를 '반성적 사고' 및 '탐구'와 동일시하는 것이 어찌하여 듀이의 사유를 정당하게 평가하지 못하는지를 논의하고자 한다. 듀이가 사고를 주체에 의해 완전히 통제되는 과정으로 이해하는 것에 체계적으로 도전했다는 것이 나의 주장이다. 사고는 하나의 사건, 즉 '인간의 내면에서 일어나는 일'(Dewey, 1910, p. 34)로서 우리가 마음대로 좌지우지할 수 있는 것이 아니다. 이것은 환경과 '질서정연한 관계'를 맺는 데 있어서 반성적 사고와 탐구가 지닌 엄청난 가치를 부정하거나(Dewey, 1980/1934, p.15) 우리가 반성적 사고를 통제할 수 없다는 것, 즉 반성적 사고가 그 자체로 존재하지 않는다는 것이 아니다. 요점은 듀이가 반성적 사고를 세계 및 자연과의 지적 교류로 확립하려고 노력함에 있어서 **사고는 결코 명확한 과정이 아니라는 점과 반성적 사고는 근본적으로 사고의 빙산의 일각이라는 사실**을 충분히 인식하고 있었다는 것이다. 이러한 인식에 대해서는 이번 장의 마지막 부분에서 자세히 다루겠지만, 이는 교육에 광범위한 영향을 미친다.

듀이의 두 진술을 비교해 보자.

a. "반성적 사고를 구성하는 것은 어떤 믿음이나 지식의 형태로 추정되는 것에 대해 그것을 뒷받침하는 근거와 그로 인해 내리게 될 결론에 비추어 능동적이고 지속적으로 신중하게 고찰하는 것

이다"(Dewey, 1910, p. 6).

b. "먼저 당연하게도 **우리가** 능동적으로 책임감을 가지고 사고한다
는 의미가 아니다.[11] 사고는 인간의 내면에서 자연스럽게 일어나
는 것이다"(p. 34. 강조는 원문).

이 두 진술은 같은 저작인 『우리는 어떻게 생각하는가 How We Think』에
서 발췌한 것이다. 전자의 진술에서는 사고 과정을 관리할 수 있다는
가능성에 역점을 둔다. 후자의 경우에는 정반대로 사고는 '인간의 내
면에서 일어나며' 이 사고가 어떤 의미에서 우리를 지배한다는 측면에
강조점을 둔다. 따라서 이 두 진술은 서로 큰 차이가 있는 것처럼 보
이지만, 그들이 다루는 주제가 상당히 다르다는 점을 인식하면 그 간
극이 좁혀진다. 전자에서 듀이는 '반성적 사고'에 대해서 언급하고 있
다. 즉 주체가 '의심의 상태를 유지하고 […] 체계적이고 장기적인 탐구
를 이어나가는 의도적인 반성의 과정'을 말하고 있는 것이다(p. 13). 후
자에서는 뭔가 다른 것, 즉 우리 몸이 어디에 있든 몸이 무언가를 느
끼는 것과 마찬가지로 의지에 부합하건 반하건 "우리의 의지와는 관
계없이 이어지는 연상의 흐름"에 대해 언급하고 있다(p. 13). 그러므로
문제는 '우리 내부에서 일어나는 일'로서의 사고와 '반성적 사고'로서
의 생각이 어떤 관계가 있는가 하는 것이다. 우리는 이 사고라는 개
념을 반성적 사고가 성장하는 공간으로 볼 수 있다. 이러한 성장은
환경과의 '불화'와 '통합의 회복에 대한 욕구'에 의해 촉진된다(Dewey,

---

11   반성적 사고와는 달리 사고는 우리 의지와 관계없이 일어나는 연상과 아이디어의
흐름으로 우리가 능동적으로 통제할 수 없는 것이 아니라는 것이다(옮긴이).

1980/1934, p.15). 그러나 여전히 문제는 남아 있다. 반성적 사고가 '우리의 의지와 상관없이 이어지는 연상의 흐름'에서 비롯되는 것이라면, '어떤 믿음이나 지식의 형태로 추정되는 것에 대해 능동적이고 지속적이며 신중하게 고찰하는 것'에 대해 언급하는 것은 상당히 어려운 일이다. 더 정확히 말하면 그러한 '신중한 고찰'은 주체가 통제할 수 없는 기반에서 이루어진다. 그는 이를 해결하지 못했는데, 그 이유는 탐구의 논리를 연구하면서 그러한 논리를 초월하는 무언가를 발견했기 때문이다.

내 주장의 요점은 듀이가 그 긴장을 해소하지 못했다는 것이다. 그 이유는 그가 탐구의 논리에 대해 연구하면서 그러한 논리를 초월하는 어떤 것이 있음을 알아냈기 때문이다. 그것은 약 20년 후에 하이데거가 논의한 것, 즉 지식의 배경에 있는 것으로서의 세계-내-존재being-in-the-world 와 유사한 것이다(Heidegger, 1996/1927, p. 58).[12] 하이데거보다 약 20년 전에 듀이는 의식의 대상을 오로지 의식 안에 있는 대상으로만 해결하는 것이 얼마나 어려운 일인지를 충분히 인식했다. 그것이 가망이 없는 일인 까닭은 "지적 경험과 그 내용을 일차적인 것으로 받아들이게 되면 경험과 자연을 묶는 끈이 끊어지기 때문이다"[13](Dewey,

---

12 듀이와 하이데거의 비교에 대한 자세한 내용은 다녜제(d'Agnese, 2017), 마골리스(Margolis, 2010), 키(Quay, 2013), 로티(Rorty, 1976), 로젠탈(Rosenthal, 2010), 툴민(Toulmin, 1984), 트라우트너(Troutner, 1969, 1972)를 참고.

13 듀이는 정신(마음)과 물질(자연)을 대립적인 것으로 보는 데카르트의 이원론을 부정한다. 정신과 물질이 대립적이지 않다는 것은 상호작용을 통해서 양쪽 모두 변화한다는 것이다. 본문에서 지적 경험(정신)과 그 물리적 자료(자연)를 근원적인 것으로 받아들인다는 것은 양자를 고정된 것 혹은 대립적인 것으로 보는 관점을 가리키며, 이는 경험과 자연이 서로 연결되어 있어서 서로의 변화를 견인한다는 것을 망각하는 것이다(옮긴이).

1929/1925, p. 23). 비에스타와 버뷸리스에 따르면 듀이의 관점에서 "비물질적인 마음과 물질적인 세계를 분리하는 이원론의 의식철학과는 달리 인간 유기체는 항상 현실과 '접촉'하고 있다"(Biesta and Burbules, 2003, p. 10). 인간 유기체는 "항상 현실과 접촉을 하면서" 지속적으로 자신을 초월함과 동시에 자신의 이해 또한 초월한다. 이는 그 이해가 끊임없이 진행 중에 있기 때문이다.[14] 더욱이 듀이는 이렇게 현실과 '이미 접촉하고 있는 것'에서 비롯된 지식은 그것의 기반을 파악하지 못한다고 말한다. 즉 **지식은 그것이 통제하지 못하는 무언가에 의존한다.**

이 문제는 듀이 연구의 핵심이며 그의 논문 「철학 회복의 필요성The Need for a Recovery of Philosophy」의 한 구절에 잘 표현되어 있다. 전문을 인용한 후에 나의 의견을 제시하고자 한다.

> 알아야 할 사물은 일차적으로 지식과 무지의 문제로 나타나지 않는다. 그것은 행동에 대한 자극과 특정한 경험의 원천으로서 발생한다. [...] 이렇게 경험에 존재하는 것은 그 자체로 지식이나 의식과는 아무런 관련이 없다. 즉 지식과 의식이 비인지적인 이전 경험에 의존한다는 측면에서 본다면 경험에 존재하는 것이 지식 및 의식과 관련이 있지만, 경험에 존재하는 것이 지식과 의식에 의존한다는 측면에서 보면 그것은 지식 및 의식과는 아무런 관련이 없다.[15]

---

14 이러한 '초월적 존재'는 「학교와 사회」에서 학습에 관한 구절에 분명하게 표현되어 있다. "학습? 물론이다. 그러나 삶이 우선이고 학습은 삶을 통해 그리고 이 삶과 관련하여 이루어지는 것이다. 아이의 삶을 이런 식으로 집중하고 조직하면 그는 무엇보다도 가만히 듣는 존재라는 사실을 발견하지 못한다. 정반대로 [...] 그는 이미 온갖 활동으로 **넘쳐나고** 있다"(Dewey, 1900, p. 37, 강조는 추가).

15 경험에 나타나는 것은 직접적으로 지식이나 의식에 의존하지 않지만, 지식과 의식이 비인지적 경험에 의존한다는 점에서 보면 경험은 지식이나 의식과 매우 밀접한

인간의 경험이 그 모습 그대로 존재하는 것은 인간이 어떤 사물에 반응하는 방식(심지어 성공적인 반응일지라도)과 사물이 그의 삶에 영향을 미치는 방식이 지식과는 근본적으로 매우 다르기 때문이다. 삶의 어려움과 비극 그리고 지식 습득을 위한 자극은 경험에 존재하는 것과 지식에 존재하는 것 간의 **근본적인 차이**에 있다.[16]

(Dewey, 1917, pp. 47-48, 강조는 추가)

여기에는 의식에 대한 경험의 우선순위가 확실하게 명시되어 있다. '경험에 존재하는 것'은 지식과 의식에 의존하지 않는 반면, 지식과 의식은 [...] 비인지적인 이전 경험에 의존한다. 그러나 이 진술이 제기하는 문제는 이것이 전부가 아니다. 나는 '근본적인 차이'라는 표현에 주목하고자 한다. '경험에 존재하는 것과 지식에 존재하는 것 사이의 근본적인 차이'는 지식에 대한 경험의 타자성 — '근본적인 타자성'이라고 할 수도 있다 — 과 유사한 어떤 것을 의미한다고 믿는다. 듀이를 이해하는 데 오해의 소지가 없다면, 경험의 '초월'이라고 표현하고 싶기도 하지만, 이는 듀이의 경험론적 접근방식과는 어울리지 않는 표현일 것이다. 경험과 지식 사이의 이러한 '근본적인 차이'는 8년 후 듀이가 존재의 즉시성을 '말로 표현할 수 없음ineffability'[17]으로 정의하게

관련이 있다. 말하자면 비인지적인 이전 경험이 경험을 지식 및 의식과 연결하는 매개 요인으로 작용한다는 것을 의미한다(옮긴이).

16 경험 안에서의 존재는 우리가 직접적으로 느끼고 경험하는 것, 즉 개념을 통하지 않고 접하는 것을 가리키며, 지식 안에서의 존재는 그러한 경험을 통해 우리가 이해하고 인식하게 되는 것, 즉 개념을 통해 이해하는 것을 의미한다. 이 둘 사이에는 근본적인 차이가 있고 이 차이 때문에 우리는 어려움과 비극을 겪으며 이를 해결하기 위해 지식을 추구하게 된다는 것이다(옮긴이).

17 존재의 즉시성이란 우리가 직접적으로 경험하는 존재의 상태를 의미하며, 이는 개

되는 것과 관련이 있다.

> 존재의 즉시성은 말로 표현할 수 없다. 그러나 이와 같이 표현할 수
> 없다고 해서 거기에 신비로운 것이 있다는 의미는 결코 아니다. 그
> 것은 직접적인 존재에 대해서는 자기 자신에게 무어라고 말하는 것
> 이 무익하고 타인에게는 무어라고 말하는 것이 불가능하다는 사실
> 을 나타낸다. [...] 사물들의 직접적인 모습은 지적으로 알려져 있지
> 도 않고 알 수도 없다. 이는 그런 사물들이 멀리 떨어져 있거나 뚫
> 을 수 없는 사고 지각의 베일 이면에 있기 때문이 아니라 지식이 사
> 물들의 직접적인 모습들과는 아무런 관련이 없기 때문이다.
>
> (Dewey, 1929/1925, pp. 85-86).

듀이의 두 진술을 연결하면 경험은 우리 자신을 초월한다는 것을
보여준다. 즉 우리가 무엇을 알게 되든 경험은 항상 지식의 **배후에** 남
아 있으면서 동시에 우리 자신 **너머에** 존재한다. 이러한 초월성은 우
리의 경험에 내재되어 있는 것이다. 경험은 항상 '그대로', '그 자리에'
존재한다. 왜냐하면 "경험을 매개하는 사물은 인식의 대상이라기보다
는 다루어지고 사용되며 무언가 혹은 누군가로부터 영향을 받고 향유
되며 받아들여지는 대상이라는 점이 훨씬 더 강하기 때문이다. 그것
들은 인식되기 전에 이미 **경험된** 사물들이다(p. 21, 강조는 추가). 물론 인
간은 행동을 함으로써 의도적으로 환경을 변화시킬 수 있는 능력을

넘이나 지식, 즉 언어로 설명하거나 완전히 표현할 수 없는 특성을 의미한다. 가령
SNS에서 주고받는 메시지에는 느낌이나 감정, 전체적인 분위기를 모두 담아낼 수
없는데, 이런 요소들이 제외되면 진실을 온전히 전할 수가 없다(옮긴이).

가지고 있다. 그러나 세계에 내재된 것으로서 우리의 경험 전체는 반성의 영역을 초월해 있다. 교육 실천에 관여하는 모든 사람들은 이러한 경험의 초월성을 상기해야 한다. **경험과 세계에는 지식으로 이해할 수 있는 것보다 항상 더 많은 것들이 있다. 이것은 경험이 일어나기도 전에 이를 기획하는 OECD의 교육 의제가 이론적으로 취약하고 실천적으로 교육을 오도하는 이유이기도 하다.**

듀이의 분석으로 돌아가 보면 그는 '근본적인 차이'의 문제를 다룸으로써 서구 존재론의 기본 범주인 본질을 완전히 해체한다(Garrison, 2003). 듀이의 설명에서 유일하게 확인되는 진실은 "우리는 살아내야 할 삶이 있는 생물"이라는 것이다(Dewey, 1929/1925, p. 27). 이 삶이 무엇이며 경험 전체가 무엇을 의미하는가 하는 것은 무의미한 질문이다. 왜냐하면 이러한 질문들은 삶과 경험의 '본질'과 '궁극적인 목적'으로서의 어떤 것과 관련되어 있으며, 이러한 본질과 궁극적인 목적은 지식을, '세계를 지배하는' '초자연적인' 힘(Dewey, 1917, pp. 30-31)으로 자리매김함으로써 스스로를 경험의 척도로 설정하는 수단이 되기 때문이다(pp. 30-31).

듀이의 말처럼 사실 "데카르트와 같은 사람들은 중세에 대한 관심에서 벗어났음에도 중세의 지적 체계를 여전히 당연한 것으로 유지하고 있었다. 이를테면 지식이 초자연적인 힘, 알려진 세계를 지배하는 힘으로 행사되고 있었다. [...] 요지는 지식을 보유하는 주체가 세계의 외부에 존재하는 것으로 간주된다는 점이다"(ibid.). 주목할 점은 듀이의 이해 방식에서는 존재기반을 자신에게 두는 자아론적 주체를 확립하려는 데카르트의 자세가 이중적 소외, 즉 인간으로부터 세계의 소외와 자기 자신으로부터의 소외라는 이중의 소외를 야기한다는 것이다.[18] 그래서 듀이는 삶과 경험에 대한 지식의 독점에 도전함과 동시에 데카르트적 주체의 기반을 해체했고 그에 따른 수순으로 데카르트의 주체 자체를 해체한다. 이와 같이 데카르트의 자아론적 주체가 지식을 구축할 기반을 상실하게 되면 그 주체는 경험의 사건으로 축소된다. 이러한 축소는 소위 전체주의적 지식의 개념[19]으로부터 주체를 자유롭게 함으로써 (오히려) 주체를 확장한다.[20]

이러한 이중의 해방 — 경험이 본질로부터 해방되는 것과 모든 것을 포괄하는 지식으로부터 주체가 해방되는 것 — 은 교육에 광범위한 영향을 미친다. 마지막 절에서 보다 자세히 논의하겠지만 듀이가 지식의 힘을 약화시킨 것은 새로운 경험을 창출하는 수단으로서의 교육을 강화하는 결과를 가져오는데, 이는 신자유주의 교육의 틀과 테스트 체제를 벗어난 주제다. 먼저 이 주제를 다루기 위해 듀이의 두 가지 진술에 대해 논의할 것이다. **나는 듀이의 두 가지 진술을 다루려고 하는데, 그 진술들은 그동안 간과되어 왔지만 불안을 야기하는 것들이**다. 내가 알기

---

18 데카르트적 주체에 대한 도전은 듀이에 의해 또 다른 방식으로 성취되었다. 그는 주체성 형성의 중심에 소통을 두었다. 비에스타에 따르면 '근대 철학에서는 인간의 의식—데카르트의 'ego cogito'(나는 생각한다)나 칸트의 'Ich denke'(나는 생각한다)—을 모든 철학의 **알파**와 **오메가**로 보았던 반면, 프래그머티즘에서는 '연합의 삶', 더 구체적으로는 참여, 집단적 의미 형성 및 소통의 과정을 중심 무대로 삼았다. 그래서 프래그머티즘은 소통의 철학, 또는 소통을 철저히 실천적 측면에서 이해하기 때문에 **소통 행위의 철학**으로 특징짓는 것이 바람직하다(Biesta, 2010, p. 711, 강조는 원문). 소통이 철학에서 중심 무대를 차지하게 되었기 때문에, 우리는 더 이상 주체를 삶과 경험의 기초라고 말할 수 없다.

19 지식이 모든 것을 설명하고 지배하려는 포괄적이고 독점적인 개념을 의미하며, 이는 듀이가 비판하는 철학적 태도를 나타낸다(옮긴이).

20 주체의 존재 근거를 전체주의적인 지식에 두었던 데카르트의 주체 개념에서 벗어나 주체를 경험과 연결시킴으로써 더 넓은 범위로 확장시키는 결과를 가져오는 것이다(옮긴이).

로는 그동안 이 두 진술에 대한 상세한 연구는 없었다. 이 진술은 다음과 관련이 있다.

a. 가시적인 것과 비가시적인 것 사이의 관계(Dewey, 1929/1925, p. 43)
b. "우리에게는 의식에 의해 인식된 대상과 행위의 질성에 영향을 미치는 자연발생적인 태도를 관리하는 기본적인 측면에 있어서 교육의 기술이 거의 혹은 전혀 없다"는 문제[21](p. 316)

가시적인 것과 비가시적인 것

듀이는 『경험과 자연』(p. 43)에서 다음과 같이 진술한다. "경험에서 모든 대상이 지니는 변함없는 특성은 가시적인 것이 비가시적인 것을 배경으로 한다는 것이다. 결국 비가시적인 것이 가시적인 것에서 **일어나는 일을 결정하고** 유형의 것은 손에 잡히지 않는 무형의 것에 불안정하게 그 기반을 두고 있다"(강조는 추가). 개인적인 의견이지만 이러한 진술은 듀이의 주장으로 보이지 않을 수 있다. 경험에서 "보이지 않는 것이 보이는 데서 일어나는 일을 결정한다"는 것과 "유형의 것은 손에 잡히지 않고 파악도 되지 않는 것에 불안정하게 기반을 두고 있다"는 말을 반성적 사고의 '영웅'이 한다는 것은 당혹스런 일이다. 그것은 듀이가 "경험의 모든 대상"에 대해 이야기할 때 이렇게 단호하기 때문이다.

---

21 본능 혹은 본성에 의한 태도가 우리의 경험과 행동에 큰 영향을 주는데, 이를 잘 관리하고 조절하는 교육의 기술이 부족하다는 것을 말하고 있다(옮긴이).

그러나 듀이의 진술에서 가장 놀라운 부분은 "보이지 않는 것이 보이는 데서 일어나는 일을 결정한다"는 표현이다. '일어나는 일'이 지식의 경계뿐만 아니라 시각의 경계를 초월하는(즉 인식 가능한 지각의 경계를 초월하는) 요소들에 의해 결정된다면, 인간이 어떻게 자신의 삶과 경험을 통제할 수 있는지 이해하기가 어렵다. 내가 주장하고 싶은 것은 인간은 삶과 경험에 대한 통제력이 없다는 것이다. 따라서 '현존하는 것의 기원과 그 전개 과정'(p. 44)은 우리 시야의 경계를 초월해 있다. 우리는 면밀한 분석을 통해 듀이의 이 진술이 어떻게 '지적인 행위'와 '반성적 사고'의 기반을 해체하게 되는지를 알아야 한다. '존재하는 것'이 '간접적이고 숨겨진 요소'에 의해 결정되는 세계에서 지적 행위와 반성적 사고의 의미와 기능이 무엇인지 이해하는 것은 어려운 일이다 (p. 43). 여기서 중요한 점은 듀이가 미묘한 해석의 여지를 남기지 않았다는 것인데, 말하자면 이러한 '간접적이고 숨겨진 요소들'을 더 깊이 분석하여 가시적이 되게 함으로써 관리될 수 있다는 가능성을 제시할 여지를 남기지 않았다. 보이지 않는 것은 보이지 않는 상태로 남아 있다. 보이지 않는 것이 '보이는 것의 기반이 되고' '일어나는 일을 결정한다.' 다시 말해, 우리는 결코 이 보이지 않는 기반에 침투하거나 경험과 지식의 격차를 메울 수 있는 방법을 찾을 수 없다.

물론 우리는 반성적 사고와 탐구를 세련된 형태의 경험으로 해석할 수 있으며 이것은 어떤 의미에서 사실이다. 반성적 사고와 탐구는 불안정한 세계에서 안정을 확보하는 것을 목표로 한다. 듀이의 주장에 따르면 이는 실제로 탐구와 반성적 사고의 목표이다. 하지만 듀이의 말을 진지하게 받아들여야 한다면(그럴 만한 이유가 충분하다) 경험과 지식 사이의 '근본적인 차이'뿐만 아니라 눈에 보이는 것과 보이지 않는 것 사이의 관계와 관련된 문제들도 여전히 남아 있다고 생각한다. 다시 말하면 듀이의 의도가 경험과 지식 간의 메울 수 있는 차이를 논하거나 지식을 통해 경험을 점진적으로 명료화하고 통제하는 과정을 체계화하는 것이었다면, 왜 그는 이 차이를 '근본적'이라는 용어를 사용하여 나타낸 것일까? 그러므로 탐구는 세계에 대해 점진적으로 지식을 얻거나 경험의 근원을 확인하는 과정이 아니다. 만일 그런 것이라면 이는 듀이의 사고를 데카르트의 패러다임으로 환원하는 셈이 될 것이다. 실천적인 측면에서 탐구는 본질적으로 인간이 불안정한 세계에 맞설 수 있는 유일한 수단이다. 듀이의 어법에서 부적절한 용어를 사용하자면 이러한 세계는 본질적으로 여전히 "불가사의할 정도로 불안정한" 상태로 남아 있다. 더욱이 우리는 듀이가 세계의 **불안정성**이 하나의 '사실'이라고 대담하게 말하고 있음을 기억해야 한다(p. 43). 인간인 우리는 [...] '지식과 무지의 문제가 결코 아닌' 세계에 던져진다(Dewey, 1917, p. 47). 대신 세계는 삶과 생존의 공간이다. 이런 점에서 탐구는 우리가 발견한 최고의 방법이다. 게다가 탐구란 자연과 경험을 통제하고 지배하는 문제라기보다는 세계와 함께하고 세계와 상호작용하는 문제이다. 자연과 경험은 모두 삶과 탐구의 보이지 않는 근원이다.

따라서 우리가 삶과 진화를 통해 얻는 (생존 전략으로서의) '위험 대비책insurance, 조율regulation 그리고 불확실성의 수용acknowledgment이라는 방법들'(pp. 41-43)은 세계와 자연을 지배할 수 있는 힘을 얻기 위한 것이 아니다.[22] 세계와 자연은 동시에 아주 동일한 시점에 삶과 진화의 이면과

---

22 여기서 'insurance', 'regulation', 'acknowledgment'는 인간이 불확실하고 위험한 세

그 너머에 남아 있다.[23] 대신에 그것들은 세계 및 자연과의 지속적인 접촉을 보장하고 규제하는 방법들이다(Biesta and Burbules, 2003). 물론 위험대비책은 세계에 개입하여 그것을 수정한다. 게다가 위험대비책은 기본적인 것이다. 그것은 문자 그대로 생사가 걸린 문제이며, 어떤 의미에서 우리가 인간으로서 여기에 존재하고 있다면 위험대비책과 조율이 그 효과를 발휘한 것이다. 그러나 듀이의 말을 충실히 따르자면 세계에 완전히 침투하기 위한(즉 세상을 통제하기 위한) 수단으로서의 지식과 생존하고 삶에 의미를 부여하면서 자신의 균형을 창출하는 수단으로서의 지식 사이에는 메울 수 없는 간극이 있음을 알 수 있다. 비에스타와 버뷸리스의 주장을 반복하자면, 우리는 이미 "인간 유기체와 세계 사이의 **좋은 접점**"을 성취할 수 있는 조건에 던져졌다고 말할 수도 있다(Biesta and Burbules, 2003, p. 10, 강조는 원문).

가시적인 것과 비가시적인 것에 대한 듀이의 주장은 의사소통과 교육이라는 그의 핵심 이슈를 약화시키는 것처럼 보인다. '보이지 않는 것이 보이는 것에서 일어나는 일을 결정하는 것'이라면, 왜 사람들이 의사소통하고 공유하려고 하는지, 교육이 어떻게 단순한 사회화 이상의 의미를 가질 수 있는지 이해하기 어렵다. 우리가 교육을 해방과 자율적 인식을 수반하는 것으로 이해하고 인간의 발전을 위한 개인과

계에서 생존하기 위해 활용하는 다양한 전략과 방법을 비유적으로 표현한 것으로 볼 수 있다. 듀이는 인간이 단순히 세상을 이해하거나 통제하기 위해서가 아니라 세상과의 지속적인 접촉의 과정에서 생존하기 위해 이러한 생존 전략들을 개발했다고 주장한다(옮긴이).

23 세계와 자연은 탐구에 선행하고 어떤 의미에서 탐구의 기반을 제공한다는 점에서 항상 탐구의 기초가 된다. 또한 듀이가 그 틀을 세웠듯이 세계와 자연이 항상 탐구의 기초가 되는 것은 탐구가 세계와 자연을 대신하여 개입하지만, 전체는 (그 모습을 온전히 드러내지 않고) 항상 거리를 유지하기 때문이다.

공동의 노력을 요구하는 것으로 막연하게 생각한다면, 이러한 듀이의 진술은 우리의 희망을 가로막는 장애물이 된다. 문제는 교육에 대한 이러한 이해를 듀이 자신으로부터 얻었다는 것이다. 내 주장의 요점은 듀이가 문제를 경험의 통제에서 경험의 생성으로 옮기고 있다는 점을 염두에 두고 인간의 무력함에 관한 그의 진술을 이해해야 한다는 것이다. 나는 '헌신적이고 열정적인 활동'(Dewey, 1930/1916, p. 50)과 '즉각적이고 자연스러운 선택'(Dewey, 1929/1925, p. 298)이 듀이의 지식에 대한 설명에서 어떠한 기능을 하는지 설명함으로써 내 주장의 요점을 분명히 할 것이다.

듀이가 사고의 '잠재의식적' 측면에 관해 말한 것부터 시작해 보자.

> 우리는 언어를 사용하지 않고도, 인위적으로 부여되거나 추론된 의미와는 별도로 즉각적이고 본능적인 선택, 거부, 환영, 배제, 흡수, 후퇴, 움츠림, 확장, 관계형성, 좌절, 공격, 방어 등의 수많은 행위를 끊임없이 하고 있다. 이러한 활동들은 매우 섬세하고 민감하며 떨릴 정도로 미묘한 특성이 있다. 우리는 이러한 활동들의 특성을 인식하지 못한다. 우리는 이러한 활동들을 객관적으로 구별하고 식별하지 못한다. 그럼에도 불구하고 이러한 활동들은 감정적인 질성 qualities 으로 존재하며 우리의 행동을 좌지우지할 정도로 엄청난 영향을 미친다. 심지어 가장 지적인 작업조차도 '배경'을 이루는 이런 활동들의 안내를 받아 추론활동을 하게 된다.
>
> (Dewey, 1929/1925, pp. 298-299)

이 구절에서 적어도 두 가지 점에 대해 논의할 가치가 있다.

a. 우리가 환경과 상호작용하는 것은 자연스러운 기능이며 '즉각적인 행위'의 형태로 나타난다. 이러한 행위들은 무언가에 의해 매개되지 않고 순간적으로 충족된다. 그러한 활동들이 의식적으로 통제되지 않는 한 가지 이유는 우리가 그러한 행위들에 "지속적으로 참여"하고 있기 때문이라고 할 수도 있다. 이러한 행위들은 하나의 '무리'를 이루기 때문에 이들을 의식적 성찰이라는 렌즈 아래에 따로 분리해 놓을 시간을 확보하는 것은 불가능하다. 의식적으로 이러한 행위들 중 어느 하나에 집중해 있는 동안 다른 행위들은 이미 발생한 상태이다. 그러나 이러한 상황은 그러한 행위들에 대한 우리의 인식 부족을 우선적으로 설명한 것이 아니다. 실제로 우리는 그러한 행위들에 대한 의식적인 분석을 '그 행위들에 의존하는 가장 지적인 작용'의 하나로 간주할 수 있다(p. 298). 다시 말하면 의식은 통제할 수 없는 어떤 것에 기반을 두고 있으며, 여기서 '의식의 주변적 요소fringe'라는 용어에 중요한 의미가 있다.

b. 듀이는 또한 그러한 행위들이 '우리의 행동을 좌지우지할 정도로 엄청난 영향을 미친다'고 단호하게 말한다. 인간이 행위를 통해 환경과 상호작용할 수 있다면, 어떻게 그 수많은 전의식적 행위들의 결과로 그런 행동(즉 조직화된 행위의 조합)이 일어나는지 알아야 한다. 듀이는 잠재의식의 자연화를 구축했다고 할 수도 있으며 이것을 통해 인식의 결여라는 불안한 지점을 사고의 중심에 두었다. 우리가 세계에 뿌리내리는 첫 번째 방식은 전적으로 인식의 범위를 넘어선다.

의식의 발생에 대한 또 하나의 주장도 동일한 방향으로 작용한다.

의식, 즉 하나의 생각은 특정한 시점에서 방향전환, 즉 과도기적 변형을 겪고 있는 의미체계의 한 단계이다. [...] 의식은 재구성 중인 사건들의 의미이며, 그 '원인'은 단지 이것이 자연이 작동하는 방식의 하나라는 사실일 뿐이다.   (p. 308)

듀이는 의식을 '의미체계의 한 단계'로 정의하면서 의식이 경험의 시간 차원으로 해소된다는 점을 강조한다. 그것은 연속되는 경험에서 하나의 순간, 즉 전체 경험 속에서 시간의 일부이다. 그래서 순간적인 경험의 발생으로서의 의식은 경험을 지배할 수 없는 것이다. 지식은 의식에 의존하기 때문에 동일한 운명이 지식에도 영향을 미친다. 우리는 데카르트의 원죄가 그의 코기토Cogito를 경험 밖에 두어 경험을 관리할 수 있는 위치에 놓았을 뿐만 아니라 의식을 시간 밖에 두었음을 알고 있다. 듀이는 의식을 자연과 시간 속에 재배치했을 뿐만 아니라 해소시켜 버렸다. 우리의 경험에서 "보이지 않는 것"과 "비가시적인 것"은 이와 같이 자연적이고 무의식적인 매트릭스에 놓여 있다. 인간의 의식은 시간과 자연에 의해 발생하며 시간과 자연 속에 깊이 뿌리내리고 있다.

이것을 염두에 두면 내가 논의하고자 하는 불안에 관한 두 번째 주장을 더 잘 이해할 수 있다. 이를 다루는 맥락은 행동과 의식의 관계에 대한 논의이다. 관련 진술 전체를 인용한 다음 나의 의견을 제시할 것이다.

공허한 채찍질이 아닌 가르침과 훈계에는 활동의 방향을 바꾸는 기술이 포함된다. 이러한 방향전환이 주어지면 의미나 인식에 변화가 나타난다. 여기서는 우선순위나 인과의 순서가 문제되지 않는다.

사건 방향의 의도적 변화는 해당 사건들의 의미에 있어서 극적이고 본질적인 변화를 가져온다. 현재 우리는 적절한 인식이나 의식을 구성하는 행동의 방향전환을 보장하는 통제된 기술을 거의 또는 전혀 갖고 있지 않다. 즉 우리에게는 **기본에서**, 말하자면 우리의 의식적인 대상과 행위의 속성에 영향을 미치는 자연발생적인 태도를 관리하는 기본적인 측면에 있어서 **교육의 기술이 거의 혹은 전혀 없다.**

(p. 316, 강조는 추가)

듀이의 다른 표현으로 바꾸면 "우리의 의식적인 대상과 행위의 속성"은 '우리가 가르칠 기술이 거의 또는 전혀 없는' '자연 발생적인 태도'에 달려 있다. 따라서 세계와 자연에 대한 우리의 첫 번째 이해는 우리가 통제할 수 없는 것이며 교육은 '기본적인 것들fundamentals'에서 실패한다. 다시 말하면 '기본'과 관련된 것, '무슨 일이 일어날지 결정하는 것'(p. 43)은 우리의 통제 범위를 벗어나 있는 것 같다. 이번 장의 마지막 절에서 논의하겠지만 경험을 관리하려는 노력으로 교육을 인식하게 되면 교육은 '기본에서' 실패한다. 그러나 **교육을 주체가 새로운 경험을 창출하는 수단으로 인식한다면 문제가 전혀 달라진다.** 이어지는 내용에서는 주체에 대한 듀이의 이해를 제시할 것이다.

듀이의 주체

다음 진술에 주목해 보자.

경험은 고유한 성질과 관계를 지닌 일련의 사건들이 연속적으로 발생하고 일어나며 그 모습 그대로 존재하는 것이다. 이러한 사건들의 밖이나 그 기저가 아닌 그 사건들 사이에 그리고 그 안에 자아라고 불리는 사건들이 존재한다. 특정한 측면에서 그리고 특정한 결과에 따라 자아는 막대기, 돌, 별들처럼 객관적으로 지칭될 수 있으며 경험 속에서 특정한 대상과 행위의 관리와 책임을 맡는다.

(ibid., p. 232)

이 구절을 분석해 보면 자아는 경험의 '발생' 자체이지 그 기저에 있는 토대가 아니라는 사실이 드러난다. 다시 말하면 자아는 출현하는 것만큼이나 쉽게 가라앉을 수 있는 지속적인 경험의 흐름 속에서 나타나는 사건이다. 더구나 우리는 항상 경험 속에 있기 때문에 탐구 과정에서 벗어나 위에서 그 과정을 내려다볼 수 없듯이 자아라는 사건도 경험을 전체적으로 바라볼 수 있는 관점을 지니지 못한다. 어떤 의미에서 듀이는 자아의 '관리' 영역을 신중하게 제한하고 있다. 듀이의 주장을 다른 표현으로 나타내면, "자아는 [...] 경험 속에서 **어떤** 대상과 행위의 관리와 책임을 맡지만, 이는 오직 **어떤 특정한** 측면에서 그리고 **어떤 특정한** 결과에 따라 이루어지는 것이다"(강조는 추가). 자아는 경험 안에 머물면서 경험 전체에 접근할 수는 없다. 따라서 경험과 자아 사이의 상호작용에 관한 한계와 가능성에 대한 문제가 여전히 남아 있다.

의식의 발생에 관한 듀이의 또 다른 주장을 보면 이를 좀 더 분명히 이해할 수 있다.

의식, 즉 하나의 생각은 특정한 시점에서 방향전환, 즉 과도기적 변형을 겪고 있는 의미체계의 한 단계이다. [...] 의식은 재구성 중인 사

건들의 의미이며, 그 '원인'은 이것이 단지 자연이 작동하는 방식의 하나라는 사실일 뿐이다. (p.308)

듀이는 의식을 '의미체계의 한 단계'로 정의하면서 경험의 시간 차원에 존재하는 것임을 강조한다. 그것은 연속되는 경험에서 하나의 순간, 즉 전체 경험 속에서 시간의 일부이다.

듀이의 이해를 통해 데카르트의 원죄는 그의 코기토를 경험 밖에 두어 경험을 관리할 수 있는 위치에 놓았을 뿐만 아니라, 의식을 시간 밖에 둔 것이었음을 알 수 있다. 듀이는 의식을 자연과 시간 속에 재배치했다. 그것은 "함께 하는 일이건 개인의 일이건 제반 인간사는 물리적 세계 혹은 인간 이전의 세계에 존재하는 자연의 투영이자 연속 그리고 자연의 복잡한 발전 과정에서 형성된 결과물"(Dewey, 1917, pp.74-75)이기 때문이다. 의식의 의미는 우리가 세계에 내재되어 있는 존재로서 겪는 경험의 지속적인 흐름에서 비롯된다. 그러나 만일 "만약 경험이 단지 의식보다 훨씬 더 많은 것을 포함하고 그 배경 속으로 깊이 뻗어 있다면, 의식은 그 경험 속으로 들어온다"(p.78).

우리는 의식의 정의와 관련하여 이러한 이해를 뒷받침하는 또 하나의 근거를 듀이의 『경험과 자연』에서 확인할 수 있다.

> 의식의 정점, 즉 강렬하거나 초점화된 의식 상태는 **즉각적으로** 불안정한 상태와 가장 절실한 필요가 발생하는 지점으로 정의된다. 그리고 이것이 바로 의식의 방향이 재설정되고 재적응되며 재조직화되는 지점이다. […] 의식은 문자 그대로 (경험의) 형성과정에서의 변화 그 자체이다.
> (Dewey, 1929/1925, pp. 312-316, 강조는 원문)

여기서 듀이는 의식을 경험의 "방향전환, 재적응, 재조직의 지점"인 동시에 "(경험의) 형성과정에서의 변화"로 가정하고 있다. 따라서 '(경험의) 형성과정에서의 변화'로서의 의식은 경험으로부터 출현하지만, 다른 한편으로는 경험이 재구성되고 어떤 의미에서는 재정립될 수 있는 지점이다. '의식의 정점'은 경험의 새로운 시작을 정의할 수 있는 지점이다. 이것이 '앞으로 살아간다는 것'(Dewey, 1917, p. 12)의 의미이며 "경험이 [...] 현재와 얽힌 미래"인 이유라고 본 것이다(ibid.). 의식은 경험에서 출현하며 경험에 새로운 방향을 제시한다. 듀이가 의식이 '(경험의) 형성과정'에서 나온다고 주장하면서 동시에 데카르트의 주체를 해체하고 '알려지는 세계를 지배하는' 지식의 독점으로부터 해방시킨다는 점에 주목할 필요가 있다(Dewey, 1917, p. 30). 그러한 지식으로부터 해방됨에 따라 (교육의) 주체는 또한 미리 설정된 목표와 목적의 성취 혹은 실현에서 벗어나 보다 넓은 교육의 개념을 지향할 수 있게 된다.

도약으로서의 교육

이러한 전제에서 불안함에 관한 듀이의 설명이 어떻게 교육적 노력의 토대를 마련하는 기반이 되는지 그리고 이렇게 지식과 의식을 약화시킴으로써 어떻게 교육을 그 중심에서 강화시키는지 보여주고자 한다. 요점은 듀이가 사고에 대해 언급한 것을 달리 표현하면 교육이 경험에서 실제로 주어지는 것으로부터의 '도약과 비약 및 초월'(Dewey, 1910, p. 26)로 작용한다는 것이다.

이러한 도약은 문자 그대로 미지의 영역, 즉 "아직 주어지지 않은 가능성"으로의 점프이다(Dewey, 1917, p. 63). 이러한 가능성은 도약으로 특징지어진다. 결과적으로 **우리는 경험을 이해하고 예측하려는 시도로서가 아니라 새로운 경험을 창조하는 수단으로 교육을 이해해야 한다.** 기본적으로 주체가 소유한 유일한 힘은 자연의 과정에서 알려지지 않은 새로운 상호작용을 만들어내는 것이다. 내 주장의 요지는 다음과 같이 정리할 수 있다.

    a. 경험을 관리하는 매개자로서의 주체의 해체
    b. 환경과의 관계에서 습관의 중심적 역할

이 중 첫 번째 이슈부터 다룰 것이다. 이것은 듀이가 『확실성의 탐구The Quest for Certainty』에서 언급한 마음의 이해에서 뽑은 것이다. 듀이는 다음과 같이 말한다.

> 과거에는 그 자체로 완전한 능력을 통해 세계를 아는 마음이 중심이었으며, 이 마음은 동일하게 기존의 완전한 외부 세계에 작용하는 존재로만 인식되었다. 그러나 새로운 중심은 고정되거나 완전한 것이 아니라 의도적인 작용을 통해 새롭고 다양한 결과로 나아갈 수 있는 자연의 흐름 안에서 일어나는 무한한 상호작용들이다.
>
> (Dewey, 1929, pp. 290-291)

듀이는 마음을 **"자연의 흐름 안에서 일어나는 무한한 상호작용"**으로 정의함으로써 세계와 자연의 관계를 관리하는 중심으로서의 주체라는 일관된 설명의 기반을 약화시킨다. 더구나 마음은 "변화하려는 노력"

으로 나타난다. 어떤 의미에서 주체는 그러한 "변화를 위해 노력하는 것"이다. 나는 듀이가 "무한한"이라는 용어를 사용하여 어떻게 다음의 두 가지 사실을 명확히 하고 있는지를 밝히고자 한다.

  a. 마음을 구성하는 상호작용의 범위는 항상 열려 있고 잠재적으로 무한하다.
  b. 그러한 상호작용은 지식과 의식의 배후에 있다는 점에서 지식의 범위를 초월한다. 즉 이러한 상호작용이 이미 일어난 후에야 우리는 이 사실을 알게 된다.

따라서 우리는 이러한 '무한한 상호작용'을 양적으로나 질적으로 파악할 수 없으며 이를 중단하거나 분석하지도 못한 채 상호작용의 흐름에 항상 그리고 이미 휩쓸려 있다. 중요한 것은 자아와 마음이 이러한 환경과의 관계를 끊임없이 형성한다는 점이다. 이 관계는 지속적으로 재구성되며 고정된 중심이 없다. 듀이는 이로부터 5년 후에 "마음은 기본적으로 동사이다"라고 말했다(Dewey, 1980/1934, p. 263). 마음과 주체는 '기본적으로 동사'이기 때문에 항상 재구성되는 과정에 있으며 지속적으로 불안정성의 위협을 받아 의도적으로 그 불안정성을 이해하려는 방향으로 나아간다.

  나는 주체와 마음에 대한 이러한 혁명적인 개념을 듀이가 『경험과 자연』에서 발전시킨 의식 이론의 맥락에서 이해하는 것이 유익하리라 생각한다(Garrison, 1998, 2003; Boisvert, 1998). 여기서 듀이는 "의식의 정점"을 "순간순간 불안정한 상태, 가장 절실한 필요가 발생하는 지점, [...] 강렬하거나 초점화된 의식의 상태"로 정의한다(Dewey, 1929/1925, p. 312). 이것은 "방향전환, 재적응, 재조직의 지점"(p. 312)이다. 두 가지 진술을 종합해 보면 의식은 "무한한 상호작용"의 끊임없는 흐름 속에서 "가장 긴급한 필요"로부터 출현한다. 그래서 듀이는 "의식이란 문자 그대로 (경험의) 형성과정에 있어서의 변화"라고 정의한다(p. 316). 경험이 일어나는 지점에서 변화가 발생하며 이 변화가 바로 의식이다. 이는 경험이 먼저 일어나기 때문에 의식은 나중에 발생한다는 의미이다. 주체의 해체는 또 다른 방식, 즉 습관의 문제를 통해서도 이루어진다.

듀이는 인간을 습관의 관점에서 이해해야 한다고 분명히 말한다. "인간은 이성도 본능도 아닌 습관의 피조물이다"(Dewey, 1922, p. 125). 듀이가 습관의 관점에서 성찰에 접근한 것은 의미가 있다. 습관은 "특정한 경로로 조직된 에너지"이며, "반성은 대략적으로 말하면 흐트러진 습관들이 스스로를 재조정하려는 고통스러운 노력이다"(p. 76). 어떤 의미에서 습관은 인간을 지배하고 흔드는 독립적인 실체로 그려진다. 듀이는 스스로를 영속시키는 습관의 힘이 인간과 환경을 압도할 수 있다고 분명히 말한다.

> 습관을 낳은 환경이 아무리 우연적이고 불합리하더라도, 현재의 상황이 습관을 형성했던 처음의 상황과 아무리 다르더라도 습관은 새로운 환경이 그것을 집요하게 거부할 때까지 지속된다. 습관은 한 번 형성되면 애초의 활동 패턴에 끊임없이 작용함으로써 본래의 모습을 유지한다. 말하자면 습관은 이 패턴을 자극하고 억제하고 강화하고 약화시키고 선택하고 집중하고 조직함으로써 원래 자신과 유사한 모습을 만들어내는 것이다. 습관은 충동이라는 무형의 공허함에서 자신의 이미지로 만들어진 세계를 창조한다.
>
> (Dewey, 1922, p. 125)

습관은 지식과 의식의 배후에 있기 때문에 이러한 힘을 갖는 것이다.

> 그러나 결국 환경에 대한 즉각적이고 정확한 적응을 확보하는 데
> 있어서 습관과 본능이 수행하는 이 실제적인 작업은 예의상 하는
> 얘기가 아니라면 지식이 아니다. [...] 왜냐하면 습관이 자연스럽고
> 효율적일수록 더 무의식적으로 작동하기 때문이다. (p. 178)

듀이가 인간 본성과 습관을 각각 습관의 측면과 '에너지'의 측면에서 이해하려는 것은 그의 『인간성과 행위Human Nature and Conduct』라는 저서에만 한정되지 않는다. 『인간성과 행위』가 출간되고 16년 후 듀이는 습관을 "유기적 에너지의 다양한 요소들 사이의 긴장"으로 결정되는 "유기적 구조organic structures 의 변화"라고 말한다(Dewey, 1938, p. 31). 듀이가 전개한 합리성의 체계적 약화는 "유기적 에너지"라는 관점에서 "인간본성"을 논의하면서 더욱 확고해진다.

그러나 듀이에게 있어서 습관이 인간의 영향력이 미치는 범위를 완전히 넘어서는 것은 아니다. 우리에게는 습관에 영향을 미칠 가능성, 따라서 교육의 가능성을 통한 두 가지 길이 열려 있다. 이 두 가지 가능성은 모두 습관에 대한 **간접적인 작용**에 기반을 두고 있다. 첫 번째 가능성은 인간이 살아가는 조건과 관련이 있다. "습관을 직접 바꿀 수는 없다. 그런 생각은 비현실적이다. 그러나 우리의 주의를 끌고 욕구 충족에 영향을 미치는 대상을 현명하게 선택하고 그것에 더 비중을 두는 등, 조건을 수정함으로써 이를 간접적으로 변경할 수 있다"(Dewey, 1922, p. 21). 두 번째 가능성은 습관의 결과에 관한 것이다.

우리는 습관이 형성될 때 그 과정에 대해 알지 못하기 때문에 많은 습관을 가지고 있으면서도 그 의미는 전혀 알지 못한다. 결과적으로 **우리가 습관을 소유한 것이 아니라 습관이 우리를 소유한 것**이다. 습관은 우리를 흔들고 지배한다. 습관이 성취한 것을 우리가 인식하고 그 결과의 가치를 판단하지 않는 한 우리는 그들을 통제할 수 없다.

(Dewey, 1930/1916, pp. 35-36)

따라서 습관을 바꿀 수 있는 가능성은 두 가지다. 한편으로 우리는 환경을 현명하게 선택할 수 있다. 즉 환경을 설정할 수 있다. 또 한편으로는 습관의 결과를 판단할 수 있다. 그러므로 "습관을 직접 바꿀 수는 없다"는 점을 염두에 두고 보면 전체 과정의 시작과 결과에 영향을 미칠 가능성이 있는 셈이다. 우리는 시작점과 종점, 말하자면 습관을 만들어내는 것과 습관에 의해 만들어지는 것을 관리할 수 있다. 이두 지점 사이에서 일어나는 일은 우리가 통제할 수 없다. 이는 습관이 어떻게 진행되어 나갈지 예측할 수 없다는 의미이다. 개리슨(Garrison, 1996, p. 441)에 따르면, "습관은 무언가가 습관을 중단하기 전까지는 의식할 수 없다." 따라서 우리는 습관에 대한 조건은 설정할 수 있지만 습관의 이해에 대한 조건은 설정할 수 없다. 그러한 중단으로 인해 발생할 일에 대해서는 우리가 관여할 수 없다. 듀이가 설명한 의식과 주체의 약함이 작용하는 부분을 염두에 두고 교육에 대한 나의 주장을 밝히고자 한다.

먼저 듀이의 『민주주의와 교육Democracy and Education』에 나오는 유명한 구절부터 시작하겠다.

경험이라는 것이 능동적 요소와 수동적 요소의 특수한 결합으로 이루어져 있다는 점에 착안하면 그 성격을 쉽게 이해할 수 있다. 능동적 측면에서 볼 때 경험은 해 보는 것을 의미한다. 이는 경험이라는 용어와 연결된 실험이라는 말의 의미에서 명백해진다. 수동적인 측면에서 보면 경험은 당하는 것이다. 우리가 무엇인가를 경험하면 그것에 따라 행동하고 그것으로 무언가 한다. 그다음에는 그 결과로 인해 무언가를 겪든가 당하게 된다. 다시 말해 우리가 그것에 어떤 일을 하면 그것은 우리에게 그 대가로 무언가를 한다. 이것이 앞서 언급한 두 가지 요소의 특수한 결합이다. 경험의 이 두 측면이 어떤 방식으로 연결되어 있는가에 따라 경험의 성과 또는 가치가 달라진다. (Dewey, 1930/1916, p. 63)

나는 듀이의 이전 진술, 즉 "경험 속에서의 현존과 지식 속에서의 현존 사이의 근본적인 차이" 그리고 "경험이란 그 모습 그대로 존재하는 것"이라는 두 가지 중요한 진술을 염두에 두면서 경험에 대한 이 "고전적인" 정의를 이해하는 것이 유익하리라 믿는다(Dewey, 1917, p. 48). 이 관계를 탐색하는 이유는 우리가 경험 전체에 대해 작용을 가하는 것이 아니라는 점을 듀이가 명확히 밝혔기 때문이다. 대신 우리는 자신이 경험하는 것, 즉 우리 경험의 일부 "대상"에 대해서만 작용을 가한다. 경험 전체는 완전히 다른 것이다. 그것은 항상 세계 속에 내재된 상태로 존재하고 있다. 따라서 우리는 경험과 관련하여 습관의 경우와 동일한 상황에 놓여 있다. 경험에 직접 접근할 수 없지만, a. 경험이 발생하는 조건과 b. 경험의 결과 및 가치에 대한 접근은 가능한 것이다. 그 과정에서 발생하는 일에 대해서는 우리가 통제할 수 없지만 경험의 원천과 결과에 대해서는 관여할 수 있다. 이러한 원천과 결과는 곧 교육의 문제가 된다.

이러한 접근이 타당하다면 우리는 교육을 기존의 **정상적인 상황을 중단시킴으로써 새로운 시작으로 나아가도록 우리의 경험을 열어놓는 선택으**로 생각할 수 있다. 이러한 중단은 불확실성에 기반을 두고 불확실성에 의해 진행이 되고 불확실성을 지향하게 된다. 첫째, 이것이 불확실성에 기반을 두고 있는 이유는 듀이 사상에서 경험 전체를 파악하거나 세계에 대한 인식을 포착할 방법이 없기 때문이다. 세계에 대한 인식은 경험에 의해서 그 부분으로만 출현한다. 둘째, 이것이 불확실성에 의해 진행이 되는 이유는 미래를 생각하는 행위 자체가 사전에 보장되는 것이 아니기 때문이다. 듀이가 말했듯이

> 생각의 실행은 말 그대로 추론이다. 우리는 추론을 통해서 어떤 것으로부터 다른 것에 대한 관념과 믿음으로 옮겨간다. 이것은 **근거에 의해 어떤 것이라고 확실히 알려진 것을 도약하고 뛰어넘고 초월하는 것을** 수반한다.
>
> (Dewey, 1910, p. 26, 강조는 추가)

셋째, 이 도약이 불확실성으로부터 의미를 얻기 때문에 이 중단은 불확실성을 지향한다. 사실 생각한다는 것은 사건이 아직 일어나지 않았지만 앞으로 어떤 **영향**을 미칠지를 고려하는 것이다(Dewey, 1930/1916, p. 172, 강조는 원문). 마찬가지로 우리는 교육을 계속되는 경험의 흐름을 중단함으로써 아직 일어나지 않은 것을 자극하는 것으로 생각할 수 있다(English, 2013).

『경험과 자연』에서 듀이가 제시한 의식의 정의에서 이러한 이해의

기반을 찾을 수 있다. 먼저 전체 정의를 인용한 다음 코멘트를 제시할 것이다.

> 의식의 정점, 즉 강렬하거나 초점화된 의식 상태는 **즉각적으로** 불안정한 상태와 가장 절실한 필요가 발생하는 지점으로 정의된다. 그리고 이것이 바로 의식의 방향이 재설정되고 재적응되며 재조직화되는 지점이다. [...] 의식은 문자 그대로 (경험의) 형성과정에서의 변화 그 자체이다. 공허한 채찍질이 아닌 가르침과 훈계에는 활동의 방향을 바꾸는 기술이 포함된다. 이러한 방향전환이 주어지면 의미나 인식에 변화가 나타난다. 여기서는 우선순위나 인과의 순서가 문제되지 않는다. 사건 방향의 의도적 변화는 해당 사건들의 의미에 있어서 극적이고 본질적인 변화를 가져온다.
>
> (Dewey, 1929/1925, pp. 312-316, 강조는 원문)

여기서 듀이는 의식을 경험에 있어서의 "방향전환, 재적응, 재조직의 지점"인 동시에 "(경험의) 형성과정에 있어서의 변화"라고 말하고 있다. 따라서 듀이는 의식에 대해 두 가지 설명을 개념화하고 있다. 한편으로 의식은

> "(경험의) 형성과정에 있어서의 변화"이다. 의식은 경험과의 끊임없는 접촉의 과정에서 우리가 행하는 것으로부터 나오고 또 그것에 의존한다. 더구나 "의식은 [...] 이전의 비인지적인 [...] 경험에 따라 달라진다."
>
> (Dewey, 1917, p. 47)

다른 한편으로 의식은 경험이 재구성되고 어떤 의미에서는 재정립될 수 있는 지점이다. "의식의 정점"은 경험의 새로운 시작을 정의할 수 있는 지점이다. 이것이 우리가 "앞으로 살아간다는 것"(p. 12)의 의미이고 "경험은 [...] 현재와 얽힌 미래"(ibid.)라는 이유이다. 의식은 경험에서 나오며 동시에 경험에 새로운 방향을 제시한다. 교육의 경우에도 결과는 동일하다. 교육은 경험의 일부로 얽혀 있다. 그러나 동시에 인간은 교육을 통해서 새로운 유형의 경험을 생성할 수 있다. 듀이는 의식이 "(경험의) 형성과정"에서 나온다고 주장하면서 동시에 데카르트적 주체를 해체하고 "알려지는 세계를 지배하는" 지식의 독점으로부터 그 주체를 해방시키고 있는 점에 주목할 필요가 있다(Dewey, 1917, p. 30). 그러한 지식으로부터 해방됨에 따라 (교육의) 주체는 기존의 교육 개념에서 벗어나 보다 넓은 교육의 개념을 지향할 수 있게 된다.

문제는 이전에 지식이 가지고 있었던 힘을 해체함으로써 우리는 출발조건뿐만 아니라 말하자면 결과, 즉 목적지도 불확실하게 만든다는 것이다(이는 중요한 사실이다). 교육을 통해 우리는 새로운 경험의 영역으로 뛰어들게 되며, 이는 결국 새로운 인식의 출현을 위한 가능할 수 없는 기반이 된다. 즉 미지의 세계로 뛰어드는 것은 모든 설명의 노력 뒤에 남아 있는 경험과 지식 사이의 "근본적인 불일치"를 밝히려는 것이 아니라, 삶의 의미를 이해하기 위해 노력함으로써 우리 나름의 균형을 만들어 나가야 한다는 사실과 관련이 있다. 따라서 경험을 재구성하는 과정은 연속적이다. 그러나 이러한 연속성은 반복되는 중단과 미지의 세계로의 도약을 통해 이루어진다. 이 경우 "미래가 현재와 얽힌" 방식(Dewey, 1917, p. 12)은 중단과 도약의 특징을 동시에 지닌다.

그래서 듀이는 "확실성은 미리 보장할 수 없다. 미지의 세계로의 진입에는 모험의 성격이 있으며, 우리는 사전에 확신할 수가 없다"고 말하는 것이다(Dewey, 1930/1916, p. 174). 나는 듀이의 관점과 같이 "미지의 세계로의 진입"(p. 174)을 환경과 새로운 상호작용을 하려는 결정에 의해 촉발된 진입으로 간주하여 세계와 "접촉하는 것"을 재구성해야 한다고 생각한다(Biesta and Burbules, 2003, p. 10). 듀이가 말했듯이

> 사실 지력에 관한 프래그머티즘의 이론에 따르면 마음의 기능은 새롭고 더 복잡한 목적을 설정하는 것, 즉 일상적인 것과 변덕스러운 것으로부터 경험을 해방하는 것이다. 사고thought 를 활용하여 신체의 메커니즘이나 현존하는 사회상황의 메커니즘에 이미 주어진 목적을 달성하는 것이 아니라 지력intelligence 을 사용하여 행동을 해방하고 자유롭게 하는 것이 프래그머티즘의 교훈이다.
>
> (Dewey, 1917, p. 73)

행위를 해방하고 자유롭게 하는 것은 미지의 세계를 향해 나아가는 것을 수반하며, 우리는 계속되는 경험의 흐름을 중단함으로써 이러한 진전을 이룰 수 있다. 더구나 지력의 핵심은 "이미 주어진 목적을 성취하는 것"이 아니라 새로운 목표와 목적을 설정하는 것이다. 이와 관련하여 듀이는 OECD가 추구하듯이 사전에 목적을 설정하는 모든 교육의 의제에 대해 날카로운 비판을 제기하고 있다.

위의 진술은 또한 지식과 경험 간의 관계에 대한 질문을 제기한다. 나는 듀이가 여러 저작에서 지식이 지식 자체로는 그 모든 특징을 파악할 수 없는 무언가에 근거를 두고 있고 또 거기에 의존한다는 사실을 단호하게 주장했다고 생각한다.

하지만 모든 맥락을 잃어버린 채 어디에나 존재하고 포괄적이며 독점적인 지식은 의미를 잃게 된다. 가장 중요하고 자족적인 지식이 되었다 해도 그렇게 여겨지지 않는 것은 알려진 것에 의미를 부여하는 비인지적이지만 경험된 주제의 맥락을 배제하는 것이 말 그대로 불가능하기 때문이다. 지적 경험과 그 재료가 근본적인 것으로 간주될 때 경험과 자연을 연결하는 끈은 끊어진다.

(Dewey, 1929/1925, p. 23)

여기에서 듀이는 두 가지 명확한 주장을 하고 있다. a. 지적 경험은 '존재론적으로' 일차적인 것이 아니며 그것을 일차적인 것으로 간주하는 것이 바람직하지도 않다. b. "알려진 것"의 의미는 "비인지적이지만 경험된 주제의 맥락"에서 보다 구체적으로 "경험된" 것과 "비인지적인" 것, 말하자면 지식의 기초이자 지식에 의미를 부여하는 것에서 얻어진다. 다시 말하면 지식의 의미는 지식의 경계를 넘어설 뿐만 아니라 의식의 의미는 우리가 세계에 내재되어 있는 존재로서 겪는 경험의 지속적인 흐름에서 비롯된다.

이러한 설명이 갖는 교육적 의미를 생각해 볼 때 교육은 우리가 발을 담그고 있는 평범한 상황을 의식적으로 중단하는 것으로 이해할 수 있다. 그러한 결정은 문자 그대로 예측할 수 없는 것과 관련이 있다. 이러한 예측 불가능성은 미래가 우리의 의지에 좌우되지 않는다기보다는 중단의 순간에 우리가 새로운 상황의 전개, 즉 새로운 미래를 설정하기로 결정한다는 사실과 관련이 있다. 우리는 "상황의 진행 방향을 의도적으로 변경"한다(Dewey, 1929/1925, p. 316). 그러한 결정은 경험에 있어서 새로운 시작을 기획하는 것이라고도 할 수 있다. 어떤 의미에서 우리는 그러한 중단에 대해서 충분히 알고 있으면서도 그 결과에 대해서는 완전히 무지하다.

따라서 듀이가 "의도적인 개입이라는 중재를 통해 자연의 과정을 새롭고 다른 결과로 이끌 수 있다"고 말할 때(Dewey, 1929, p. 291), 그는 환경의 특정 요소에 대한 직접적이고 구체적인 작용을 언급하는 것이 아니다. 오히려 그는 경험과 교육의 관계에 대해 언급하고 있으며, 이는 그가 『우리는 어떻게 생각하는가』에서 설명한 관계이다.

> 경험은 고정되고 폐쇄적인 것이 아니다. 그것은 활동적이며 따라서 성장하는 것이다. 경험이 과거와 관습 및 일상적인 것에 지배될 때면 종종 합리적이고 사려 깊은 것과 대립한다. 그러나 경험에는 감각과 욕구 및 전통의 제한적인 영향으로부터 우리를 자유롭게 해주는 성찰도 포함된다. 경험은 가장 철저하고 통찰력 있는 사고가 찾아내는 모든 것을 환영하고 그것과 융합될 수 있다. 실제로 교육의 과제는 바로 이러한 경험의 해방과 확장으로 정의될 수 있다.
>
> (Dewey, 1910, p. 156)

그러므로 한편으로 세계 속에 내재된 존재로서 우리가 지속적으로 겪는 경험은 우리를 초월한다. 이는 우리가 그 흐름의 일부로서 경험 안에 있기 때문이다. 그래서 어떤 의미에서는 경험이 우리를 소유하고 있다. 다른 한편 우리는 그 흐름을 깨고 끊임없는 상황의 전개에서 새로운 시작을 알릴 수 있다. 그러한 깨뜨림, 즉 중단(듀이의 용어로 '교육의 과제')은 경험을 새롭게 일킬 가능성으로 이해할 필요가 있다. 왜냐하면 교육의 핵심적인 활동인 사고로서의 교육은 "이제까지 경험에 실제로 **주어진 것**을 넘어서는 것"이기 때문이다(Dewey, 1917, p. 186, 강조는 원문).

여기서 말하는 "이제까지 경험에 실제로 **주어진 것**을 넘어서는 것"은 우리가 미리 예측하거나 계획할 수 있는 것이 아니다. 대신에 그것은 하나의 가능성으로 우리 자신과 함께 항상 존재한다. 결과적으로 이러한 가능성은 우리의 행동과 사고에 있어서 보장되지 않는다는 것을 의미한다. 주어진 것 너머를 이해할 수 있는 가능성은 우리의 의지에 좌우되지 않는다. 물론 이것은 그러한 이해를 향한 노력의 엄청난 가치를 부정하는 것도 아니고, 사고가 하는 노력을 부정하는 것도 아니다. 대신에 그것은 "초자연적인 힘, 알려진 세계를 지배하는 힘"을 행사하는 데카르트의 인식론에 도전하는 것이다(p. 30). 나의 접근이 타당하다면, **반성적 사고와 지적 행위**(듀이 사상의 두 가지 핵심 개념)는 파악할 수 없는 전체로서의 경험과 사고에 의해서 도약이 이루어진 이후 우리에게 다가오는 미지의 것 사이를 이어주는 계기라고 할 수 있다.

따라서 한편으로는 "경험에 자신을 개방하고 교육을 통해 성숙해진 마음을 갖게 되면 자신의 보잘것없음과 무력함을 알지만"(Dewey, 1929/1925, p. 420), 다른 한편으로는 "능력과 성취에 대한 어린아이 같은 가정이 완전히 잊혀야 할 꿈이 아니라는 것도 알게 된다"(ibid.). 우리는 『경험과 자연』의 마지막 페이지에서 듀이가 인간과 자연 사이의 연결 관계를 어떠한 방식으로 다시 언급하고 있는지 알 수 있다. 즉 인간은 우주의 일부이며 "인간의 신념과 사고 및 투쟁의 노력은 마음에 의해서 고취되는데 이는 우주가 하는 일이기도 하다. 또한 이런 신념과 노력은 아무리 하찮은 것이라 하더라도 어떻게든 우주를 앞으로 나아가게 한다(ibid.).

그러나 인간과 자연의 이러한 연결 관계는 결코 원만하지 않다. 오히려 "우주가 필연적으로 지니고 있는 우연이라는 특성"이 그 관계에 존재한다(ibid.). 더욱이 "실천은 변화의 영역이고 변화는 항상 불확정적인 것"이기 때문에(Dewey, 1929, p. 19) 자연과의 연결 관계, 즉 환경과의 "내적 조화"를 회복하는 것(Dewey, 1980/1934, p. 17)은 끝이 없는 위험한 노력이다. 듀이가 이해한 바에 따르면 경험을 해방하고 확장하는 것은 단순하거나 안전한 것이 아니다. 결국 해방을 위해서는 어떤 노력과 고통이 요구되는지, 해방으로 인해 어떤 일이 일어날지 아무도 알 수 없다. 그러나 우리는 교육이라는 노력 없이는 경험을 구성하는 어쩔 수 없는 변화만을 수동적으로 받아들일 수밖에 없다는 것을 알고 있다. 어떤 의미에서 **교육은 단순히 미지의 변화를 수용할 것이냐 아니면 알고 있는 것을 기반으로 미지의 세계로 나아감으로써 미지의 변화를 유발할 것이냐 하는 것 사이에서 선택을 하는 것이다.**

다시 말하면 교육의 도약과 관련하여 우리는 어디에 다다를지 미리 알 수 없다. 더욱이 우리의 도착지점을 미리 규정하는 것은 교육의 개념과 실천 모두를 좁히는 일이다. 이 도약은 동시에 불확실성으로의 움직임을 수반한다. **교육의 목표가 경험을 일으키는 것이고 경험은 언제나 예측하기 어려운 것이라면, 교육의 본질은 불확실성을 일으키는 것이라고 할 수도 있다.**

중요한 것은 이러한 불확실성이 교육자의 책임을 약화시키는 데 작용하지 않는다는 것이다. 반대로 듀이의 관점에 따르면 우리는 모든 종류의 경험과 내용 및 지식에 동시에 참여하고 이를 의도적으로 생산하고 있다. 이러한 관점은 교사와 교육자의 열정과 책임을 부인하지 않는다. 이보다는 교사와 교육자의 역할을 재설정(아마도 확장)하는 것이다. 즉 교사와 교육자는 학생의 의미 있는 성장을 위한 출발점 중 하나가 된다. 더욱이 이러한 출발점이 가져올 결과는 기본적으로 예측할 수 없기 때문에 교사와 교육자는 새로운 상호작용의 지점을 어디에, 어떻게, 언제 설정할지 그리고 설정할지 말지를 신중하게 생각해야 한다.

경험이 전체적으로 무엇을 의미하는지는 듀이에게 무의미한 질문이다. 왜냐하면 이 질문은 삶과 경험의 '본질' 및 '궁극적 목적'과 같은 것에 관련되며, 이러한 본질과 궁극적인 목적은 지식이 마치 '세계를 지배하는 초자연적인' 힘(Dewey, 1917, pp. 30-31)으로서 경험을 평가하는 기준으로 스스로를 자리매김하는 수단이기 때문이다. 듀이의 접근방식에 충실할 때, 교사와 교육자의 행동은 학생의 경험 너머가 아닌 그 경험 내에 재배치된다. 따라서 교육자는

> 소위 '사이 공간 the space between'에 민감해야 한다. 이 공간은 예전의 자아와 형성 중인 자아 사이에 존재한다. [...] 즉 주어진 것으로 여겨지던 삶의 방식과 현재 예술로 가득 찬 것으로 보이는 삶의 방식 사이에 위치한다.
> (Hansen, 2009, p. 128)

아마도 듀이의 교육철학에서 가장 흥미로운 요소 가운데 하나는 교육자의 행위와 학생 경험 간의 선형적 인과관계를 찾을 수 있는 가능성을 근본적으로 약화시키면서도(Biesta, 1999, 2007) 교육적 노력과 교육의 주체 모두를 강화했다는 점일 것이다. 듀이의 교육사상에서 보면 우리는 끊임없이 우리의 존재를 재구성하라는 요청을 받고 있으며, 따라서 그러한 재구성에 필요한 교육적 과제를 끊임없이 요구받고 있다. 그의 교육 사상에서 가능한 '출발점'을 찾고자 한다면 아마도 교육

적 노력 자체의 개방성과 불확실성 그리고 교육에 의해 유발되는 늘 열려 있는 가능성의 영역을 유지하고자 하는 그의 주의와 관심에 주목해야 할 것이다. 듀이를 통해 인간이란 어떤 의미에서 항상 자신과 자신의 이해를 넘어선 존재라는 사실을 알게 된다. 인간에 대한 이해는 항상 진행 중이기 때문이다. 듀이의 교육철학에 충실하여 "새롭고 더 복잡한 목적을 계획하려면"(Dewey, 1917, p. 63) 이러한 위험과 사고의 근본적인 불확실성에 직면해야 하고 어떤 의미에서는 이를 추구할 필요가 있다. 듀이의 사상에서 "겉보기에는 명확한 어떤 대상이든 그 이면에는 숨겨진 가능한 결과들이 내포되어 있다면"(Dewey, 1929/1925, p. 21) 그 숨겨진 것과 개방성을 유지하며 사건의 의미를 직면하는 것이 교육의 목적 중 하나이다. 그러나 이 숨겨진 것 속에는 신비로운 것이 전혀 없다. 숨겨진 것은 단지 우리가 끊임없이 "사물의 잠재적 의미를 해방하고 확장함"(Granger, 2006, p. 7)으로써 성장과 불확실성 그리고 교육에 더 가까워진다는 사실과 관련이 있다.

그런데 인간은 우연한 사건이 작용하여 경험과 관련해서 예상했던 그의 힘을 상실하면서 자연과의 연결 관계를 회복한다.

> 경험에 자신을 개방한 마음은 [...] 그 마음에 의해 고취된 신념과 사고 및 투쟁의 노력도 우주가 하는 일이며, 이런 신념과 노력은 아무리 하찮은 것이라 하더라도 어떻게든 우주를 앞으로 나아가게 한다는 것을 알고 있다.   (Dewey, 1929/1925, p. 420)

그러므로 인간으로서 우리는 우주의 원천인 "생각이라는 노력"을 할 수밖에 없지만 동시에 그러한 노력은 실패할 가능성이 있다는 것을 알고 있다. 무언가를 경험하지만 그 경험 전체는 파악할 수 없다는 것을 안다. "교육의 과정은 [...] 그 자체가 목적이기 때문에"(Dewey, 1930, p. 59) 우리는 교육이 필요하고 교육에서 우리의 목적을 찾지만 교육을 통해 우리에게 어떤 일이 일어날지 예측할 수 없다. 듀이는 그의 저서에서 한계성의 윤리를 제시하는데, 이는 우리의 교육적 노력이 어떻게 불확실성에 기반을 두고 불확실성에 의해 진행이 되고 불확실성을 지향하고 있는지를 보여준다. 이러한 윤리는 다음 장에서 전개할 상상력에 대한 이해와 더불어 OECD가 개발한 것과는 거리가 먼 학교교육에 대한 이해의 발판이 될 수 있다. 이는 배움의 실험적 성격과 교육 고유의 독특한 공간으로서 "아직 도래하지 않은" 차원에 기반을 두고 있는 이해이다.

적극적인 삶의 자세:
용기와 상상력의 필요성

이 장에서는 듀이의 상상력 이론과 교육 실천에서 용기가 수행하는 역할에 대한 이해를 구체적인 발판으로 삼아 OECD의 교육적 틀을 다룬다. 상상력과 용기는 측정할 수 없는 교육의 특성이며, 그것이 사라진다면 바로 개방성과 의미의 창조 그리고 미래에 대한 전망으로서의 교육 또한 소멸될 것이라 생각한다. 그러나 이러한 교육의 개념은 OECD가 강조하는 교육과 학습의 그림과는 거리가 멀어 보인다. 학습체제가 작동하려면 사실 상상력과 용기는 억제되고 어떤 의미에서는 교육의 과정에서 제거되어야 한다(3장과 4장 참고). 이는 OECD가 추구하는 학습체제가 원만하고 사전에 정의된 학습의 비전을 제시한다는 점에서 그러하다. 학생들은 이러한 비전에 따라 미리 정해진 기술을 습득하고 사전에 마련된 학습경로를 따라 여행을 해야 한다.

사실 OECD의 비전에 따르면 교사와 학생은 모두 새로운 교육 경험을 하거나 새로운 내용 혹은 오래된 내용을 가르치는 새로운 방법을 구상하는 일이 더 이상 허용되지 않는다. 신자유주의에 따른 교육계획에서 학생들은 사실상 스스로를 '학습자'(Masschelein and Simons, 2008)로 인식하도록 강요받는다. 여기서 말하는 학습자란 올바른 지식과 기술을 축적하고 재배치하여 기존의 사회에서 자신들의 입지를 강화하고 그들의 위치를 견고하게 하는 것을 주된 관심사 ― 유일한 관심사는 아니더라도 ― 로 삼는 개인 주체를 가리킨다. 그렇게 되면 교육과 지식의 중요한 부분은 무시되고 구체적인 학교교육의 실천에서 삭제되기까지 한다. 교육에서 중요한 것은 바로 교사들로 하여금 창의적이 되게 하고 내용과 주제를 혁신적으로 번역할 수 있게 해주는 자유이다. 따라서 나는 듀이의 저서를 바탕으로 **상상력과 용기**는 교육의 실천에 필수적이라는 것을 보여주고자 한다. 이와 같은 특징들은 뭐니 뭐니 해도 **교육과 학습을 도전적이고 위험하기까지 한 사업으로 이해하는 틀을 만드는 데 작용한다.** 이러한 이해는 학습과 교육에 대한 도구적이고 기능주의적인 관점에 도전하는 것이다.

구체적으로 상상력에는 기본적으로 인지적 기능이 있으며, 이는 "직접적인 물리적 반응의 범위를 넘어서는 모든 종류의 사물을 인식하는 수단"이다(Dewey, 1930/1916, p. 277). 중요한 것은 상상력이 의미를 창조하고 그에 따른 목표를 설정하는 기반이기도 하다는 점이다. 상상력은 지식과 탐구 활동에도 필수적이다. 실제로 상상력은 a. 활동에서 지식으로, b. 기호에서 의미로 옮겨가는 접점이다. 선택과 미래로의 투영 또한 상상력에 기반하고 있다. 그러나 상상력은 이러한 교육적 특성과 현상을 만드는 데만 관여하는 것이 아니다. 용기와 상상력의 역할을 이해하지 못하면 교육과 관련된 노력의 중요한 부분이 은폐된 상태로 남아 있게 된다. 그 역할을 이해하지 못하면 특히 학습과 교육을 구조화하는 내적인 힘, 즉 '앞으로 나아가는 삶'(Dewey, 1917, p. 12)과 '새로운 가능성을 가리키는 것'(Dewey, 1929, p. 312) 그리고 바로 교육 활동에 수반되는 불확실성과 위험을 모두 상실할 우려가 있다. 『민주주의와 교육』에서 확인할 수 있는 듀이의 표현으로 바꾸면, 교육에는 "위험이 수반되며 확실성은 사전에 보장될 수 없다. 미지의 것이 진입해 들어오는 것은 모험의 본질이다"(Dewey, 1930/1916, p. 174). 확실성의 부족에 대처하고 새로운 가능성에 수반되는 긴장을 해결하려면 용기가 필요하다. "알려지지 않은 세계, 불확실하고 불가사의할 정도로 불안정한" 세계(Dewey, 1929/1925, p. 43)에 직면할 때 우리는 성공을 확신할 수 없다. 더욱이 학습과 교육은 누적적으로 작용하는 것이 아니기 때문에 새로운 가능성을 상상하고 실현함으로써 새로운 길을 추구할 때는 이미 획득한 것을 잃을 수도 있다.

이와 관련하여 이번 장에서는 기존의 가능성을 열고 새로운 것을 위한 공간을 창조하는 보다 광범위한 상상력의 기능에 대해 다룰 것이다. 이런 맥락에서 볼 때 OECD 교육 의제의 바탕이 되는 총체화하는 목표를 생각해 보면 상상력과 용기를 모두 그 교육 담론에서 삭제하는 것은 놀라운 일이 아니다. 나는 사실과 의미 그리고 의식적인 경험을 다루는 데 있어서 상상력의 핵심적 역할을 분석하는 것으로 시작하고자 한다.

사실과 의미 그리고 의식적인 경험

다음 구절을 잘 들여다보자.

> 오직 상상력을 동반한 개인적 반응을 통해서만 순수한 '사실'까지
> 도 제대로 인식할 수 있다. 상상력은 모든 분야에서 직접적 인식
> appreciation 을 위한 수단이다. 어떠한 활동이든 기계적인 것 이상이
> 되게 하는 것은 상상력의 작용뿐이다. 유감스럽게도 상상력을 환
> 상적인 것과 동일한 것으로 간주하는 것이 일반적인 경향으로 되어
> 있는데, 상상력은 상황의 모든 측면을 따뜻하고 친밀하게 받아들이
> 는 것으로 이해해야 한다.   (Dewey, 1930/1916, p. 276)

『민주주의와 교육』에서 발췌한 이 진술은 어떤 의미에서는 놀라울
정도로 밀도와 깊이가 있다. 이 구절은 네 문장으로 구성되어 있으며,
이 문장들이 결합되어 상상력을 사고, 행위, 판단 그리고 세계와 우리
의 관계가 이루어지는 핵심 수단으로 자리매김하고 있다. 먼저 각 문
장을 자세히 분석한 다음, 이 구절이 전체적으로 어떻게 작용하는지
해석하면서 나의 주장을 밝히고자 한다.

이 발췌문의 첫 번째 문장에서 듀이는 '오직'(여기서 '오직'이란 말을 강조
하고자 한다) '상상력을 동반한 개인적 반응'을 통해서만 '사실'이 '인식
된다'고 분명히 밝히고 있다. 이는 듀이의 학술 문헌에서 매우 잘 알
려진 모든 유형의 객관주의를 해체하는 문제를 의미할 뿐만 아니라
(Bernstein, 1961, 2010; Biesta, 1994; Garrison, 1994, 1998, 2003; Biesta and Burbules,
2003; Hickman, 2007) 기본적으로 이 '개인적 반응'이 사실상 완전한 형태

의 반성적 주체성에 기반을 두지 않고 있다는 점을 나타낸다. 이러한 '개인적 반응'은 '순수한 사실'의 인식을 가능하게 하는 것으로, 결국 상상력에 기반하고 있고 이를 통해 작동한다는 것이다. 중요한 것은 '순수한 사실'을 언급할 때 듀이는 일종의 기본적인 사실, 즉 항상 환경과의 지속적인 접촉을 통해 생성되지만 우리가 일상적인 경험에서 당연하게 여기는 그런 유형의 사실을 염두에 두고 있다는 점이다. 물론 나는 내 주장에 대한 '최종적 증거'는 없으며 증거가 전혀 없을 수도 있다. 그러나 내가 보기에 듀이는 '이것은 책상이고 저것은 미소다'라는 인식과 같은 것을 생각하는 것 같다. 그렇다고 이것을 책상으로, 저것을 미소로 인식할 때 문화적이고 개인적 '세계' 전체는 제외하고 말하는 것은 아니다.[1] 내 주장이 타당하다면 환경에 대한 우리의 인식과 지식은 주로 상상력에서 발생하고 상상력을 바탕으로 구성된다. 즉 상상력은 우리가 현실을 마음에 그리는 바로 그 수단이다. 이렇게 본다면 '사실'을 인식하는 것과 그 사실에서 파생될 수 있는 가능한 결과 및 직접적인 결과를 상상하는 것 사이의 근거 없는 구분에 바탕을 두고 있는 학습과 학교교육의 정책 전반은 수정되어야 한다.

우리는 듀이가 '직접적 인식appreciation'이라는 용어를 사용한 이 구절의 두 번째 문장에서 이러한 이해의 단서를 찾을 수 있다. 사실 이 용어는 흔히 다음과 같은 별개의 과정 혹은 적어도 다른 과정으로 이해되는 두 가지 범위를 구체화한다.

---

1   우리가 책상이나 미소와 같은 것들을 인식할 때도 그 인식은 단순한 것이 아니라 그 과정에는 우리의 문화적 배경과 개인적인 경험이 모두 작용하고 있다는 의미이다(옮긴이).

a. 지각으로서의 직접적 인식

b. 의미와 평가(도덕적, 미적, 인지적인 것으로 이해되는)에 대한 이해로서의 직접적 인식

　나의 주장이 타당하다면, '상상력은 모든 분야에서 직접적 인식의 수단이 된다'는 듀이의 말은 사물의 지각, 의미의 이해 및 목표에 대한 전망도 상상력에 기초한 것임을 의미하는 것이다. 왜냐하면 주변 환경과의 관계가 바로 과거를 되살리는 것과 미래에 대해 전망하는 것에 기초하고 있기 때문이다. 즉 "상상력을 통하여 과거를 되살리는 것은 미래에 성공적으로 진입하는 데 필수적이지만 그 역할은 수단적인 것이다. 이러한 상상력의 중요성을 무시하는 것은 훈련되지 않은 자의 모습이다"(Dewey, 1917, p. 14). 그러므로 사물을 이렇게 혹은 저렇게 인식하고 나서 어떻게 사용할지 전망하는 것이 아니다. 사실은 정확히 그 반대이다. 다시 말해 사물이 중요한 이유, 즉 그 의미와 기능은 두 가지 관련된 현상에 기반을 두고 있다. 첫째, 그 사물과 관련된 과거의 의미와 상호작용을 되살리는 것, 둘째, 앞으로 그 사물과 관련하여 출현하게 될 가능한 의미와 상호작용을 현재 시점에서 예측하는 것이다. 이러한 과정은 상상력을 통해 이루어진다.

　이 구절의 세 번째 문장 역시 상상력의 인지적 기능을 고려하여 이해해야 한다고 생각한다. 듀이가 "어떠한 활동이든 기계적인 것 이상이 되게 하는 것은 상상력의 작용뿐이다"라고 했을 때 이는 상상력이 인간의 활동에 "주관적" 또는 "창의적"인 어떤 것을 추가한다는 의미가 아니다. 이는 '주관적인 것'을 '객관적인 것'에 단순히 부가되는 것으로 여기는 것만큼이나 듀이의 주장과는 관련이 없는 해석이다. 대

신 듀이의 주장은 상상력만으로도 탐구와 선택 및 숙고와 관련된 활동을 수행할 수 있음을 의미한다. 다시 말해서 상상력이 없다면 우리는 의미를 생각하지 않는 기계적인 상태로 전락하게 될 것이다.

　이러한 진술은 듀이의 네 번째 문장과 연결된다. 여기서 듀이는 상상력을 이해하는 데 있어서 우리가 흔히 저지르는 실수를 강조하고 이 문제에 대한 자신의 견해를 제시한다. 그의 진술에 따르면 "유감스럽게도 상상력을 환상적인 것과 동일한 것으로 간주하는 일반적인 경향이 있는데, 상상력은 상황의 모든 측면을 따뜻하고 친밀하게 받아들이는 것으로 이해해야 한다. 이 문장의 첫 부분은 그 자체로 충분히 명확하기 때문에 여기서는 그 영향이 광범위한 두 번째 부분에 주목하고자 한다. 실제로 인간은 상상력을 통해 "상황의 모든 측면을 따뜻하고 친밀하게 **받아들이게**" 된다(강조는 추가). 따라서 상상력은 사태의 핵심을 깊이 파고드는 수단이다. 그것은 환상 혹은 현실에서 벗어나는 수단이 아니라 현실을 마음에 그릴 수 있는 수단이다. 듀이를 이해하는 데 있어 오해를 불러일으키지 않는다면, 상상력을 통해 사태의 '본질'에 접근할 수 있다고 말할 수도 있을 것이다. 말하자면 우리가 처해 있는 사태의 전체성은 상상력을 통해 시각화될 수 있다고 말할 수 있다. 실제로 듀이는 "상상력은 우리가 본 것을 보완하고 심화시킨다"(Dewey, 1938, p. 224)고 말한다.

　마지막으로 나는 듀이의 진술 전반에 대한 언어적 비평을 제시하고자 한다. 이 구절의 모든 문장에는 그 주장을 강화하는 수식어가 있다는 점에 주목하는 것이 의미가 있다고 생각한다. 구체적으로 '오직only', '어떠한any', '모든every', '심지어even'라는 용어를 언급한다. "오직only 상상력을 동반한 개인적 반응을 통해서만 순수한 '사실'까지도

even 제대로 인식할 수 있다." 그리고 "어떠한any 활동이든 기계적인 것 이상이 되게 하는 것은 상상력의 작용뿐이다." 따라서 "상상력은 모든every 분야에서 직접적 인식appreciation 을 위한 매개체이다." 나는 이러한 용어들이 상상력의 본질적인 기능을 강조한다고 믿는다. 상상력이 없다면 어떤 세계도 이해할 수 없을 것이다.

> 직접적인 물리적 반응의 범위를 넘어서는 모든 종류의 사물을 인식하는 수단으로서 상상력의 작용을 적절하게 인식하는 것은 기계적인 방법의 교육으로부터 벗어나는 유일한 길이다. [...] 상상력은 근육의 움직임과 마찬가지로 정상적이고 필수적인 인간 활동의 한 부분이다.
>
> (Dewey, 1930/1916, p. 277)

여기서 듀이는 "상상력은 직접적인 물리적 반응의 범위를 넘어서는 모든 종류의 사물을 인식하는 수단"이라고 분명히 말하고 있다. 즉 "듀이의 프래그머티즘에서 [...] 실재라는 것은 유기체의 **활동**, 즉 '행함'의 결과로만 그 모습을 드러낸다"(Biesta and Burbules, 2003, p. 10, 강조는 추가)는 점을 염두에 둔다면, 우리가 행하는 모든 유형의 행위, 우리가 시작하고 싶은 모든 유형의 활동 그리고 환경과의 관계에서 반드시 상상력을 사용해야 한다. 물론 상상력이 우리가 추구하는 행위와 활동을 완성한다는 의미는 아니고 **어떠한** 행위를 하는 데 있어서건 핵심이란 뜻이다. 실제로 듀이는 상상력이 없다면 우리는 '직접적인 물리적 반응'만 얻을 수 있을 뿐이라고 명확히 밝히고 있다. 따라서 우리는 진술의 두 번째 부분에 이르게 된다. 즉 상상력은 '모든 종류의 사물'에서 특별히 강조되고 있기 때문에 "**근육의 움직임과 마찬가지로 정상적이**

고 필수적인 인간 활동의 한 영역"이라는 것이다. 여기서 나는 '근육의 움직임'이라는 용어에 주목하고자 한다. 이러한 비유를 통해 듀이는 상상력을 다음 두 가지 측면에서 근육 운동과 동일한 수준에 위치시킨다. 즉 상상력은 a. 행위의 기본이며 b. 우리가 삶을 시작할 때부터 수행한다는 것이다. 사실 '근육의 움직임'은 생존의 주요 수단이다. 가령 모유를 빠는 신생아를 생각해 보자. 듀이의 비유를 진지하게 받아들인다면(그럴 만한 가치가 충분히 있다) 상상력은 a. 행동과 삶의 토대이며, b. 환경과의 주요 접촉 지점을 구성한다.

상상력과 행위, 의미 간의 관계는 『민주주의와 교육』 16장 초입에서도 언급되고 있다. 여기서 듀이는 다음과 같이 말하고 있다.

> 단순히 물리적인 활동과 그 활동이 지닐 **수도 있는**(may) 풍부한 의미 간의 차이보다 더 놀라운 것은 없다. [...] 어떤 행위가 지닐 **수 있는**(may) 의미에는 한계가 없다. 그 의미는 전적으로 그 활동을 어떤 맥락에서, 어떤 요소들과 연결되어 있다고 인식하는지에 따라 달라진다. 이러한 연결을 실현하는 데 있어서 상상력의 범위는 무궁무진하다.
>
> (Dewey, 1930/1916, p. 243, 강조는 추가)

이 구절 역시 세심한 주의를 기울일 가치가 있다고 생각한다. 첫째, 논의가 전개되는 맥락인 인간의 삶과 발달의 초점은 행위 자체가 아니라 이 행위가 '지닐 수도 있는' 의미라고 한 듀이의 말에 주목해야 한다. 여기서 (조)동사 'may'의 사용은 중요하다. 실제로 이 단어는 몇 행 지나서 같은 방식으로 반복된다. 나는 이 동사가 더 많은 의미들의 항시적인 잠재력을 나타낸다고 생각한다. 듀이의 이해방식에 따르면 의미는 더 많은 창조/해석에 항상 열려 있다(Garrison, 1998). 그러나 동시에 의미는 항상 붕괴, 파열 또는 소멸의 위험에 처해 있다. 중요한 것은 이러한 의미가 잠재적으로는 무한하다는 것이다. 이러한 상시적인 잠재력을 추구할 수 있는 수단은 역시 상상력이다. 왜냐하면 의미는 연결에 기반을 두고 있고 "연결을 실현하는 데 있어서 상상력의 범위는 무궁무진하기" 때문이다. 비에스타와 버뷸리스에 따르면 연결과의 관계가 '듀이의 교변작용론'(Biesta and Burbules, 2003, p. 10)의 기초라는 점을 기억할 때 듀이가 언급하는 상상력을 분명히 이해해야 그의 접근방식을 이해할 수 있다고 말할 수 있다.

중요한 것은 상상력이 의식적 경험의 부상rising 과도 관계가 있다는 것이다. 다시 말해 이 부상은 의미의 출현으로 연결된다. 듀이는 『경험으로서의 예술Art as Experience』에서 이 문제를 자세히 다루었는데, 여기서 그는 미적 경험을 분석하면서 다음과 같이 말하고 있다.

> 모든 의식적 경험에는 당연히 어느 정도 상상력으로서의 특성이 있다. 모든 경험의 뿌리는 살아 있는 생명체와 그 환경 간의 상호작용에서 비롯되기 때문에 그 경험이 의식적인 지각의 문제로 변하는 것은 오직 그 안에 이전의 경험들과 분리된 의미가 들어왔을 때에 한해서이다. 상상력은 이러한 의미가 현재의 상호작용으로 들어갈 수 있는 유일한 관문이다. 또는 방금 살펴본 것처럼 새로운 것과 오래된 것을 의식적으로 조정하는 것이 상상력**이다**.
>
> (Dewey, 1980/1934, p. 272, 강조는 원문)

이 구절과 관련하여 듀이가 분석한 맥락은 미학적 경험이지만 그의 결론은 이 맥락에 한정하여 제시한 것이 아니라는 점에 주목해야 한다. 즉 듀이가 말하는 것은 '미적인 것에 한정된 상상력'이 아니라 상상력 전체에 대한 것이다. 다시 말하지만 듀이가 두 가지 다른 유형의 상상력을 제시했다고 하는 주장보다 더 큰 오해를 불러일으키는 것은 없다. 대신 미적 경험은 듀이가 경험과 사고에서 상상력의 역할을 이해하는 단서이다. 이러한 맥락에서 듀이는 상상력을 "의미가 현재의 상호작용으로 들어올 수 있는 **유일한** 관문"(강조는 추가)으로 생각한다. 그 이유는 상상력의 작용을 통해 의미가 회복되고 현재에 투영되기 때문이다. 그리고 중요한 것은 의식이 기층의 토대로서가 아니라 의미와 더불어 발생한다는 것이다(Dewey, 1929/1925, p. 232). 다시 말해 인간은 의식적인 존재이고 그 의식으로 인해서 의미를 생각하는 것이 아니라는 것이다. 오히려 정반대로 우리의 의식이 존재한다는 것은 곧 의미가 출현하는 것이다.[2] 이와 관련하여 듀이는 데카르트 형이상학에 도전하는데(Garrison, 2003), 이는 데카르트 형이상학에 내재된 '자기근거 주체auto-grounded subject'[3]에 대해 의문을 제기하는 것이다(Wilshire, 1993; Boisvert, 1998; Garrison, 1998; Semetsky, 2003). 이러한 도전은 결국 과거, 현재, 미래 사이의 연속성을 구축하는 데 있어서 상상력의 중추적인 작용에 기반을 두고 있다.

---

2   의미는 고정된 실체로서 존재하는 것이 아니라 의식이 작동하는 순간 만들어지고 형성된다는 의미이다. 다시 말하면 의미는 결과의 개념이 아니라 과정의 개념으로서, 교과서 등의 교육적 매체에 붙잡아 둘 수 있는 것이 아니라는 것이다. 교육이 어떤 모습으로 진행되어야 하는지에 중요한 시사를 주는 관점이다(옮긴이).

3   데카르트의 철학에서 나오는 개념으로 주체는 자신의 존재와 인식을 완전히 스스로 규정하고 정당화할 수 있는 독립적이고 자율적인 실체로서 외부의 다른 요소에 의존하지 않고 스스로 존재의 근거를 가진다는 의미이다(옮긴이).

듀이는 이러한 주장을 『철학 회복의 필요성The Need for a Recovery of Philosophy』에 제시하고 있는데, 여기서 다음과 같은 내용을 확인할 수 있다. "상상력을 통하여 과거를 되살리는 것은 미래에 성공적으로 진입하는 데 필수적이지만 그 지위는 수단적인 것이다. 이러한 의미를 무시하는 것은 훈련되지 않은 자의 모습이다"(Dewey, 1917, p. 14). 두 진술을 함께 분석하면 예상했던 대로 듀이는 인간 경험의 연속성만을 설명하는 것이 아니라는 것을 알게 된다. 대신 그는 무엇보다도 그러한 연속성 속에서 (과거, 현재, 미래 중) 하나의 차원을 생각하려면 다른 두 차원도 동시에 고려해야 한다는 점을 강조했다. 우리는 상상력의 작용을 통해서만 지나간 일들을 되살리며, 여기에는 이런 작용과 관련된 상당한 정도의 불확실성과 개방성이 수반된다. 듀이를 이해하는 핵심은 (과거와 미래를 잇는) '상상적imaginative'이라는 용어에서 찾을 수 있다. 우리는 상상을 통해서 지나간 일을 기억할 뿐만 아니라 이러한 기억을 통해 자신을 미래로 투영할 수도 있다. 뿐만 아니라 우리는 상상을 통해서 과거의 일을 현재로 끌어오고 살아 있는 의미를 부여해서 되살린다. 이와 같이 우리는 과거의 일을 재구성하면서 가능한 미래의 틀을 그린다. 한센Hansen이 말했듯이

> 듀이는 '사이 공간the space between'이라고 부를 수 있는 것에 대한 깊은 호기심과 열정을 보여준다. 이 공간은 예전의 자아와 형성 중인 자아 사이에 존재한다. [...] 즉 주어진 것으로 여겨지던 삶의 방식과 현재 예술로 가득 찬 것으로 보이는 삶의 방식 사이에 위치한다. 듀이에게 있어서 이 공간은 깨어 있고 각성상태에 있는 모든 사람에게 매력을 발휘한다. (Hansen, 2009, p. 128)

더욱이 "어떤 행위가 지닐 수 있는 의미에는 한계가 없다"(Dewey, 1930/1916, p. 243)는 점을 기억할 때 열린 가능성의 지위는 과거와 미래 모두에 해당된다. 그러므로 듀이는 경험의 시간적 연속성을 전체적으로 열린 것으로 생각한다. 과거는 종료되어 닫혀 있고 미래는 열린 것으로 생각해야 할 이유가 없는 것이다. 듀이의 이해에 따르면 삶의 개방성은 총체적이다. 뢰머T.A.Rømer에 따르면

> 상상력은 [...] 원본(과거)의 재구성을 이루어내고, 이를 바탕으로 판단은 새로운 것을 형성하려고 한다. 이것은 행위와 결과 사이의 새로운 선형성을 만들어내는 새로운 어휘('미지의 세계로의 모험')이다.
>
> (Rømer, 2012, p. 146)

물론 우리는 과거의 행위를 바꿀 수는 없다. 그러나 "어떤 행위와 [...] 그 행위가 **지닐 수 있는** 풍부한 의미 사이의 차이보다 더 놀라운 것은 없다"(Dewey, 1930/1916, p. 243, 강조는 추가). 우리는 지나간 행위의 의미를 재구성하고 재상상하면서 우리 자신을 미래로 투영할 수 있다. 왜냐하면 "새로운 것과 낡은 것을 의식적으로 조정하는 것은 상상력이기 때문이다"(Dewey, 1980/1934, p. 272). 그러므로 교육을 항상 열려 있고 언제나 가능한 삶의 의미를 획득하는 수단으로 생각한다면 상상력은 우리의 관심을 받을 가치가 있다. 이번 장의 마지막 절에서 자세히 설명하겠지만 우리는 상상력을 통해서만 기존 형태의 삶에 도전할 수가 있다. 다음 절에서는 상상력과 탐구 및 지식의 관계를 분석할 것이다.

탐구와 지식

지금까지 듀이가 이해한 상상력은 다름 아닌 사실을 마음에 그리면서 그것을 '제대로 인식'(Dewey, 1930/1916, p. 276)할 수 있는 수단임을 주장하고자 했다. 더욱이 "모든 분야에서 이해의 수단"(ibid.)인 상상력은 우리가 환경과 접촉하는 주요 지점이기도 하다.

이 절에서는 상상력과 지식/탐구의 관계에 초점을 맞출 것이다. 처음부터 분명히 하고자 하는 것은 지식과 탐구에 있어서 상상력이 하는 역할을 분석함으로써 이러한 중요한 쟁점들에 대해 완벽한 분석을 제시하는 것을 목표로 하지는 않겠다는 것이다. 따라서 내 요점은 잠정적인 것이다. 나는 다음과 같은 사실에 초점을 맞추고자 한다.

a. 듀이에 따르면 상상력은 지식과 탐구가 출범하는 데 필수불가결하다.
b. 탐구와 지식이 출범하는 데 있어서 상상력이 하는 역할에 대해 분석하면서 이 문제들에 대해 기존과는 다소 다른 관점을 제시할 것인데, 이는 곧 이러한 문제들이 '본질적으로' 불확실하다는 사실을 시사하는 것이다.

듀이가 지식과 상징 및 상상력의 관계를 논의하면서 사용한 중요한 용어들이 있는데, 그것이 포함되어 있는 구절부터 시작하고자 한다.

상상력이라는 놀이가 동반되지 않는다면 직접적인 활동에서 표상적인 지식으로 나아갈 길이 없을 것이다. 상상력에 의해서 비로소 상징이 직접적인 의미로 번역되고 보다 구체적인 활동과 통합되어서 그 활동의 의미가 확장되고 풍부해진다.

(Dewey, 1930/1916, pp. 277-278)

이 진술이 중요한 이유는 여기서 듀이가 상상력을 a. 활동에서 지식으로, b. 상징에서 의미로 전환할 수 있는 접점으로 설정하고 있기 때문이다. 다시 말하면 상상력이 없이는 아무런 지식도 가질 수 없고 상징은 죽은 신호에 불과한 것이 될 것이다. '직접적인 활동'의 전체적인 의미를 이끌어내고 '상징'을 '직접적인 의미'로 번역하고 통합하는 것은 상상력을 통해 이루어진다. 물론 상상력이 이 과정과 관련된 유일한 수단은 아니다. 듀이는 동반되는 놀이에 대해서 언급하고 있다. 즉 상상력은 (다른 요소와 더불어) 이러한 활동에 참여하는 것이라고 말한다. 그러나 듀이의 저작에서 강조하는 바는 상상력이 이러한 활동에서 필수적인 역할을 한다는 것이다. 더욱이 상징을 직접적인 의미로 번역하는 것이 언어와 의사소통의 기초인 만큼, 우리는 "상상력이라는 놀이가 동반되지 않는다면 [...] 언어와 의사소통이라는 길 자체가 존재할 수 없을 것"이라고 말할 수 있다.

과학적 지식을 구축하는 데 있어 상상력이 하는 중요한 역할은 듀이의 『확실성의 탐구The Quest for Certainty』에서도 언급되고 있다. 그는 이 저서의 마지막 페이지에 자신의 이론적 노력을 요약하면서 (이 진술의 위치에 주목할 필요가 있다고 생각한다) 다음과 같이 말한다. 그의 진술에 따르면,

과학에는 일반적인 아이디어 혹은 가설이 필요하다. [...] 이것들은 새로운 관점을 열어주며 항상 우리를 제약하는 습관, 말하자면 현

실이 어떠한지 앞으로 어떻게 될지에 대한 비전을 제한하는 습관의 속박으로부터 우리를 해방시킨다. 이것들은 새로운 진실과 새로운 가능성을 보여주는 작업들을 지시한다. [...] 상상력의 날개가 꺾이거나 그것을 사용하는 것을 두려워하면 지식은 흔들린다. 과학의 모든 위대한 발전은 새롭고 대담한 상상력에서 비롯되었다.

(Dewey, 1929, p. 310)

이 구절은 그 자체로도 분명하지만 최소한 두 가지에 주목할 필요가 있다. 첫째, 듀이는 "과학의 모든 위대한 발전은 새롭고 대담한 상상력에서 비롯"되었고 "상상력의 날개가 꺾이거나 그것을 사용하는 것을 두려워하면 지식은 흔들린다"고 하면서 상상력을 지식과 과학의 핵심이자 출발점으로 분명히 규정한다. 나는 듀이의 과학을 이해하는 데 있어서 실험이 차지하는 중요한 역할을 과소평가하고 싶지 않다. 이는 듀이의 교변작용론이 실험이 작동하는 방식에 대해 혁명적인 설명을 제공해 주었기 때문이다(Biesta, 2007; Hickman, 2007). 대신 과학의 출발점이 바로 상상력이라는 점을 강조하고 싶다. 그러므로 새로운 가설이 만들어지고 이것이 지식과 과학의 영역으로 전환되는 것은 상상력의 주도적인 힘을 통해서이다. 또한 우리는 상상력을 통하여 "특정한 환경과 국소적인 한계가 초래하는 압력에서 벗어나" "새로운 진실과 새로운 가능성을 드러낼 수 있다". 듀이의 이해에 따르면 이 '새로운 가능성'은 단순한 가능성에 그치지 않고 사실의 문제가 된다. 왜냐하면 실제 상황에서 그 가능성들이 어떻게 기능하고 활용되느냐에 따라 현재가 다양한 모습으로 형성되기 때문이다. 아마 어떤 철학자도 미래와 새로운 가능성이 어떻게 현재를 이끄는 주도적인 힘이 되는지 이렇게 명확하게 밝힌 적이 없을 것이다. 이 문제에 초점을 맞추어 보면 듀이의 이해에서는 **현재가 미래를 결정하는 데 그다지 비중이 크지 않다. 오히려 미래에 대한 상상력의 비전이 현재를 형성한다.**

우리는 『민주주의와 교육』에서 지식과 상상력의 관계에 대한 또 하나의 단서를 발견한다. 여기서 듀이는 지식의 가치를 논의하면서 다음과 같이 말하고 있다.

> 모든 사고가 지식을 낳지만 궁극적으로 지식의 가치는 그것이 사고에 활용된다는 점에 있다. 우리는 완성된 세계가 아니라 현재 형성 중인 세계에 살고 있다. 이런 세계에서 우리의 주된 과업은 미래를 전망하는 것prospective이며, 여기서 뒤를 돌아본다는 것retrospect의 가치는 미래를 다루어나가는 데에 그것이 확실성, 안전성 그리고 생산성을 부여한다는 점에 있다.　　(Dewey, 1930/1916, pp. 177-178)

그렇다면 지식은 그 자체로 가치가 있는 것이 아니다. 지식의 가치는 '미래와 관계를 맺도록 하는 데'에 있다. 미래가 '상상에 의해 과거를 되살림'(Dewey, 1917, p. 14)으로써 형성되는 것이라면 지식은 상상력을 통해 미래를 전망하는 수단이라고 말할 수 있다.[4] 이 점은 위에 언급한 듀이의 저서 마지막 페이지에 나와 있는 주장에 의해 강화된다.

4　왜 현재를 미래로 투영해서가 아니라 과거를 되살림으로써 미래가 형성된다고 했을까? 듀이의 철학에서 상상력을 통해 과거를 되살리는 것과 현재를 미래로 투영하는 것은 상상력의 작용으로 서로 깊이 연결되어 있다. 과거의 경험은 상상력을 통해 현재로 소환되어 그 의미가 새롭게 해석되며 미래의 의미는 그런 현재를 기반으로 형성되는 데 그 중심에 상상력이 작용한다는 것이다. 이는 과거와 현재, 미래가 상상력을 통해 유기적으로 연결되어 있음을 말하는 것이다(옮긴이).

"지식의 내용은 이미 일어난 일, 완성되어 확정된 것으로 받아들여진 일을 다루지만 지식의 의미는 미래를 지향한다"(Dewey, 1930/1916, p. 397). 이는 지식의 내용이 미래를 대비하는 데 사용할 수 있는 가능성으로서의 어포던스affordance [5]에 종속되는 것이라면 그것은 미래를 형성하는 주도적 힘, 즉 상상력에도 종속된다는 것을 의미한다.

상상력은 지식이 구성되는 바로 그 과정, 즉 탐구에도 필수적이다. 듀이의 『확실성의 탐구』에는 이러한 관계를 직접적으로 확인할 수 있는 근거가 되는 구절이 있는데, 이 구절 전체를 인용한 다음 이에 대한 논평을 제시하겠다.

> 모든 반성적 탐구는 문제 상황에서 시작되며, 그러한 상황은 그 자체로는 해결될 수 없다. 해결되는 상황으로 진화하는 것은 상황 자체에서 찾을 수 없는 요소를 도입함으로써만 가능하다. 상상력에 의한 탐색이 첫 단계이다. 그러나 이것은 실존적인 통합과 조직화가 이루어지는 어떤 명백한 실험적 행위가 일어나기 전까지는 완전한 지식으로 귀결되지 않는다. (Dewey, 1929, p. 189)

여기에서도 듀이는 탐구가 상상력에서 시작된다고 말하고 있다. 이는 '문제 상황'이 무엇이든 간에 '자체의 조건으로는' 해결될 수 없기 때문이다. 즉 문제는 스스로 해결의 조건을 제시하지는 않는다. 이러

---

5   '어포던스(affordance)'는 행동을 유발하는 모종의 메시지를 가리키는 말로, 미국의 지각 심리학자 제임스 깁슨(James Gibson)이 1977년 처음 사용한 용어다. 특정 대상이 가지고 있는 본질적 · 외면적 속성이 우리에게 전해주는 무언가를 의미한다. 대상이 지닌 '어포던스'를 통해 우리는 여러 가지 행동을 하게 된다(옮긴이).

한 조건은 "상황 자체에서는 찾을 수 없는 요소가 들어옴으로써" 힘 있게 자리를 잡는다. 이 새로운 요소를 찾고 선택하여 문제 상황에 도입하는 수단이 바로 '상상력을 통한 탐색'이다. 물론 듀이는 이것이 단지 시작일 뿐이며 '어떤 명백한 실험적 행위'가 없으면 상상력을 통한 탐색은 결실을 맺지 못한다는 사실을 바로 지적한다. 그러나 문제 상황에 도입할 올바른 요소를 상상하고 계획하는 능력이 없다면 우리는 '명백한 실험적 행위'에서 작업할 요소를 전혀 손에 넣지 못할 것이다. 이것은 결국 분석의 주제가 무엇이든 상상력의 활용과 신장이 분석의 과정에 필수적임을 의미한다. 다시 말해 연구가 기계적인 활동과 다른 것이라면 그리고 교육이 또한 비판적 행위능력을 향상시키는 것이라면 어떤 논의에 진력하든 학생들은 상상력을 발휘해야 한다는 것이다.

탐구 과정에서 상상력을 활용하는 단계가 중요하다는 것을 강조함으로써 사고과정과 관련된 불확실성과 위험을 알게 되었다. 우리는 듀이가 일찍이 1910년에 **"사고의 힘[…]은 본능에 얽매인 동물로서는 불가능한 실패의 가능성을 인간에게 열어준다"**(Dewey, 1910, p.19)는 대담한 진술을 했음을 기억해야 한다. **이러한 불확실성을 인식함으로써 우리는 사고라는 광범위한 질문을 '탐구' 및 '반성적 사고'라는 질문과 동일시하며 '마음'을 지식의 생산으로, 경험을 '지적 경험'으로, 인간을 탐구자로 축소하는 것이 왜 오해를 불러일으키는지를 알게 된다.** 듀이의 『민주주의와 교육』에서는 이러한 불확실성과 함께 탐구와 지식의 형성에서 상상력이 어떤 역할을 하는지가 명확히 강조되고 있다.

데이터는 예측을 **불러일으키지만** 구체적인 데이터에 비추어서만 예측의 타당성을 판단할 수 있다. 그러나 예측은 실제로 경험 속에 주어진 것과는 다르며 그 이상의 의미를 가지고 있다. 데이터는 사실을 말하는 것이 아니라 장차 일어날 수 있는 결과와 앞으로 할 일을 미리 내다보는 것이다. [...] 추론은 항상 미지의 세계로 진입하는 문이며 알려진 것으로부터의 도약이다. 이런 의미에서 사고는 [...] 창조이며 새로운 세계로의 진입이다. (Dewey, 1930/1916, p. 186, 강조는 원문)

이 중요한 구절에서 몇 가지 측면을 강조해야 한다. 무엇보다도 데이터 자체가 증거를 나타내거나 생성하는 것은 아니라는 점에 주목해야 한다. 데이터는 "예측을 불러일으키고 [...], 사실을 말하는 것이 아니라 장차 일어날 수 있는 결과와 앞으로 할 일을 미리 내다보는 것이다." 따라서 데이터는 예측을 하는 데 작용하며 예측은 정의상 불확실한 것이다. 예측 또는 추론은 "항상 미지의 세계로 진입하는 문이며 알려진 것으로부터의 도약이다." 여기서 '진입'과 '도약'이라는 용어를 주의 깊게 해석해야 한다고 생각한다. 전자는 우리가 겪어야 할 일을 가리킨다. 무언가가 우리에게 진입해 들어올 때 이 무언가에 대해 어떻게 해야 할지 결정하는 것은 우리의 권한 밖에 있다. 오히려 이 무언가가 우리를 어떻게 해야 할지 결정한다. 후자, 즉 도약은 아마 그 근본적인 의미는 덜 분명하지만 우리를 불안하게 하기는 마찬가지일 것이다. 실제로 도약에는 착륙 지점을 알지 못할 가능성, 중요한 것은 착륙의 불확실성이 수반된다는 것이다. 말하자면 도약할 때 어디에 어떻게 착륙할지, 과연 착륙은 할 수 있을지 알 수 없다는 것이다.[6] 그러므로 이 두 용어를 결합하면 논리적 사고와 탐구의 수단, 즉 추론이

---

6   교육과 관련된 도약에 대한 사려 깊은 분석은 Ramaekers and Vlieghe(2014)를 참고.

전혀 확실하지 않다는 분명한 인상을 준다. 추론의 상태는 항상 잠정적일 뿐만 아니라 여기에는 위험과 고통도 수반된다. 그러나 듀이의 교육철학에 충실할 때 우리가 겪는 것과 위험은 창의성과 미래로 나아가는 관문이기도 하다. "사고는 [...] 창조이며, 새로운 세계로의 진입이다." **미심쩍은 것이 없다면 새로운 것도 없을 것이고, 따라서 교육도 없을 것이다.**

탐구가 미래를 지향하고 있다는 것은 『경험과 자연』에서도 명확하게 드러난다. 여기에서 감각지각의 특성과 질성을 논하면서 듀이는 이렇게 말한다. "탐구의 궁극적인 필요성은 무엇을 해야 할지 알아내거나 상황의 요구 사항에 적절하게 조정된 대응방법을 개발할 필요성에서 찾을 수 있다"(Dewey, 1929/1925, p. 339). 다시 말하면 우리의 활동방식은 미래의 구성과 관련하여 찾아야 한다. 우리는 "무엇을 해야 할지 알아냄으로써" 자신을 미래로 투영한다. 중요한 것은 9년 전 듀이가 이러한 발견을 정서적 의미와 함께 '상상력으로 예견된 것'으로 분류했다는 것이다(Dewey, 1930/1916, p.147). 상상력을 통해 우리는 현재 상황에 대한 적절한 대응을 계획할 수 있으며, '대담한 상상력'(Dewey, 1929, p. 310)을 통해 과학의 영역과 생활 분야에도 새로운 가설을 제시할 수 있다.

우리는 의미 인식의 과정에 대한 듀이의 설명에서 탐구와 상상력을 연결할 수 있는 간접적인 또 하나의 근거를 확인할 수 있다. 이 구절을 인용한 다음 논평을 제시할 것이다.

> 인식된 의미를 확인하고 구별하는 것으로서의 인식은 [...] 지식을 얻는 행위의 전제 조건이다. 인식된 의미가 없으면 아무것도 알 수가 없으며 탐구가 지향해야 할 방향이 어디인지, 탐구가 어느 분야에 의미를 확인하고 구별하는 것으로서의 인식은 앎이라는 행위를 위

한 선행 조건이다. 앎의 기초로서 인식된 의미가 없으면 앎을 위한 기반이 존재하지 않으며, 탐구가 나아가야 할 방향이나 탐구가 속하는 세계에 대한 단서를 제공받을 수 없기 때문이다. 그러나 인식 recognition은 인지cognition가 아니다.[7] [...] 인식이란 다른 상황에서 검증된 의미를 재확인re-instatement하는 것이다.

(Dewey, 1929/1925, p. 32)

여기서 듀이는 "인식된 의미가 없으면 아무것도 알 수 없기 때문에" 탐구와 지식은 "의미의 재확인"에 기반을 둔다고 말한다. 중요한 것은 인식이 탐구에 방향을 제시하고 탐구가 일어나는 공간의 틀을 구성한다는 것이다. 상상력은 a. "의미가 현재의 상호작용으로 들어올 수 있는 [...] 유일한 관문"(Dewey, 1980/1934, p. 272)이고 b. 과거의 의미를 현재의 상호작용에 투영할 수 있는 주도적 힘이라는 점을 기억한다면 이러한 상상력이 바로 인식 행위의 기초이기도 하다는 것이 분명해진다. 따라서 상상력은 탐구를 실행하는 데 필수적이다.

선택과 투영

이 절에서는 선택과 미래로의 투영이라는 두 가지 핵심적인 교육의 요점을 다룬다. 나는 선택과 투영의 기반인 예측에 대한 분석을 시작

---

7 인식(recognition)이 우리 기억 속에 내재된 지식과 정보를 다시 호출하거나 이미 알고 있는 의미나 패턴을 재확인하는 과정이라면, 인지(cognition)는 문제 해결, 판단, 추론, 학습 등 새로운 정보를 습득하거나 이해하고 처리하는 과정이다(옮긴이).

으로 이 예측 활동이 어떻게 상상력을 통해서만 이루어질 수 있는지 논의할 것이다. 다시 『민주주의와 교육』에서 발췌한 구절에서 시작한다. 흥미interest 와 도야discipline 의 관계를 분석하는 장에서 듀이는 다음과 같이 말한다.

> '흥미, 애착, 관심, 동기부여' 같은 단어들은 예견된 결과가 개인의 운명에 대하여 갖는 의미와 가능한 결과를 얻기 위하여 행동하려는 열의를 강조해서 표현한 것이다. [...] 그러나 능동적인 존재, 즉 사태의 결과로부터 초연하게 떨어져 있는 것이 아니라 사태에 동참하는 존재에게는 개인으로서 반응할 여지가 있다. 상상으로 예측된 차이가 바로 '현재'의 차이를 만들며, 이는 관심과 노력으로 나타난다. [...] 우리는 객관적인 예측의 측면을 지적인 것이라고 부르고 개인적인 관심의 측면을 정서적 혹은 의지적인 것이라고 부를 수 있지만 실제 상황에서는 구분되지 않는다. (Dewey, 1930/1916, p. 147)

이 구절의 핵심이 되는 문장은 "상상으로 예측된 차이가 바로 '현재'의 차이를 만든다"라고 생각한다. 실제로 인간의 분투striving 와 노력 그리고 갈망을 이끄는 것은 바로 이러한 차이다. 이 구절을 분석해 보면, "자신의 운명"에 관심을 갖는 존재는 자기가 한 행동의 결과에 '참여하는' 존재라는 것을 알 수 있다. 이러한 참여는 바로 예측, 즉 우리의 행동이 미래에 미칠 영향을 상상을 통해 투영하는 지적 능력과 이러한 투영에 수반되는 정서적 관심에 의해 가능하다. 다시 말하면, 지적인 예측 그리고 이 예측과 관련된 정서적, 의지적 관심은 모두 상상에 의한 투영에 기반을 두고 있다. 이러한 투영이 '현재의 차이를 만든다'는 사실을 이해하는 것이 중요하다. 말하자면 상상으로 예측된 차이가 **현재의** 행위를 결정한다.

또한 "상상에 의한 미래의 예측"은 『인간성과 행위』의 핵심 구절에서도 초점이 된다. 듀이는 숙고의 문제를 논의하면서 다음과 같이 말한다.

> 미래의 결과는 확실하지 않다. 마찬가지로 현재의 불꽃이 미래에 어떻게 될지도 확실하지 않다. [...] 그러나 그 경향성, 즉 특정 상황에서 그것이 어떻게 될지는 알 수 있다. [...] 우리는 결과를 관찰하고 우리가 관찰한 것을 기억하며 그 기억을 바탕으로 미래에 대해 상상에 기반한 예측을 구성할 수 있다. 이 과정에서 제안된 행위의 질성을 판단하기 위해 미래에 예상되는 결과에 대한 사고를 활용한다.
>
> (Dewey, 1922, pp. 206-207)

여기서 "상상에 기반한 예측을 구성하는 것"은 현상의 결과를 관찰하는 것에서 시작하여 그 결과에 대한 상상적 회고를 거쳐 최종적으로 이 회고를 활용하여 상상에 의한 예측을 하는 방식으로 진행되는 과정의 마지막 단계이다. 듀이의 재구성에 관한 개념에서 볼 때 상상력이 상실되면 기본적인 특징에 있어서 미래를 예측할 수 있는 능력마저도 상실된다는 것을 분명히 알 수 있다. 덧붙여 상상력에 의해 형성되는 과거와 미래 사이의 이러한 관계는 반성적 사고가 일어나기 위해서도 필수적이라는 점에 주목하고자 한다. 듀이는 『우리는 어떻게 생각하는가』에서 반성적 사고를 정의하면서 다음과 같이 말한다. "반성적 사고는 어떤 믿음이나 지식으로 추정되는 어떤 것을, 그 믿음이나 지식을 뒷받침하는 근거와 그 믿음이나 지식이 이끌어내는 추가적인 결론들에 비추어서 적극적이고 지속적이며 신중하게 검토하는 것이다"(p.6). 따라서 반성적 사고는 주어진 지식, 즉 기존 형태의 지식과 "후속적인(즉 미래의) 결론" 간의 지적인 연속성, 말하자면 위에서 논의한 것처럼 상상력에 기초한 연속성이라는 측면에서 명확하게 정의된다.

미래에 대한 질문은 우리를 선택과 숙고의 문제, 즉 미래를 어떻게 형성할 것인가 하는 문제로 이끈다. 듀이는 『인간성과 행위』에서 다음과 같은 질문을 통해 이 문제에 직접적으로 접근한다.

> 그렇다면 선택이란 무엇인가? 단순히 상상 속에서 실제 행동으로 이어지는 데 적절한 자극을 제공하는 대상을 찾아내는 것이다. 선택은 어떤 습관이나 충동(또는 그 요소들의 조합)이 완전히 열린 길을 만나는 순간 이루어진다. (Dewey, 1922, p.192)

여기서 듀이는 바로 선택의 과정에 대해 다소 기계적인 설명을 제시하고 있는 것 같다. 선택을 "단순히 어떤 대상을 [...] 찾아내는 것 hitting upon"으로 보고 있다. 이 문제에 초점을 맞추어 보면 듀이는 '목표를 달성하고 그다음 단계로 넘어간다'는 시험 논리의 핵심을 찌르고 있다고 말할 수 있다. 습관이나 충동이 "완전히 열려 있는 길"을 찾을 때 선택이 이루어진다.

듀이의 설명이 더 심층적이고 복잡하다고 주장하기에 앞서, 나는 목표를 달성하는 작업 자체가 상상 속에서 그리고 상상을 통해서 이루어진다는 점과 동시에 상상력은 이러한 성취가 이루어지는 공간이

자 수단이란 점을 강조하고자 한다. 그러므로 과제가 어려울수록 이를 성취하는 데 더 많은 상상력이 필요하다. 그러나 위의 진술을 듀이의 "숙고"에 대한 논의라는 더 넓은 맥락에 자리매김해야 하기 때문에 문제는 더 복잡해진다. 결국 이 논의는 상상력을 생존을 위한 "필수 기술", 즉 (일부러 도전적인 용어로 나타낸다면) "삶을 위한 기술"이라고 확실히 틀 지을 수 있다. 듀이는 숙고에 대해 논의하면서 다음과 같이 진술한다.

> 숙고는 상충하는 다양한 행동노선을 (상상 속에서) 극적으로 시연하는 것이다. [...] 숙고는 그 다양한 행동노선들이 실제로 어떤 것인지 알아내는 실험이다. 이는 선택된 습관과 충동의 요소들을 다양하게 조합하여 상상 속에서의 행동이 실제 행동으로 옮겨진다면 어떤 모습으로 나타날지 알아보는 실험이다. 그러나 이러한 시연은 실제 사실이 아니라 상상 속에서 이루어지는 것이다. 상충하는 각각의 습관과 충동들은 차례로 상상의 스크린에 자신을 투영한다.
>
> (Dewey, 1922, p. 190)

여기에서 듀이는 상상력을 직접적인 행동의 결과를 예상할 수 있는 수단으로 명확하게 정의한다. 그러므로 우리는 상상에 의해 마음속에서만 행동의 결과를 경험한다. 실제로 상상력을 활용함으로써 "우리는 상상 속의 행동이 실제 행동으로 옮겨진다면 어떤 모습으로 나타날지 알 수가 있다." 이와 관련해서 듀이는 인간이 자신을 아이디어로 대체함으로써 아이디어가 자기 대신 죽게 할 수 있음을 분명히 알고 있다. 이것은 아마도 **안전과 정확성에 묶여 있는 동물의 본능**에 대해 인간이 가지고 있는 진화론적 이점일 것이다.[8] 상상 속에서 행동을 시연하고 "실제 행동은 잠시 멈춤으로써" 우리는 모든 가능한 결과를 직접 겪어보지 않고도 '옳은' 가능성을 선택할 수 있다. 이 '시연'과 '실험'은 "상상의 스크린에서" 발생한다. 이 과정은 상상력만으로 실행할 수 있음을 강조하고자 한다. 또한 이 일은 삶과 죽음의 문제였으며 지금도 그렇고 앞으로도 그럴 것이다. 따라서 우리가 여기 "위험하고 [...] 끔찍한" 세계(Dewey, 1929/1925, p. 42)에 직면해 있다면, 그것은 상상력이 그렇게 인식하도록 효과적으로 그 역할을 수행해 왔기 때문이다.

　듀이의 관점에 따르면 인간은 지구상에 출현한 이래로 이런 우연의 세계에 던져졌는데(Rømer, 2013), 이것은 생존하는 데 효과적인 대응을 요구하는 "즉각적이고 잠재적인 위험의 세계"(Dewey, 1929/1925, p. 71)이다. 생존을 위해서는 불안정하고 불확실한 상황을 보다 안정적이고 명확한 상황으로 전환시켜 경험의 흐름에서 안정된 요소들을 찾아내야 한다. "불확실한 상황들은 혼란과 모호 및 갈등으로 특징지어지며 생존을 위해서는 상황이 명확해져야 한다. 불안정한 상황 자체는 해결방법에 대한 실마리나 단서를 제공하지 않기 때문에 명료화가 필요한 것이다(Dewey, 1929, p. 185). 인간은 전인지적pre-cognitive 경험을 "그 구

8　'자신을 아이디어로 대체함으로써 아이디어가 자신을 대신하여 죽게 할 수 있다'는 말은 자신의 어떤 아이디어가 만족스럽지/마땅하지 않을 때 그 아이디어를 버리고 다른 아이디어를 선택함으로써 자신을 지킬 수 있다는 의미이다. 이는 **인간의 사고가 지닌 유연성**을 말하는 것으로 볼 수 있다. 반면에 동물의 본능은 소위 '안전과 정확성'에 묶여 있어 본능으로 해결하지 못하는 문제 상황에 제대로 대처할 수가 없다. 우리나라에서는 가슴 아픈 '세월호' 사건을 통해서 종래의 교육에 대해 많은 비판이 제기되었다. 그러나 문제해결을 위한 정확한 매뉴얼을 제공하는 것을 좋은 교육으로 보는 풍토는 여전히 사라지지 않고 있다. 저자는 듀이의 관점을 끌어들여 이런 형태의 교육을 비판하고 있다(옮긴이).

성요소의 수정을 통해" 인지할 수 있는 통제 가능한 경험으로 수정해야 한다(Dewey, 1938, p. 118). 첫 번째 절에서 지적했듯이 이렇게 수정하려면 상상력을 활용해야만 가능하다.

더 많은 증거를 제시하기 위해 다시 『인간 본성과 행위』에서 발췌한 또 다른 구절을 인용하겠다. 여기서는 상상력이 우리가 활용할 수 있는 또 하나의 '효과적인' 수단임을 보여준다.

> 선택은 무심한 가운데 선호가 출현하는 것이 아니라 상충하는 선호들이 통합되어 나타나는 것이다. [...] 상상력이 행위의 객관적인 objective 결과를 그려내고pictures 그 결과가 적절한 자극을 제공하여 결정적인 행동을 촉발할 때 선택의 순간이 도래한다.
>
> (Dewey, 1922, p. 193)

위의 진술과 관련하여 'pictures(그리는 것)'와 'objective(객관적)'라는 용어가 사용되고 있는 것에 주목하고자 하는데, 그 이유는 이 조합이 처음에는 일종의 충돌을 이루는 것처럼 보일 수 있기 때문이다. 상상 속에서 무언가를 그리는 것은 우리에게 익숙한 객관성이라는 생각과 거의 맞지 않는다. 그러나 '객관적'이라는 용어가 선택을 투영하여(마음속에 그리고) 평가하는 과정에서 최종적으로 산출되는 것을 나타낸다는 점에서 이러한 충돌은 단지 피상적일 뿐이다. 실제로 숙고는 데이터를 '처리'하여 "가능한 활동 과정을 마음속으로 그리면서 선택하지 않을 것들을 제거하고 구성요소들을 재조직하는" 능력이다(Dewey, 1922, p. 194). 이 과정은 삶과 세계가 이런 식으로 형성되기 때문에 효과적인 것이다. 말하자면 삶과 환경에서 우리가 일구는 변화는 주로 상상력으로 그려진다. 따라서 "상상에 의해 미래를 예측하는 것은 이렇게 현재의 안내로서 앞을 내다보는 행동의 특성이다"(Dewey, 1917, p. 13).

상상력을 활용하는 것은 효율성에 영향을 미칠 뿐 아니라 효과성과도 깊은 관련이 있다. 듀이는 『민주주의와 교육』마지막 페이지에서 새로운 개념 및 가능성과 관련하여 다음과 같이 말하고 있다.

> (지난 수세기 동안) 인간은 그전에 지식으로 통용되던 것을 출발점으로 삼아서 그것이 기초로 하고 있던 근거를 비판적으로 조사하는 일을 해왔다. 그들은 예외적인 것에 주목했다. 그들은 새로운 기기를 써서 그전에 자신이 믿었던 것과 어긋나는 자료들을 들추어내었다. 그들은 상상력을 동원하여 선조들이 신뢰했던 것과는 다른 새로운 세계를 마음에 그렸다. 그들은 조금씩 소규모로 한 번에 한 문제씩만 처리했다. [...] 이때 일어난 것은 지적 습관의 재조직으로, 이는 그 이전과의 모든 관련성을 단절했던 것보다 **훨씬 효율적인** 것이었다.
>
> (Dewey, 1930/1916, pp. 345-346, 강조는 추가)

따라서 상상력은 다양한 세계를 그려보는 데 중요할 뿐만 아니라 추후 더 자세히 논의하겠지만 '훨씬 더 효율적인' 지적 성향을 기르는 데에도 중요하다. 다시 말하면 효과성/효율성에 기반을 둔 습관과 상상력/개방성에 기반을 둔 습관 중 하나를 선택해야 하는 것이 아니라, 효과적인 반응과 효율적인 습관 모두가 상상력에 기반하고 이를 통해 형성된다는 것이다. 유일한 차이점은 상상력과 효과성 및 효율성을 얼마나 지적으로 사용하느냐이다.

예측 불가능한 교육의 측면

이 절에서는 예측 불가능성과 교육의 관계를 밝히고자 한다. 이러한 관계를 이해하기 위해 먼저 듀이의 『경험과 자연』 2장에서 다룬 "존재에 있어서의 변화와 안정"의 관계에 초점을 맞출 것이다. 여기서 다음 구절을 확인할 수 있다.

> 우리는 예측과 통제를 가능하게 하는 충족성과 빈틈없는 완전성, 질서와 반복 그리고 특이성과 모호성 및 불확실한 가능성, 확정되지 않은 결과로 이어지는 과정들이 인상적이고 불가항력적으로 뒤섞인 세계에 살고 있다. 그것들은 기계적으로가 아니라 밀과 가라지의 비유처럼 총체적으로 섞여 있다. 우리는 그것들을 분리해서 인식할 수는 있지만 실제로 나눌 수는 없다. 왜냐하면 밀과 가라지의 경우와는 달리 그것들은 같은 뿌리에서 성장했기 때문이다. 질성quality은 그 탁월성의 필수 조건으로 결함을 가지고 있으며, 진리의 도구는 오류의 원인이 되고, 변화는 영속성에 의미를 부여하며, 반복은 새로운 것을 가능하게 한다.   (Dewey, 1929/1925, p. 48)

이 구절에서 듀이는 자연과 존재에 대한 자신의 철학에 뿌리내리고 있는 두 가지 상반된 작업을 수행하고 있다. 한편으로는 의미 있게 살아갈 수 있는 인간의 능력에 대한 신뢰를 중시하고 있는데 어떤 의미에서 이러한 신뢰는 듀이의 진술에 스며들어 있는 믿음, 즉 우리 앞에 펼쳐진 넓고도 깊은 하나의 가능성이라고 생각할 수 있다. 듀이의 진술을 특징짓는 것은 생생한 발견의 과정, 즉 모험의 분위기이다. 그러나 다른 한편으로 이 구절의 분위기는 결코 평화로운 것이 아니다. 듀이는 **확실한 것과 불확실한 것, 우수한 것과 결함 있는 것, 변화와 영속성을 단호하게 분리하는 것이 쉽지 않으며 불가능하기까지 하다는 점을** 거듭 강조한다. 이것들은 "같은 뿌리에서 성장했기 때문이다." 듀이의 진술을 확장하면, 확실한 것과 불확실한 것을 명확하게 구분하려고 하면 우리는 그것들이 가진 중요한 공통의 뿌리를 자르는 위험에 처하게 된다고 할 수 있다. 듀이가 말했듯이 **변화와 영속성을 분리해서 인식할 수는 있지만 "그것들을 나눌 수는 없다"**. 이는 생각과 행동의 핵심에는 항상 예측할 수 없는 것이 남아 있다는 의미이다. 즉 인간이 의미 있게 행동할 수 있고 자신의 목표를 추구하고 실현하며 우수한 것과 결함 있는 것을 효율적으로 구분할 수 있다고 하더라도 그러한 구분은 절대적인 것이라기보다는 어디까지나 기능적인 것이다. 말하자면 그 구분은 '지금 여기에서' 임시방편으로 유효한 것일 뿐 일반적이고 객관적으로 구분하는 것은 타당하지 않다. 듀이의 교변작용론에 따르면 우리는 행동을 통해서만 무언가를 알게 되기 때문이다(Biesta & Burbules, 2003). 사실 이 관점에서 보면 지식이란 바로 행동과 결과 간의 관계를 인식하는 것이다. 그러므로 어떤 생각이나 행동에는 근본적으로 예측할 수 없는 무언가가 그 근원에 놓여 있다고 말할 수 있다. 그러나 듀이의 교육철학을 충실히 따르면 불확실성과 위험은 창의성과 미래로 나아가는 문이기도 하다. 그가 『민주주의와 교육』에서 말했듯이 "사고는 [...] 창조하는 것, 즉 새로운 세계로 진입하는 것이다"(Dewey, 1929/1925, p. 186).

중요한 것은 듀이의 이 구절이 삶에 대한 최종적이고 영구적인 이해를 약화시키는 역할도 한다는 점이다. 세계는 충족성과 빈틈없는 완전성, 질서와 반복 그리고 특이성과 모호성 및 불확실한 가능성들이 압도적으로 어쩔 수 없이 뒤섞여 있어서 항상 우리의 이해를 초월한다고 보기 때문이다. 소극적으로 말하자면 이해는 항상 불확실하다. 적극적으로 말하자면 세계의 이러한 초월성은 아름다움과 흥미의 근원이며 동시에 모든 형태의 전체주의적 사고에 대한 저항의 여지로 남아 있게 된다.[9] **세계에는 사고를 통해 이해할 수 있는 것보다 더 많은 것이 항상 존재한다.**[10]

이 구절에는 중요한 교육적 의미가 담겨 있다. 첫째, 가르치고 교육

---

9   저자는 세계를 완전히 이해하려 하고 또 그렇게 할 수 있다는 관점을 전체주의로 규정하면서 이와는 달리 세계에는 불확실하고 모호한 부분이 남아 있다고 보는 것이 전체주의적 사고를 막아주는 보루가 된다고 주장한다(옮긴이).

10   비에스타는 그의 최근 저서 『Democracy and Education Revisited: Dewey's Democratic Deficit』(Biesta, 2016)에서 듀이의 교육과 민주주의의 관계에 대한 설명을 논평하며 민주주의를 위한 교육이 무엇인가 그리고 그것이 무엇을 수반하는가 하는 문제에 대한 참여가 부족하다는 문제를 제기한다. 비에스타의 견해에 따르면 유사한 문제가 교육에 대한 듀이의 이해에도 영향을 미친다. 비에스타는 "듀이의 연구에는 우리가 민주주의를 위해 어떻게 교육해야 하는지에 대한 질문을 다룬 내용이 사실 상대적으로 적다" 그리고 "듀이는 민주주의 교육에 대한 이론을 실제로 가지고 있지 않은 것 같다"고 하였다. 나는 결국 듀이는 민주주의 교육이 무엇인지 그리고 그것이 무엇을 수반하는지에 대한 완성된 이론을 제시하지 않으며, 그의 연구에서 교사의 역할, 위치 그리고 업무에 대한 명확하고 잘 정의된 설명을 찾는 것은 불가능하다는 점에서는 비에스타의 주장에 동의하지만, 왜 이것이 결여되어 있는지에 대해서는 의견이 갈린다. 내가 보기에는 듀이는 교육과 민주주의가 무엇인지 그리고 그것이 무엇을 수반하는지를 '명확히 규정하는 것'에만 관심을 두고 있는 것이 아니라 오히려 교육과 민주주의가 무엇인지 그리고 그것이 무엇을 수반하는지를 '명확히 규정하지 않는 것'에도 관심을 두고 있다. 말하자면 듀이의 설명에서 이러한 문제는 근본적으로 열려 있는 상태로 남아 있으며, 이는 듀이의 호소가 무엇보다도 교육, 교수법 그리고 민주주의의 개방성과 근본적인 가능성을 향한 것이기 때문이다. 나는 이런 호소를 비에스타의 저술에서도 발견할 수 있다고 강조하고 싶다. 분명히 말하자면 비에스타가 교수법에 대한 듀이의 관심 부족과 민주주의와 교육의 관계에 대한 경험적 참여 부족을 보는 지점에서 근본적인 개방성이 나타난다. 그러나 논의를 더 잘 정리할 필요성이 종료되는 지점과 개방성이 시작되는 지점이 어디인지는 해석과 지속적인 논의가 필요한 문제이다.

할 때에는 자신이 실천하고 중요하게 생각하는 모든 행위의 뿌리에 놓여 있는 불확실성을 염두에 두어야 한다. OECD에서는 사전에 계획된 변화를 추구하기 위해 학생들로 하여금 미리 정해진 일련의 기술을 습득하도록 하는 것을 교육으로 규정하고 있는데, 겸손에 대한 요청과 같이 이러한 사실을 항상 상기시키는 것은 OECD의 설명에 만연해 있는 교육에 대한 이와 같은 직설적인 요구를 약화시키는 역할을 한다. 둘째, 변화와 불확실성은 교육을 포함해서 세계의 '중요한' 뿌리에 존재하고 있기 때문에 이들은 또한 학습의 목표가 되어야 한다. 즉 학습은 변화를, 나아가 예측 불가능성을 지향해야 한다. 여기서 학습은 주어진 내용과 기술을 습득하는 것과도 관련이 있으며 그것이 없으면 사회화와 새로운 문화 도입 또한 불가능할 것이라는 점을 무시하고 싶지는 않다. 학습은 어쩔 수 없이 암기와 반복적인 활동들을 수반한다. 문제는 그러한 활동들이 학습의 과정에서 어떤 성격과 위치를 가져야 하는가이다.

사실 듀이의 관점에 따르는 학습은 특히 예상치 못한 상황과 관련이 있다. 교육도 그렇지만, 학습은 불확실성에 기반을 두면서 동시에 불확실성을 지향한다. 이는 선행조건을 밝히는 일 혹은 근거를 찾거나 인지된 대상과 상황의 '출발지점'을 알아내는 것이 학습의 목적이 아니기 때문이다.[11] 오히려 배움의 과제는 미래를 지향하고 전망

---

11 이것은 교육이 다른 인간 활동, 가령 의료와 다른 점 중의 하나라고 할 수 있다. 말하자면 진료행위의 경우에는 질병의 원인을 밝히는 것이 핵심이지만 교육활동은 인과관계에 의해서 진행되지 않는 측면이 있음을 말하는 것이다. 교육자들은 일반적으로 교육에 어떤 문제가 발생하면 그 원인을 찾으려는 일에 우선적인 관심을 기울이는 수가 많으나 저자는 이러한 인과관계의 프레임에서 벗어날 때 오히려 교육의 '아름다움'과 '전체주의적 사고'로부터 자유로울 가능성이 열린다는 점을 강

하는 것이다. "탐구의 궁극적인 필요성은 무엇을 해야 할지 알아내거나 상황의 요구에 적합한 대응책을 개발하는 데 있다"(Dewey, 1929/1925, p. 338). 우리는 직면한 문제의 가능한 해결책을 찾고 검증하는 과정에서 문제나 상황이 무엇인지 이해하기 시작한다. 이는 듀이가 분석적 사고로서의 철학에서 실용주의적 교변작용으로서의 철학으로 전환한 결과들 중 하나이다. 그러므로 **학습은 지식을 발견하는 것이 아니라 삶과 지식을 확장하는 것이다.** 그래서 **배움은 어떤 의미에서 불확실성을 초래한다. 이는 배움이 교육 받는 주체를 미지의 영역, 때로는 알 수 없는 영역으로 나아가게 하는 것이기 때문이다.**

이러한 전제를 받아들인다면 교사도 또한 새로운 학습이 일어날 수 있는 상황을 만드는 일에 전력해야 한다. 모든 상황의 핵심에는 예측 불가능성이 있기 때문에 그러한 새로움은—진정한 새로움이어야 한다면—교사와 교육자에게도 새로움이어야 한다. 이것은 일종의 역설로 보일 수 있다. 교사와 교육자는 학습을 향상시키고 촉진하기 위해 자신들이 **그 모든 측면을 지배하고 통제하지 못하는** 어떤 상황과 반성적 틀, 대본 같은 것을 만들어내야 한다. 여기서 나는 교사가 자신의 위치와 활동 그리고 교사와 학생 사이에 필요한 비대칭성에 대해 인식하지 못하는 일종의 비구조적인 학습이 지속되는 것을 지지하지는 않는다는 점을 분명히 하고자 한다. 그러한 가르침은 최선의 경우에도 무책임하지는 않더라도 무의미한 것이 될 것이다. **교사들은 자신과 학생**

조하고 있다. 이는 교육에는 아무런 원인도 존재하지 않는다는 것이라기보다는 하나의 원인 혹은 고정된 원인에 의해서 교육이라는 활동이 전개되지 않는다는 뜻이다. 즉 실천에 앞서 문제의 원인을 먼저 찾고 문제의 본질을 규명하려 할 것이 아니라, 현재 직면한 문제의 가능한 해결책을 찾고 검증하는 과정에서 문제가 무엇인지를 이해하는 것이 올바른 순서임을 말하고 있다(옮긴이).

이 무엇을 하고 있는지 알고 있어야 하며, 따라서 교실에서 이루어지고 있는 활동에 대해 필요한 수준의 통제력을 행사해야 한다. 그들은 유능하고 능숙해야 하지만 상황을 지배하기 위해 사용해야 하는 능력과 지식의 영역에만 논의가 제한되어서는 안 된다. 왜냐하면 듀이의 관점에서 볼 때 상황은 이미 항상always-already 지식의 배후와 너머에 있으며 지식은 상황 의존적이기 때문이다. 약간 다르게 표현하여 만일 교사들이 모든 측면에서 교육의 상황을 지배하고 통제할 수 있다 하더라도—앞에서 주장했듯이 이는 이론적으로나 실제적으로 불가능하다—이것이 가장 바람직한 교육의 상황은 아닐 것이다. 그렇게 되면 새로운 것, 듀이가 '세계에 새로운 것이 탄생할 수 있다'고 표현한 공간을 만들 수 있는 기회를 상실할 것이다(1980/1934, p. 267). 그렇게 되면 우리는 단지 미리 정해진 것을 성취하기 위해 정해진 경로right track 에 서 있는 것에 불과하다.

상황을 완전히 통제할 수 없다는 것은 듀이가 『논리학 Logic』에서 설명한 '경험의 세계'와 '담론의 세계'의 관계를 이루는 기반이기도 하다. 다음 구절에 주목해 보자.

> 경험의 세계는 담론의 세계의 전제조건이다. 경험이라는 통제 장치가 없으면 어떤 구체적인 특징이나 관계의 타당성, 중요성 또는 일관성을 판단할 방법이 없다. 경험의 세계는 담론의 세계를 둘러싸고 규제하지만 그 자체로는 결코 담론의 세계 안에 모두 담기지 않는다.[12]
>
> (Dewey, 1938, p. 68)

---

12   경험의 세계는 담론의 세계의 배경으로 작용한다는 의미이다(옮긴이).

이 구절은 지식에서 '질성적qualitative'이라는 개념이 수행하는 역할에 대한 보다 폭넓은 논의의 일부이다. 세 가지 진술로 구성되어 있는데, 모두 담론적 지식이 담론 외적 영역에 의존하고 있음을 설명하는 내용이다. 핵심은 이 구절의 뒷부분에 있는 것 같다. "경험의 세계는 담론의 세계를 둘러싸고 규제하지만 그 자체로는 결코 담론의 세계 안에 모두 담기지 않는다." 이는 모든 담론의 규제 및 통제 조건이 담론의 언어로는 번역될 수 없다는 의미이다. 다시 말해 모든 담론을 통제하는 것은 담론 바깥, 즉 담론을 통해 표현될 수 없는 영역에 있다는 것이다. 이러한 비담론적 세계는 과학적 담론이건 과학 외적 담론이건 우리가 진행하는 모든 담론에 강력한 영향을 미친다. 듀이에 따르면, "경험이라는 통제 장치가 없으면 어떤 구체적인 특징이나 관계의 타당성, 중요성 또는 일관성을 판단할 수 있는 방법이 없다." 어떤 것이 얼마나 중요한지는 담론적 조건 외부의 요소에 의해 결정될 뿐 아니라, 심지어 담론적 지식의 '정합성'이나 내적 일관성조차도 담론 자체에 기반하고 있지 않으며 그 경계 외부의 어떤 것에 의해 통제된다. 실제로 듀이는 의식보다 경험이 더 중요하다고 거듭 강조했다. 물론 이러한 사실이 탐구와 지적 행동에 대한 듀이의 확고한 믿음을 부정하는 것은 아니다.

듀이는 탐구와 지적 행동을 환경과 상호작용함으로써 의미 있는 존재를 만드는 수단으로 보았다. 듀이의 이해에 따르면 주체는 경험에 대해 성찰하고 그것을 통해 새로운 행동방식을 발전시킴으로써 경험을 확장할 수가 있다. 듀이가 경험의 세계와 담론의 세계의 관계에 관한 논의에서 밝혀주는 것은 탐구와 지적 행동에 대한 믿음과 더불어 사고의 핵심에는 피할 수 없는 불확실성이 있다는 점이다. 듀이에 따르면 어떤 의미에서 경험은 우리 자신을 초월한다. 즉 우리가 무엇을 알게 되든지 경험은 항상 우리 지식의 이면에 있고 우리 자신을 초월해 있다. 말하자면 경험과 지식 사이에는 항상 차이가 있을 것이며 그 차이란 이러한 경험에 남아 있는 알 수 없는 잔여물을 가리킨다.

그러므로 **교육적으로 학교가 단순히 주어진 과제를 관리할 수 있도록 구조화된 내용을 배우는 곳이 아니라면 비구조화된 활동을 위한 공간, 새로운 경험이 일어날 수 있는 공간이 되어야 한다.** 학습이 이루어지려면 교사는 어느 정도 미리 알 수 없는 것, 즉 모든 측면에서 예측하거나 통제할 수 없는 것, 상상력과 실패 그리고 용기와 관련된 것들을 창조해야 한다. 이는 교사와 학생 모두에게 상상력과 용기가 필연적으로 요구되며 실패를 두려워하지 말아야 하는 것과 관련이 있다. 그러므로 교육이 이루어지려면 상상력과 용기가 필수적이다.

용기와 교육

지금까지 나는 상상력의 중추적인 역할, 교육 담론과 실천에서 예측 불가능성의 역할에 대해 논의해 왔다. 이 절에서는 교육에서 용기의 역할에 대해 논의할 것이다. 구체적으로 예측 불가능성이 어떻게 용기와 연결되는지 그리고 교육과 학습 전반에서 위험이 어떤 역할을 하는지에 대해 물음을 제기하는 것부터 시작할 것이다. 이 두 가지 질문으로 시작하는 이유는 일반적으로 불확실성에는 용기가 아닌 주의가 필요하다고 결론을 내리는 것이 합리적이라고 여기는 경향이 있기 때문이다. 사실, 주의와 신중함은 교육자와 교사에게 있어서 핵심적인 자질이다. 이어서 교육의 과정에서 핵심이 되는 이러한 불확실성에 직면하여 이를 다루고 여기에 대처하려면 용기가 필요하다고 주장할 것이다. 이러한 용기는 인내와 끈기, 강한 의지 및 상황인식과 밀접하게 연관되어 있는 것으로, 단순히 수동적으로 물러서거나 주어진 작업을 실행하는 것과는 상반되는 덕목이다. 후자는 첫 번째 절에서 주장한 바와 같이 OECD의 교육 프레임과 엄밀하게 일치하는 자세이다.

첫 번째 단계로, 용기와 끈기 및 교육을 명시적으로 연관시키고 있는 『민주주의와 교육』의 한 구절을 검토해 보자.

> 유목적적인 활동을 지적으로 수행해 나가는 것과 관련하여 학습이 이루어지도록 교육을 재조직하는 것은 단기간에 이루어지는 일이 아니다. 그것은 오직 한번에 한 단계씩 점진적으로 이루어질 수밖에 없다. 그러나 그렇다고 해서 이것이 명목상으로는 어느 교육철학을 받아들이면서 실제로는 그것과 다른 원칙을 따라야 할 근거가 되지는 않는다. 그 재조직의 과업을 용기 있게 착수하여 이를 끈질기게 수행해 나가는 것이 우리가 감당해야 하는 도전이다.
>
> (Dewey, 1930/1916, p. 161)

이 구절에서 듀이는 깊고 폭넓은 '교육의 재조직', 즉 이론적이고 실천적인 재조직을 요구한다. 이는 학교교육에서부터 커리큘럼, 교사의 역할 및 교사 교육에 이르기까지 모든 수준에 걸친 교육의 과정을 포괄하는 것이다. 이 구절 처음부터 이러한 도전적인 작업의 어려움과 속도조절이 강조된다. 그것은 "오직 한번에 한 단계씩, 점진적으로 이

루어질 수밖에 없는 느린 작업"이며, 끈기와 실패 그리고 좌절을 견뎌
내는 놀라운 인내심까지 요구되는 일이다. 그러나 듀이는 이 구절의
끝부분에서 이러한 작업의 기초로서 용기를 가장 중요한 것으로 내세
운다. 용기가 이러한 재조직의 진행과정 전체를 지탱해야 한다. 틀이
잡힌 기존의 현실에는 말하자면 그 자체의 관성이 있어서 끈질긴 용
기를 바탕으로 해서만 이런 현실에 도전하려고 노력할 수 있기 때문이
다. 기존의 현실은 일종의 조용하고 광범위한 승인에 의존할 수도 있고
일상의 견고한 힘에 의존할 수도 있다. 그래서 결국 기존의 현실은 변
화와 시대의 흐름에 저항해 왔다는 점을 고려할 때, 왜 그러한 도전을
감행해야 하느냐 하는 것은 합리적인 물음이다. 결국 무언가가 존재한
다는 것은 그 자체로 존재할 만한 이유가 있음을 나타내는 것이다.[13]

그러나 이것이 이야기의 전부는 아니다. 지속된다는 것이 선함이나
효능과 항상 연결되는 것은 아니다. 지속된다는 것은 경험되지 않은
것, 알려지지 않은 것에 대해 학교교육이 지향해야 하는 — 넓은 의미
에서의 — 실험적 태도가 멈추는 것일 수도 있다. **학생들의 목소리와 욕
구, 이해와 감정에 주의를 기울이고 경청하는 것은 기존의 주어진 틀 없이 듣는
것을 의미한다.** 그 이유는 우리의 존재 자체가 어떤 면에서 실험적이기
때문이며, 또한 우리의 존재가 실험적인 것은 성장이 '가능성', '아직
도래하지 않은 것not-yet', '미래에 나타날 수 있는 것', 즉 위험과 불확
실성 그리고 용기와 관련이 있기 때문이다. 그리고 7장과 8장에서 자
세히 설명하겠지만 학교교육은 이러한 실험적 태도, 즉 '아직 도래하

---

13 이론의 측면이건 실천의 측면이건 현재 존재하고 있는 교육의 현실(reality)은 나름
    의 틀이 잡혀 있기 때문에 이를 재조직(변화)하려면 '용기'가 필요함을 말하고 있다
    (옮긴이).

지 않은 것'에 대한 감각을 키우는 것이기도 하다. 반대로 교육 실천의 틀을 위에서부터 설정하는 것은 듀이의 어법으로 바꾸어 표현하면 교육과 삶을 묶는 끈을 잘라버릴 위험이 있다. 학교교육이 새로운 방식의 주체성과 함께함을 강화하고 촉진하는 것과도 관련이 있다면 이러한 실험적 태도가 중심이 되어야 한다.

중요한 것은 듀이가 용기와 지력 그리고 용기와 끈기 사이의 관계를 명확하게 설정했다는 점이다. 전자는 듀이가 『민주주의와 교육』에서 "용기 있는 지력의 개발"이라는 과제에 대해 언급할 때 제시되었다 (Dewey, 1930/1916, p. 373). 미래를 지향하고 예측 및 상상력과 깊이 연결되어 있는 지능은 정의상 위험 및 불확실성과 관련이 있다. 그러므로 용기가 없는 지성은 공허함 속에서 작동할 것이다. 이에 대해서는 다음 절에서 다시 설명할 것이다. 이것은 듀이의 연구에서 고립된 표현이 아니다. 실제로 듀이는 『인간 본성과 행위』에서 "전통이나 즉각적인 충동보다 지력의 용기가 더 깊이 나아가도록 해야 한다"고 주장한다(p. 171). 후자, 즉 용기와 끈기 사이의 연결은 『교육의 기저를 이루는 윤리적 원리Ethical Principles Underlying Education』에서 발전되었으며, 여기서 다음의 내용을 확인할 수 있다.

> 우리가 교육을 통해 형성하고자 하는 인격은 좋은 의도를 지니는 것일 뿐만 아니라 그 의도를 끈기 있게 실천에 옮기는 것이다. [...] 개인은 삶에서 부딪히는 실제 갈등상황에서 무언가 중요한 역할을 하고 다른 사람들에게 영향을 미칠 수 있는 능력이 있어야 한다. 그는 주도력과 집요함, 끈기, 용기 및 근면성을 갖추어야 한다.
>
> (Dewey, 1903, p. 29)

좋은 의도를 실천에 옮기는 일, 삶에서 부딪히는 실제 갈등상황에서 무언가 중요한 역할을 하고 다른 사람들에게 영향을 미치는 일은 다양한 자질을 필요로 하며 용기가 그 기본이 된다. 용기는 다른 모든 것을 움직이는 힘이며 용기가 없으면 다른 자질들은 생명을 상실한다.

예기치 않은 비교이긴 하지만 용기는 실험적 방법을 추구하는 일에도 수반된다. 듀이의 『경험과 자연』에서 이러한 연결 관계를 확인할 수 있는데, 여기서 듀이는 '경험적 자연주의'의 과제와 성격에 대해 다음과 같이 말하고 있다.

> 경험적 자연주의는 비유하자면 일종의 풍구이다.[14] 왕겨도 알곡과 섞여 간수되어 왔을지 모르지만 그 기구는 알곡은 남기고 왕겨만 날려 보낸다. 자연에 충실한 경험적 방법은 무언가를 쌓아두는 것이 아니다. 그것은 보험 장치도, 기계적 소독제도 아니다. 그러나 그것은 새로운 세계의 난제에 직면하여 새로운 이상과 가치를 창조하는 용기와 활력을 마음에 불어넣는다. (Dewey, 1929/1925, p. iii)

이 구절은 경험적 방법의 목표가 무엇인지를 설명하는 것과 관련이 있지만, 교육이란 무엇인가, 즉 교육의 핵심 동력이 되어야 할 것이 무엇인가에 대한 하나의 전형으로 간주될 수 있다. 그것은 곧 "새로운 세계의 난제에 직면하여 새로운 이상과 가치를 창조하는 것"이다. 듀이의 용법으로 바꾸어 말하면, 교육은 "무언가를 '쌓아두는 것'이 아니다. 그것은 보험 장치도 기계적 소독제도 아니다." 교육과 학습에는

---

14 곡물에 섞인 쭉정이·겨·먼지 등을 날려서 제거하는 농기구(옮긴이).

무언가를 표현하거나 재생산하는 과제가 없다. 교육과 학습은 고도의 창의적인 과정, 즉 "새로운 세계의 난제에 직면하여" 아이디어와 제스처, 가치 및 행동방식을 창출하는 과정이다. 그렇기 때문에 교육과 학습은 위험한 일이다. 새로운 것은 알려지지 않았기 때문에 그 핵심에 위험이 수반되며, 듀이의 관점에서는 세계 자체가 "엄청나게 불안정하다." 듀이는 세계를 '위험한 무대'로 표현한다(p. 42).

용기는 경험에 대한 듀이의 설명에도 포함되어 있다.

> 경험이 능동적 요소와 수동적 요소의 특수한 결합으로 이루어져 있다는 점에 주목하면 경험의 본질을 쉽게 이해할 수 있다. 능동적 측면에서 볼 때 '경험'은 '**해보는 것**trying '을, 수동적 측면에서는 '**겪는 것** undergoing '을 말한다. 어떤 것을 경험할 때 우리는 그것에 대해 작용을 가하고 무언가를 한다. 그런 다음에 그 결과를 감내하거나 받아들인다.
>
> (Dewey, 1930/1916, p. 163, 강조는 원문)

이 두 가지 과정이 성취되려면 용기가 필요하다는 것이 나의 주장이다. 사실 겪는다는 것은 단지 수동성의 문제가 아니다. "조개처럼 갑자기 입을 다물더라도 우리는 무엇인가 하고 있다. 우리의 수동성은 반응의 소멸이 아니라 어떤 면에서 능동적인 태도이다"(Dewey, 1917, p. 11). 무언가에 진정으로 영향을 받으려면 어떤 의미에서 수용한다는 선택, 즉 방어막을 내려놓고 나를 노출시키겠다는 선택이 요구된다. 듀이의 이해에 따르면 우리는 사실 언제나 이미 연약한 상태로 자신을 노출시키고 있다. 왜냐하면 "경험은 무언가를 받아들이고 그 받아들인 것을 견디는 과정, 말하자면 문자 그대로의 의미에서 겪음과 고

통, 마음 씀의 과정인 것이다"(Dewey, 1917, p. 10). 그러한 '견딤' 그리고 '겪음과 고통'은 단순히 수동적인 것이 아니다. 무언가에 진정으로 영향을 받으려면 나를 노출시키는 상황에 자신을 두는 적극적인 태도와 용기가 필요하다. 행동하는 것과 해보는 것 역시 용기에 기반을 두고 있다. 이는 모든 행동의 결과를 예측할 수는 없으며 우리는 항상 사회적 맥락, 즉 특정한 행위나 일상적인 행동이 예측할 수 없는 방식으로 받아들여지고 이해되는 상황에 놓여 있기 때문이다.

　나의 선택으로 인한 것이든 불가피한 상황으로 인한 것이든 위험은 처음부터 세계와의 관계에 수반되며 이와 관련하여 주어진 사태에 직면하고 새로운 것을 창출하려면 용기가 필요하다. 교육이란 새로 태어난 이들과 성인 모두가 이렇게 주어진 것을 다루고 거기에 직면하는 방법과 새로운 것을 창조하는 방법을 배우는 과정이라면, 이를 위해서는 용기를 기르고 지속하는 것이 필요하다. 이런 의미에서 용기는 교육자에서부터 교육연구자, 교사에서부터 정책 입안자에 이르기까지 모든 교육관계자들에게 필요한 인지적이고 심지어 전문적인 미덕이다. 이것은 자신의 전제와 아이디어를 위험에 처하게 하는 용기, 자신의 목표와 아이디어를 추구함에 있어서 위험을 무릅쓰는 용기, 주어진 아이디어와 관점에 대해 도전하고 다른 사람의 아이디어와 관점으로부터 도전받는 용기, 새로운 것에 직면하고 이를 추구하는 용기이다. 새로운 현실을 상상하는 데는 항상 용기가 필요하기 때문이다.

　심지어 듀이가 민주주의의 구현을 위해 요구하는 '다양한 자극', '능력의 해방', '공동 관심 영역의 확장 및 다양한 개인 능력의 충분한 발휘'(Dewey, 1930/1916, p. 101)는 근본적으로 예측 불가능성 및 위험과 관련이 있다. 모든 측면에서 교육을 예측 가능하게 만들면 교육과 민주주의 그리고 연대의 깊은 의미가 상실되고 사라질 위험이 있다. 학교교육이 새로운 형식의 주체성과 함께함을 강화하고 촉진하는 것이라면, 이러한 실험적 태도가 무대의 중심이 되어야 한다. 그리고 오늘날 우리는 교육의 가능성이 심각하게 축소되고 있는 현실에 직면하고 있다는 점에서 새로운 방식의 주체성과 연대에 대한 이러한 노력은 의미가 매우 크다.

여기서 7장과 8장에서 좀 더 자세하게 논의하게 될 주장을 미리 내보이고자 한다. 그것은 **성취를 중지하는 것으로서의 학교교육**이라는 개념이다. 새로운 것을 추구하고 경험하기 위해서는 학생과 교사 모두가 일시적으로 기술, 성향 및 학습 결과에 대한 측정에서 자유로워야 한다. 새로운 것이 출현하기 위해서는 상상력이 작동해야 하며 상상력에는 이처럼 자유롭고 일시 중지된 시간 같은 것이 필요하다. 즉 학생과 교사는 추구해야 할 고정된 최종상태와 성과 및 사전에 정해진 목표로부터 자유로워야 한다(Jasinski and Lewis, 2016; Lewis, 2015). 어떤 의미에서 그들에게는 무언가를 성취해야 한다는 의무가 없는 여백이 필요하다. 또는 원할 경우 **새로운 것을 성취하려면 성취 자체를 일시 중지해야 한다.**

이러한 중지는 두 가지 점에서 용기 있는 행동을 필요로 한다. 첫째, 중지는 지속적인 평가와 측정을 추구하려는 지배적인 논리와 대조된다. 둘째, 중지한다고 해서 장담할 수 있는 것은 없기 때문에 이러한 중지는 성공을 보장하지 않는다. 그 외에도 중지는 시간을 낭비할 가능성이 있으며 이는 분명 교육적으로 문제가 될 수 있다. 더욱이 새로운 가능성을 상상하고 실현하고 새로운 길을 추구하는 과정에서 이미 습득한 것을 잃어버릴 수도 있다. 학습과 교육은 누적적으로 이루어지는 것이 아니기 때문이다.

그러나 이런 새로움과 불확실성에 대한 열의가 없다면 배움 자체가
별 의미가 없다는 것이 나의 주장이다. 물론 어린이와 성인 모두 이런
저런 기술, 내용 또는 교육과정을 배우고 습득할 수 있다. 그들은 유
능해질 수 있고 이런저런 활동에 숙달될 수도 있을 것이다. 그러나 주
어진 것을 넘어서서 상상하고 주어진 현실에 도전할 수 있는 그런 활
동은 정의상 규칙protocol과 주어진 프레임 너머에 있다. 그래서 **교육
은 어느 시점에 추구하는 것을 달성하기 위해 그것을 일시 정지시켜야 하는 것
이다.** 물론 이것이 학교교육에서 무엇이 좋은 실천으로 간주되는지를
규정하는 기준이 없어야 한다는 의미는 아니다. 공동 작업의 목적이
무엇인지에 대한 공유된 인식뿐만 아니라 교사들 간의 합의는 필요하
다. 그러나 이 새로운 것 혹은 듀이의 표현으로 "세계에 새로운 것이
탄생하는 것"(Dewey, 1980/1934, p. 267)을 추구하기 위해서는 사전에 그 경
계와 규칙을 정의하지 않는 교육의 실천도 필요하다. 물론 위에서 언
급한 바와 같이 여기에는 일종의 역설이 있다. 그러한 실천은 교사와
학생 모두가 무엇을 성취할 수 있는지 알 수 없는 불확실한 상황에 놓
이게 할 수도 있다. 왜냐하면 그런 상황에서는 때로 활동이 이루어지
는 상태와 규칙을 규정하는 것조차 어려울 수도 있기 때문이다. 그러
나 그러한 성취를 일시적으로 중지하지 않으면 우리는 이미 달성한
것만을 계속해서 성취하려는 함정에 빠질 수 있다. 그러다 보면 교사
와 학생 모두는 이미 주어진 것만을 반복하려는 압박감에서 헤어나지
못할 수 있다. 다시 말하면 새로움의 근원은 바로 그 자체의 본질을
알지 못하는 실험적 태도에 있기 때문에 성취를 일시적으로 중지하지
않으면 우리는 새로움의 가능성 자체를 상실할 위험에 빠지게 된다.

상상력과 새로움: '새로운 탄생'으로서의 교육

　이 절에서는 듀이의 저작에서 나타나는 더 광범위한 상상력의 기능, 즉 '새로운 가능성을 가리키는' 기능을 다룬다(Dewey, 1929, p. 312). 나는 이렇게 다른 기능이 있다는 사실이 상상력과 충돌하거나 이원론적인 설명으로 흐르지 않는다는 것을 처음부터 분명히 하고자 한다. 사실 듀이는 그의 연구 전반에 걸쳐 모든 형태의 이원론을 해체하려 했다(Garrison, 1994, 2003; Biesta and Burbules, 2003; Granger, 2006; Hickman, 2007; Bernstein, 2010). 더욱이 듀이의 이해에 따르면 인간은 살아 있는 존재로서 모든 형태의 문화와 환경, 지식 그리고 다양한 가능성들과 지속적으로 상호작용하면서 그것들을 창출해 나간다. 상황은 오히려 그 반대이다. 듀이는 상상력이 어떻게 현시점에서 주어진 목표를 '달성'하는 동시에 그것을 넘어 새로움을 전면에 내세우는 수단이 되는지에 대한 설명을 명확히 제시했다. 나는 『경험으로서의 예술』에서 발췌한 구절을 통해 나의 요점을 설명하려고 한다.

> 아직 실현되지 않았지만 미래에 실현될 가능성들을 인식하는 것은 그것들을 현실적 조건들과 대비할 때, 후자(현실적 조건들)에 대해 제기할 수 있는 가장 예리한 '비판'이 될 수 있다. 우리 앞에 열려 있는 가능성들을 인식함으로써 우리를 얽매는 압박감과 억압하는 부담감을 깨닫게 된다.
> (Dewey, 1980/1934, p. 346)

　듀이의 주장을 분석할 때 자주 인용되는 이 진술은 다양한 차원에서 심도 있게 다루어지며 a. 이론적 차원, b. 윤리-정치적 및 교육적 차원, c. 실존적 차원에서 논의의 문을 열어준다.

이론적 차원에서 듀이는 실현되지 않은 가능성의 인식을 현실적 조건들에 대한 '가장 예리한 비판'으로 정의한다는 점에 주목할 필요가 있다. 실현되지 않은 가능성은 상상력을 동원해야 한다는 것을 염두에 둘 때(Dewey, 1913, p. 94) '가장 예리한 비판'은 상상력을 통해 이루어진다는 것을 알게 된다. 이는 상상력이 비판을 완전히 수행하도록 해준다는 뜻이 아니다. 대신 상상력은 사태의 인식과 평가에 결정적인 역할을 한다.

이와 관련하여 '현실적 조건'과 '실현되지 않은 가능성의 인식'을 대비시키는 것은 미래에 추구할 다양한 가능성과 경로를 여는 데 필요할 뿐만 아니라 '현실적 조건'을 간파하는 기반이 된다는 점을 이해하는 것이 중요하다. 다시 말해 상상력은 현재를 이해할 수 있게 해준다. 이것은 다시 우리를 윤리적이고 정치적, 교육적, 실존적 차원으로 이끈다. 여기서 듀이의 요청은 분명하고 생동감이 넘친다. 그것은 우리가 실현되지 않은 가능성을 상상하고 그것들을 실현해야 한다는 의무에 대한 요청이다. 즉 듀이의 요청은 가능한 모든 **전체주의적 사고**에 반대하도록 하는 것이며 그의 주장은 교육적이면서 실존적, 윤리적, 정치적이다. 듀이의 이해방식에 따르면 가능성은 집단적이든 개인적이든 실제로 행위의 수단이다. 민주주의를 "근본적으로 공동생활의 형식이자 경험을 전달하고 공유하는 방식"(Dewey, 1930/1916, p. 101)이라고 한 듀이의 유명한 정의를 염두에 두고 보면, 개인과 집단의 구분은 의미가 없다. 그래서 듀이는 "상상력은 선의 주요 도구이며, [...] 상상력의 우선순위는 개인적 관계의 범위를 훨씬 초월한다"(Dewey, 1980/1934, P. 347)고 말한다. 이제 우리는 상상력이 총체화하는 학습담론—그리고 OECD 담론—에서 사라지는 것이 어째서 결코 우연이 아닌지를 알 수 있다. **총체화는 필연적으로 상상력을 배제한다.**

상상력은 또한 과거, 현재, 미래를 연결하여 일관적이고 생성력 있게 융합하려는 노력과 깊은 관련이 있으며, 이러한 일이 학교교육의 본질이라고 말할 수 있다. 듀이의 주장에 따르면, 우리는 인간으로서 "과거의 유산과 현재 지식에서 얻은 통찰을 일관되고 통합된 상상적 융합으로 재구성하고 있다"(p. 337). 이와 관련해서 나는 듀이가 이 진술을 통해 우리의 집단 기억, 즉 우리의 문화와 지식 전체가 기본적으로 '상상적 융합'에 기반하고 있음을 보여주고 있다는 점을 강조하고자 한다. 다시 말하면 바로 지식과 문화, 예술을 축적하고 변형하며 창조하는 과정, 즉 이러한 유산을 결국 다음 세대가 이용할 수 있게 하는 과정은 '상상적 융합'에 기초하고 있다는 것이다. 따라서 상상력은 미래뿐만 아니라 과거의 회상/재창조를 염두에 둔다. 듀이는 이 점을 『경험으로서의 예술』에서 다음과 같이 분명히 밝힌다. "상상적 경험이란 감각적 특성, 감정, 의미와 같은 다양한 재료들이 융합하여 세계에 새로운 탄생을 알릴 때 일어나는 것이다"(p. 267). 듀이에게 있어서는 과거와 미래 사이의 연속성, 즉 우리가 현재에 구현하도록 요청한 연속성이 그 자체로 '세계에 새로움을 탄생시키는 것'이다. 새로움과 유산 사이에는 중단이나 불연속이 없다. 왜냐하면 이 유산은 현재에 실현된 것이며, 기억은 재창조의 문제이기 때문이다.

이제 우리는 주어진 현실에 도전하는 데 있어 상상력의 핵심 역할로 돌아올 수 있다. 듀이는 『경험으로서의 예술』에서 이 역할을 분명하게 표현하고 있다.

상상력의 비전만이 현실의 구조 안에 얽혀 있는 가능성을 이끌어낸다. […] 사실 과학은 통계를 내고 차트를 만들 수 있다. 그러나 잘 알려져 있는 것처럼 예측은 과거 역사를 뒤집은 것에 불과하다. 상상력의 풍토 변화는 세세한 삶의 영역 너머에 영향을 미치는 변화의 전조이다.   (Dewey, 1980/1934, pp. 345-346)

다음으로 상상력과 과학에 대한 듀이의 글쓰기에서 느껴지는 '분위기'에 대해 개인적인 의견을 제시하고자 한다. 상상력과 교육, 예술과 같은 문제에 대한 듀이의 글에서 느껴지는 감사와 존경 및 경외감은 탐구와 과학에 대한 글에서는 거의 느끼기 어렵다. 물론 이러한 분석은 과학과 탐구의 엄청난 가치를 부정하려는 것도 그의 주장을 서열화하려는 것도 아니다. 만일 그렇게 한다면 그것은 어리석거나 무의미한 일이 될 것이다. 이는 듀이가 "경험과 자연을 묶는 끈"(Dewey, 1929/1925, p.23)을 과학이나 '지적 경험'(p. 19)이 아니라 상상력, 예술, 교육에서 찾았음을 말하는 것이다. 이것은 '세계에 새로움이 탄생하는 것'을 가능하게 한다. 따라서 교육은 새로움에 관심을 기울이는 만큼 (Biesta, 2014) 상상력에도 관심을 기울여야 한다. 왜냐하면 상상력의 올바른 기능은 감각 인식의 기존 조건들에서는 드러낼 수 없는 새로운 현실을 볼 수 있게 하기 때문이다(Dewey, 1938, p. 224).[15] 말하자면 **상상력은 새로움의 가능성을 열어주는 통로**인 것이다. 그러나 미래를 이미 계획

---

15 상상력은 현실을 재현하는 것이 아니라 감각지각으로 인식할 수 있는 현재의 한계를 넘어선 새로운 현실을 볼 수 있게 한다는 의미이다. 이 점에서 상상력과 이를 도구로 사용하는 예술은 교육적으로 중요한 가치가 있다는 점을 지적하고 있다(옮긴이).

되어 있는 것으로 본다면 자율적인 설계와 새로움의 필요성은 사라지고 그 결과 용기와 상상력도 상실된다. 그러므로 교육이 비판적 주체성, 미래에 대한 투영 혹은 새로움을 이끌어내는 것과 관련이 있다면, 이는 상상력과 용기를 키우는 것이기도 하다. 반면에 OECD의 교육 의제가 기대하는 바와 같이 사전에 설정된 프로젝트에 의존하는 것은 교육이 나아가야 할 도약을 회피하는 것이다. "성공의 보장 없이" 스스로를 위험에 처하게 하며 "현재의 바람직한 것을 투영한 미래를 상상하는 것 그리고 그 실현 수단을 고안하는 것"(Dewey, 1917, p. 69)이야말로 최고의 교육적 과제이다. OECD의 담론에서는 바로 이것을 은폐하려고 하지만 교사와 학생, 연구자, 교육자 및 정책 입안자들은 용기와 인내심을 가지고 이를 상상하고 실행해야 할 것이다.

07

대안적인 가치체계: 교육의 본질 회복

6장에서는 OECD의 교육 프레임을 듀이의 상상력 이론과 교육 실천에서 용기가 차지하는 역할에 대한 이해에 근거하여 다루었다. 교육을 실천하기 위해서는 상상력과 용기가 모두 필요하기 때문에 이러한 측면을 간과한다면 교육의 중요한 부분도 놓치게 된다고 주장했다. 이번 장에서는 OECD의 성과기반 교육의 개념을 극복하기 위해 학교교육을 이해하는 대안적인 방식을 탐색할 것이다. PISA의 모형과는 달리 학생들이 목적지향적이고 개방적인 방식으로 세계와 소통하는 데 있어서 학교교육의 실천이 구체적으로 어떻게 도움을 주어야 하는지 논의한다. 이러한 소통은 사전에 정해진 기술이나 기존의 지식에 의존하기보다는 커리큘럼과 학문 간의 지속적이고 열린 상호작용을 통해 이루어진다.

　구체적으로 주어진 국가 교육과정의 내용에서 습득한 지식부터 실제 상황에서 관리하고 적용할 수 있는 기술과 역량에 이르기까지 OECD가 완수한다고 주장하는 대약진은 표면적인 것에 불과하다. OECD는 학습을 실생활에 적용하는 것이 중요하다고 주장함에도 불구하고 자신이 비판하는 '전통적인 학교교육 모형'(OECD, 2016), 즉 학생들을 위에서 주어진 틀에 종속시키는 모형의 실수를 반복하고 있다. 뿐만 아니라 OECD가 비판하는 모형과 OECD 자체의 모형 모두 학교에 대해 이미 틀이 잡히고 확정된 것으로 접근하고 있다. OECD의 비전에서 예측 불가능성이 교육에 제기하는 도전은 다음과 같은 점에서 표면적인 것에 불과하다. 첫째, 학생이 성취하기를 기대하는 모든 역량과 학습 성과는 OECD에서 단위국가를 거쳐 학교에 이르기까지 하나의 패키지로 주어진다. 둘째, OECD의 프레임에서는 표면적으로 내세우는 예측 불가능성이 결국 정해진 방향, 즉 신자유주의가 설정한 방향으로 움직이기 때문에 예측 불가능성이란 표현 자체도 공허하게 들린다. 다시 말해 전통적인 교육 모형과 OECD의 교육 모형 모두 학교교육을 단지 재생산과 적응의 문제로 생각한다. 두 모형의 유일한 차이는 무엇을 재생산할 것이냐 하는 것과—한쪽은 사전에 정의된 내용, 다른 한쪽은 사전에 정의된 기술—학생들이 적응해야 할 것으로 여겨지는 현실이 무엇이냐 하는 것뿐이다.

　그러나 이는 학교교육에서 자격취득과 기술이 중요한 역할을 할 수 있고 또 해야 한다는 것을 부정하는 것도 아니고, 교사가 교실에서 어느 정도의 통제를 해야 한다는 것을 과소평가하는 것도 아니다. 이것은 기존의 것과는 다른 형태의 자격취득과 교육적 지도를 추구하는 것이다. 이는 학생들이 단지 현재 사회나 미래 사회에 어울리는 적합한 기술과 역량을 학습하는 것에 그치지 않고 교사의 지도하에 그리고 교육과정과의 지속적인 상호작용을 통해 교육내용을 변형, 해체 및 재결합함으로써 새로운 종류의 기술과 지식, 새로운 욕구, 프로젝트 및 관계를 구축하고 형성해 나가는 교육의 형태이다. OECD의 모형과는 달리 우리는 교육일반과 학교교육을 목표, 수단, 프로젝트 및 욕구 등 모든 측면에서 개방된 공간과 기회로 생각해야 한다. 예측 불가능성에 대한 이러한 긍정적 신념을 통해서만 가능성이라는 아직 도래하지 않은 열린 공간이 나름 빛을 보게 된다. 왜냐하면 이런 공간을 통해서 새로운 수단이 만들어지고 새로운 목표가 구상될 수 있으며, 이러한 개념이 열어주는 불확실성을 통해서 새로운 형태의 주체성과 공동체성도 나타날 수 있기 때문이다.

물론 이러한 개념이 교실에서 일어나는 일에 대한 지도와 통제의 상실이라는 문제 그리고 이와 관련된 것으로 가르침의 규칙과 구조에 대한 질문을 제기하는 것은 당연하다. 이에 대해서는 이번 장의 마지막 절에서 폭넓게 다룰 것이다. 서론 부분에서는 교육적 가능성의 본질 자체가 교사의 입장에서 복잡하고도 역설적인 일을 수반한다는 점에 역점을 둘 것이다. 그리고 학생들이 이러한 개방성을 경험할 수 있을 때 비로소 비판적 역량과 책임까지도 경험할 수 있다는 점을 강조할 필요가 있다. 책임과 비판적 역량은 이러저러한 훈련이나 활동을 통해 향상되고 검증될 수 있는 기술이 아니기 때문이다. 오히려 이런 것은 특정한 환경에서 나타나는 윤리적 자세이다. 교사와 교육자들이 해야 할 일은 그러한 토양을 준비하고 학생들의 성향과 재능을 기르는 일을 지원하며 그들에게서 그러한 자세가 나타나도록 돌보고 경청하는 것이다.

그러므로 이 책의 1부에서 분석한 OECD의 가치체계와 달리 — 돈, 성공, 증거 및 경쟁으로 구성된 가치체계 — 나는 학교교육을 구성하는 다양한 측면들 사이에서 이루어지는 다른 상호작용을 제시하고자 한다. 특히 학교교육이 어떻게 학생, 교사, 커리큘럼과 아직 도래하지 않은 공간 사이의 상호작용 공간으로 인식되어야 하는지에 대해 논의할 것이다. 이러한 이해방식에 따르면 학교교육은 학생들이 교사의 지도하에 교육과정 내용에 개방적으로 참여함으로써 드러나는 순수한 성장 잠재력의 여백을 탐색하고 성장을 추구하는 공간이자 기회이다. 다시 말해 학생들은 일상적인 학교교육에서 소개되는 내용에 쫓기면서도 가능성과 잠재력의 공간을 열고 확장하고 있는데, 이는 정의상 미지의 것이며 예측할 수도 없는 것이다.

여기서 미셸 푸코의 연구가 중요해진다. "우리가 넘어설 수 있는 한계에 대한 역사적-실천적 시험으로서, 그리하여 자유로운 존재로서 우리가 자신에 대해 수행하는 작업으로서"(p. 47) 푸코의 "현재의 존재론"(Foucault, 1997/1984)은 특별히 의미가 있다. 그러므로 이번 장에서는 투쟁과 권력 및 "주체의 자기변형"에 대한 푸코의 이해에 근거하여 논의를 전개할 것이다(p. 327). 나의 분석은 두 단계로 진행된다. 첫 번째 절에서는 PISA의 입장이 교육의 주체와 학교교육 전반을 통제하는 것임을 드러내면서 OECD의 방침에 도전하기 위해 수행해야 할 작업의 개요를 설명하고자 한다. 이러한 해방의 작업은 교육을 위한 다른 시간과 공간을 무대에 올림으로써 이루어질 수 있다. 이 대안적인 시간과 공간에서 학생들은 기존의 문화에서 소개되는 필요한 학습과 활동을 하기도 하지만 주어진 목표와 설정된 목적에서 벗어나서 자신의 가능성을 탐색하기도 한다. 나는 이러한 작업이 반드시 교육과정 개발에 전념하는 것과 구분되는 별도의 기회를 마련하여 추구하는 것이 아니라는 것도 강조하고자 한다. 오히려 이러한 작업은 교육과정에 지속적으로 참여하면서, 즉 교육과정과 교육내용 및 필요한 기술을 개발하면서 철저히 추구해야 하는 문제이다.

두 번째 절에서는 푸코를 아렌트와 듀이 및 현대 교육 문헌들과의 대화에 초대하여 아직 도래하지 않은 것에 머무른다는 개념이 학교교육과 교육일반에 있어서 무엇을 의미하는지 보다 자세히 설명할 것이다. 구체적으로 자유, 새롭게 시작하기 그리고 다르게 생각함에 관한 문제들을 분석할 때 듀이, 아렌트 및 푸코의 연구 간에 명확한 교차점이 존재한다고 주장할 것이다. 인간이 되어가는 과정에서 겪는 불확실성 그리고 모든 변화에 수반되는 '놀라운 예측 불가능성'(Arendt, 1998/1958, p. 177)은 듀이, 아렌트, 푸코의 연구가 시작되는 깊고도 공통된 주제들이다. 그러므로 이어지는 절에서는 OECD의 교육 논리와 전혀 다른 교육적 설명을 제시하는 하나의 단서로서 이러한 연결점을 보여줄 것이다.

투쟁, 규율 그리고 '다시 시작하기'

나는 『계몽이란 무엇인가 What is Enlightenment』의 한 구절을 검토하면서 분석을 시작할 것이다. 푸코는 여기서 '다시 시작하기 beginning again'라는 개념을 탐구한다. 이 개념과 관련해서 푸코는 다음과 같이 말하고 있다.

우리는 역사적 한계를 구성하는 것에 대한 완전하고도 확실한 지식에 접근할 수 있는 관점을 포기해야 한다. 이 관점에서 보면 우리의 한계와 그 한계를 초월할 수 있는 가능성에 대한 이론적이고 실제적인 경험은 항상 제한되고 한정된다. 따라서 우리는 항상 다시 시작하는 위치에 있다. (Foucault, 1997/1984, p. 47)

이 구절에서 푸코는 세 가지 문제를 관련짓고 있다.

a. '역사적 한계를 구성하는 것'을 모두 포괄하는 관점, 말하자면 우리가 역사적 맥락에 빠져 있다는 역사성을 모두 포괄하는 관점은 불가능하다는 것
b. '한계를 초월하는 것'을 생각할 수는 있지만 그것은 항상 상황에 구속되는 '초월'이라는 것
c. '다시 시작하기'의 문제

우선적으로 주목할 가치가 있는 점은 푸코가 이 세 가지 질문을 순차적으로 배치했다는 것이다. 즉 첫 번째 질문이 두 번째 질문을 낳고 두 번째 질문이 세 번째 질문을 이끌어내고 있다. 따라서 푸코의 진술을 마지막 진술부터 거꾸로 읽으면 우리는 항상 다시 시작하는 위치에 있음을 알게 되는데 그것은 "역사적 한계를 구성하는 것에 대한 완전하고도 확실한 지식"이나 '한계를 초월할 수 있는' 무한한 가능성 그 어느 것도 주어지지 않았기 때문이다. 이 구절을 시지프스의 피로와 같이 부정적으로, 즉 '확실한 지식'과 무한한 '초월'의 결여된 상태에서 출발하여 끝없이 부조리한 '다시 시작하기'로 이어지는 것으로 읽을

수도 있지만 여기에 다른 논리가 작동하고 있다는 것이 나의 입장이다. 이렇게 완전하고도 확실한 지식이 없기 때문에 긍정적으로 '다시 시작하기' 혹은 '새롭게 시작하기'가 출현하는 것이다. 이것은 아렌트의 '탄생성natality'과 '새로운 시작new beginning'(1998/1958)의 문제와 유사하다. 교육적으로 말하자면 학생들의 새로운 시작, 즉 아렌트식 어법으로 탄생성에 대한 학생들의 능력은 학습해야 할 것에 대한 포괄적인 지식이 없다는 점과 그것을 '초월'하려는 노력에 본질적으로 포함된 한계에 의해 형성된다. 긍정적으로 말하면 이는 지식과 배워야 할 교육과정, 교육내용, 방법이 열린 공간임을 의미한다. 말하자면 새로운 창조와 이해 그리고 새로운 의미와 관계가 이루어질 수 있는 공간임을 말하는 것이다. 학습에 내재된 이러한 새로운 것의 잠재력은 바로 '확실한 지식'이 부족하다는 점과 '초월'에 대한 노력이 상황에 구속된다는 점으로 인해서 형성된다. 물론 이러한 열린 잠재력은 교실에서 일어나는 일에 대한 통제력의 결여라는 문제를 야기하기도 한다. 이에 대해서는 두 번째 절에서 다루고자 한다.

톰슨Thompson이 올바르게 지적했듯이 경험에 대한 푸코의 이해에는 "통제할 수 없고, [...] 예견할 수 없으며, 성찰의 연속성 속에 통합될 수 없는 어떤 것이 있다"(2010, p. 367). 이는 듀이가 말했듯이 "경험에 존재하는 것과 지식에 존재하는 것이 근본적으로 일치하지 않으며"(Dewey, 1917, p. 48), 이러한 설명이 함축하는 바 교육에 내재된 보장이 없다는 것과도 유사하다. 그리고 이러한 보장이 없다는 것은 바로 OECD의 교육에 대한 선형적인 프레임을 약화시키면서 그러한 틀을 넘어서 외부로 나아갈 수 있는 발판을 제공한다. 이 문제에 대해서는 이 절의 끝에서 다시 다룰 것이다. 여기서는 푸코의 틀을 사용하면 OECD의 질서에 도전하는 데 있어서 수행해야 할 과업을 더 잘 이해할 수 있다는 사실에 주목하고자 한다. 이에 대해서는 '투쟁'의 문제에 대한 푸코의 분석이 유용할 수 있다. 주체가 특정의 지배, 착취, 예속에서 벗어나기 위해 실행해야 하는 투쟁을 분석하면서 푸코는 다음과 같이 말하고 있다.

> 일반적으로 투쟁에는 세 가지 유형이 있다고 말할 수 있다. 하나는 지배 형식(민족적, 사회적, 종교적)에 대한 투쟁이고, 둘째는 개인을 자신이 생산한 것으로부터 분리시키는 착취의 형식에 대한 투쟁이며, 셋째는 개인을 스스로에게 옭아매고 또 그러한 방식으로 타인들에게 예속시키는 것에 대한 투쟁(예속에 대한 투쟁, 주체성과 복종을 둘러싼 투쟁)이다. (Foucault, 1982, p. 781)

OECD의 프레임을 염두에 두고 이 구절을 읽으면서 세 가지 유형의 투쟁이 바로 OECD의 질서에 도전하기 위해 취해야 할 일이라는 점에 놀랐다. 실제로 이와 관련한 OECD의 질서의 성격은 다음과 같다.

a. 사회와 삶 및 교육에 대한 비전을 제약하는 일종의 규율화
b. 개별 주체 및 집단의 교육적 가능성에 선택의 여지를 없애려는 OECD의 식민주의적 입장과 그 기본 가정으로 인해 발생하는 억압의 한 형태
c. 교육의 주체들이 무엇을 열망하고 추구해야 하는지를 당연하게 여기는 질서에 의해 주체들을 복종하게 하는 방식

어떤 의미에서 OECD의 담론은 주체의 욕망과 예측 능력을 주어진 약속으로 대체하는 데 작용한다.

그러므로 OECD의 교육 의제에 맞서는 데 있어서 중요한 것은 단지 교육 실천의 의미와 유연성만이 아니다. 현재 교육현장에서 일어나고 있는 일들은 단순히 교실에서 이루어지고 있는 학습의 내용보다 더 심각하기 때문이다. 중요한 것은 학생과 교사 모두가 미리 정해진 방향에 구속되지 않고 교육의 과정에 참여할 수 있는 구체적인 자유이다. 학생들은 공동체의 현재이자 미래이기 때문에 중요한 것은 우리가 기본적으로 어떤 사회(들)를 건설하여 살아가기를 원하느냐 하는 것이다. 혹은 OECD의 질서에 맞서는 데 있어서 중요한 것은 한편으로 학생과 교사를 포함하여 교육 주체 모두의 해방과 완성 가능성이다. 사실 OECD의 교육 의제는 교육 담론과 실천을 원자화하고 표준화함으로써(이전 장 참고) 어쩔 수 없이 교육의 맥락에서 일종의 소외를 야기하고 있다. 학생들의 욕구와 비전이 신자유주의 이데올로기로 대체되는 바람에 그들은 자신들의 욕구와 비전으로부터 멀어지고 있으며 동시에 경쟁이 신자유주의 조직과 OECD의 서사에서 핵심 가치가 되면서 서로에게서도 멀어지고 있다.

또 한 가지 중요한 것은 앞의 문제와도 관련된 것으로 OECD의 질서에 맞서는 데 있어서 새로움이 출현할 가능성이다. 이러한 목표들은 서로 분리된 것이 아니어서 동시에 달성되거나 동시에 실패한다. 왜냐하면 새로움이 출현할 가능성 없이 해방을 추구하는 것은 쓸데없는 일이 될 것이기 때문이다. 아렌트가 의미하는 '탄생성'의 가능성이 뿌리부터 부정된다면 주체는 어떤 힘의 지배를 받든 이미 종속되어 있는 것이다. 듀이가 말한 '새로움', 즉 예측 불가능성과 같은 것은 성공적인 기술로 이루어진 체계로 인해 처음부터 사라지게 된다.

이와 동시에 학생들이 소외감을 느끼지 않도록 교사는 그들이 해방될 수 있는 조건을 마련해야 한다. 물론 이것은 위로부터 모종의 해방을 실행한다는 의미는 아니다. 모두가 너무나 잘 알고 있듯이 그러한 행동은 다른 수준에서 소외를 지속시킬 가능성이 있기 때문이다 (Masselein, 2014; Rancière, 2002). 이보다는 진정한 새로움이 나타날 수 있는 여지를 남겨두고 타인과 자신 그리고 지식과의 관계를 새롭게 설정하는 것을 의미한다.

해방과 관련하여 푸코의 분석은 매우 중요하다. 특히 '인간 존재에 있어 보편적 필연성'을 의문시하는 분석이 그러하다. 푸코는 "인간 존재에 보편적 필연성이 있다는 개념에 반대"하면서 "제도의 자의성과 [...] 우리가 변함없이 누릴 수 있는 자유의 공간 그리고 여전히 가능성이 열려 있는 많은 변화들을 보여주었다"(Foucault, 1988/1982, pp. 10-16). 그의 연구에서는 "우리의 미래에는 휴머니즘에서 상상할 수 있는 것보다 더 많은 비밀, 더 많은 자유의 가능성, 더 많은 창조가 있다"는 점을 되풀이해서 보여주었다(p. 16). 주목해야 할 중요한 점은 푸코가 이러한 진술에서 이런저런 구체적인 제도와 사상 혹은 체제를 반대한 것이 아니라는 점이다. 푸코의 요청은 우선 다르게 생각하고 행동하고 존재할 수 있는 가능성에 대한 것이다. 우리가 어떤 삶을 살든 언제나 또 다른 가능성의 질서를 생각할 수 있다. 우리 자신을 해방시키려면 그러한 작업을 끊임없이 해야 한다. 그러므로 해방은 지속적이고 끝이 없는 일로서 구체적인 환경에서 살아가는 것과 함께 진행된다. 살아간다는 것 자체에는 우리가 살고 있는 현실을 떠나고 넘어서는 원리가 담겨있다. 이는 이러한 해방이 단순히 적대적으로 추구되어서는 안 된다

는 것을 의미하기도 한다. 물론 푸코가 지적했듯이 권력관계는 항상

> 전략을 내포하며 [...] 여기에는 대립전략도 포함된다. 왜냐하면 권력
> 관계의 중심에 그 존재를 지속시키는 조건으로서 자유 원칙에서 나
> 오는 불복종과 모종의 본질적인 집요함이 있는 것이 사실이라면,
> 권력으로부터 벗어나거나 탈출할 수단이 없는 권력관계는 존재하
> 지 않기 때문이다. 두 힘은 서로 겹치지 않고, 고유의 특성을 잃지
> 않으며, 서로 독립적인 성격을 유지한다.   (Foucault, 1982, p. 794)

그러므로 권력관계는 항상 일종의 대립을 수반하며 따라서 OECD
의 교육질서에 도전하려면 일종의 대응조치를 취해야 한다. 그러나
그러한 대응조치는 두 가지 측면에서 이루어져야 한다고 생각한다.
한편으로는 교육과 학습 및 사회에 대한 OECD의 입장이 무엇인지
를 밝히는 것이다. 이 점에 대해서는 이 책의 1부에서 다루었다. 이
런 의미에서 볼 때, OECD의 제스처를 밝히는 것 자체가 OECD가
구축한 교육 시스템에서 어느 정도 벗어나는 것이며, 이는 신자유주
의적 관점의 결합 및 확산으로부터, 즉 OECD의 메커니즘에 의해 마
련된 시험 체제와 성과기반 교육으로부터 거리를 두는 방법이다. 푸
코의 표현으로, **"우리가 어떻게 자신의 역사에 매몰되어 있었는지 이해하는
것"**(p. 780)은 그 자체로 PISA 질서에서 한 걸음 비켜서는 것이다. 다른 한편
으로는 OECD의 논리와 다른 외부의 관점을 찾을 필요가 있다. 이
것은 OECD가 설정한 것과는 전혀 다른 지점에 있는 논리로서 교육
받는 주체의 통합이 드러나도록 하고 새로움을 전면에 내세우는 것
이다. 오늘날 이러한 작업이 필요한 것은, OECD와 신자유주의의

교육전략 전반이 푸코가 말하는 소위 '분할 실천dividing practices'[1]을 통해 '주제의 대상화'를 실행하기 때문이다. 이 메커니즘에 의해 "주체는 자신 내부에서 분리되거나 다른 사람과 분리되며 그 결과 그는 대상화된다"(p. 778). PISA를 통해 학생들은 푸코가 말한 소위 "'살아 있는 도표tableaux vivants'[2]의 구성이라고 부르는 체제에 강제로 편입된다"(Foucault, 1995/1975, p. 148). 이 체제는 "혼란스럽고 쓸모없거나 위험한 다수를 질서 있는 대중으로 변화시킨다. 이러한 메커니즘으로 인해 학생들은 길들여지고 OECD 질서의 유순한 요소가 된다. 규율에 대한 푸코의 분석에 어울리게 표현하면, PISA는 실제로 (학업성취결과를 나타내는) "표를 작성하며 학생들의 동작을 지시하고 훈련을 강요한다. PISA는 결국 학생들을 통제하는 힘을 한데 모으기 위해 '전술'을 준비한다"(Foucault, 1995/1975, p. 167). 더욱이 PISA는 "개인을 '조형한다'. 이것은 개인을 권력 행사의 대상이자 도구로 간주하는 특정한 기술이다"(p. 170). PISA를 통해 "대상으로 인식되는 자의 예속과 예속되는 자의 대상화"(p. 185)가 펼쳐진다. 이러한 의미에서 PISA는 다음과 같은 기능을 한다.

---

1 인간을 특정의 기준에 의해 가령 광인과 정상인, 병자와 건강한 자, 범죄자와 '선량한 자' 등으로 분류하고 그룹화함으로써 대상화하고 예속화하는 것을 말한다. 푸코에 따르면 이는 인간과 인간을 분리하기도 하지만 자아를 내부로부터 분리하기도 한다(옮긴이).

2 이 용어는 푸코가 그의 저서 『감시와 처벌(Discipline and Punish)』에서 사용한 개념으로, 혼란스럽고 무질서한 다수를 규율을 통해 질서정연한 다수로 바꾸는 과정을 설명하는 데 사용한 것으로, 권력이나 제도에 의해 사람들이 고정된 질서나 틀 안에 맞춰져 통제되고 규율화되는 상태를 가리킨다. 교육의 측면에서는 학생들이 혼란스럽거나 위험한 존재로부터 질서 있게 통제된 상태로 변환된다는 것을 비유적으로 표현한 것이다(옮긴이).

단일한 시선으로 모든 것을 끊임없이 볼 수 있는 완벽한 규율장치
이다. 하나의 중심점으로서 모든 것을 비추는 빛의 원천이자 알아
야 할 모든 것이 수렴하는 지점이 될 것이다. 말하자면 아무것도 빠
져나갈 수 없는 완벽한 눈이자 모든 시선이 향하는 중심이라 할 수
있다.   (p. 173)

  내가 볼 때 푸코의 분석과 OECD의 담론에서 이와 같이 사람들을
관찰하고 나누고 하나로 통합하는 일이, 순위를 결정하고 서열과 점
수를 매기고 결국 보상과 처벌을 발생시키는 행동을 통해 행사된다는
것은 심각한 문제이다.

순위나 서열에 따라 학생들을 분류하는 것은 이중의 역할을 한다.
그것은 첫째로 격차를 드러내고 자질과 기술 및 적성을 위계화한
다. 둘째, 처벌과 보상을 한다. 그것은 처벌을 통해 질서를 유지하
고 서열을 판단함으로써 순위를 매기는 기능이다. 규율은 단지 상
을 수여하는 것으로 보상을 하기 때문에 더 높은 지위와 자리를 얻
을 수 있게 하며, 이 과정을 반대로 행사하면 처벌이 된다.   (p. 181)

  따라서 OECD의 틀에서 교육은 보상/처벌의 메커니즘으로 축소된
다. 이 메커니즘에서 볼 때 교육에서 중요한 것은 성적표에서 개인이
차지하는 위치이다. PISA 모형에서는 이 제재 메커니즘에 대한 두려
움이 실제로 강력한 역할을 한다(Biesta, 2015).
  이와 같이 주체를 "자기 내부에서 혹은 [...] 타인과 분리"시키는 실천
들은 둘 중 하나를 선택할 수 있는 대안적인 것이 아니라, 오히려 서

로를 강화한다는 점을 덧붙이고자 한다. 사실 OECD의 담론과 입장은 주체 내부에 끊임없는 발전과 경쟁이란 의무를 부여함으로써 주체를 자신의 욕구와 분리시키고 타인과도 거리를 두게 한다는 점에서, 주체를 그 자신 내부에서도 분리시키고 서로에 대해서도 분리시키는 것으로 여겨진다. 주체는 자신의 계획이나 의도와 상관없이 타인과 경쟁해야 한다. 그리고 또 한 가지 덧붙이고자 하는 것은 OECD의 입장으로 인해 인간의 자율적인 설계 능력 자체가 약화된다는 점이다. 또한 1부에서 논의했듯이 OECD 담론에는 세 번째 방식의 소외, 즉 개방된 거주 공간으로 이해되는 세계의 상실이 작동하고 있다.

이제 우리는 아렌트와 듀이의 연구가 연결되는 지점을 제시할 수 있다. 아렌트의 이해를 바탕으로 PISA의 프레임을 구성하면 PISA 모형은 특이한 유형의 소외, 즉 '사회적 소통공간의 위축the atrophy of the space of appearance'(Arendt, 1998/1958, p. 209)을 초래한다고 할 수 있다. 교육의 목표와 목적이 이미 설정되어 있기 때문에 자신을 드러내는 것과 새로운 것의 출현을 위한 공간이 존재하지 않는다. 그리고 여기서 새로움 혹은 듀이의 표현으로 "실현되지 않은 가능성들unattained possibilities"(Dewey, 1929/1925, p. 182)을 추구하는 것과 관련하여 아렌트와 푸코 그리고 듀이의 연구는 하나로 수렴되어 그 자체로 교육의 본질인 자유와 개방성의 윤리를 추구하는 것으로 보인다.

그러나 성장becoming 과 변화transformation 가 개방성만으로 특징지어지는 것은 아니라는 점을 강조할 필요가 있다. 왜냐하면 이러한 과정에는 불확실성과 우회로를 비롯하여 사각지대와 막다른 골목이 가득한 헤아리기 어렵고 고된 작업이 수반되기 때문이다. 푸코의 말을 빌리자면 성장과 변화의 과정은 "우리의 한계를 넘어서려는 노력, 즉 자유에 대한 조급한 열망을 실천을 통해 구체화하려는 인내심 있는 노력"이다(Foucault, 1997/1984, p. 50). 또는 그가 정의한 바와 같이 이것은 "자유의 실천, 즉 의식적이고 사려 깊은 자유의 실천"이다(Foucault, 1997/1976a, p. 284). 이러한 일은

> 어느 정도 노력과 불확실성, 꿈과 환상을 동반하며 사실로 인정된 진리로부터 자신을 분리하고 다른 규칙을 찾아 나서는 움직임으로 특징지어질 수 있다. 이러한 일은 사고의 틀을 바꾸고 변형시키는 것과 기존의 가치를 변화시키는 것, 다르게 생각하고 다르게 행동하며 평소의 자신과 다른 존재가 되기 위한 모든 노력들을 포함한다. (p. 327)

그러므로 다른 사람과 연대를 이루는 차원에서 다른 존재가 되는 것, 그래서 새로움이 출현할 수 있는 조건을 창조하는 것은 이러한 자유를 위한 노력에 충실한 교육의 실천에 핵심일 수 있다.

그리고 여기에서 다시 한번 아렌트 연구와의 연관성이 중요해진다. 왜냐하면 새로움과 자유는 인간 조건의 핵심적인 특징이자 목표이기 때문이다. 아렌트의 성찰 전체가 자유와 새로움을 추구하고 실현하며 보존하기 위한 조건과 관련된 끊임없는 노력이라고 해도 과언이 아니기 때문이다. 8장에서는 아렌트의 연구를 교육과 연결하여 더 폭넓게 분석하는 일에 집중할 것이고 여기서는 세계에서 행위하는 것이 무엇을 의미하는지에 대한 그녀의 분석에 중점을 두고자 한다. 이와 관련하여 그녀는 인간이 "행위하기 전이나 후가 아니라 행위하는 동안에만 자유롭다. [...] 자유롭다는 것과 행위한다는 것은 동일하다"는 점을

지적한다(Arendt, 1977/1961, p. 153). 그러므로 자유는 행위하고자 하는 결정, 즉 행위가 만들어내는 새로운 시작을 그의 세계에 가져오려는 결정에 달려 있다. 아렌트의 주장에 따르면,

> 탄생에 내재된 새로운 시작이 세계에서 존재감을 드러낼 수 있는 이유는 오로지 새로 오는 자newcomer가 새로움을 시작할 수 있는 능력, 즉 행동할 수 있는 능력을 가지고 있기 때문이다. 이러한 의미에서 모든 인간 활동에 내재된 것은 주도권의 요소와 그로 인해 나타나는 탄생성의 요소이다. 더욱이 행위는 최고의 정치적 활동이기 때문에 정치적 사고의 핵심 범주는 형이상학적 사고와는 달리 죽음mortality이 아니라 탄생성natality일 수 있다.
>
> (Arendt, 1998/1958, p. 9)

이제 우리는 자유와 새로움을 추구하는 과정에서 끊임없이 발생하는 불확실하고 심지어 위험한 일들이 어떻게 해서 아렌트와 푸코에게 있어서 성찰과 성장이라는 개념을 이해하는 토대가 되는지를 알게 된다. 이러한 일은 듀이가 성장과 교육에 관한 분석에서 상당한 노력을 쏟았던 일이기도 하다. 이 주제는 8장에서 다시 다룰 것이다. 그러나 이러한 노력이 교육적으로 어떤 의미가 있는지를 질문하는 것은 합리적인 물음이다. 여기서는 단지 그러한 노력이 학생들의 가능성에 대한 지속적이고 끝없는 헌신으로 전환되어야 한다고 주장할 뿐이다.

이러한 의미에서 가능성이란 것은 교육의 실천에 있어서 다소 연약하고 모순적이기까지 한 특성의 하나이다. 그 이유는 가능성이 나타날 수 있으려면 교육과 학습이 자리 잡을 수 있는 일종의 고정된 구

조가 있어야 하지만 동시에 그러한 구조를 넘어서고 회피하고 도전하며, 심지어 무시하고 해체하려는 지속적인 노력도 필요하기 때문이다. 물론 이렇게 고정된 구조를 넘어서고 회피하고 무시하는 일이 단순히 공허한 말이 아니라면 사전에 구조화되거나 규제될 수 없다. 이러한 일들은 교육의 과정에서 예기치 않게 놀라움으로 나타나야 한다. 하지만 다른 한편에서 보면 규칙이 전혀 없는 상황은 최선의 시나리오에서도 의미 없는 활동을 초래하며 예상치 못한 것이 그 시점에서 반드시 바람직한 것은 아닐 수도 있다. 어떤 특정한 시점에서는 교사와 학생들이 예정된 활동을 수행하고 주어진 틀 안에 머무는 것이 당연한 일이라 할 수도 있다. 이것이 개방성과 가능성으로 인해 겪어야 하고 초래되는 역설이다. 내가 보기에는 이러한 역설을 피할 수 있는 유일한 방법은 교사들이 학생들의 가능성을 위한 노력을 회피하는 것이다.

이런 의미에서 가능성은 마음대로 생성하거나 만들어낼 수 있는 것이 아니다. 이와 달리 우리는 **가능성이 나타날 수 있는 조건과 환경을 만들어낼 수 있을 뿐**이다. 그리고 교육적으로 정의할 때, 이 역설은 매우 구체적이라는 점을 강조할 필요가 있다. 어떤 면에서 이 역설은 이론적이거나 철학적인 것에 국한되지 않기 때문에 살아 있는 역설이기도 하다. 말하자면 로티Rorty, R. M.가 주장했듯이 이 역설은 해석의 확대와 풍요로운 철학적 대화를 정당하게 추구할 수 있는 영역에만 존재하는 것이 아니기 때문이다. 이와는 달리 교육은 현실적으로 항상 선택의 필요성에 뿌리를 두고 있으며 그것을 수반한다. 그러므로 다음 절에서는 학교교육의 실천에서 이러한 일을 실행하기 위한 틀을 개략적으로 설명하려고 한다.

아직 도래하지 않은 실험실로서의 학교

먼저 『앎의 의지The Will to Knowledge』에서 찾을 수 있는 푸코의 "담론적 실천"에 대한 분석을 간략히 언급하는 것이 유용할 수 있다. 이러한 분석은 대체로 일반적인 시각에서 교육과정이 만들어지는 전형적인 방식으로 받아들여질 수 있기 때문이다. 푸코는 전통적으로 해석되는 학문과 지식의 영역을 넘나드는 이러한 실천들을 분석하면서 다음과 같이 주장한다.

> 담론적 실천은 대상의 영역에 대한 경계 설정과 지식의 주체에 대한 정당한 관점의 규정, 개념과 이론을 체계화하는 규범의 설정을 특징으로 한다. 따라서 각각은 배제와 선택을 지배하는 처방의 기능을 수행한다.[3]
>
> (Foucault, 1997/1976b, p. 11)

따라서 담론적 실천은 학교교육의 거시적 수준과 미시적 수준 모두의 전형적인 예로 간주될 수 있는데, 여기에는 교육과정과 더불어 학습이 이루어질 때 교사와 학생들이 참여하는 일상적인 탐구 활동이

3　푸코의 담론적 실천은 사회가 어떻게 지식을 생산하고 통제하며, 이를 통해 권력이 행사되는지를 설명하는 중요한 개념이다. 다시 말하면 사회적이고 역사적으로 구성된 규칙과 제도를 통해 지식이 생산되고 관리되는 과정을 가리킨다. 푸코는 지식이 중립적이거나 객관적이지 않으며, 담론을 통해 사회 내에서 권력에 의해 통제되고 규제된다고 보았다. 교육에서의 담론적 실천은 어떤 지식이 중요하게 여겨지고 어떻게 가르치고 평가할지에 대한 사회적 합의와 규칙에 의해 형성된다. 간략하게 말하면 담론적 실천은 지식을 구성하는 규범과 규칙을 설정함으로써 특정한 해석이나 이론은 유지되고 다른 것들은 배제되도록 하는 기능을 수행한다. 즉 지식의 영역에서 무엇이 포함되고 배제되는지를 규정한다는 것이다(옮긴이).

모두 포함된다. 그 이유는 다음과 같은 것들이 없이는 교육과정과 이러한 탐구활동을 거의 생각할 수 없기 때문이다.

a. 대상 영역의 구획 설정: 이것은 학생과 교사가 해당 대상에 집중하여 그에 대한 논의와 분석을 할 수 있게 한다.
b. 지식의 주체에 대한 정당한 관점의 규정: 이것은 교실에서 공통의 언어와 공유된 관점이 생성될 수 있게 한다.
c. 개념과 이론을 체계화하는 규범의 설정: 공통의 개념적 문법으로, 이것이 없으면 말하고 듣는 것조차 의미가 없어진다.

그렇다면 PISA와 관련하여 이러한 분석 및 이와 구분되는 다른 교육 비전을 통해 우리는 무엇을 배울 수 있는가? 교실에서 일어나는 일상적인 탐구활동 및 문제제기 활동과 관련하여 두 가지를 강조할 필요가 있다고 생각한다. 먼저 전 세계 모든 교실을 하나의 무대 위에 올리는 것은 불가능할 뿐만 아니라 바람직하지도 않다. 또 이렇게 구획을 나누고 규정하는 활동과 이를 해체하는 활동은 동시에 이루어져야 한다. 말하자면 주어진 구획과 규정을 넘어서고 우회하며 회피하고 중단하는 활동이 모두 필요한 것이다. 만약 학교교육이 새로운 것이 출현할 수 있는 조건에 관심이 있다면, 이러한 활동을 위한 공간을 마련해야 한다.

그리고 이 문제와 관련해서 푸코의 분석과 더불어 듀이와 아렌트의 연구가 중요하다. 듀이와 아렌트 모두 이미 항상always-already 자기 자신을 초월하는 교육 주체에 대한 설명을 제시하고 있기 때문이다. 주체와 교육에 대한 듀이의 설명과 관련해서는 5장과 6장에서 상세하게 분석한 바 있다. 여기서는 듀이가 사고를 통해 경험을 포괄하려는 데에 그다지 관심이 없었다는 점만 강조하고자 한다. 오히려 그의 교육철학에서는 언제나 사고와 교육을 통해 새로운 경험을 확장하고 생성하는 끝없는 노력을 보여주었다. 듀이가 언급하는 교변작용론에서는 고정된 출발점이나 도달점이란 존재하지 않는다. 인간의 행위는 그 내용과 목표에 상관없이 항상 예측할 수 없는 결과를 초래하기 때문이다. 듀이의 이해방식에 따르면 행위는 주어진 환경에서 인간이 새로운 상호작용 방식을 제시하고 그로 인해 새롭고 예상치 못한 경험을 창출하는 수단이다. 그리고 '예상 밖의 놀라운 일startling unexpectedness'의 특성 또한 아렌트의 끊임없는 성장과 변화becoming 및 시작beginning 에 대한 이해와 일맥상통한다. 아렌트의 말에 따르면,

> 시작의 본질은 이전에 일어난 것이 무엇이든 그로부터 예측할 수 없는 어떤 새로움이 시작된다는 것이다. 이러한 '예상 밖의 놀라운 일'의 성격은 모든 시작과 모든 기원에 내재되어 있다.
>
> (Arendt, 1998/1958, pp. 177-178)

이제 우리는 듀이와 아렌트, 푸코의 중첩되는 설명들이 학교교육과 구체적인 교육의 실천에 중요한 메시지를 전달하고 있음을 알게 된다. 이는 교육받는 학생들이 현재의 사실과 가능한 미래 사이의 차이를 구체적으로 경험할 때 새로움과 자율적 이해가 가능해질 수 있기 때문이다. 분명한 것은 교육이 실제 현실을 넘어서는 해석과 새로운 현실의 구상에 관심을 갖는다면, 교육받는 주체들은 주어진 한계와 경계를 넘어서는 것이 무엇을 의미하고 여기에 수반되는 것이 무엇인

지도 경험할 수 있어야 한다는 것이다. 그러므로 교사들은 학생들의 이해 속에 잠재되어 있는 것에 주의를 기울임으로써 매우 섬세한 질문을 제기하도록 해야 한다. 우리는 생생한 교육의 상황에 내재된 예측 불가능한 특성과 교육에 참여하면서 적극적으로 불러일으키는 예측 불가능성 모두에 주목해야 한다는 것을 인식할 필요가 있다. 이러한 두 가지 측면의 불확실성은 교육목적과 관련하여 허무주의적 패배로 흘러가기보다는 교육의 주체에 대해 근본적인 책임을 부여하며 이는 교육의 대화에 새로운 상호작용으로 이어지기도 하고 또 적극적으로 이를 만들어내기도 한다.

물론 이러한 일은 성과도 없고 혼란스러울 수도 있으며 심지어 일관성이 없고 위험할 수도 있다. 주어진 것과 가능한 것, 이미 확립된 것과 아직 규정되지 않은 미지의 공간이 나뉘는 경계에서 활동할 때는 무익한 활동이 유발될 위험이 '이미 항상always-already' 존재한다. 여기서는 의미와 무의미가 서로 교차한다. 그러나 내가 주장하고자 하는 것은 이러한 일이 없으면 학생들은 이중의 문제에 처하게 된다는 것이다. 하나는 새로운 것에 직면하지도, 이를 추구하지도 못한다는 문제이고, 둘째는 일상적인 교육활동에서 교사가 제시하는 교육과정 내용을 이해하고 꿰뚫어 볼 수 없다는 문제이다. 그 이유는 정의된 내용을 이해하려면 그 내용의 한계 또한 경험해야 하기 때문이다. 가령 논리적 사고의 일관성을 경험하는 것은 분명 중요한 교육적 목표이지만 이를 위해서는 동시에 비논리적 사고에 일관성이 없음을 경험해야 한다. 일련의 역사적인 사건들을 이해하기 위해서는 이러한 전후관계의 가능한 대안을 동시에 고려해야 한다. 구체적으로 교사는 '상황이 달랐다면 어땠을까? 그렇다면 어떻게?'라는 질문을 해야 한다. 비판적 역량과 창의성에 관심이 있다면 이러한 실험적 태도를 기르는 것이 필수적이다.

이는 학생들의 주의와 상상력이 특정 주제가 실제로 나타나는 순간으로 향해야 함을 의미한다. 말하자면 지식을 생성하는 활동, 즉 철학적 활동과 수학적 활동 그리고 이런 활동의 의미에 초점을 맞추어야 한다는 것이다. 여기서 사전에 정의된 OECD의 틀은 전혀 도움이 되지 않는다. 이와 관련하여 나는 학습 내용과의 실존적이고 실용적인 관계가 필요하다고 생각한다. 이것은 학문과 삶의 상황 사이에 새로운 상호작용의 지점을 만들어낼 수 있는 참여이다. 새로움의 가능성을 보존하고 길러야 한다면 학생들이 교육과정 내용을 해체하고 중단하며 교육과정 내용과 더불어 놀이를 함으로써 학생들의 창의적 비전과 능력을 보존하고 길러야 한다.

여기에서 교사의 역할은 어렵고도 중요하다. 단지 실험하기 위해 실험하는 것은 사실 무익하고 재미없는 활동이다. 규칙을 일시 중단하고 실험하는 것도 무의미하며 심지어 위험할 수도 있다. 하지만 다른 한편으로 규칙을 미리 설정하고 변경할 수 없게 한다면 실험의 의미가 사라진다. 실험을 하는 것에는 바로 규칙과 설정 및 방법을 변경할 수 있는 가능성에 의미가 있기 때문이다. 물론 위에서 언급한 바와 같이 이러한 활동은 어느 정도의 불일치를 초래하고 생산성과 효과성을 떨어뜨릴 수 있다. 학생들은 새로운 것에 대한 자신들의 상상력과 능력을 시험해 보면서 좌절감을 느끼거나 지루해 할 수도 있다. 주어진 내용과 방법들을 다루는 새로운 방식을 찾는 것은 일관성이 없고 무의미한 경험이 될 수도 있는데, 그 이유는 누군가 "왜 이런 엉망인 일을 해야 하지?" "이러한 활동의 목적이 무엇이지?"라고 묻는 것은 합리적일 수 있기 때문이다. 그러므로 학생들과 교사들이 일상적으로 수행하는 점진적이고 전통적인 일에 대해 재미없지만 필요한 경험으로 간주하거나 주어진 것을 중단하고 재창조하는 활동이 항상 흥미롭고 매력적인 일이라고 여기는 것은 잘못이다.

주어진 내용을 배우는 것이 매우 매력적이고 매혹적일 수 있는 반면, 새로운 길을 시도하는 것은 피곤하고 좌절감을 줄 수도 있다. 또한 이러한 혁신적인 실험을 통해 경험하는 변화가 경험의 확장과 풍요로움을 보장하지도 않는다. 기존의 지평선이 사라질 수 있으나 다른 지평선이 드러나지 않을 수도 있는 것이다. 이것이 바로 예측 불가능성과 급진적인 도약의 진정한 의미이다. 이러한 활동을 통해 우리는 닫힌 고리와 악순환, 사각지대와 막다른 골목을 경험할 수도 있게 된다. 이와 같은 급진적인 방법을 시도하면서 막히고 갇힌 느낌을 받을 수도 있다.

이것은 그러한 실험적 태도가 이전의 경험에 누적적으로 더해지는 것이 아니기 때문이다. 즉 우리가 가지고 있던 기존의 사고방식에 단지 새로운 것이 추가되어 필요할 때 탐구를 위한 도구로 사용할 수 있는 것이 아니다. 우리는 중단을 통해 발생한 관점의 변화를 언제든지 꺼내 쓸 수 있는 일종의 도구상자처럼 다룰 수 없다. 왜냐하면 바로 '보는 것', '인식하는 것' 그리고 '개념화하는 것' 자체가 실험적 태도로 인해 바뀔 수 있기 때문이다. 그래서 이러한 실험적 태도는 어느 정도 위험을 수반할 수 있는 것이다. 이는 기존의 방식에서 벗어나는 것이 항상 위험을 수반한다는 것을 의미한다. 분명한 것은 우리가 이러한 실험적 태도의 길을 걸으면서 새로운 길을 발견하거나 창조하지도 못한 채 기존의 알려진 길로 되돌아갈 수도 없는 무력감을 느낄 수도 있다는 점이다. 어떤 내용에 대한 이해가 부족하다는 것은 알지만 올바른 것을 찾지 못할 수도 있다. 다른 사람들이나 세계와의 관계가 엉망이라거나 단순히 지금과 같은 방식으로는 살지 말아야 한다는 느낌을 받을 수 있지만, 그렇다고 곧바로 해결책을 찾는 것은 어려울 수도 있다. 요약하자면 주어진 길을 중단하고 사태와 이해의 경계에 머무는 것은 파괴적일 수도 있다. 다시 말해 우리가 도약할 때 착지해야 할 지반이 있다는 보장은 없는 것이다.

그러나 학교교육과 세계 그리고 삶 사이의 관계를 강화하려면 학교교육이 단지 적절한 기술과 지식을 측정하는 문제에 머물러서는 안 된다. 여기서 요점은 두 가지이다. 첫째로 사회란 것은 어떤 의미에서 여러 집단들이 함께 어우러져 있는 구조이다. 포스트모던 사회에는 다양한 관점과 이해관계, 사회적 힘 그리고 문화적 전통들이 공존한다. 이렇게 복잡하고 다양한 특성을 하나로 정의하는 것은 거의 불가능하다. 따라서 어떤 하나의 기준으로 이러한 다양성을 공정하게 판단하는 것은 어렵다. 둘째로 교육은 단지 적합한 기술을 생산하는 것이 아니라 부단한 실험을 통해 사회를 재창조하는 것이기도 하다. 학교는 어떤 의미에서 이러한 실험을 위한 이상적인 공간이다. 그렇다고 교육이 순수하게 창조에 관한 것이라고 주장하는 것은 아니다. 또 학교에는 재생산 혹은 다른 말로 정해진 질서로의 사회화가 자리를 차지할 공간이 없다고 주장할 수는 없다. 당연히 아이들과 학생들은 학교에서의 실천을 통해 현실적인 삶의 방식에 입문한다. 그러나 아이들과 학생들에게는 그러한 삶의 형태에 도전하고 새로운 혹은 새로워진 삶의 형태를 창조할 가능성도 주어져야 한다. 이는 듀이, 아렌트, 푸코의 사상과 공통으로 맞닿아 있다. 다시 말하면 교실은 수동적receptive 으로도 능동적

projecting ⁴으로도 환경적 조건에 대해 잠재적으로 그리고 실제로 열려 있어야 한다.

여기서 말하는 성찰과 투영은 세계 안에 머물면서 자신의 경계 너머에 있는 것에 주목하는 것이다. 이것은 기존의 입장에 도전할 수 있는 유형의 성찰이다. 이런 성찰은 분석하는 것과 판단 내리는 것을 회피하지 않는다. 오히려 이러한 성찰은 사고를 개방성의 실현 수단으로 본다. 근본적 개방성은 교사의 책임감과 학생에 대한 배려가 시작되는 조건이며 서로 연결된 교사와 학생의 자유의 기반이 되는 것으로, 주어진 목표와 내용에서 탈피하여 학생들로 하여금 자신의 존재 가능성을 자유롭게 하는 데 작용한다. 이러한 가능성은 이 용어의 근본적인 의미에 부합되게 이미 항상 열려 있고 더 나은 의미와 정의를 추구하는 방향으로 이해되고 실현되어야 한다.

여기에서 강조해야 할 것은 이러한 개방성이 무관심으로서의 자유와는 정반대된다는 점이다. 오히려 이것은 근본적이고 적극적인 자유로 근본적인 책임을 발생시키고 수반한다. 성찰을 통제에서 개방성으로 위치 이동시키는 이러한 움직임은 교육에 관한 기존의 사고와 실천을 잠시 중단시키고 숨겨진 요소를 노출시키면서 동시에 그것들에 대한 윤리적 근거를 마련한다.

분명한 것은 학교교육이 기본적으로 두 가지 상반되는 과제를 추구해야 한다는 사실이다. 하나는 확인된 내용과 규칙 그리고 행동과 추론 및 의사소통 방식을 습득하는 것과 관계가 있다. 학교교육은 학생들을 공

---

4 'Receptive'는 외부 환경이나 정보를 수동적으로 받아들이는 태도를 의미하기 때문에 '수동적'으로 옮겼고, 'projecting'은 이를 능동적으로 해석하고 새로운 방향으로 나아가거나 변화를 추구하는 태도를 뜻하기 때문에 '능동적'으로 옮겼다(옮긴이).

통된 세계로 입문시키는 곳이며 또 그래야 한다. 이러한 공통된 세계가 없으면 교육도 사회도 존재할 수 없다. 이러한 노력은 학생들이 세계에서 살아가는 데 도움이 되는 지식과 세계 속의 존재 방식을 제공하면서 문화와 사회의 연속성을 보장한다는 점에서 학생과 사회 모두에게 필요하다. 이러한 연속성이 없으면 사회와 문화 자체가 거의 존재할 수 없다. 듀이는『민주주의와 교육』제1장에서 "어떤 경험이든지 사회집단의 갱신을 통하여 연속되어 나간다는 것은 문자 그대로 사실이다. 가장 넓은 의미에서 교육은 이러한 사회적 삶의 연속성을 유지하는 수단이다"라고 말한 바 있다(1930/1916, pp. 2-3). 문제는 오직 이러한 과제만을 추구한다면 교육은 주어진 일련의 목표와 가치에 입문시키는 일이 되고 사회는 경직될 수 있다. 그러므로 학교교육은 이러한 교육내용을 중단시키는 일 혹은 이 교육내용이 전수되고 전달되는 과정 자체를 중단시키는 일과도 관련이 있다. 이러한 중단과 근본적인 조치로 인해 사회, 문화 그리고 이와 관련된 모든 측면들은 위험에 처할 수도 있다. 이는 이미 존재하는 것에 위험을 감수해야만 새로운 것에 관심을 기울이고 배려할 수 있기 때문이다. 교육철학의 중요한 부분은 이 새로운 것을 추구하는 데 역점을 두고 있다(Standish, 1992; Biesta, 2006, 2011; English, 2013; Lewis, 2014, 2015; Todd, 2009, 2015).

새로운 방식으로 세계에서 처신하고 살아가려면 주어진 범주를 잠시나마 무력화시켜야 한다. 이러한 활동은 학교교육의 과정에서 일어나는 다른 활동만큼이나 좌절을 안겨주고 힘들게 할 수도 있지만, 그만큼 필요한 것일 수도 있다. 이는 교육과정을 멋있게 꾸미거나 무언가를 추가하는 일이 아니라 학교가 핵심적으로 해야 할 일이라는 것이 나의 주장이다.

덧붙여 말한다면 이러한 작업은 포스트모던의 관점에서 교육을 이해할 때 반드시 직면해야 하는 모순적인 상황의 전형이라는 점에 주목해야 한다. 한편으로 교육에서는 주관적 선택과 판단의 필요성을 부인할 수 없지만, 다른 한편으로 판단과 선택은 우리가 해체하고자 하는 자신감 넘치고 포괄적인 지식의 기반을 형성하기도 한다. 첫 번째 이슈와 관련해서 우리는 철학적 성찰이 반드시 하나의 관점을 선택할 필요 없이 다양한 관점을 지속적으로 확장하고 대화의 풍요로움을 정당하게 추구할 수 있다는 것을 알 수 있다. 알다시피 교육의 사상과 실천의 조건은 각기 다른데, 이는 주로 주어진 초기 상황을 다른 상황으로 변화시키고 실행되거나 제안된 그 변화에 대해 책임을 지려고 하는 기본적인 의도 때문이다. 이러한 주장은 가르침과 교육의 '본질적/초월적 폭력' 문제로 되돌아가게 한다(Todd, 2001).[5] 실제로 교육에서는 제안과 단언, 단언과 강요 사이의 경계를 명확히 구분하기 어렵다. 이와 관련하여 톰슨은 최근 교육에 관한 하이데거의 사상이 갖는 가치를 논하는 글에서 "핵심 질문은 간단하다. 그것은 열어줄 것인가, 강요할 것인가이다"라고 말했다(2016, p. 854). 이러한 이분법은 교육할 때 마음에 새길 가치가 있다고 생각하지만 그 질문은 단순하지 않으며, 특히 교육에서는 결코 명쾌하게 해결될 수 없다고 믿는다. 교육은 누군가에게 무언가를 열어주는 데 따르는 책임을 수반하며, 어느 시점에서 열어주는 일을 끝내고 강요하는 일을 시작할 것인지를 이론

---

5   여기서 '폭력'에 대한 언급은 꼭 부정적인 의미라기보다는 자율성과 강요 사이의 갈등을 말하는 것으로, 교육이 본질적으로 학생에게 변화와 성장의 기회를 제공하는 것이지만 그와 동시에 그 과정에서 학생에게 강압적인 측면이 존재할 수 있음을 상기시키는 것이다(옮긴이).

적으로나 실제적으로 규정하는 것은 어렵다. 독학의 경우에도 이 딜레마를 피할 수 없다. 교육은 '~에게서 가르침을 받을 때'에도 자신의 존재와 관련하여 '이미 항상' 자신의 선택에 기반을 두고 있다고 볼 수 있다(Biesta, 2012).

그러나 우리는 더 이상 서구 교육의 전통에서 강조되는 자신감 있고 무심한 주체에 의존할 수 없다. 이러한 주체는 판단을 내릴 때 책임을 지지 않을 수도 있다. 그 판단들은 주체가 따라야 한다고 여겨지는 객관적인 진리에 이미 발목이 잡혀 있기 때문이다. 그러므로 이와는 다른 태도가 필요하다. 이것은 우리가 내리는 모든 선택과 판단의 윤리적이고 교육적인 성격을 강조하면서 우리의 입장과 신념 — 이 신념은 단순한 지식 이상의 것을 나타낸다 — 을 혼란케 하는 외부 사건의 중요성을 강조하는 태도이다.

그러나 여기에서 우리는 한 가지 문제에 부딪힌다. 누가 주도적인 역할을 해야 하는가? 이 질문이 중요한 이유는 교육이 궁극적으로 주체가 다른 방식으로 존재하고 행동하고 새로운 시작을 무대에 올릴 수 있는 가능성에 바탕을 두고 있기 때문이다(Biesta, 2009). 만일 인간이 이 새로운 시작을 교육에 적용할 수 없다면 새로운 시작은 소멸될 것이다. 말하자면 우리가 외부에서 일어나는 사건에 철저히 "강요받는" 존재라고 생각한다면, 우리는 교육의 가능성을 부인하게 될 것이다. 왜냐하면 우리는 그 사건과 외부에 완전히 의존하고 있다고 생각해야 하기 때문이다. 이런 식으로 철저히 의존한다면 책임과 자유도 부인될 것이다(결국 무엇에 대해 책임지고 무엇으로부터 자유로울 수 있을까 하는 물음을 제기할 수 있는 것이다). 그러나 이와 반대로 교육을 일관되고 자율적인 주체가 스스로 선택하여 이루어진 결과로 간주하게 되면 모든 것이 이미 정해진 프로젝트, 즉 우리가 도전하고자 하는 프로젝트가 되어버린다.

이와 관련해서 나는 교육을 선택과 요구 사이에 있는 사건, 즉 자기통제의 중단으로 정의할 수밖에 없다. 이는 기존의 이론적 시각을 약화시키고 통제와 정의를 통한 폭력성을 중단시키기 때문에 언어로 정확히 표현할 수 없는 것이다.[6] 교육과 관련하여 "일관성 있고 모순이 없는" 이해를 추구한다고 할 때(Zhao, 2014, p. 523) 이러한 설명은 사실 좌절감을 줄 수 있다. 따라서 우리는 일관성의 영역에서 벗어나 어느 정도 다른 길을 따라야 한다. 물론 우리는 딜레마를 위한 딜레마를 추구하지는 않는다. 대신에 우리는 책임과 자유에 대한 노력을 유지하면서 아직 도래하지 않은 것에 머무른다는 교육의 역설을 탐구하고 여기에 몰두하는 일에 익숙해져야 한다. 그러는 가운데 다른 관점이 나타날 수 있고 다른 영역을 상상할 수 있다. 교사들은 교실에 필요한 전반적인 균형을 신중하게 관리해야 하기 때문에 이러한 이중의 과제는 모순적이며 상반된 것이기도 하다. 이러한 태도에는 내용을 어떻게 다루어야 하는지에 대한 처방도 없으며 함께 이해를 구축하기 위한 정의된 규칙도 없다. 말하자면 불일치와 무의미가 항상 나타날 수 있으며, 이는 이해를 구축하려는 시도를 침해할 수 있다. 개방성을 규명하는 것은 복잡하고 심지어 모순적인 작업이기 때문이다.

이러한 작업은 또한 OECD의 신자유주의 담론이 근거하고 있는 윤리적이고 이론적인 오류를 식별하는 실마리를 제공한다. 실제로 이

---

6   여기서 선택(choice)은 학습자가 자신의 학습과정을 자율적으로 결정하는 자기 주도적 학습과 개인의 적극적인 참여를 강조하며, 요구(call)는 사회와 문화, 제도 혹은 교사와 같은 외부 요인들이 개인에게 던지는 도전을 의미한다. 이는 교육이 학습자의 자율성과 외부의 영향 혹은 상황 간의 상호작용에 의해 이루어진다는 관점에 대한 설명이다(옮긴이).

담론은 실제와 가능성을 혼합하거나 동일시하려고 하며, 이를 통해 교육받는 주체들의 구체적인 존재 가능성의 범위를 좁히는 데 작용한다. 이렇게 볼 때 위에서 주장한 바와 같이 OECD의 관점이 주어진 교육과정의 내용으로 '복잡한 세계를 관리하기 위한 삶의 기술'로 도약한다고 주장하는 것은 단지 표면적인 것에 불과하다. PISA에서는 단지 사전에 정해진 내용을 사전에 정해진 기술로 교환할 뿐이다. 더욱이 이러한 축소는 의도적 선택과 틀을 사실로 제시하는 비인격적 문법을 채택함으로써 발생한다. 의도적인 행동 방침이 불가피한 사실의 문제로 제시되는 것이다. 이러한 견해와 대조적으로 나는 OECD가 주장하는 것과 다른 가치체계를 제시한다. 내가 주장하고자 하는 것은 교사의 지도하에 교육과정과 아직 채워지지 않은 공간을 탐색하려는 학생들의 추진력 사이에서 이루어지는 상호작용을 통해서 교육의 본질인 아직 도래하지 않은 공간이 나타나고 새로운 형태와 의미가 생성될 수 있다는 것이다.

어떤 의미에서 교육과정은 망설임과 기다림의 문제이기도 하며, 이는 성장을 위한 순수한 가능성 속에 머물고자 하는 것이다. 그리고 이런 머무름이 있을 때 아직 도래하지 않은 공간이 나타난다. 그러므로 만일 인간의 삶이 항상 열린 의미를 얻는 수단으로 교육을 개념화하고 사회에는 기본적으로 실험하고 변화할 가능성이 있다면 학교교육을 다른 방식으로 개념화하는 데 관심을 둘 필요가 있다. 이와 관련하여 나는 대상이 끊임없이 재구성되는 실험실로서의 학교 개념을 언급하고 있는 것이다. 이것은 미리 정해진 목적 없이 미래를 내다보는 가르침의 장이 만들어지는 개념이다. 그리고 학교교육의 시공간은 이러한 일에 특히 적합하다.

사실 학교교육이 이루어지는 이 특별한 시공간에서 학생들은 매우 특별한 방식으로 노력과 실험의 결과를 경험할 수 있다. 어떤 의미에서 학생들은 학교교육에서 실험이 만들어내는 실제 결과로부터 자유롭다. 이것은 기울인 노력이 성공했건 실패했건 학교에서 일어나는 일과 아무런 상관이 없다는 의미가 아니다. 따라서 학생들이 기울인 노력을 진지하게 받아들여서는 안 된다는 것을 뜻하지도 않는다. 정반대로 이러한 활동의 의미는 학생들이 거기에 완전히 몰입하도록 하는 데 있다. 학생들은 그들의 노력에 몰두할 수 있고, 자신들의 자원이나 운명을 실제로 위험에 빠뜨리지 않고도 수행된 실험에 깊이 빠져들 수 있다. 학교교육이 이루어지는 시공간에서는 '되돌릴 수 없음'이라는 경험의 특이한 성격이 "중단된다"고 말할 수 있다(Masschelein, 2001). 그래서 교사들은 교육활동이라는 실험의 범위를 확대하도록 요구할 수 있는 것이다.

분명한 것은 학교가 단지 반복의 장소가 되지 않으려면 두 가지 다른 활동을 추진해야 한다는 것이다. 첫째는 주어진 내용, 방법, 기술, 습관, 행동 방식 및 다양한 개념화, 추론, 해석의 방식 등을 학습하는 것과 연결된 일련의 누적적인 활동들과 관련이 있다. 이러한 활동들은 아렌트의 용법(1977/1961)으로 말하면 '오래된 세계the old world'로 새로운 세대가 진입하는 기회이며 이를 통해 이전 세대의 유산을 습득하게 된다. 이러한 활동들에는 기계적이고 미리 정해진 학습이 아니라 그 핵심에 비판적 역량과 추론이 수반된다. 그러나 학교교육은 주어진 것의 경계를 극복하거나 옮기고 새로운 수단과 목표를 찾거나 창조하는 것과도 관련이 있다. 이러한 창조적인 일은 주어진 형식이 유보되고 새로운 형식이 학생들의 경험에 들어설 수 있을 때, 말하자면 주어진 추론 방식이 괄호 속에 묶이고 교육내용에 접근하는 새로운 방식이 사용될 수 있을 때 이루어진다. 왜냐하면 이러한 활동들을 통하여 학생들은 이러저러한 성과를 만들어내는 일에서 자유로워지기 때문이다. 이러한 자유는 하이데거(1996/1927, p. 135)가 말한 '무관심의 자유freedom of indifference'라는 의미에서의 '자유롭게 부동하는 존재의 가능성a free-floating potentiality of being'이라기보다는 끝없는 과제이자 투쟁이며 노력이다. 따라서 학생들과 교사들은 보상을 기대하지 않고 여기에 시간과 정성을 들인다. 이는 OECD의 보상/제재 장치와는 전혀 다른 것으로, 교육일반과 학교교육 본연의 가치를 보존하려 한다면 마땅히 추구해야 할 목표이다.

새로움과 근본적 변화 가능성: 미완의 상태를 지향하는 교육

이번 장에서는 7장에서 논의한 교육에 대한 이해를 더욱 발전시키고, 학교교육과 일상적인 교실 활동의 교육적 지향점을 제시하려고 한다. 특히 새로움과 근본적 변화 가능성이 부각될 때 교사의 역할에 초점을 맞추어 논의를 전개할 것이다. 이와 관련해서 예측할 수 없는 것에 대해 여지를 두는 것이 교사에게 어떤 의미가 있는가 하는 문제에 역점을 두고자 한다.

이전 장에서와 같이 듀이, 아렌트 및 푸코의 연구가 연결되는 지점에서 출발하여 이 문제들을 다루고자 한다. 구체적으로는 아렌트의 '유일성'과 '함께함', 교육에서 불확실성과 가능성의 역할에 대한 듀이의 이해 그리고 휴머니즘에 대한 푸코의 관심을 검토할 것이다. 이것들은 내가 분석하는 핵심 주제들이지만, 내가 이들 세 사상가 사이에 두고 있는 접점은 그들이 공유하는 '끊임없는 성장과 변화'에 대한 이해이다. 이 '끊임없는 성장과 변화'는 우리가 얻을 수 있는 모든 개념화를 항상 초월하는 어떤 것이다. 나는 이 끊임없는 '성장과 변화' 및 그것을 넘어서는 것beyondness이 학교교육과 교육 실천의 핵심이 되어야 한다고 생각한다. 우리는 아렌트, 듀이, 푸코가 공유하는 이해를 통해 어떻게 교육이 학습자의 자아를 사전에 정의된 틀에 가두지 않고, 무한하고 끊임없이 확장하는 가능성의 영역으로 열어 나가는지 보게 될 것이다.

이러한 이해에 일관되게 학교는 이와 같은 영역이 부각되고 학생들의 존재와 연대 그리고 미래전망 능력이 나타날 수 있는 장소로 간주되어야 한다. 이러한 측면과 과정들을 단번에 밝혀지고 형성되어야 할 것으로 이해해서는 안 되며, 또한 이미 진행되어 온 교실 상호작용의 일부 혹은 출발점으로의 고정된 위치 같은 것으로 생각해서도 안 된다. 그보다는 학생들의 존재와 미래전망 그리고 연대는 일상의 학교활동 속에서 서로를 형성함으로써 학생들의 지속적인 '성장과 변화'의 경로를 만들어 가는 것으로 보아야 한다. 학생들은 이러한 경로를 통해 자기가 애초에 누구인지를 자신과 타인에게 드러낸다. 중요한 것은 이렇게 하여 드러나는 것이 개인이 수행하고 경험하는 행위와 말에 의해 달라질 수 있다는 것이다. 이것은 가능성의 영역을 미리 규정할 수 없는 이유이기도 하다.

이 장은 세 개의 절로 구성되어 있다. 첫 번째 절에서는 아렌트와 푸코의 주장에 근거하여 '유일성'과 '함께함'이라는 서로 연관된 두 가지 교육적 측면을 중점적으로 다루며, 이 특성들이 PISA 모형에서 심각하게 약화된다는 점을 밝힐 것이다. 두 번째 절에서는 아렌트와 듀이를 대화의 장으로 초대하여 교육의 실천에 필수적인 자유와 불확정성에 초점을 맞추어 논의를 전개할 것이다. 세 번째 절에서는 이러한 분석을 구체적으로 일상적인 교실 활동에서 교사가 해야 할 역할과 관련하여 실천적인 지침으로 발전시킬 것이다. 결론적으로 아직 도래하지 않은 것에 머무는 것 혹은 미완의 상태를 지향하는 것으로서의 교육이 무엇을 의미하는지에 대해 논의할 것이다.

유일성과 함께함

이 절에서는 아렌트 그리고 부분적으로 푸코의 주장에 근거하여 학생의 '유일성'과 '함께함'에 대한 이해를 중점적으로 다룰 것이다. 이는 OECD가 추구하는 이해와는 매우 다르다. 이와 같이 복잡하고 미묘한 측면들을 다루는 데 있어서 교사의 역할이 중요하며 이는 OECD가 규정한 역할, 즉 주어진 지침에 따라 적합한 기술과 지식을 전달하고 평가하는 것을 훨씬 뛰어넘는데, 열려 있고 끊임없이 성장하는 가능성의 시공간이 일상적인 교실 활동에서 실제로 활용되고 탐색되며 어떤 의미에서는 실천에 옮겨지기 때문이다. 나는 교육적으로 광범위한 영향을 미치고 있는 인간의 조건에 대한 아렌트의 이해를 분석하면서 논의를 시작하고자 한다. 아렌트는 『인간의 조건』에서 다음과 같이 서술하고 있다.

> 인간의 조건에 대응하는 모든 인간 활동과 능력의 총합은 인간 본성 같은 것을 구성하지 않는다. 우리가 여기서 논의하는 것들이나 생략하는 것들, 예를 들어 사고나 이성조차도 그리고 그것들을 모

두 꼼꼼히 열거하더라도, 그것들이 없으면 인간 존재가 더 이상 인간적이지 않게 된다는 의미에서 인간의 본질적인 특성을 구성하지 않는다. (1998/1958, pp. 9-10)

위의 구절을 분석할 때 주목할 첫 번째 사항은, 아렌트에게 있어서 인간은 본질이나 사전에 정해진 목적이 없는 존재라는 점이다. 아렌트의 관점에서는 공적 혹은 정치적 공간이 개인에 선행하고 그 바탕을 이루기 때문이다. 아렌트에게 있어서 주체는 다른 인간과 연결될 때만 추구할 수 있는 행위와 말 그리고 활동을 통해 자신을 드러내고 보여준다. 따라서 행위와 말은 자신을 드러내는 일에 선행하고 그 바탕이 된다. 이는 한 개인의 인간성은 항상 만들어지고 있는 과정에 있으며 그에 대한 어떠한 개념화도 초월해 있음을 의미한다. 인간성에는 사고로 포착할 수 있는 것을 넘어선 것이 항상 존재한다. 실제로 인간은 끊임없이 변화하는 과정 속에서 자신이 누구인지 알게 되며 그 구조와 목표는 구체적인 삶의 상황에서 드러난다.

이러한 이해는 푸코의 휴머니즘에 대한 관심과 놀라운 유사성을 보여주는데, 이에 대해서는 이 절의 말미에서 논의할 것이고 여기서는 아렌트의 이해가 지니는 교육적 의미를 다루고자 한다. **가장 중요한 교육적 의미는, 교실과 교육의 공간을 모든 측면에서 인간의 삶이 틀을 갖추어 가는 공간으로 보아야 하지, 이러한 삶이 무엇인지, 미래에 어떻게 될지에 대한 선입견에 대응하기 위한 역량을 습득하는 공간으로만 여겨서는 안 된다는 것이다.** 삶이란 다른 사람들과 함께함으로써 순간순간 일궈가는 것이기 때문이다. 다시 말하면 삶과 의미는 오직 '함께 있음'의 차원에서만 성립하는 것이다. 사실 아렌트에 따르면 "복수의 인간들, 즉 이 세계에서 함께 살고 움직이고 행동하는 인간들은 서로 대화하고 상대방과 자신에게 의미를 전달할 수 있을 때에만 의미 있는 삶을 살아갈 수 있다"(1998/1958, p. 4). 이러한 공적 차원의 의미를 인식하지 못하면 '현대 세계의 소외'에 직면하게 되는데, 이는 '세계에서 자아로의 [...] 도피'를 의미한다(p. 6). 아렌트의 설명에서 중요한 것은 세계와 사물의 실재 reality 그리고 우리 자신의 실재가 모두 타인의 현존에서 비롯된다는 것이다. "우리가 보는 것을 같이 보고 우리가 듣는 것을 같이 듣는 타인이 있기 때문에 우리는 세계와 우리 자신의 실재를 확신한다"(p. 50). 분명하게 말하자면 인간은 행위와 말을 통해 자신과 타인에게 자기가 누구인지 드러냄으로써 유일한 존재로서 세계로 나온다는 것이 아렌트 사상의 핵심이다. 그러므로 이와 같이 자신을 드러내기 전에는 우리 자신이 누구인지를 알지 못한다.

이는 또한 인간을 사전에 결정된 정의로 규정하고 그들에게 이미 정해진 목표와 목적을 부여하려는 어떤 시도도 인간성의 사물화 reification 를 초래하며, 그들이 "'누구'인지를 드러내는 것을 은폐하는 결과를 낳는다는 것을 말해준다. 이는 의미 있는 삶을 추구하면서 행위하고 말할 수 있는 존재로서의 주체가 실종된다는 것을 의미한다(p. 184). 사실 아렌트의 이해에서 '누가' 되는 것은 '무엇'이 되는 것과 대비되며 이는 인간의 본질이란 존재하지 않거나 알 수 있는 것이 아니라는 것을 의미한다.

> 인간은 다른 사물의 본질 또는 본성과 동일한 의미의 본질이나 본성을 가지고 있다고 할 수는 없다. 다시 말해 우리에게 어떤 본질이나 본성이 있다면 오로지 신만이 그것을 알고 정의할 수 있을 것

이다. 이때 첫 번째 전제조건은 '누가who'를 '무엇what'처럼 이야기할
수 있어야 한다는 것이다.   (p. 10)

이와 같이 본질이 없고 불확정적인 존재라는 조건은 인간을 처음부
터 노출되게 하고 취약하게 만든다. 하지만 이것은 충만한 의미의 근
원이기도 하다. 이러한 취약성[1]은 기본적으로 자신의 행위와 말의 결
과를 통제하지 못한다거나 우리의 행위와 말에 대한 타인의 해석을
통제할 수 없다는 사실에서 비롯되지 않는다고 생각한다. 말하자면
우리는 자신의 행위와 말이 다른 사람들에게 어떻게 해석되고 받아들
여질지를 통제할 수 없다. 오히려 더 근본적으로 그 취약성은 바로 다
른 사람들이 우리가 누구인지를 알게 되는 순간에야 비로소 자신이
누구인지 알게 된다는 사실에서 비롯되는 것이다. 다시 말하면 **타인에
게 나를 드러낼 때 비로소 자신에게 나를 드러낸다.** "행위나 말로 자신을 드
러낼 때 어떤 자신을 드러낼지 아는 사람은 아무도 없지만, 그럼에도
그는 그 드러남의 위험을 감수해야만 한다"(p. 180). 따라서 드러냄은
단지 세계나 다른 사람들이 나에게 나타날 때만 일어나는 것이 아니
다. 가장 원초적인 드러냄의 형식은 주체가 자기 자신에게 스스로를
드러내는 것이며, 이러한 드러냄은 함께함의 차원에서만 일어날 수
있다는 것이 대단히 중요하다. 아렌트의 설명에서는 사적 차원이 공
적 공간에서 비롯되기 때문에 사적 차원보다 공적 차원이 우선한다고
말할 수 있다. 이와 관련하여 아렌트는 다음과 같이 서술하고 있다.

---

1   취약성과 교육 사이의 관계에 대한 자세한 내용은 Vlieghe(2010)를 참고.

완전히 사적인 삶을 산다는 것은 진정한 인간의 삶에 필수적인 것들을 상실한다는 의미이다. 즉 타인이 보고 듣는 것을 통해 임하는 현실성을 상실하는 것, 공통의 세계를 통해 그들과 연결되고 분리됨으로써 형성되는 '객관적' 관계를 상실하는 것, 삶 자체보다 더 영속적인 무언가를 성취할 가능성을 상실하는 것이다. 사생활의 결핍은 타인의 부재에서 비롯되며 그들에게 사적인 인간은 드러나지 않기 때문에 마치 존재하지 않는 것과 같다. (p.58)

분명한 것은 만약 공적인 공간을 잃으면 자기 자신과 생각, 욕망, 감정들을 되돌아볼 수 있는 사적 공간도 잃게 된다는 것이다. 아렌트의 관점에서는 어떤 의미에서 자의식마저도 공적 공간에서 비롯된다.

사람들은 행위하고 말하면서 자신을 보여주고 적극적으로 자신의 고유한 인격적 정체성을 드러내며 세계에 자신의 모습을 나타낸다. [...] 이처럼 말과 행위의 드러냄의 성격은 사람들이 타인을 위하지도 타인과 대립하는 것도 아닌, 타인과 **함께** 존재하는 상황에서만 전면에 나타난다. 즉 순전히 함께함에서 나타나는 것이다.

(pp.179-180, 강조는 원문)

이러한 이해는 교육에 중요한 영향을 미친다. 교육적으로 말하자면 이는 각기 다른 개인이 자기 자신을 알고 각자가 성취하고자 하거나 그러고 싶지 않은 것을 염두에 두고 행동하는 교실에 대해 이야기하는 것이 어쩌면 부질없는 일일 수도 있음을 의미한다. 오히려 **교실은 개인에게 잠재된 가능성의 시공간으로 자신을 내던진다는 개념이 형성되고**

자아에 대한 인식이 생겨나는 공간이다. 따라서 **교실에서 일어나는 일은 기술과 능력의 전달 및 습득을 훨씬 넘어선다.** 왜냐하면 교실이라는 공간, 즉 끊임없이 진화하는 복잡한 노출의 공간에서 자신의 존재, 욕망, 계획, 감정에 대한 지식과 인식이 형성되기 때문이다. 이와는 대조적으로 교육적 만남과 역동성에 사전에 정의된 목표를 부과하면 이러한 정체성과 감정 및 미래에 대한 전망이 형성될 공간을 사전에 확정해 버리게 되어 '유일한 개인적 정체성'이 나타날 가능성을 말살하게 된다. 이 '유일한 개인적 정체성', 즉 가능성에 대한 전망이 진정한 전망이 되려면 정의상 예측할 수 없어야 한다. 이러한 불확실성의 축소는 동시에 학생들의 미래 전망과 정체성 그리고 함께함을 축소하는 것이다.

여기서 우리는 교사의 역할과 관련하여 까다로운 지점에 이르게 된다. 교실을 이런 방식으로 이해하는 것은 어려우면서도 매우 중요하며 측정이나 평가가 거의 불가능하다. 이것은 교사가 정의상 예측 불가능한 것에 대한 여지를 남겨놓아야 하는 상황에서 책무성의 차원을 다루는 것이 어렵기 때문에 그러하다.[2] 이와 관련하여 분명한 것은 다른 사람들과 함께하고 그들과 더불어 행동하고 말하면서 비로소 자신이 누구인지 알게 되고 자신의 행위와 말이 함께함의 차원에서 주목을 받기 전까지는 주체가 자신의 행위와 말의 결과를 예측할 수 없기 때문에 교사는 자신의 교실에서 진행되는 일을 통제할 수 없다는 것이다. 이는 단지 예측할 수 없는 일이 발생할 수 있다는 의미가 아니다.

---

2 예측 불가능성에 대한 여지를 남겨두어야 하는 상황에서 책무성의 차원을 다루기가 어려운 이유는 교사가 교육과정에서 발생하는 결과나 학생들의 반응을 완전히 통제하거나 예측할 수 없기 때문이다. 책무성은 일반적으로 미리 설정된 목표나 기준에 따라 교사나 교육자의 역할을 평가하는 데 중점을 두지만, 예측 불가능성이 중요한 교육 환경에서는 그러한 기준을 적용하기가 어렵다(옮긴이).

오히려 더 근본적으로 예측 불가능성은 교실 생활의 근본적인 차원이 되는데, 이것이 바로 드러냄이 발생할 수 있는 조건이기 때문이다.

여기에서 아렌트의 관점으로 자기 자신을 드러낼 가능성은 그와 같이 공적이며 본질적으로 정치적인 공간을 보장하는 두 가지 조건, 즉 다양성과 복수성에 있다는 점을 인식하는 것이 중요하다. 비에스타에 따르면 "아렌트는 인간의 상호작용, 구체적으로는 정치적 삶을 끊임없이 복수성과 다양성 그리고 차이의 관점에서 이해하려고 한다"(Biesta, 2001, p. 394). 아렌트는 "복수성이 지구의 법칙"[3]이라고 주장한다(1977/1961, p. 19). 사실 복수성이 없다면 말도 행위도 불가능할 것이다. 개인의 '유일한 특성'은 말과 행위를 통해 드러난다(p. 176). 여기서 아렌트의 진술을 길게 인용하고 말과 행위가 서로 얽혀 있다는 개념을 상세히 논의할 필요가 있다.

> 말과 행위는 이렇게 독특한 차이를 드러낸다. 사람은 말과 행위를 통해 단순히 다른 사람들과 구별된다기보다는 자신의 독특함을 드러낸다. 이 둘은 인간이 물리적 대상으로서가 아니라 인간으로서qua men 서로에게 자신을 드러내는 양식이다. 단순한 신체적 존재와 구별되는 이러한 '모습'은 주도성initiative 에 기반을 두고 있다. 주도성은 인간이라면 누구도 피할 수 없는 것이다. 이를 피한다면 더 이상 인간이라 할 수 없다. [...] 말과 행위가 없는 삶은 문자 그대로 세계에 대해서 죽은 삶이다. 그것은 더 이상 사람들 사이에서 살아가는 삶이 아니기 때문에 인간으로서의 삶을 멈춘 것이다. 우리는 말과

---

3   세계는 개인이 자신을 드러내고 다른 사람에게 보이는 것을 기반으로 구축되어 있음을 의미한다(옮긴이).

행위를 통해 세계에 진입한다. 이렇게 진입하는 것은 제2의 탄생과 같다. 우리는 이러한 탄생을 통해서 본연의 신체적 모습이라는 적나라한 사실에 대해 책임을 진다. [...] 세계에 진입하려는 충동은 태어나서 세상에 존재하기 시작하는 순간부터 발생하며, 우리는 주도적으로 어떤 새로운 것을 시작하는 것으로 그것에 대응한다.

(pp. 176-177)

이 구절을 이해하기 위해서는 '행위'라는 개념을 이해해야 한다. 아렌트는 행위를 유일한 어떤 것, 즉 인간이 "주도권을 행사하고 시작하고 무언가를 움직이게 하는" 능력(Arendt, 1998/1958, p.177)과 관련된 것으로 이해하고 있다는 점을 염두에 두어야 한다. 또한 행위라는 수단을 통해 새로운 것과 인간은 그 자체로 세상에 나타난다. 나는 여기서 새로움을 추구하는 것이 시작의 본질임을 강조하고자 한다. 이는 이전에 일어났던 어떤 것에서도 기대할 수 없는 깜짝 놀랄 예측 불가능성의 특징(pp. 177-178)을 지닌 것이다. 이러한 새로움은 인간에게 추가로 부여된 것도 아니며, 인간으로서 성취할 수도 있고 성취하지 못할 수도 있는 부차적인 것도 아니다. 인간으로서 우리는 "시작하는 행위initium로, 새로 오는 자newcomer로 그리고 시작하는 자beginner"로 세상에 들어온다. 이는 시작하는 자가 된다는 것, "주도권을 행사한다는 것"(p. 177), 새로움을 성취한다는 것이 인간의 조건에 필연적임을 의미한다. 이러한 조건은 "두 번째 탄생"과 같다. 이를 통해 우리는 "본래의 신체적 출현이라는 적나라한 사실을 확인하고 받아들인다"(ibid.)고 할 수 있다.

따라서 분명한 것은 OECD의 관점이 학생들에게 미리 정해진 목표와 수단을 설정하는 프레임을 제공함으로써, 무언가 새로운 것을 시작하는 인간의 본질적 특성을 지우고, 결국 학생들이 주체로서 세계에 태어나는 것을 차단한다는 사실이다. 같은 맥락에서 PISA 역시 복수성을 삭제한다. 어떤 의미에서 PISA는 행위의 소멸과 성취의 지배를 달성한다. 아렌트의 표현을 빌리자면 PISA가 의도하는 것은 "**행위를 생산으로 대체하려는 시도**"(Arendt, 1998/1958, p. 220)라고 할 수 있다.[4] "행위에서 행위자의 드러남이 없으면 행위는 그 구체적인 성격을 잃고 단지 여러 성취 가운데 하나가 되어버린다"(p. 180). 아렌트가 말하는 "행위에서 행위자의 드러남"(p. 180)은 신자유주의적인 OECD의 의제에서는 필요하지도 가능하지도 않다. 왜냐하면 이 의제에서는 이미 인간이 동일한 과정을 통해 동일한 세계에서 모두가 동일한 것을 추구하는 학생으로 항상 드러나 있기 때문이다. 문제는 아렌트가 말하는 드러남이 없으면 인간의 유일성과 함께함의 연결망이 모두 지워진다는 사실이다. 인간은 자신을 드러내는 행위에 수반되는 위험을 감수하며 행위와 말로 자신을 위험에 드러내야 한다. 그것이 없으면 자신의 존재와 함께함이 세계에 등장할 수가 없다. 이러한 관점에서 보면 학교교육을 포함하여 모든 형태의 교육은 이러한 드러냄을 키워나가는 연약하고 복잡한 일과 관련이 있다. 교육적으로 볼 때 분명한

---

4   여기서 행위(acting)와 생산(making)은 아렌트의 철학에서 서로 대조되는 두 가지 개념이다. 행위는 창조적이고 자유로운 인간 활동을, 생산은 목적 지향적이고 도구적인 활동을 의미한다. 즉 행위는 예측할 수 없는 방식으로 새로운 것을 시작하고 말과 행동을 통해 자신을 드러내며 타인과 상호작용하는 인간의 창조적이고 자율적인 특징을 지니는 반면, 생산은 정해진 목적을 달성하는 데 초점을 맞추고 결과를 예측하고 관리할 수 있는 성격을 갖는다는 점에서 대비된다. 교육은 행위를 특징으로 하는 활동인데 OECD와 PISA에서 교육을 생산 활동으로 변형시키고 있다고 비판하는 것이다(옮긴이).

것은 학생들이 — 이 경우 교사들도 — 아무런 의심 없이 자신들이 살아가는 영역에 머물다가 때때로 예상치 못한 일에 도전받는 것이 아니라는 사실이다. 오히려 예상치 못한 것, 심지어 "실제로 현실이라고 불리는 모든 바탕의 특성인 '거의 있을 법하지 않은 것'"(p. 169)은 교육이 실행되는 적절한 조건이기에 교사들은 받아들여야 한다. '무한한 불가능성'에 대한 문제를 통해 아렌트는 삶의 유일성에 주의를 돌리도록 하고 있으며 인간의 개방성과 유일성에 제한을 두는 지식과 사고에 반대한다. 듀이(제6장 참고)와 마찬가지로 아렌트도 인류를 미리 틀에 집어넣는 모든 전체주의적 사고에 저항하도록 요청하고 있다.

이와 관련하여 유의해야 할 점은 이러한 설명이 푸코의 휴머니즘에 대한 관심과 매우 유사하다는 것이다. 『진리, 권력, 자아: 미셸 푸코와의 인터뷰Truth, Power, Self: An Interview with Michel Foucault』에서 푸코는 다음과 같이 말한다.

> 휴머니즘에 대한 나의 두려움은 그것이 특정의 윤리를 모든 형태의 자유에 대한 보편적 모형으로 제시한다는 것이다. 우리의 미래에는 휴머니즘에서 상상할 수 있는 것보다 더 많은 비밀, 더 많은 가능한 자유 그리고 더 많은 발상들inventions 이 있을 것이라고 생각한다.
>
> (Foucault, 1988/1982, p. 16)

이전 장에서 진행한 듀이의 분석과 인간 본질의 부재에 대한 아렌트의 논의를 염두에 두면, 듀이와 아렌트, 푸코가 어떻게 한목소리로 말하고 있는지를 알게 된다. 교육적으로 말해서 이 세 사상가는 **상상력과 개방성 그리고 근본적 변화 가능성이 모든 교육적 노력의 본질적 측면이**

란 사실에 주목하도록 한다. 푸코의 말을 교육적으로 재해석하면 "우리가 자유에 대한 단순한 긍정이나 공허한 희망에 안주하지 않기 위해서는" '실험적 태도'를 추구해야 한다. 이것은 "변화가 가능하고 바람직한 지점을 파악하여 이 변화가 정확히 어떤 형태를 취해야 할지를 결정할" 수 있는 능력이다(Foucault, 1997/1984, p. 46). 변화, 구체적으로 예측 불가능한 변화는 학교교육, 말하자면 가르치고 배우는 일의 핵심 범주이다.

자유와 불확실성

아렌트의 논의에서 자유의 개념은 핵심적이다. 이 개념은 행위의 힘과 밀접하게 연결되어 있으며, 이 힘에는 "구체적인 내용이 무엇이든 항상 관계를 설정하기에 모든 제약을 극복하고 모든 경계를 가로지르는 고유의 경향이 있다"(Arendt, 1977/1961, p. 190). 새로운 시작을 설정하는 능력, 말하자면 "새로운 결정을 내리는 능력"(p. 177)은 결국 삶을 가치 있게 만드는 것이며 더 나아가 삶을 인간다운 의미와 가치를 지닌 활동으로 만드는 것이다. 그리고 여기에서 아렌트의 자유 개념과 만나게 되는데, 이는 새로움 및 참신함과 밀접하게 관련된 개념이다. 시작하기로 결정할 수 있는 기회, 새로운 일을 시작할 수 있는 기회가 없는 자유는 사실 공허한 말에 불과하다. 게다가 자유는 주권 sovereignty 과 더 이상 연결되어 있지 않다.[5] 그러한 주권이 존재한다면

---

5   아렌트에 의하면 주권은 확고한 자기 충족과 자기 지배를 이상으로 한다. 따라서

우리 행동의 결과를 완전히 통제하고 우리가 누구인지를 완전히 알고 있어야 하는데, 위에서 강조한 바와 같이 그러한 일은 행위자가 행위를 한 후에야 이루어지기 때문이다. 아렌트에 따르면,

> 정치와 관련된 자유는 의지의 현상이 아니다. 여기서 우리가 다루는 것은 '리베룸 아르비트리움liberum arbitrium'[6]이 아니다. 이것은 주어진 두 가지, 곧 선과 악 사이에서 중재하고 결정하는 선택의 자유이며 그 선택은 단지 논리적으로 설명되기만 하면 작동하는 동기에 의해 미리 결정된다.[7]
>
> (Arendt, 1977/1961, p. 151)

이 구절을 읽을 때 유의해야 할 첫 번째 사항은 아렌트의 관점에서 자유는 오직 타인과 함께 존재할 때에만 실현될 수 있다는 것이다. 자유는 함께 하는 행위에서 비롯된다. 이는 민주주의와 의사소통에 대한 듀이의 이해와 매우 유사한 설명임을 주목할 필요가 있다. 인간은

이것은 복수성의 조건에 모순된다. 한 인간이 아니라 다수의 인간이 지구에 거주하고 또 인간의 유한한 힘은 타인의 도움을 필요로 하기 때문에 어느 누구도 엄밀한 의미에서 주권적이라고 할 수 없다는 것이다(옮긴이).

6 라틴어로 '자유의지'를 의미하며, 특히 선택의 자유를 강조한다. 이는 논리적이고 동기화된 선택을 통해 주어진 상황에서 결정을 내리는 능력을 가리킨다. 아렌트가 말하는 자유는 이와는 다른 정치적 자유로서, 새로운 가능성을 창출하고 공동체 속에서 함께 행동함으로써 세계를 변화시키는 적극적인 실천을 포함하는 개념이다(옮긴이).

7 주권(sovereignty)은 일반적으로 자신의 의지와 결정이 완벽하게 통제된 상태, 즉 자신의 선택과 행동에 대한 절대적인 권력을 가리킨다. 아렌트는 자유가 주권과 더 이상 연결되지 않는다고 주장하면서 자유가 완벽한 통제와 의지의 힘에 기초한 것이 아님을 말하고 있다. 아렌트의 자유 개념은 미리 결정된 선택이나 결과에 대한 완전한 통제가 아니라, 예측할 수 없는 새로운 시작을 할 수 있는 능력을 핵심으로 한다(옮긴이).

행위와 말을 시작할 수 있는 만큼만 자유롭고, 이는 "이전에 존재하지 않았던 무언가를 존재하도록 하는 것"이다(ibid.). 아렌트에 따르면 "인간은 시작하는 존재이기 때문에 자유롭다. [...] 신은 세계에 시작하는 능력을 들여오기 위해 인간을 창조했다. 이것이 자유이다"(Arendt, 1977/1961, p. 167).

이러한 관점에서 생각해 볼 때 교육은 자유가 일어날 수 있는 조건을 보존하고 창조하는 예술이 된다. 즉 "인간이 지상에서 누리는 삶의 현실을 받쳐 주는 '도대체 있을 법하지 않은 것'을 실현할 수 있는 조건"을 마련하는 것이다(p. 170). 반대로 행위와 말 — 인간이 다른 이들과 스스로에게 자기 자신을 드러내는 두 가지 형태 — 의 조건을 강요한다면 그것은 아무리 정교하다 해도 또 하나의 권위주의적 교육이 될 뿐이다. 아렌트의 말에 따르면 "모든 새로운 시작은 '무한한 불가능성infinite improbabilities'으로 세계에 나타난다는 것이 그 특징이지만, 바로 이 '무한한 불가능성'이 사실상 우리가 실재라고 부르는 모든 것의 기본구조를 형성한다"(p. 169). 나는 교사의 첫 번째 임무 가운데 하나가 바로 이러한 "무한한 불가능성"의 연약함을 보존하는 것이라고 생각한다. 왜냐하면 교사가 이러한 '무한한 불가능성'을 소중히 해야만 학생들의 유일성과 자유를 배려할 수 있기 때문이다. 물론 **그러한 일은 그 중요성을 인정하거나 평가하기 어렵고, 어쩌면 측정하는 것이 불가능할 수도 있다.** 그럼에도 불구하고 교사가 이를 간과한다면 학생들의 인간다움과 유일성을 놓치게 된다. 그러므로 OECD의 관점이 근본적으로 잘못인 것은 그것이 행위와 말에 진정한 의미를 부여할 여지는 물론 유일성과 새로움에 대한 여지도 남기지 않고 있기 때문이다. 새로운 형태가 출현하는 것 혹은 듀이의 표현으로 '독특하고 새로운 성격을 가진

경험'이 출현하는 것'(Dewey, 1980/1934, p. 304)은 PISA에 의해 미리 차단
된다.

　여기서 강조해야 할 점은 가능성과 새로움이 바로 현재를 형성하
는 중요한 힘이라는 사실이다. 이와 관련하여 듀이와 아렌트는 의견
을 같이한다. 듀이는 『경험과 자연』에서 인간이 세계에 진입하는 방법
으로서 인지와 행위 및 사고에 대해 말하면서 미래에 대해 강하게 언
급한다. 실제로 그는 이러한 현상과 과정을 "미지의 가능성들"(Dewey,
1929/1925, p. 182)과 미래와의 관계라는 측면에서 서술한다. 다음의 진술
을 검토해 보자.

> 지각한다는 것은 아직 실현되지 않은 가능성들을 인식하는 것이다.
> 그것은 현재를 그 결과와 연결하고, 현상을 그 결말과 연결하여 사
> 건들의 연관성을 존중하면서 행동하는 것이다.
>
> (Dewey, 1929/1925, p. 182)

　이러한 논지는 행동과 판단 및 결정에 대한 선형적인 설명에 도전
한다. 듀이의 설명에 따르면 우리는 먼저 인식한 다음에 판단하고 결
정하는 것이 아니라 모든 인식 행위에서 "미지의 가능성들을 인식한
다." 판단은 지각에 내재되어 있으며 모든 인식에는 미래에 대한 판
단이 내포되어 있다. 한 걸음 더 나아가 인식에 미래를 내다보는 특성
이 없으면, 즉 현재를 미래의 결과와 연관짓지 않으면 인식 자체가 불
가능하다. 다시 말해 듀이의 설명에서는 현재 상황에 대한 탐색이 미
래에 대한 인식에 필수적이며 그 반대의 경우도 마찬가지이다. 말하
자면 미래를 내다보는 것, 즉 "실현되지 않은 가능성들"을 인식하는

것 또한 현재 인식의 기반이 된다. 우리는 듀이의 설명에서 미래와 새로운 가능성 — 즉 예측 불가능한 것 자체 — 이 현재의 주도적인 힘을 구성한다고 말할 수도 있다. 따라서 **불확실성은 교사에게 교육활동의 기반**이 된다.

그러므로 교육적으로 말하면 이러한 불확실성과 미결정성을 고려하지 않는 교육 실천은 빈약하고 일관성이 없는 현실적 비전을 만들어낼 위험이 있다. 빈약한 이유는 행위의 의미를 사전에 정의된 것으로 제시하기 때문이고, 일관성이 없는 이유는 이러한 비전이 학생들을 실제 생활의 불확실성에 대비시키지 못하기 때문이다. 사실상 학생들은 PISA의 모형을 통해 미지의 것에 직면하거나 이에 대해 상상하는 법을 배우지 못한다. 따라서 PISA는 **"삶을 위한 기술"에 대한 약속에도 불구하고 추구하는 목표를 총체화**totalizing **하여 삶과 인식에 있어서 주어진 방식을 고수하기 때문에 새로움의 창출을 부각시키거나 우리가 직면하는 새로움을 이해할 가능성 자체를 약화시키고 있다.**

이것은 OECD의 교육 담론이 가능성의 영역을 은폐하고 심지어 삭제하기 때문이다. OECD의 교육 의제와 그 기초를 이루는 신자유주의 담론은 실제와 가능성을 혼합하고 동일시하는 윤리적, 이론적 누락에 기반을 두고 있다. 이러한 방식으로 교육받는 주체들의 구체적이고 실존적인 가능성의 범위가 축소되는데, 중요한 것은 그러한 가능성을 구축하고 인식할 수 있는 능력마저도 처음부터 위협받고 있다는 점이다. 사실 이러한 축소는 종종 비인격적인 문법impersonal grammar을 채택함으로써 이루어진다.[8] 이것은 1부에서 논의했듯이 흔히 의도

---

8   비인격적 문법(impersonal grammar)이란 교육적 담론에서 개인의 의도와 선택이

적인 선택과 틀을 사실로서 제시하는 것이다. 분명한 것은 OECD의 교육 의제가 단지 위에서 정의한 규칙을 당연하게 받아들이는 세계를 제시하는 데 그치는 것이 아니라 규칙을 창조하고 자율적으로 설정하는 과정 자체를 방해하는 모형으로 작용하고 있다는 점이다. 이런 식으로 학생들의 비판적 이해와 아렌트가 말하는 소위 '탄생성'은 처음부터 학교교육에서는 물론 결국은 사회와 세계에서도 삭제되고 있다.

OECD는 "역사적 과정이 인간의 주도성에 의해, 즉 인간이 행동하는 존재로서 지닌 시작^{initium}에 의해 창조되고 또 끊임없이 중단된다는 사실"을 인식하지 못하고 있는 것 같다(Arendt, 1977/1961, p. 170). 물론 익히 잘 알고 있겠지만 '새로움'과 '중단'에 대해 공식적이고 일관되게 일반적인 정의를 내리는 것은 거의 불가능하다. 이는 일반화라는 특징이 바로 중단과 새로움의 도전 대상이기 때문이다. 이 점에서 나의 논의는 구체성이 부족하다는 것을 알고 있다.

사실 이러한 논의를 교육적으로 이해하고자 할 때 그리고 학교교육의 실천에서 이것이 어떤 의미가 있는지를 이해하고자 할 때, 이러한 논의가 무엇을 의미하고 또 무엇을 수반하는가 하는 것은 충분히 제기할 만한 질문이다. 그러나 다른 측면에서 보면 이러한 나의 논리가 구체적으로 무엇을 의미하는지 사전에 규정할 수 없다는 것은 윤리 우선성의 핵심이라고 볼 수 있다.[9] 우리의 가능성이 지식 행위

배제된 채 정해진 규칙과 체계가 마치 객관적 사실인 것처럼 제시되는 방식을 가리킨다. 저자는 여기서 개인의 주관적인 경험과 선택을 간과하고 모든 학생이 동일한 방식으로 이해하고 반응해야 한다는 암묵적인 가정하에 교육을 하게 되면 개인의 창의성이나 주체성이 보호받지 못하게 된다는 점을 비판하고 있다(옮긴이).

9   윤리적 책임은 사태의 불확실성에 수반된다는 것이다. 여기서 핵심적인 메시지는 윤리적 판단이나 행동은 미리 결정된 규칙이나 기준에 따라 완전히 고정된 방식으

knowledge-act [10]를 통해 사전에 결정될 수 없다는 점을 고려한다면 이러한 논리가 구체적으로 무엇을 함의하는가 하는 질문에 대해 사전에 구체적으로 대응할 수가 없다. 만일 그렇게 한다면 이는 교육받는 주체를 사전에 개념화된 것으로 간주하는 것이다. 다시 말해 이러한 행위는 교육받는 주체에 대해 미리 본질을 설정하는 것으로서 이론적으로도 취약하고 윤리적으로도 문제가 있는 이해방식이다.

이렇게 볼 때 OECD의 교육 의제는 단지 기존 질서를 확인하는 역할을 함으로써 교실을 그러한 질서에 필요한 것을 재생산하는 공간으로 만든다. 다양한 가치 및 관점에 대한 여지는 전혀 마련되지 않는다. 이는 또한 교실에 이미 존재하는 다양한 목소리와 언어, 관념 및 가치들이 사실상 침묵하게 되었음을 의미한다. PISA는 세계와 사회의 모습이 어떠해야 하는지를 미리 규정함으로써 교육의 근본적인 부분, 즉 기존과 다른 사회 및 세계를 위한 추진력과 설계를 지워버린다.

이러한 논리는 다양한 차원에서 학생들의 교육에 잠재적으로 해로운 영향을 미칠 수 있다. 첫 번째 문제는 OECD가 주어진 권위를 따르는 교육 모형만을 허용한다는 것이다. 즉 교육의 목표와 의미, 함께함의 방식은 OECD의 교육 패키지에서 사전에 구상되어 있다. 학생들과 교사들은 단순히 OECD의 권위를 따르고 주어진 기준을 적용하기만 하면 된다. 이는 결국 교육의 영역과 일상생활 및 사회 전반에

로 정의될 수 없으며 각 상황에 맞게 유연하게 대응해야 한다는 것이다. 우리는 보통 나의 선택이 어떤 결과를 초래할지 정확하게 알지 못할 때 "내가 책임질게"라고 말한다. 반면에 명확한 인과관계가 성립하는 행위에 대해서는 윤리적 책임보다는 책무성을 요구해야 한다(옮긴이).

10 지식 습득이 수동적이 아니라 적극적인 참여에 의해 능동적으로 이루어지는 행위의 과정임을 강조하는 개념이다(옮긴이).

걸쳐 학생들과 교사들이 자신들의 목표와 설계 및 아이디어를 제시할 수 있는 능력을 약화시킨다.

두 번째 중요한 문제는 학생들에게 다양한 선택과 관점을 안내함으로써 그들이 창출해낼 수 있는 여러 경로를 인식하고 평가하는 법을 배우지 못한다는 것이다. **모든 생활방식, 주어진 모든 상황은 달라질 수 있는 선택의 결과이다. 사실 교육과 학습과정의 중요한 부분은 학생들에게 그들의 선택이 실제 어떤 결과를 낳았는지 평가하고 결국 다른 미래를 위한 다른 선택을 상상하도록 가르치는 것으로 구성되어야 한다.** 목표와 전반적인 삶의 틀이 위에서 주어지면, 대안적인 가능성을 생각할 수 있는 능력을 기를 수 있는 기회는 마련되지 않는다. 이는 또한 행동 방침을 계획할 때 선택한 틀이 예상한 결과를 만들어내지 못하면 학생들은 주어진 것 외의 다른 틀을 상상할 준비가 되어 있지 않다는 것을 의미한다. 그들은 항상 주어진 경계 안에서만 움직이도록 배워 왔기 때문이다. 즉 그들은 항상 주어진 문제만을 기대하는 것이다.

이러한 논리의 세 번째 문제는 학생들의 관계에 영향을 미친다는 것이다. 학교교육이 주어진 틀 안에서 개념화될 때, 다양한 관점과 의미형성 과정에 노출되는 것이 억제된다. 잉글리쉬A. English 에 따르면 이러한 억제는 학생들이 "자신의 관점과 분명히 다른 관점이 존재한다는 것을 아는 능력"을 약화시켜서 "자신들의 불완전성을 인식할 가능성, 즉 겸손함을 기르기 위한 전제조건"을 저해한다(2016, p. 171). 반면에 대화적 상호작용에 기반을 둔 모형, 즉 주어진 틀을 따르지 않고 관점과 가치가 공유되고 평가되는 모형에서는

학생들이 자신의 목소리가 가진 힘을 인식하는 데 그치지 않고, 자신의 목소리와 타인의 목소리가 어떤 관계에 있는지 그리고 타인의

경험과 관점이 자신의 관점을 진전시키는 데 어떤 도움이 되는지를 알게 된다. 이는 학생들이 자신들의 공감 능력을 실현하는 역량을 기르는 데 도움이 된다. 또한 대화 형태의 교육은 학생들과 교사들의 다양한 관점과 의미 형성 과정을 드러내기 때문에 학생들이 스스로 옳다고 믿는 모든 아이디어와 신념이 그렇지 않을 수도 있다고 상상하는 능력을 기르는 데도 도움이 된다.　　　　　　　(ibid.)

이러한 이해와는 반대로 PISA와 같은 도구들, 보다 일반적으로는 오늘날 고부담 시험high-stakes testing 과 성취기반 책무성 측정 도구들은 세계에 대한 개방성을 퇴색시키는 경향이 있다. 듀이의 설명이 확실하게 보여주었듯이 인간은 연약하고 노출된 존재이며, 심지어 생각하는 행위 자체에도 위험이 따른다(5장과 6장 참고). 반면에 우리는 PISA를 통해 사고가 문제 해결로 축소되는 현상을 목격한다. 학생들은 PISA 시험이 제시하는 문제에 따라 자신의 지식을 올바르게 번역하는 방법을 찾아야 한다. 여기서 명확히 하고자 하는 것은 해결해야 할 문제의 난이도나 그 문제가 실생활과 얼마나 관련이 있을 것으로 추정되느냐 하는 것은 문제의 중요성과 관계가 없다는 것이다. 우리는 실제로 매우 복잡하고 구체적이며 도전적인 문제들을 상상할 수 있으며, 그러한 문제들을 해결하는 것도 학교교육과 교육일반에서 추구할 만한 목표이다. 삶에는 주어진 문제를 해결하는 것도 포함되기 때문이다. 하지만 그러한 활동은 교육의 전부가 아니라 일부여야 한다는 것이 중요하다. 왜냐하면 삶과 경험은 해결될 준비가 된 형태로 제시되는 것이 아니기 때문이다. 듀이가 주장했듯이 경험은 "그 자체로 존재하는 것이다"(Dewey, 1917, p. 48). 그리고 삶에 직면하기 위해 수행해야 하는 첫 번째 인지적 과제는 세계와 경험을 이해 가능한 지식으로, 즉 상 징적 용어로 전환하는 복잡하고도 어느 정도 신비로운 작업이다. 그 러나 PISA는 삶과 경험을 이미 담론적인 용어로 정리하고 시험 항목 으로 정리된 형태로 제시함으로써, 이 중요한 과정을 지워버린다. 달 리 표현하면 PISA는 복잡한 질문을 다루고 '삶의 기술'을 강조하고 있 음에도 불구하고 숟가락으로 떠먹여 주듯이 질문을 제시함으로써 삶 을 이해하고 의미를 형성하는 학생들의 능력을 약화시킨다. 그러므로 OECD는 사고를 통해 달성해야 할 활동의 하나로 사고를 축소하고 있는데 이러한 자세는 인간의 개방성을 축소하고 계획 능력을 약화시 킨다. 개방성과 미래 기획력은 부수적인 것이 아니라 매우 중요한 교 육적 실천의 기반이다.

일상적인 학교교육 활동에서의 미래에 대한 투영과 가능성 창출

이 절에서는 특히 '미완의 상태'를 지향하는 교육과 같은 개념이 부 각될 때 교사가 수행해야 할 역할과 관련하여 앞에서 수행한 분석의 실천적인 의미를 제시하고자 한다. 이와 같은 방식으로 교육을 구상 할 때 교사의 역할이 무엇인지 이해하려면, 단순히 현재 가능한 영역 에서 잠재력이 실현되도록 할 뿐만 아니라 보다 근본적으로는 미래에 대한 상상을 통해 가능성과 현실이 공존하는 새로운 가능성의 영역 을 열고 구축하는 것이라는 점을 염두에 두어야 한다. 투영, 즉 미래 에 대한 상상은 현실성과 가능성 모두에 선행하고 그 바탕을 이룬다. **투영은 가능성을 열어주는 문으로, 이 문을 통해 가능성 자체가 드러나고 세계 속으로 출현한다고 할 수 있다.** 바로 이러한 순수한 투영의 영역이야말로 교육전문가들의 지속적인 관심을 필요로 하는 것이며, 이를 간과하면 교육받는 주체들의 고유한 개성과 가능성을 자유롭게 발휘할 수 있는 여지가 줄어들기 때문에 그들의 구체적인 존재 방식을 실존적으로 축소시키는 결과를 초래한다. 이러한 영역을 놓치지 않으려면 교사들은 교육활동의 목표와 절차가 열려 있고 정의되지 않을 여지를 남겨두면서 동시에 교육과정의 내용을 열어놓는 공간 또한 마련해야 한다. 주어진 경로를 괄호 안에 넣어두어야만 새로운 목표와 절차가 등장할 수 있다. 학생들은 주어진 절차와 목표를 해체하고 목표와 수단 모두에 도전함으로써 **현실화된 모든 결과가 여러 가능성들 중 하나에 불과한 것**임을 배우게 된다. 어떤 의미에서 이러한 실천은 현실에서 불가피함이라는 특성을 제거함으로써 현실을 무한한 가능성의 세계 중 하나로 보게 만든다. 학생들이 목적과 수단을 새롭게ex novo 창조할 수 있는 능력은 이렇게 불확실하고 어떤 의미에서 예측 불가능한 교육활동의 초점이 되어야 한다.

여기서 명확히 하고 싶은 것은 이런 능력이 단지 구체적이고 일상적인 삶과 분리된 창의성이라든가 발명 또는 상상력에 관한 문제가 아니라는 것이다. 반대로 이러한 능력에 따른 활동은 무엇보다도 인간의 구체적이고 일상적인 삶을 중요시한다. 의미 있는 삶을 살기 위해서는 자기 나름의 목표를 상상하고 설정할 수 있어야 한다. 이것이 고립된 활동이 아닌 것은 우리가 다른 사람들뿐만 아니라 환경적 조건과 지속적으로 교류하면서 우리의 목표와 습관을 만들어내기 때문이다. 그러나 문제는 의미 있는 경험을 하기 위해서는 주어진 조건을 근본적으로 변화시킬 수 있는 가능성과 그러한 조건이 우선 정의되는 공간이 동시에 전제되어야 한다는 것이다. **학교교육이 이러한 혁신적인 사고와 행위를 실험할 수 있는 시공간이 될 수 있는 것은 교실에서는 행위**

와 결과 간의 인과관계가 일시적으로 중단되거나 취소되는 것이 가능하기 때문
이다. 이는 행위가 어떤 결과를 초래하지 않는다는 의미가 아니라(만일
그러한 일이 벌어진다면 그것은 무의미하거나 불가능한 일이 될 것이다) 학생들이 실
제 삶에서처럼 결과를 힘들게 감내할 필요 없이 자신의 행위로 인해
발생한 결과를 보고 상상하고 시뮬레이션할 수 있다는 의미이다. 일
상적인 학교활동에서 학생들은 주어진 궤도에서 벗어나 새로운 접근
방식과 문제에 대한 새로운 해결 방법을 실험할 수 있기에 그러한 문
제들을 수정하여 새로운 생명을 부여할 수 있다. 물론 앞서 언급했
듯이 이러한 활동은 지루하고 성과가 없을 수도 있다. 정해진 목표와
규칙을 중단하면 일관성을 상실하고 무의미하게 길을 이탈하는 경험
을 할 수도 있다. 그러나 학교가 이미 존재하는 것을 단순히 재생산하
는 공간이 아니라면 아직 도래하지 않은 공간을 열어줌으로써 새로움
을 추구하는 학생들의 능력을 향상시키는 것은 필요한 일이다. 이러
한 의미에서 학교교육은 다른 것이 되고 "현재의 모습과 다르게 바뀌
는 것"(Foucault, 1997/1976, p. 327)을 경험할 수 있는 영역으로 인식되어야
한다.

여기서 교사는 두 가지 상반된 입장 사이를 오가거나 어떤 의미에
서는 떠돌아다녀야 한다고 생각한다. 한편으로 교사는 학생들의 새
로움에 대한 능력이 발현되도록 뒤로 물러나 있어야 한다. 재신스키
Jasinski 와 루이스 Lewis 가 지적한 대로 교사는 "말을 잃고 … 침묵해야
한다"(2015, p. 10). 그러나 단순히 침묵하는 것만으로는 충분하지 않을
수도 있다. 주어진 틀을 깨고 순수한 성장을 위한 공간, 즉 순수한 가
능성을 위한 공간을 만드는 것은 적극적인 과제이기 때문이다. 이 과
제를 수행함에 있어서 교사에게는 물론 물러서서 침묵해야 하는 활동

이 필요하지만, 자극하고 경청하고 말을 하고 저지하고 제안하고 질문하고 돌보는 활동도 요청된다. 학생들이 목소리를 내도록 하는 것은 역설적인 과제로 단지 교사가 침묵한다고 나타나는 것은 아니다. 다양한 가능성이 나타나도록 하려면 옛것들을 해체해야 하거나 적어도 그것들이 어쩔 수 없는 것이 아니며 현실은 더 넓은 가능성의 지평에서 실현된 하나의 모습일 뿐이라는 것을 보여주어야 한다. 그래서 뒤로 물러서는 행위와 새로운 질문을 유발하는 행위 사이를 오가는 것, 침묵을 유지하면서도 자신의 생각을 표현하는 것은 오로지 순수한 가능성에 진력하는 교사의 자세이다. 이때 교사는 교육과정과 학생 그리고 아직 도래하지 않은 공간 사이의 상호작용이 이루어지는 접점에서 활동하고 있는 것이다. 여기에서 학교교육을 포함하여 교육 일반의 독특한 특성이 드러날 수 있다. 즉 학교교육은 교사와 학생들이 순수한 가능성이라는 열린 영역에 머물고자 하는 시공간으로서 인식될 수 있다. 교실이라는 독특한 열린 환경에서 학생들의 열정과 열의, 혁신적인 통찰력, 독특하고 창의적이며 비범하기까지 한 프로젝트가 공유되고 추구되며 실험되고 실행될 수 있다. 이것이 바로 학교교육이 추구하고 실천해야 할 실험적인 태도의 의미이다.

이러한 비전에 따른다면 교육과정은 위에서 관리되고 통제되는 것, 즉 사전에 결정된 일련의 기술과 지식을 습득하기 위해 시행되는 것으로 인식되어서는 안 된다. 교육과정은 학생들이 순수한 성장 가능성 안에서 머무는 공간으로 간주되어야 하며, 이는 교육과 학습의 특징이 되어야 한다. 이러한 인식은 교사와 학생을 불문하고 교육 주체들의 책임을 약화시키지 않으면서 주체를 이미 확정된 존재, 원하는 대로 이런저런 역량을 습득하며 세계적 차원에서 교육의 실천과 정책을 지배하는 신자유주의 교육체제 속에서 자신을 확장하고 통합할 수 있는 존재로 간주하는 교육 실천과 정책의 존재를 폭로하는 역할을 한다(Masschelein and Simons, 2008). 사실 이 체제는 교육을 무엇으로 여기는지를 규정하며, 이로 인해 미지의 가능성들의 공간을 삭제해 버린다. 여기서 다시 듀이의 연구가 도움이 될 수 있는데, 그 이유는 미지의 가능성들을 추구하는 것이 그의 성장과 교육 개념의 중심 주제이기 때문이다. 이 관계를 탐색하기 위해 성장과 교육에 관한 듀이의 다섯 가지 진술을 인용할 것이다. 이 진술들은 『민주주의와 교육』의 여러 곳에 나타나지만 모두 같은 방향을 가리키며 동일한 의미들이 얽혀 있음을 보여주고 있다. 이들을 하나씩 인용하고 나서 나의 의견을 제시하겠다.

> "사실 성장에는 더 성장한다는 것 외에 다른 목적이 없으며, 마찬가지로 교육에도 교육을 더 받는 것 이상으로 중요한 것이 없다."(p. 60)
> "성장은 삶의 특징이기 때문에 교육은 성장과 전적으로 동일하다. 교육에는 교육 이외에 다른 목적이 없다."　　　　　　　　(p. 62)
> "성장은 엉뚱한 순간에 완성될 수 있는 것이 아니라 끊임없이 미래로 나아가는 것이다."　　　　　　　　(p. 65)
> "교육의 과정을 통해서 얻을 수 있는 결과는 교육을 더 받을 수 있는 능력을 지니는 것이다."　　　　　　　　(p. 79)
> "교육의 목적은 개인들이 자신의 교육을 계속하도록 하는 데 있으며 학습의 목표와 보상은 지속적인 성장능력이다."　　　　　　　　(p. 117)

이 글에서 눈에 띄는 것은 성장 혹은 교육에 대한 정의가 명확하게 제시되지 않고 있다는 사실이다. "성장에는 더 성장한다는 것 외에 다른 목적이 없다" 그리고 "교육은 성장과 전적으로 동일하다"는 내용은 있지만 교육이 무엇이며 무엇을 수반하는지, 교육이 이렇게 성장과 일치한다는 것이 무엇을 가져다줄 것으로 기대되는지에 대해서는 말해 주는 바가 없다. 어떤 면에서 우리는 점점 커지는 원을 그리는 것처럼 느껴진다. 게다가 교육에는 "교육 이외에 다른 목적이 없다" 그리고 "교육의 과정을 통해서 얻을 수 있는 결과는 교육을 더 받을 수 있는 능력을 지니는 것이다"라고 할 때 듀이는 어떤 의미에서 교육을 가능성과 현실화의 접점으로 제시한다. 교육이 순수한 현실화인 것은 "그것 이외에 다른 목적이 없으며 그 자체가 목적"이기 때문이다. 말하자면 듀이는 교육을 어떤 것을 성취하기 위한 수단으로 규정하는 오랜 전통에 도전하면서 교육을 가장 중요한 위치에 올려놓고 있다. 교육은 그 자체가 목적인 것이다.

그러나 다른 한편에서 교육은 또한 끊임없이 성장하는 힘이다. 이러한 성장은 미리 정해진 방향 없이 지속적으로 진행된다. 중요한 것은 이러한 성장이 교육이나 성장 이외의 다른 것으로 이어지지 않는다는 것이다. 왜냐하면 "사실 성장에는 더 성장한다는 것 외에 다른 목적이 없으며, 마찬가지로 교육에도 교육을 더 받는 것 이상으로 중요한 것이 없기 때문이다"(Dewey, 1930/1916, p. 60). 성장과 교육은 순수한 가능성이다. 그런 가능성이 무엇을 수반하고 무엇을 낳을지는 듀이에게 열린 상태로 남겨져 있다. "목적은 사실상 종점이 없으며 새로운 활동이 새로운 결과를 초래함에 따라 끊임없이 생성된다. '끝이 없는 목적'은 폐쇄된 불변의 최종상태가 없다는 것을 의미한다"(Dewey, 1922, p. 231). 동시에 듀이는 "자극의 다양성은 새로움을 의미하고 새로움은 사고에 대한 도전을 의미한다"고 주장하면서도(Dewey, 1930/1916,

p. 98) 이러한 다양성이 무엇이며 어떻게 실현되어야 하는지, 새로움이 무엇이며 무엇을 수반하는지는 명확하지 않은 상태로 남겨두고 있다. 교육의 도약과 관련해서 우리는 어디에 도달할지 미리 알지 못한다. 그러나 도달지점을 미리 정의하는 것은 교육의 개념과 실천을 축소할 위험이 있다. 그래서 교육의 도약은 상실과 의미, 불확실성과 철저한 개방성을 동시에 지향하는 움직임이다.

그리고 이러한 도약과 성장이라는 조건은 열려 있고 끝없이 진행된다. 듀이의 교변작용론에는 도달점이나 출발점 같은 것이 없다. 아렌트가 말하는 행위에도 동일한 개념이 제시되고 있다. 즉 인간의 본질적 특성인 행위에는 특정의 출발점은 있지만 예측 가능한 도달점은 없다는 것이다(1998/1958, p. 144). 그리고 『민주주의와 교육』에서 확인할 수 있는 것으로 "사실 성장에는 더 성장한다는 것 외에 다른 목적이 없으며, 마찬가지로 교육에도 교육을 더 받는 것 이상으로 중요한 것이 없다"는 듀이의 유명한 진술 또한 동일한 방향을 가리키고 있다 (Dewey, 1930/1916, p. 60). 또한 "성장은 삶의 특징이기 때문에 교육은 성장과 전적으로 동일하다. 교육에는 교육 이외에 다른 목적이 없다"(p. 62)는 진술도 마찬가지이다. 듀이와 아렌트 모두 인간은 본질과 미리 정해진 목적지가 없는 존재라 보았는데, 이는 순수한 가능성이라는 열린 영역에서 살아가는 존재이기 때문이다.

그러므로 도약으로서의 사유와 끝없는 과정으로서의 교육이라는 서로 연관된 듀이의 개념을 통해 우리는 자기투명성과 자기통제의 영역 이면에서 비롯되는 주권적 주체의 전복과 주체 자체가 자신의 경계를 도약하고 초월함으로써 수행하는 전복을 보게 된다. 이러한 개념은 앞에서 논의했듯이 행위에 대한 아렌트의 설명과 놀라울 정도로 유사함을 보여준다. 여기서 우리는 듀이의 도약과 전진(Dewey, 1917, p. 10) 그리고 아렌트의 '시작'과 '시작하는 자'로서의 인간이해(Arendt, 1998/1958, p. 170)가 지니는 중요성을 알 수 있을 것 같다. 그러므로 듀이의 사상과 아렌트 사상을 연결하면 주체를 순수한 성장 가능성으로 이해할 수 있다. 이는 교육의 주체가 항상 자신의 경계를 넘어서는 초월적 주체임을 의미한다. 또한 놀랍게도 이러한 도약과 성장, 초월과 전진은 열려 있고 끊임없이 진행된다. 바로 이러한 이중의 전환을 거치면서 주체는 책임을 지게 된다. 그러므로 책임은 더 이상 지식에 근거하지 않는다. **책임은 주체 뒤에 있으면서도 주체에 의해 만들어지는 예측 불가능성과 불확정성에 근거한 약속이다.** 이러한 이중의 전환을 거치고 또 이를 수행함으로써 우리는 교육이라는 지속적이고 자기 초월적인 변화를 더 잘 이해하게 된다.

여기에서 우리는 교육의 상황과 환경에서 교사와 교육자들이 학생들과 자신들을 인식하는 방식을 재구성할 수 있다. 왜냐하면 새로운 교육 환경에서는 경험과 행동이 나타나는 것을 위에서 내려다보는 것과 같은 위치에 더 이상 의존할 수가 없기 때문이다. 이것은 교사와 교육자의 책임이 약화된다는 것을 의미하지는 않는다. 반대로 이러한 설명은 책임을 지식의 이면에 재배치하는데, 책임은 이렇게 철저히 내재된 상태에서 나타나는 특성이다. 이미 항상 끊임없이 진행되는 교육의 길 위에 있다는 점에서 우리는 무엇보다도 책임 있는 주체이다.

그러므로 교육은 유한성과 겸손의 윤리에 기초하게 되는데, 이것은 우리가 삶의 상황을 완전히 지배하려고 하지 않는다는 것을 의미한다. 또한 이런 윤리는 우리의 교육적 노력이 항상 이미 불확실하다는 것을 보여준다. 이는 능력이 부족해서가 아니라 교육의 본질이 그러하기 때문이다. 다시 말해서 이러한 관점을 통해 우리가 실행하면서 동시에 견뎌내야 하는 것, 적극적으로 선택하면서 동시에 소극적으로 던져지는 것으로서의 '끊임없는 성장과 변화becoming'라는 개념이 만들어지는 것이다. 이것은 우리가 관리할 수 없지만 그럼에도 적극적으로 관여하고 실행해야 하는 것이다. 능동적 실천과 수동적 감내 사이에서 끊임없이 흔들리는 것과 '무한한 불가능성'(Arendt, 1998/1958, p. 169)에 대한 배려 그리고 이 불확실한 결정에서 비롯되는 책임은 결국 교사와 학생 모두가 머무르는 끊임없는 교육의 길이다. 그래서 이런 사건은 불안을 유발할 수 있는데 그것은 끝이 없는 형태의 움직임이기 때문이다. 주체는 명확한 대안도 구상하지 않은 채 알려진 것, 어떠한 안정된 지점으로부터 멀어진다. 교육 자체가 주체로 하여금 이렇게 고통스럽고 힘든 상태를 견뎌내면서 자신의 존재 방식을 초월하여 적극적으로 실현하도록 책임을 부여하는 끊임없이 열린 공간을 향한 움직임이다. 그러므로 교육이 무엇이며 어떤 것을 필요로 하는지에 대한 질문은 근본적으로 열려 있어야 한다. 왜냐하면 교육은 아직 도래하지 않은 것에 속하기 때문이다. 이러한 상태를 이해하면 교육이 지향하는 불확실하지만 열린 열정적인 길을 이해하는 데 한 걸음 앞으로 나아갈 수 있다.

▶ 참고문헌

<u>서문</u>

Arendt, H. (1998/1958). *The Human Condition*. Chicago and London: The University of Chicago Press.

Arendt, H. (1977/1961). *Between Past and Future: Eight Exercises in Political Thought*. London: Penguin Books.

Dewey, J. (1910). *How We Think*. Boston, New York, and Chicago: D.C. Heath & Co.

Dewey, J. (1913). *Interest and Effort in Education*. Boston, New York, and Chicago: Houghton Mifflin Company.

Dewey, J. (1980/1934). *Art as Experience*. New York: Perigee Books.

Foucault, M. (1997/1982). The masked philosopher. In P. Rabinow (Ed.), *The Essential Works of Michel Foucault, 1954–1984, Ethics, Subjectivity and Truth* (pp. 321–328). New York: The New Press.

Foucault, M. (1984). Truth and power. In P. Rabinow (Ed.), *The Foucault Reader* (pp. 51–75). New York: Pantheon Books.

Gurrìa, A. (2016). [Video] *Strong Performers and Successful Reformers in Education. A Video Series Profiling Policies and Practices of Education Systems that Demonstrate High or Improving Performance in the PISA Tests*. Available at http://learningisopen.org/oecd/. Accessed January 6, 2017.

OECD. (2016). PISA homepage. [Video] *PISA – Measuring Student Success Around the World*. Available at www.oecd.org/pisa/aboutpisa. Accessed January 6, 2017.

Schleicher, A. (2016). *Use Data to Build Better Schools*. Available at www.ted.com/talks/andreas_schleicher_use_data_to_build_better_schools/transcript?language=en#t-984031. Accessed January 6, 2017.

<u>1장</u>

Apple, M.W. (1995). *Education and Power*. New York: Routledge.

Apple, M.W. (2000). *Official Knowledge: Democratic Education in a Conservative*

Age. New York: Routledge.

Apple, M.W. (2006). *Educating the "Right" Way: Markets, Standards, God, and Inequality*. New York: Routledge.

Au, W. (2011). Teaching under the new Taylorism: High stakes testing and the standardization of the 21st century curriculum. *Journal of Curriculum Studies*, 43(1), pp. 25–45.

Ball, S.J. (2003a). The teacher's soul and the terrors of performativity. *Journal of Education Policy*, 18(2), pp. 215–228.

Ball, S.J. (2003b). *Class Strategies and the Education Market: The Middle Classes and Social Advantage*. London: Routledge Falmer.

Ball, S.J. (2009). Privatising education, privatising education policy, privatising educational research: network governance and the 'competition state'. *Journal of Education Policy*, 24(1), pp. 83–99.

Ball, S.J. and Olmedo, A. (2013). Care of the self, resistance and subjectivity under neoliberal governmentalities. *Critical Studies in Education*, 54(1), pp. 85–96.

Beech, J. (2009). Who is a strolling through the global garden? International agencies and educational transfer. In Cowen, R. (et al.) (Eds.), *International Handbook of Comparative Education*, Vol. 22, (pp. 341–357). Dordrecht: Springer.

Biesta, G.J.J. (2007). The education-socialization conundrum: Who is afraid of education? *Utbildning & Demokrati*, 16(3), pp. 25–37.

Biesta, G.J.J. (2009). Witnessing deconstruction in education: Why quasi-trascendentalism matters. *Journal of Philosophy of Education*, 43(3), pp. 391–404.

Biesta, G.J.J. (2010). 'This is my truth, tell me yours'. Deconstructive pragmatism as a philosophy for education. *Educational Philosophy and Theory*, 42(7), pp. 710–727.

Biesta, G.J.J. (2015). Resisting the seduction of the global education measurement industry: Notes on the social psychology of PISA. *Ethics and Education*, 10(3), pp. 348–360.

Carroll, P. and Kellow, A. (2011). *The OECD: A Study of Organisational Adaptation*. Cheltenham: Edward Elgar.

Connell, R. (2013). The neoliberal cascade and education: An essay on the market agenda and its consequences. *Critical Studies in Education*, 54(2), pp. 99–112.

Cutler, C. (2008). Transnational law and privatized governance. In M. Pauly and S. Coleman (Eds.), *Global Orderings* (pp. 144–165). Vancouver: UBC Press.

Derrida, J. (1978/1967). *Writing and Difference*. Chicago: The University of Chicago Press.

Derrida, J. (1982/1972). *Margins of Philosophy*. Chicago: The University of Chicago Press.

Duggan, L. (2003). *The Twilight of Equality: Neoliberalism, Cultural Politics, and the Attack on Democracy*. Boston, MA: Beacon Press.

Foucault, M. (1997/1984). What is enlightenment? In P. Rabinow (Ed.), *The Essential Works of Michel Foucault, 1954–1984: Ethics* (pp. 31–50). New York: Pantheon Books.

Gorur, R. (2011). ANT on the PISA trail: Following the statistical pursuit of certainty. *Educational Philosophy and Theory*, 43(s1), pp. 76–93.

Grek, S. (2009). Governing by numbers: The PISA 'effect' in Europe. *Journal of Education Policy*, 24(1), pp. 23–37.

Gurrìa, A. (2016). *Strong Performers and Successful Reformers in Education. A Video Series Profiling Policies and Practices of Education Systems that Demonstrate High or Improving Performance in the PISA Tests*. Available at http://learningisopen.org/oecd/. Accessed January 6, 2017.

Head, B.W. (2008). Three lenses of evidence-based policy. *Australian Journal of Public Administration*, 67(1), pp. 1–11.

Henry, M., Lingard, B., Rizvi, F., and Taylor, S. (2001). *The OECD, Globalization and Education Policy*. Oxford: Pergamon Press.

Hogan, A., Sellar, S. and Lingard, B. (2016). Commercialising comparison: Pearson puts the TLC in soft capitalism. *Journal of Education Policy*, 31(3), pp. 243–258.

Jakobi, A.P. and Martens, K. (2010). Introduction: The OECD as an actor in international politics. In K. Martens and A.P. Jakobi (Eds.), *Mechanisms of OECD Governance: International Incentives for National Policy-Making?* (pp. 1–25). Oxford: Oxford University Press.

Lawn, M. and Lingard, B. (2002). Constructing a European policy space in educational governance: The role of transnational policy actors. *European Educational Research Journal*, 1(2), pp. 290–307.

Lingard, B. and Rawolle, S. (2011). New scalar politics: Implications for education policy. *Comparative Education*, 47(4), pp. 489–502.

Lipman, P. (2004). *High Stakes Education: Inequality, Globalization, and Urban School Reform*. New York: Routledge Falmer.

Mahiri, J. (2005). From 3 r's to 3 c's: Corporate curriculum and culture in public schools. *Social Justice*, 32(3), pp. 72–88.

Martens, K. (2007). How to become an influential actor: The 'comparative turn' in OECD education policy. In K. Martens, A. Rusconi, and K. Lutz (Eds.), *Transformations of the State and Global Governance* (pp. 40–56). London: Routledge.

McNeely, C.L. (1995). *Constructing the Nation-State: International Organization and Prescriptive Action*. Westport, CT: Greenwood Press.

McNeil, L.M. (2000). *Contradictions of school reform: educational costs of standardized testing*. New York: Routledge.

Morgan, C. and Shahjahan, R.A. (2014). The legitimation of OECD's global educational governance: Examining PISA and AHELO test production. *Comparative Education*, 50(2), pp. 192–205.

Morrow, R.A. and Torres, C.A. (2000). The state, globalization, and educational policy. In N. Burbules and C.A. Torres (Eds.), *Globalization and Education: Critical Perspectives* (pp. 27–56). London: Routledge.

Novoa, A. and Yariv-Mashal, T. (2003). Comparative research in education: A mode of overnance or a historical journey? *Comparative Education*, 39, pp. 423–438.

OECD. (1996). *The Knowledge-based Economy*. Paris: OECD Publishing.

OECD. (2011). *Lessons From PISA for the United States, Strong Performers and Successful Reformers in Education*. Paris: OECD Publishing. Available at http://dx.doi.org/10.1787/9789264096660-en. Accessed January 6, 2017.

OECD. (2012a). *How Your School Compares Internationally: OECD Test for Schools – Based on PISA – Pilot Trial: Herndon High School*. Paris: OECD Publisher.

OECD. (2012b). *Education Today 2013: The OECD Perspective*. Paris: OECD

Publishing. Available at http://dx.doi.org/10.1787/edu_today-2013-en. Accessed January 6, 2017.

OECD. (2014). *PISA 2012 Results: What Students Know and Can Do* (Volume I, Revised edition) *Student Performance in Mathematics, Reading and Science*. Available at http://dx.doi.org/10.1787/9789264208780-en. Accessed January 6, 2017.

OECD. (2016a). *Are Boys and Girls Equally Prepared for Life?* Available at www.oecd.org/edu/school/programmeforinternationalstudentassessmen tpisa/equallypreparedforlifehow15-year-oldboysandgirlsperforminschool. htm. Accessed January 6, 2017.

OECD. (2016b). *PISA Trifold Brochure*. Available at www.oecd.org/pisa/aboutpisa/PISAtrifold-brochure-2014.pdf. Accessed January 6, 2017.

OECD. (2016c). PISA homepage. *About PISA*. Available at www.oecd.org/pisa/aboutpisa. Accessed January 6, 2017.

Rose, N. (1999). *Powers of Freedom: Reframing Political Thought*. Cambridge: Cambridge University Press.

Rutkowski, D.J. (2007). Converging us softly: How intergovernmental organizations promote neoliberal educational policy. *Critical Studies in Education*, 48(2), pp. 229–247.

Sellar, S. and Lingard, B. (2014). The OECD and the expansion of PISA: New global modes of governance in education. *British Educational Research Journal*, 40(6), pp. 917–936.

Shahjahan, A.R. (2013). Coloniality and a global testing regime in higher education: Unpacking the OECD's AHELO initiative. *Journal of Education Policy*, 28(5), pp. 676–694.

Spillane, J.P. (2012). Data in practice: Conceptualizing the data-based decision-making phenomenon. *American Journal of Education*, 118, pp. 113–141.

Taylor, S. (2001). *The OECD, Globalisation and Education Policy*. Amsterdam: Pergamon.

Woodward, R. (2009). *The Organisation for Economic Cooperation and Development (OECD)*. Abingdon: Routledge.

2장

Alexander, R. (2011). Evidence, rhetoric and collateral damage: The problematic pursuit of 'world class' standards. *Cambridge Journal of Education*, 41(3), pp. 265–286.

Au, W. (2011). Teaching under the new Taylorism: High stakes testing and the standardization of the 21st century curriculum. *Journal of Curriculum Studies*, 43(1), pp. 25–45.

Biesta, G.J.J. (2004). Education, accountability and the ethical demand: Can the democratic potential of accountability be regained? *Educational Theory*, 54(3), pp. 233–250.

Biesta, G.J.J. (2007). Education and the democratic person: Towards a political understanding of democratic education. *Teachers College Record*, 109(3), pp. 740–769.

Biesta, G.J.J. (2012). Good education in an age of measurement: On the need to reconnect with the question of purpose in education. *Educational Philosophy and Theory*, 44(6), pp. 581–593.

Bonderup Dohn, N. (2007). Knowledge and skills for PISA – Assessing the assessment. *Journal of Philosophy of Education*, 41(1), pp. 1–16.

Dewey, J. (1930/1916). *Democracy and Education: An Introduction to the Philosophy of Education*. New York: The MacMillan Company.

Dewey, J. (1929/1925). *Experience and Nature*. London: George Allen & Unwin.

Fielding, M. and Moss, P. (2011). *Radical Education and the Common School: A Democratic Alternative*. London: Routledge.

Foucault, M. (2008/1978–1979). *The Birth of Biopolitics: Lectures at the College de France* (M. Senellart, Ed.). New York: Palgrave MacMillan.

Freire, P. (2005). *Teachers as Cultural Workers: Letters to Those Who Dare to Teach*. Boulder, CO: Westview.

Giroux, H.A. (1981). *Ideology, Culture and the Process of Schooling*. Philadelphia: Temple University Press.

Giroux, H.A. (1989). *Schooling for Democracy: Critical Pedagogy in the Modern Age*. London: Routledge.

Gorur, R. (2011). ANT on the PISA trail: Following the statistical pursuit of certainty. *Educational Philosophy and Theory*, 43(s1), pp. 76–93.

Grek, S. (2007). *'And the Winner Is ...': PISA and the Construction of the European Education Space*. Paper presented at the 'Advancing the European Education Agenda', European Education Policy Network Conference.

Gurrìa, A. (2016a). [Webpage] *Strong Performers and Successful Reformers in Education. A Video Series Profiling Policies and Practices of Education Systems that Demonstrate High or Improving Performance in the PISA Tests*. Available at http://learningisopen.org/oecd/. Accessed January 6, 2017.

Gurrìa. A. (2016b). [Video] *Strong Performers and Successful Reformers in Education. A Video Series Profiling Policies and Practices of Education Systems that Demonstrate High or Improving Performance in the PISA Tests*. Available at http://learningisopen.org/oecd/. Accessed January 6, 2017.

Henry, M., Lingard, B., Rizvi, F., and Taylor, S. (2001). *The OECD, Globalization and Education Policy*. Oxford: Pergamon Press.

Hopmann, S.T., Brinek, G., and Retzl, M. (Hg./Eds.). (2008). *PISA zufolge PISA – PISA According to PISA Halt PISA, was es verspricht? – Does PISA Keep What It Promises?* Berlin, Munster, Wien, Zurich, and London: Lit Verlag.

Mansell, W. (2007). *Education by Numbers: The Tyranny of Testing*. London: Politico's Publishing. Masschelein, J. and Simons, M. (2008). The governmentalization of learning and the assemblage of apparatus. *Educational Theory*, 58(4), pp. 391–415.

OECD. (2011). *Lessons From PISA for the United States, Strong Performers and Successful Reformers in Education*. Paris: OECD Publishing. Available at http://dx.doi.org/10.1787/9789264096660-en. Accessed January 6, 2017.

OECD. (2012). *Education Today 2013: The OECD Perspective*. Paris: OECD Publishing. Available at http://dx.doi.org/10.1787/edu_today-2013-en. Accessed January 6, 2017.

OECD. (2013). *PISA 2012 Results: What Makes Schools Successful? Resources, Policies and Practices (Volume IV)*. Paris: OECD Publishing.

OECD. (2014). *PISA 2012 Results: What Students Know and Can Do* (Volume

I, Revised edition) *Student Performance in Mathematics, Reading and Science*. Available at http://dx.doi.org/10.1787/9789264208780-en. Accessed January 6, 2017.

OECD. (2016a). PISA homepage. [Video] *PISA – Measuring Student Success Around the World*. Available at www.oecd.org/pisa/aboutpisa. Accessed January 6, 2017.

OECD. (2016b). PISA homepage. *About PISA*. Available at www.oecd.org/pisa/aboutpisa. Accessed January 6, 2017.

Olssen, M. and M. Peters. (2005). Neoliberalism, higher education and the knowledge economy: From the free market to knowledge capitalism. *Journal of Education Policy*, 20(3), pp. 313–345.

Onosko, J. (2011). Race to the top leaves children and future citizens behind: The devastating effects of centralization, standardization, and high-stakes accountability. *Democracy & Education*, 19(2), article 1, pp. 1–11.

Peters, M. (2003). Education policy in the age of knowledge capitalism. *Policy Futures in Education*, 1(2), pp. 361–380.

Peters, R.S. (1966). *Ethics and Education*. London: Allen & Unwin.

Schleicher, A. (2016a). [Video] *Andreas Schleicher, Director of the OECD Directorate for Education and Skills, on the PISA-based Test for Schools*. Available at www.oecd.org/pisa/aboutpisa/pisa-based-test-for-schools.htm. Accessed January 6, 2017.

Schleicher, A. (2016b). [Video] *Use Data to Build Better Schools*. Available at www.ted.com/talks/andreas_schleicher_use_data_to_build_better_schools/transcript?language=en#t-984031. Accessed January 6, 2017.

Torres, C.A. (1998). *Democracy, Education and Multiculturalism: Dilemmas of Citizenship in a Global World*. Boston: Rowman and Littlefield.

3장

Ball, S.J. (2003). The teacher's soul and the terrors of performativity. *Journal of Education Policy*, 18, pp. 215–228.

Ball, S.J. and Olmedo, A. (2013). Care of the self, resistance and subjectivity under neoliberal governmentalities. *Critical Studies in Education*, 54(1), pp. 85–96.

Biesta, G.J.J. (2004). Education, accountability and the ethical demand: Can the democratic potential of accountability be regained? *Educational Theory*, 54(3), pp. 233–250.

Biesta, G.J.J. (2010). *Good Education in Age of Measurement: Ethics, Politics, Democracy*. Boulder, CO: Paradigm.

Biesta, G.J.J. (2015a). Resisting the seduction of the global education measurement industry: Notes on the social psychology of PISA. *Ethics and Education*, 10(3), pp. 348–360.

Biesta, G.J.J. (2015b). What is education for? On good education, teacher judgement, and educational professionalism. *European Journal of Education*, 50(1), pp. 75–87.

Connell, R. (2013). The neoliberal cascade and education: An essay on the market agenda and its consequences. *Critical Studies in Education*, 54(2), pp. 99–112.

d'Agnese, V. (2015). Facing paradox everyday: A Heideggerian approach to the ethics of teaching. *Ethics and Education*, 11(2), pp. 159–174.

Davis, A. (2013). How far can we aspire to consistency when assessing learning? *Ethics and Education*, 8(3), pp. 217–228.

Dewey, J. (1929). *The Quest for Certainty: A Study of the Relation Between Knowledge and Action*. New York: Minton, Balch & Company.

English, A. (2016). Dialogic teaching and moral learning: Self-critique, narrativity, community and 'blind spots'. *Journal of Philosophy of Education*, 50(2), pp. 160–176.

Foucault, M. (1978/1976). *The History of Sexuality: An Introduction*. New York: Pantheon Books.

Foucault, M. (1984a). Truth and power. In P. Rabinow (Ed.), *The Foucault Reader* (pp. 51–75). New York: Pantheon Books.

Foucault, M. (1984b). Right of death and power over life. In P. Rabinow (Ed.), *The Foucault Reader* (pp. 258–272). New York: Pantheon Books.

Foucault, M. (1984c). What is enlightenment? In P. Rabinow (Ed.), *The Foucault Reader* (pp. 31–50). New York: Pantheon Books.

Foucault, M. (1985). *The Use of Pleasure*. New York: Pantheon.

Gurrìa, A. (2016). [Webpage] *Strong Performers and Successful Reformers in*

Education. A Video Series Profiling Policies and Practices of Education Systems that Demonstrate High or Improving Performance in the PISA Tests. Available at http://learningisopen.org/oecd/. Accessed January 6, 2017.

Hill, D. (2004). Books, banks and bullets: Controlling our minds – the global project of imperialistic and militaristic neo-liberalism and its effect on education policy. *Policy Futures in Education*, 2(3), pp. 504–522.

Hursh, D. (2008). *High-Stakes Testing and the Decline of Teaching and Learning: The Real Crisis in Education.* Lanham, MD: Rowman & Littlefield.

OECD. (2012). *How Your School Compares Internationally: OECD Test for Schools – Based on PISA – Pilot Trial. Herndon High School.* Paris: OECD Publisher.

OECD. (2016a). PISA homepage. [Video] *PISA – Measuring Student Success Around the World.* Available at www.oecd.org/pisa/aboutpisa. Accessed January 6, 2017.

OECD. (2016b). PISA webpage. *PISA Based Test for School.* Available at www.oecd.org/pisa/aboutpisa/pisa-based-test-for-schools.htm. Accessed January 6, 2017.

Power, S. and Whitty, G. (1996). Teaching new subjects? The hidden curriculum of marketised education systems. *Melbourne Studies in Education*, 37(2), pp. 1–21.

Rutkowski, D. (2015). The OECD and the local: PISA-based Test for Schools in the USA. *Discourse: Studies in the Cultural Politics of Education*, 36(5), 683–699.

Shahjahan, R.A. (2011). Decolonizing the evidence based education and policy movement: Revealing the colonial vestiges in educational policy, research, and neoliberal reform. *Journal of Education Policy*, 26(2), pp. 181–206.

Shahjahan, R.A. (2013). Coloniality and a global testing regime in higher education: Unpacking the OECD's AHELO initiative. *Journal of Education Policy*, 28(5), pp. 676–694.

Woodward, R. (2009). *The Organisation for Economic Cooperation and Development (OECD).* Abingdon: Routledge.

4장

Arendt, H. (1998/1958). *The Human Condition*. Chicago and London: The University of Chicago Press.

Au, W. (2011). Teaching under the new Taylorism: High stakes testing and the standardization of the 21st century curriculum. *Journal of Curriculum Studies*, 43(1), pp. 25–45.

Biesta, G.J.J. (2004). Education, accountability and the ethical demand: Can the democratic potential of accountability be regained? *Educational Theory*, 54(3), pp. 233–250.

Biesta, G.J.J. (2010). *Good Education in Age of Measurement: Ethics, Politics, Democracy*. Boulder, CO: Paradigm.

Dewey, J. (1929/1925). *Experience and Nature*. London: George Allen & Unwin.

Foucault, M. (1995/1975). *Discipline and Punish: The Birth of the Prison*. New York: Vintage Books.

Gurrìa, A. (2016). [Webpage] *Strong Performers and Successful Reformers in Education. A Video Series Profiling Policies and Practices of Education Systems that Demonstrate High or Improving Performance in the PISA Tests*. Available at http://learningisopen.org/oecd/. Accessed January 6, 2017.

Masschelein, J. (2000). Can education still be critical? *Journal of Philosophy of Education*, 34(4), pp. 603–616.

Masschelein, J. (2001a). Experimentum scholae: The world once more ... but not (yet) finished. *Studies in Philosophy and Education*, 30, pp. 529–535.

Masschelein, J. (2001b). The discourse of the learning society and the loss of childhood. *Journal of Philosophy of Education*, 35(1), pp. 1–20.

OECD. (2011). *Lessons From PISA for the United States, Strong Performers and Successful Reformers in Education*. Paris: OECD Publishing. Available at http://dx.doi.org/10.1787/9789264096660-en. Accessed January 6, 2017.

OECD. (2012). *How Your School Compares Internationally: OECD Test for Schools – Based on PISA – Pilot Trial. Herndon High School*. Paris: OECD Publisher.

OECD. (2014a). *PISA 2012 Results: What Students Know and Can Do* (Volume I, Revised edition) *Student Performance in Mathematics, Reading and Science*. Available at http://dx.doi.org/10.1787/9789264208780-en. Accessed January 6, 2017.

OECD. (2014b). *PISA 2012 Results in Focus What 15-Year-Olds Know and What they Can Do With What they Know*. Available at www.oecd.org/ pisa/keyfindings/pisa-2012-resultsoverview.pdf. Accessed January 6, 2017.

OECD. (2016a). *PISA Trifold Brochure*. Available at www.oecd.org/pisa/ aboutpisa/PISAtrifold-brochure-2014.pdf. Accessed January 6, 2017.

OECD. (2016b). PISA webpage. *PISA Based Test for School*. Available at www.oecd.org/pisa/aboutpisa/pisa-based-test-for-schools.htm. Accessed January 6, 2017.

Olssen, M. and Peters, M. (2005). Neoliberalism, higher education and the knowledge economy: From the free market to knowledge capitalism. *Journal of Education Policy*, 20(3), pp. 313–345.

Prenzel, M. (2013). Introduction: Research on PISA, with PISA, and for PISA. In M. Prenzel, M. Kobarg, K. Schops, and S. Ronnebeck (Eds.), *Research on PISA: Research Outcomes of the PISA Research Conference 2009* (pp. 1–12). Dordrecht, Heidelberg, New York, and London: Springer.

Saltman, K.J. and Gabbard, D.A. (Eds.). (2003). *Education as Enforcement: The Militarization and Corporatization of Schools*. New York: Routledge Falmer.

Schleicher, A. (2016). Webpage Pearson Foundation. *Pearson to Develop PISA 2018 Student Assessment 21st Century Frameworks for OECD*. Available at www.pearson.com/news/announcements/2014/december/ pearson-to-develop-pisa-2018-student-assessment-21stcentury-fra.html. Accessed January 6, 2017.

Shahjahan, A.R. (2011). Decolonizing the evidence-based education and policy movement: Revealing the colonial vestiges in educational policy, research, and neoliberal reform. *Journal of Education Policy*, 26(2), pp. 181–206.

Shahjahan, A.R. (2013). Coloniality and a global testing regime in higher education: Unpacking the OECD's AHELO initiative. *Journal of Education Policy*, 28(5), pp. 676–694.

Subedi, B. (2013). Decolonizing the curriculum for global perspectives. *Educational Theory*, 63(6), pp. 621–638.

Todd, S. (2001). 'Bringing more than I contain': Ethics, curriculum and the pedagogical demand for altered egos. *Journal of Curriculum Studies*, 33(4), pp. 431–450.

5장

Alexander, T.M. (1987). *John Dewey's Theory of Art, Experience, and Nature: The Horizons of Feelings*. Albany: State of University New York Press.

Arendt, H. (1998/1958). *The Human Condition*. Chicago and London: The University of Chicago Press.

Arendt, H. (1977/1961). *Between Past and Future: Eight Exercises in Political Thought*. London: Penguin Books.

Bernstein, R.J. (1961). John Dewey's metaphysics of experience. *The Journal of Philosophy*, 58(1), pp. 5–14.

Bernstein, R.J. (2010). Pragmatism and hermeneutics. In P. Farfield (Ed.), *John Dewey and the Continental Philosophy* (148–160). Carbondale, IL: Southern Illinois University Press.

Biesta, G.J.J. (1994). Pragmatism as a pedagogy of communicative action. *Studies in Philosophy and Education*, 13, pp. 273–290.

Biesta, G.J.J. (1999). Radical intersubjectivity. Reflections on the 'different' foundation of education. *Studies in Philosophy and Education*, 18, pp. 203–220.

Biesta, G.J.J. (2007). Why 'what works' won't work. Evidence-based practice and the democratic deficit of educational research. *Educational Theory*, 57(1), pp. 1–22.

Biesta, G.J.J. (2009). How to use pragmatism pragmatically? *E&C/Education & Culture*, 25(2), pp. 34–45.

Biesta, G.J.J. (2010). This is my truth, tell me yours'. Deconstructive pragmatism as a philosophy for education. *Educational Philosophy and Theory*, 42(7), pp. 710–727.

Biesta, G.J.J. and Burbules, N.C. (2003). *Pragmatism and Educational Research*. Boston: Rowman & Littlefield Publishers.

Boisvert, R.D. (1998). *John Dewey: Rethinking Our Time*. Albany: State University of New York Press.

d'Agnese, V. (2017). Behind and beyond self-mastery: Risk, vulnerability, and becoming through Dewey and Heidegger. *Interchange*, 48, pp. 97–115.

Dewey, J. (1882). The metaphysical assumptions of materialism. *Journal of Speculative Philosophy*, 16, pp. 208–213.

Dewey, J. (1900). *The School and Society*. Chicago: The University of Chicago Press.

Dewey, J. (1910). *How We Think*. Boston, New York, and Chicago: D.C. Heath & Co.

Dewey, J. (1930/1916). *Democracy and Education: An Introduction to the Philosophy of Education*. New York: The MacMillan Company.

Dewey, J. (1917). The need for a recovery of philosophy. In J. Dewey et al. (Eds.), *Creative Intelligence: Essays In the Pragmatic Attitude* (pp. 3–69). New York: Henry Holt and Company.

Dewey, J. (1922). *Human Nature and Conduct: An Introduction to Social Psychology*. New York: Henry Holt and Company.

Dewey, J. (1929/1925). *Experience and Nature*. London: George Allen & Unwin.

Dewey, J. (1929). *The Quest for Certainty: A Study of the Relation Between Knowledge and Action*. New York: Minton, Balch & Company.

Dewey, J. (1980/1934). *Art as Experience*. New York: Perigee Books.

Dewey, J. (1938). *Logic: The Theory of Inquiry*. New York: Henry Holt and Company.

Dewey, J. and Bentley, A.F. (1949). *Knowing and the Known*. Boston: Beacon Press.

English, A. (2013). *Discontinuity in Learning. Dewey, Herbart and Education as Transformation*. Cambridge: Cambridge University Press.

Foucault, M. (1997/1982). The masked philosopher. In P. Rabinow (Ed.), *The Essential Works of Michel Foucault, 1954–1984, Ethics, Subjectivity and Truth* (pp. 321–328). New York: The New Press.

Garrison, J. (1994). Realism, Deweyan pragmatism and educational research. *Educational Researcher*, 23(1), pp. 5–14.

Garrison, J. (1996). A Deweyan theory of democratic listening. *Educational Theory*, 46(4), pp. 429–451.

Garrison, J. (1997). *Dewey and Eros: Wisdom and Desire in the Art of Teaching*. New York: Teacher's College Press.

Garrison, J. (1998). Foucault, Dewey and self-creation. *Educational Philosophy and Theory*, 30(2), pp. 111–134.

Garrison, J. (1999). John Dewey's theory of practical reasoning. *Educational Philosophy and Theory*, 31(3), pp. 291–312.

Garrison, J. (2003). Dewey, Derrida and the 'double bind'. *Educational Philosophy and Theory*, 35(3), pp. 349–362.

Garrison, J. (2005). A Pragmatist conception of creative listening to emotional expressions in dialogues across differences. In K.R. Howe (Ed.), *Philosophy of Education* (pp. 112–120). Urbana, IL: PES Yearbook.

Granger, D. (2006). *John Dewey, Robert Pirsig, and the Art of Living: Revisioning Aesthetic Education*. New York: Palgrave Macmillan.

Hansen, D.T. (2009). Dewey and cosmopolitanism. *E&C/Education & Culture*, 25(2), pp. 126–140.

Heidegger, M. (1996/1927). *Being and Time*. Albany: State University of New York Press.

Jackson, P.W. (1994/95). If we took Dewey's aesthetics seriously, how would the arts be taught? *Studies in Philosophy and Education*, 13, pp. 193–202.

Johnston, J.S. (2002). John Dewey and the role of scientific method in aesthetic experience. *Studies in Philosophy and Education*, 2, pp. 1–15.

Margolis, J. (2010). Heidegger: A pragmatist by any means. In P. Farfield (Ed.), *John Dewey and the Continental Philosophy* (pp. 111–125). Carbondale, IL: Southern Illinois University Press.

Quay, J. (2013). *Education, Experience, and Existence: Engaging Dewey, Peirce and Heidegger*. Abingdon, UK: Routledge.

Rømer, T.A. (2012). Imagination and judgment in John Dewey's philosophy: Intelligent transactions in a democratic context. *Educational Philosophy and Theory*, 44(2), pp. 133–150.

Rømer, T.A. (2013). Nature, education and things. *Studies in Philosophy and*

Education, 32, pp. 641–652.

Rorty, R. (1976). Overcoming the tradition: Heidegger and Dewey. *The Review of Metaphysics*, 30(2), pp. 280–305.

Rosenthal, S.B. (2010). Science, nature, and philosophic foundations. In P. Farfield (Ed.), *John Dewey and the Continental Philosophy* (126–147). Carbondale, IL: Southern Illinois University Press.

Saito, N. (2002). Pragmatism and the tragic sense: Deweyan growth in an age of Nihilism. *Journal of Philosophy of Education*, 36(2), pp. 248–263.

Saito, N. (2005). *The Gleam of Light: Moral Perfectionism and Education in Dewey and Emerson*. New York: Fordham University Press.

Semetsky, I. (2003). Deleuze's new image of thought, or Dewey revisited. *Educational Philosophy and Theory*, 35(1), pp. 17–29.

Semetsky, I. (2008). On the creative logic of education, or: Re-reading Dewey through the lens of complexity science. *Educational Philosophy and Theory*, 40(1), pp. 83–95.

Toulmin, S. (1984). Introduction. In J.A. Boydston (Ed.), *John Dewey: The Later Works, 1925–1953*, Vol. 4 (pp. vii–xxii). Carbondale, IL: Illinois University Press.

Troutner, L.F. (1969). The confrontation between experimentalism and existentialism. From Dewey through Heidegger and beyond. *Harvard Educational Review*, 39(1), pp. 124–154.

Troutner, L.F. (1972). The Dewey-Heidegger comparison re-visited: A reply and clarification. *Educational Theory*, 22(2), pp. 212–220.

Wilshire, B. (1993). Body-mind and subconsciousness: Tragedy in Dewey's life and work. In J.J. Stuhr (Ed.), *Philosophy and the Reconstruction of Culture* (pp. 257–272). Albany: State University of New York Press.

6장

Bernstein, R.J. (1961). John Dewey's metaphysics of experience. *The Journal of Philosophy*, 58(1), pp. 5–14.

Bernstein, R.J. (2010). Pragmatism and hermeneutics. In P. Farfield (Ed.), *John Dewey and the Continental Philosophy* (pp. 148–160). Carbondale, IL: Southern Illinois University Press.

Biesta, G.J.J. (1994). Pragmatism as a pedagogy of communicative action. *Studies in Philosophy and Education*, 13, pp. 273–290.

Biesta, G.J.J. (2007). Towards the knowledge democracy? Knowledge production and the civic role of the university. *Studies in Philosophy and Education*, 26, pp. 467–479.

Biesta, G.J.J. (2014). *The Beautiful Risk of Education*. Boulder, CO: Paradigm Publishers.

Biesta, G.J.J. (2016). Democracy and education revisited: Dewey's democratic deficit. In S. Higgins and F. Coffield (Eds.), *John Dewey's Education and Democracy: A British Tribute* (pp. 149–169). London: IoE Press.

Biesta, G.J.J. and Burbules, N.C. (2003). *Pragmatism and Educational Research*. Boston: Rowman & Littlefield Publishers.

Boisvert, R.D. (1998). *John Dewey: Rethinking Our Time*. Albany: SUNY Press.

Dewey, J. (1903). *The Ethical Principles Underlying Education*. Chicago: The University of Chicago Press.

Dewey, J. (1910). *How We Think*. Boston, New York, and Chicago: D.C. Heath & Co.

Dewey, J. (1913). *Interest and Effort in Education*. Boston, New York, and Chicago: Houghton Mifflin Company.

Dewey, J. (1930/1916). *Democracy and Education: An Introduction to the Philosophy of Education*. New York: The MacMillan Company.

Dewey, J. (1917). The need for a recovery of philosophy. In J. Dewey et al. (Eds.), *Creative Intelligence: Essays in the Pragmatic Attitude* (pp. 3–69). New York: Henry Holt and Company.

Dewey, J. (1922). *Human Nature and Conduct: An Introduction to Social Psychology*. New York: Henry Holt and Company.

Dewey, J. (1929/1925). *Experience and Nature*. London: George Allen & Unwin.

Dewey, J. (1929). *The Quest for Certainty: A Study of the Relation Between Knowledge and Action*. New York: Minton, Balch & Company.

Dewey, J. (1980/1934). *Art as Experience*. New York: Perigee Books.

Dewey, J. (1938). *Logic: The Theory of Inquiry*. New York: Henry Holt and Company.

Garrison, J. (1994). Realism, Deweyan pragmatism and educational research. *Educational Researcher*, 23(1), pp. 5–14.

Garrison, J. (1998). Foucault, Dewey and self-creation. *Educational Philosophy and Theory*, 30(2), pp. 111–134.

Garrison, J. (2003). Dewey, Derrida and the 'double bind'. *Educational Philosophy and Theory*, 35(3), pp. 349–362.

Granger, D. (2006). *John Dewey, Robert Pirsig, and the Art of Living: Revisioning Aesthetic Education*. New York: Palgrave Macmillan.

Hansen, D.T. (2009). Dewey and cosmopolitanism. *E&C/Education & Culture*, 25(2), pp. 126–140.

Hickman, L.A. (2007). *Pragmatism as Postmodernism: Lessons From John Dewey*. New York: Fordham University Press.

Jasinski, I. and Lewis, T.E. (2016). Community of infancy: Suspending the sovereignty of the teacher's voice. *Journal of Philosophy of Education*, 50(4), pp. 538–553.

Lewis, T.E. (2015). Suspending the ontology of effectiveness in education: Reclaiming the theatrical gestures of the ineffective teacher. In T. Lewis and M. Laverty (Eds.), *Art's Teaching, Teaching Arts Philosophical, Critical and Educational Musings* (pp. 165–178). Dordrecht: Springer.

Masschelein, J. and Simons, M. (2008). The governmentalization of learning and the assemblage of apparatus. *Educational Theory*, 58(4), pp. 391–415.

Ramaekers, S. and Vlieghe, J. (2014). Education, childhood and language in Agamben and Cavell. *Ethics and Education*, 9(3), pp. 292–304.

Rømer, T.A. (2012). Imagination and judgment in John Dewey's philosophy: Intelligent transactions in a democratic context. *Educational Philosophy and Theory*, 44(2), pp. 133–150.

Rømer, T.A. (2013). Nature, education and things. *Studies in Philosophy and Education*, 32, pp. 641–652.

Semetsky, I. (2003). Deleuze's new image of thought, or Dewey revisited. *Educational Philosophy and Theory*, 35(1), pp. 17–29.

Wilshire, B. (1993). Body-mind and subconsciousness: Tragedy in Dewey's life and work. In J.J. Stuhr (Ed.), *Philosophy and the Reconstruction of Culture* (pp. 257–272). Albany: State University of New York Press.

7장

Arendt, H. (1998/1958). *The Human Condition*. Chicago and London: The University of Chicago Press.

Arendt, H. (1977/1961). What is freedom? In H. Arendt (Ed.), *Between Past and Future: Eight Exercises in Political Thought* (pp. 143–171). Harmondsworth: Penguin Books.

Biesta, G.J.J. (2006). *Beyond Learning: Democratic Education for a Human Future*. Boulder, CO: Paradigm Publishers.

Biesta, G.J.J. (2009). Witnessing deconstruction in education: Why quasi-transcendentalism matters. *Journal of Philosophy of Education*, 43(3), pp. 391–404.

Biesta, G.J.J. (2011). Philosophy, exposure, and children: How to resist the instrumentalisation of philosophy in education. *Journal of Philosophy of Education*, 45(2), pp. 305–319.

Biesta, G.J.J. (2012). Giving teaching back to education: Responding to the disappearance of the teacher. *Phenomenology & Practice*, 6(2), pp. 35–49.

Biesta, G.J.J. (2015). Resisting the seduction of the global education measurement industry: Notes on the social psychology of PISA. *Ethics and Education*, 10(3), pp. 348–360.

Dewey, J. (1930/1916). *Democracy and Education: An Introduction to the Philosophy of Education*. New York: The MacMillan Company.

Dewey, J. (1917). The need for a recovery of philosophy. In J. Dewey et al. (Eds.), *Creative Intelligence: Essays in the Pragmatic Attitude* (pp. 3–69). New York: Henry Holt and Company.

Dewey, J. (1929/1925). *Experience and Nature*. London: George Allen & Unwin. English, A. (2013). *Discontinuity in Learning: Dewey, Herbart and Education as Transformation*. Cambridge: Cambridge University Press.

Foucault, M. (1995/1975). *Discipline and Punish: The Birth of the Prison*.

New York: Vintage Books.

Foucault, M. (1997/1976a). The ethics of the concern of the self as a practice of freedom. In P. Rabinow (Ed.), *The Essential Works of Michel Foucault, 1954–1984: Ethics* (pp. 281–301). New York: Pantheon Books.

Foucault, M. (1997/1976b). The will to knowledge. In P. Rabinow (Ed.), *The Essential Works of Michel Foucault, 1954–1984: Ethics* (pp. 11–16). New York: Pantheon Books.

Foucault, M. (1982). The subject and power author(s): Michel Foucault source. *Critical Inquiry*, 8(4), pp. 777–795.

Foucault, M. (1988/1982). Truth, power, self: An interview with Michel Foucault – October 25th, 1982. In L.H Martin et al. (Eds.), *Technologies of the Self: A Seminar With Michel Foucault* (pp. 9–15). London: Tavistock.

Foucault, M. (1997/1984). What is enlightenment? In P. Rabinow (Ed.), *The Essential Works of Michel Foucault, 1954–1984: Ethics* (pp. 31–50). New York: Pantheon Books.

Heidegger, M. (1996/1927). *Being and Time*. Albany: State University of New York Press.

Lewis, T. (2014). The fundamental ontology of study. *Educational Theory*, 64(2), pp. 163–178.

Lewis, T.E. (2015). Suspending the ontology of effectiveness in education: Reclaiming the theatrical gestures of the ineffective teacher. In T. Lewis and M. Laverty (Eds.), *Art's Teaching, Teaching Arts Philosophical, Critical and Educational Musings* (pp. 165–178). Dordrecht: Springer.

Masschelein, J. (2001). Experimentum scholae: The world once more … but not (yet) finished. *Studies in Philosophy and Education*, 30, pp. 529–535.

Masschelein, J. (2014). Pedagogue and/or philosopher? Some comments on attending, walking, talking, writing and … caving. In L. Waks (Ed.), *Leaders in Philosophy of Education: Intellectual Self-Portraits* (second series) (pp. 197–210). Rotterdam: Sense Publisher.

OECD. (2016). PISA homepage. [Video] *PISA – Measuring Student Success Around the World*. Available at www.oecd.org/pisa/aboutpisa. Accessed January 6, 2017.

Rancière, J. (2002). *The Philosopher and His Poor*. Durham, NC: Duke University Press. Standish, P. (1992). *Beyond the Self: Wittgenstein, Heidegger and the Limits of Language*. Aldershot: Ashgate Publishing Group.

Thompson, C. (2010). Education and/or displacement? A pedagogical inquiry into Foucault's 'limit-experience'. *Educational Philosophy and Theory*, 42(3), pp. 361–377.

Thomson, I. (2016). Rethinking education after Heidegger: Teaching learning as ontological response-ability. *Educational Philosophy and Theory*, 48(8), pp. 846–861.

Todd, S. (2001). 'Bringing more than I contain': Ethics, curriculum and the pedagogical demand for altered egos. *Journal of Curriculum Studies*, 33(4), pp. 431–450.

Todd, S. (2009). *Toward an Imperfect Education: Facing Humanity, Rethinking Cosmopolitanism*. Boulder, CO: Paradigm Publishers.

Todd, S. (2015). Experiencing change, encountering the unknown: An education in 'negative capability' in light of Buddhism and Levinas. *Journal of Philosophy of Education*, 49(2), pp. 240–254.

Zhao, G. (2014). Freedom reconsidered: Heteronomy, open subjectivity, and the 'gift of teaching'. *Studies in Philosophy and Education*, 33, pp. 513–525.

8장

Arendt, H. (1998/1958). *The Human Condition*. Chicago and London: The University of Chicago Press.

Arendt, H. (1977/1961). *Between Past and Future: Eight Exercises in Political Thought*. Harmonds worth: Penguin Books.

Biesta, G.J.J. (2001). How difficult should education be? *Educational Theory*, 51(4), pp. 385–400.

Dewey, J. (1930/1916). *Democracy and Education: An Introduction to the Philosophy of Education*. New York: The MacMillan Company.

Dewey, J. (1917). The need for a recovery of philosophy. In J. Dewey et al. (Eds.), *Creative Intelligence: Essays in the Pragmatic Attitude* (pp. 3–69).

New York: Henry Holt and Company.

Dewey, J. (1922). *Human Nature and Conduct: An Introduction to Social Psychology*. New York: Henry Holt and Company.

Dewey, J. (1929/1925). *Experience and Nature*. London: George Allen & Unwin.

Dewey, J. (1980/1934). *Art as Experience*. New York: Perigee Books.

English, A. (2016). Dialogic teaching and moral learning: Self-critique, narrativity, community and 'blind spots'. *Journal of Philosophy of Education*, 50(2), pp. 160–176.

Foucault, M. (1997/1976). The will to knowledge. In P. Rabinow (Ed.), *The Essential Works of Michel Foucault, 1954–1984: Ethics* (pp. 11–16). New York: Pantheon Books.

Foucault, M. (1988/1982). Truth, power, self: An interview with Michel Foucault – October 25th, 1982. In L.H. Martin et al. (Eds.), *Technologies of the Self: A Seminar With Michel Foucault* (pp. 9–15). London: Tavistock.

Foucault, M. (1997/1984). What is enlightenment? In P. Rabinow (Ed.), *The Essential Works of Michel Foucault, 1954–1984: Ethics* (pp. 31–50). New York: Pantheon Books.

Jasinski, I. and Lewis, T.E. (2016). Community of infancy: Suspending the sovereignty of the teacher's voice. *Journal of Philosophy of Education*, 50(4), pp. 538–553.

Masschelein, J. and Simons, M. (2008). The governmentalization of learning and the assemblage of apparatus. *Educational Theory*, 58(4), pp. 391–415.

Vlieghe, J. (2010). Judith Butler and the public dimension of the body: Education, critique and corporeal vulnerability. *Journal of Philosophy of Education*, 44(1), pp. 153–170.

▶ 찾아보기

▶ 지은이 및 옮긴이 소개

지은이 바스코 다녜제 Vasco d'Agnese

이탈리아의 교육학자로, 현재 루이지 반비텔리 캄파니아 대학교 Università degli Studi della Campania Luigi Vanvitelli 심리학과에서 정교수로 재직 중이다. 그는 교육철학과 이론, 특히 마틴 하이데거와 실존주의, 현상학, 존 듀이의 사상, 포스트모더니즘 등의 이론적인 영역만이 아니라 교육 정책에도 많은 관심을 가지고 있다. 교육 분야에서 표준화와 획일화에 대한 비판적 시각을 담은 이 책을 통해 측정 가능한 성과에 중점을 두는 경향을 강하게 비판하며, 학생의 주체성, 개인적 성장, 진정성 있는 학습 경험의 중요성을 강조하면서 교육의 본질과 목적에 대한 심도 있는 논의를 전개하고 있다.

주요 저서로는 본서를 포함하여, 『Dewey, Heidegger, and the Future of Education: Beyondness and Becoming』 등이 있으며, 주요 논문으로는 "Narrowing Down EducatiTon: A Deweyan Perspective on the EU Educational Framework", "The Inner Violence of Reason: Re-reading Heidegger via Education" 등이 있다.

옮긴이 이민철

서울대학교 교육학과 및 동 대학원을 졸업하였다. 중·고등학교 교사, 교감, 교장 및 서울교육연구정보원 원장을 역임했다. 현재 복잡성교육학회 회장을 맡고 있다. 번역서로 『복잡계의 새로운 접근: 복잡반응과정』(2023 우수학술도서 선정), 『교육의 평등, 제3의 길: 자크 랑시에르의 시선』(2024 우수학술도서 선정), 『우리는 교육에서 무엇을 평가하고 있는가: 알고리즘, 그 이상의 교육』, 『학습자와 교육과정을 넘어: 세계와 함께하는 교육』(2024)이 있으며, 논문으로는 "복잡반응과정의 교육적 의미"(2021), "가르침과 배움 사이-복잡반응과정, 해체론, 그리고 랑시에르의 시선"(2023), "포스트모더니즘의 관점에서 본 학습자와 가르침 및 배움의 관계"(2024) 등이 있다.

교육을 다시 묻다

초판 발행 | 2025년 3월 19일

지은이 | 바스코 다녜제(Vasco d'Agnese)
옮긴이 | 이민철
펴낸이 | 김성배

책임편집 | 김선경
디자인 | 송성용, 엄해정
제작책임 | 김문갑

펴낸곳 | 도서출판 씨아이알
출판등록 | 제2-3285호(2001년 3월 19일)
주소 | (04626) 서울특별시 중구 필동로 8길 43(예장동 1-151)
전화번호 | 02-2275-8603(대표)
팩스번호 | 02-2265-9394
홈페이지 | www.circom.co.kr

ISBN | 979-11-6856-314-8 (93370)